市场营销：数据驱动的
市场分析与营销实战

主　编　黄　晶　周　阳　柳玉寿
副主编　杜民帅　池　睿　刘　欢
　　　　叶　滔　宋洁苹

北京理工大学出版社
BEIJING INSTITUTE OF TECHNOLOGY PRESS

内容简介

《市场营销：数据驱动的市场分析与营销实战》教材着眼于为学生提供深度洞察、实际操作的技能和战略思维，以帮助他们成功应对当今竞争激烈的市场环境。本教材是一份关于如何将数据变成市场竞争优势的实用指南。全书从基本概念到实战技能进行全面介绍，确保学生能够利用数据解锁商业机会、优化营销策略、吸引客户并取得成功。

本教材的主要特色如下：

以数据分析为基础：介绍数据分析的基本原理，学生将学会如何有效地处理数据，以提取有价值的信息。注重实际案例分析：通过多个实际案例，学生将了解如何应用数据分析技术来解决真实的市场挑战。案例覆盖各种行业，包括零售、科技、医疗保健等。介绍市场营销策略：探讨如何使用数据来指导市场营销策略，包括市场细分、定价、产品定位和品牌管理，学生将学会如何根据数据做出明智决策。通过数据驱动决策：注重培养学生的数据驱动决策能力，了解如何收集、分析和解释数据，以指导业务决策。强调实时数据应用：现代市场要求快速反应，因此，学生应掌握实时数据应用，包括社交媒体监测和即时市场分析。关注数据伦理和合规性：强调数据伦理和合规性的重要性，确保学生在数据处理中遵守法规和伦理准则。跨学科教育：教材涵盖市场营销、数据科学和计算机科学等多个领域，为学生提供跨学科知识。

版权专有　侵权必究

图书在版编目（CIP）数据

市场营销：数据驱动的市场分析与营销实战 / 黄晶，周阳，柳玉寿主编. --北京：北京理工大学出版社，2025.1.

ISBN 978-7-5763-4704-3

Ⅰ. F713.50

中国国家版本馆 CIP 数据核字第 20256K7Z78 号

责任编辑：李慧智　　**文案编辑**：李慧智
责任校对：王雅静　　**责任印制**：李志强

出版发行 / 北京理工大学出版社有限责任公司
　社　　址 / 北京市丰台区四合庄路 6 号
　邮　　编 / 100070
　电　　话 /（010）68914026（教材售后服务热线）
　　　　　　（010）63726648（课件资源服务热线）
　网　　址 / http://www.bitpress.com.cn

　版 印 次 / 2025 年 1 月第 1 版第 1 次印刷
　印　　刷 / 唐山富达印务有限公司
　开　　本 / 787 mm×1092 mm　1/16
　印　　张 / 16.75
　字　　数 / 390 千字
　定　　价 / 89.00 元

图书出现印装质量问题，请拨打售后服务热线，负责调换

前言

本教材集合了多位在市场营销学理论与实战上都有着丰富经验与成就的专家、教授的经验和见解，补充了市场营销学的新理论及新发展，尤其是数字化带来的新挑战。介绍营销管理如何在各行业、各领域的市场竞争中发挥作用，以及借助各种模型解决营销问题。本教材旨在帮助读者理解和应用数据驱动的市场分析方法，在借鉴国内外营销学界新成果的基础上，根据中国企业营销实践的现实，对各章节的重点难点问题均配套相应的全新案例，使读者易于学习和应用，将所学运用到营销实践中，以期在激烈的市场竞争中取得优势。

本教材的编写旨在贯彻党的教育方针，落实课程思政，坚持正确方向和用习近平新时代中国特色社会主义思想铸魂育人的原则，为学生提供一份全面、系统的市场营销学习资料。编者们将二十大报告中有关数据应用和数字经济发展的相关观点融入其中，强调了数据在推动经济发展、优化资源配置、提升企业竞争力中的重要作用。

本教材第一章和第二章着重介绍了市场营销的基本概念和理论框架，包括总论和市场营销管理，为读者奠定了扎实的理论基础。第三章的环境分析与第四章的购买者市场与购买者行为分析，包括市场分析方法、影响消费者的购买等。第五章的营销调研和第六章的市场营销战略，包括市场定位、市场细分等，以及如何运用数据驱动的方法进行市场分析。以上章节重点探讨了数据的收集、处理与分析技术，涉及调研设计、数据采集工具、数据处理等方面的内容。围绕着市场营销策略展开的第七章、第八章、第九章、第十章，包括产品与品牌、定价、渠道选择、促销策略等，重点介绍如何基于市场分析结果制定有效的营销策略。最后一章（第十一章）数字营销，帮助学生将所学理论与实践相结合，提升市场营销实战能力。

本教材由黄晶、周阳、柳玉寿主编，周阳编写了第一章，柳玉寿编写了第六章，黄晶编写了第三章、第五章、第七章，池睿编写了第二章和第四章，杜民帅编写了第九章和第十章，刘欢编写了第八章和第十一章。

在本教材即将面世之际，我们满怀感激之情，特别要向成都鼎新实业有限责任公司的总经理叶滔先生以及四川金拱门食品有限公司的人才招募经理宋洁苹女士致以最诚挚的谢意。正是有了他们的鼎力支持与无私奉献，这本教材才得以顺利编纂完成，并承载着丰富的知识与实践经验，呈现给广大读者。我们衷心希望本教材能够成为广大读者学习市场营销、提升实战能力的得力工具，也期待学生能够通过学习和实践，将所获知识转化为实际工作中的成果，为企业以及我国经济的发展和社会的进步贡献自己的力量。尽管我们付出了很多精力，但由于水平有限，书中难免有疏漏和不当之处，恳请广大读者和专家批评指正。

编　者

2024年4月

目录

第一章 认识市场营销 …………………………………………………… (001)

第二章 市场营销管理概述 ……………………………………………… (009)
 第一节 市场营销管理概述 …………………………………………… (010)
 第二节 市场营销管理哲学 …………………………………………… (020)
 第三节 顾客价值与顾客满意 ………………………………………… (026)
 第四节 企业市场营销道德 …………………………………………… (031)

第三章 市场营销环境 …………………………………………………… (039)
 第一节 市场营销环境的含义和特点 ………………………………… (041)
 第二节 微观营销环境和宏观营销环境 ……………………………… (044)
 第三节 环境分析与营销对策 ………………………………………… (051)

第四章 购买者市场与购买者行为分析 ………………………………… (057)
 第一节 消费者购买决策过程和参与者 ……………………………… (058)
 第二节 影响消费者购买行为的因素 ………………………………… (061)
 第三节 组织市场与购买行为 ………………………………………… (065)

第五章 营销调研 ………………………………………………………… (072)
 第一节 营销信息系统 ………………………………………………… (073)
 第二节 营销调研 ……………………………………………………… (077)
 第三节 调研的方法 …………………………………………………… (081)
 第四节 市场需求的测量与预估 ……………………………………… (082)
 第五节 大数据营销 …………………………………………………… (085)

第六章 营销战略 ………………………………………………………… (090)
 第一节 营销战略内涵 ………………………………………………… (093)
 第二节 目标市场营销战略 …………………………………………… (102)

第七章 产品与品牌 ……………………………………………………… (139)
 第一节 产品的概念 …………………………………………………… (141)

第二节　产品组合及其相关概念……………………………………………（143）
　　第三节　产品生命周期………………………………………………………（146）
　　第四节　新产品的开发………………………………………………………（152）
　　第五节　品　牌………………………………………………………………（154）

第八章　价格策略……………………………………………………………（164）
　　第一节　影响企业定价的因素………………………………………………（166）
　　第二节　企业定价的程序与方法……………………………………………（172）
　　第三节　企业定价策略………………………………………………………（177）
　　第四节　价格变动与企业对策………………………………………………（184）

第九章　渠道策略……………………………………………………………（191）
　　第一节　分销渠道综述………………………………………………………（193）
　　第二节　中间商在分销中的作用……………………………………………（196）
　　第三节　营销渠道设计………………………………………………………（199）
　　第四节　销售渠道的管理……………………………………………………（204）
　　第五节　基于数据驱动的渠道策略制定与优化……………………………（205）

第十章　促销策略……………………………………………………………（210）
　　第一节　促销与促销组合……………………………………………………（212）
　　第二节　人员推销策略………………………………………………………（214）
　　第三节　广告策略……………………………………………………………（218）
　　第四节　营业推广策略………………………………………………………（222）
　　第五节　公共关系策略………………………………………………………（226）
　　第六节　基于数据驱动的促销决策…………………………………………（228）

第十一章　数字营销…………………………………………………………（233）
　　第一节　数字营销概述………………………………………………………（235）
　　第二节　数字营销模式………………………………………………………（241）
　　第三节　数字营销效果评估…………………………………………………（249）

参考文献………………………………………………………………………（259）

第一章　认识市场营销

学习目标

【知识目标】
➢ 明确市场概念，掌握市场营销的内涵；
➢ 了解市场营销管理哲学的演变进程；
➢ 掌握市场的基本内涵和研究对象。

【能力目标】
➢ 能够认识市场营销对企业经济活动的意义，知晓研究市场营销的主要方法；
➢ 能够理解顾客满意的含义，明确实现顾客满意的主要途径。

【素质目标】
➢ 鼓励创造性思维，以适应不断变化的市场环境，开发新产品或服务，创造竞争优势；
➢ 强调在市场营销活动中要遵守道德和法规，确保企业在市场中表现出社会责任感。

案例导入

蜜雪冰城的营销策略

"你爱我，我爱你，蜜雪冰城甜蜜蜜"，2021年6月，蜜雪冰城主题曲"血洗"B站、"冲榜"抖音。"上头""洗脑""做梦都在唱"是网友对该主题曲的评价。

其实，蜜雪冰城主题曲火遍全网并非偶然，而是一次有"预谋"的广告营销。

时间追溯到2021年6月3日，蜜雪冰城官方账号分别在抖音和B站发布了蜜雪冰城主题曲。该主题曲的旋律取材于民谣 *Oh Susanna*，这是斯蒂芬·福斯特于1847年创作的乡村民谣，在此之前就有很高的传唱度。蜜雪冰城选用了曲中韵律感强、旋律简单的部分进行了改编，曲中歌词则源自蜜雪冰城的标语——"你爱我，我爱你，蜜雪冰城甜蜜蜜"。

但蜜雪冰城深知，在互联网平台，几条视频带来的传播量无法触达全网受众，只有让大V和网友都行动起来进行二次创作，才能形成持续的强力输出，实现病毒式的传播。能否调动大V和网友的二次创作欲望是引爆全网的关键。

因此，主题曲在网络平台进行小范围发酵后，蜜雪冰城便在B站和抖音上传了传播效果更好的英文、电音及纯伴奏版本的主题曲，并号召网友参与主题曲的舞蹈挑战赛。显然，不同版本的主题曲为网友的二次创作提供了素材，官方号召大家参与主题曲舞蹈挑战，则进一步激励了博主们的"二创"热情。

一时间，"蜜雪冰城14国唱法""阴间蜜雪冰城""猛男舞团"等"二创"视频在抖音和B站实现了病毒式传播。人们到蜜雪冰城门店唱"你爱我，我爱你，蜜雪冰城甜蜜蜜"即可免单的活动，更是掀起了主题曲的裂变式传播。6月15日，"蜜雪冰城社死现场"话题冲上抖音热搜榜首后，更多大V自发地参与到了免单活动的视频创作中，蜜雪冰城主题曲热度再创新高。

目前，有关蜜雪冰城主题曲的传播还在继续，蜜雪冰城吉祥物"雪王"的表情包还出现在了网络聊天中。可以说，蜜雪冰城在互联网时代进行了一次成功的音乐广告营销。

（资料来源：腾讯新闻《靠一首歌稳赚20亿的营销套路，蜜雪冰城又学会了》，2021年6月25日）

一、市场营销的定义

市场营销在英文中的表述是"Marketing"。我国在引进这门学科的过程中，对其名称的翻译有好多种。有些翻译反映了当时人们对市场营销理解的偏差与局限，比如翻译为"销售学""市场学"。而翻译成"市场营销学"则比较准确地反映了这门学科是以企业为市场和导向，以实现潜在交换为目的去分析市场[①]。

美国市场营销协会（AMA）对市场营销的定义是："市场营销是一项组织活动、过程和体系，通过创造、沟通、交付和交换价值，以满足顾客需求和期望，从而实现组织的目标。"

著名的市场营销之父菲利普·科特勒的定义为：市场营销是个人和群体通过创造并同他人自由交换产品和价值，以获得其所需所欲之物的一种社会和管理过程。

现代市场营销学着重研究企业在激烈的市场竞争中，如何寻求市场机会，如何满足目标客户的需求，如何提高企业经济效益问题。为了更好地理解市场营销的概念，菲利普·科特勒提出了以下市场营销的核心概念：

市场营销思考问题的出发点是消费者的需求与欲望。

（1）需要（Need），主要指人类最基本的、与生俱来的要求。人的需要是人类自然属性的表现，一方面表现为物质的、生理的需要，另一方面表现为精神的、心理的需要，这些需要具有多样性、层次性、独特性、发展性等特点。因此，营销人员只能通过营销活动对人的需要施加影响并加以引导，而不能凭主观臆断加以创造。

（2）欲望（Want），欲望源于人的需要，"欲望"是指想得到能够满足基本需要的具体产品的愿望，表现为消费的选择。一旦"需要"这一指向得以明确，"需要"就变成了"欲望"。人的需要是有限的，欲望却几乎无穷无尽。欲望受社会和营销者影响，营销者不

---

① 张俊，周永平. 市场营销——原理、方法与案例 [M]. 北京：人民邮电出版社，2016.

能创造需要，但他们可以影响消费者的欲望，可以开发特定的产品和服务来满足消费者的欲望。

（3）需求（Demand），就是有支付能力的欲望。对企业产品而言，有购买能力的"欲望"才是有意义的，才能真正构成对企业产品的"需求"。这样的认识对企业十分重要。

📖 拓展阅读

菲利普·科特勒

菲利普·科特勒作为现代营销学之父，具有芝加哥大学经济学硕士和麻省理工学院经济学博士、哈佛大学博士后及苏黎世大学等大学的荣誉博士学位。同时也是美国和其他国家许多大公司的营销战略和计划、营销组织、整合营销的顾问。这些企业包括 IBM、通用电气（General Electric）、AT&T、默克（Merck）、霍尼韦尔（Honeywell）、美洲银行（Bank of America）、北欧航空（SAS Airline）、米其林（Michelin）、环球市场集团（GM）等。此外，他还曾担任美国管理学院主席、美国营销协会董事长和项目主席以及彼得·德鲁克基金会顾问。同时，他还是近20本著作的作者，为《哈佛商业评论》《加州管理杂志》《管理科学》等一流杂志撰写了100多篇论文。

菲利普·科特勒晚年的事业重点是在中国，他每年来华六七次，为平安保险、TCL、创维、云南药业集团、中国网通等公司做咨询。菲利普·科特勒非常重视中国市场的研究。相对于经济平稳发展的欧美国家，中国充满机会。1999年年底，有着近30年历史的科特勒咨询集团（KMG）在中国设立了分部，为中国企业提供企业战略、营销战略和业绩提升咨询服务。

二、市场与营销

市场营销学主要研究作为销售者的企业的市场营销活动，即研究企业如何通过整体市场营销活动，适应并满足买方的需求，以实现经营目标。因此，市场营销显然与市场密不可分，营销应该是针对市场的营销。

市场属于商品经济的范畴，是社会分工和商品生产的产物。所以哪里有商品生产和商品交换，哪里就有市场，市场是联系生产和消费的纽带。因此，广义的市场就是指买卖双方进行商品交换的地点或场所；简单说，市场就是商品交换的场所。

营销观念认为，市场是具有特定需要和欲望，并愿意且可以通过交换来满足这些需要和欲望的全部顾客。用公式表示就是：

$$市场 = 人口 + 购买能力 + 购买欲望$$

其中，人口指对产品有现实或潜在需要的人，是构成市场的最基本要素，没有人就没有市场，人口数量的多少决定了市场的大小；购买能力指支付货币、购买商品或服务的能力，只有具有支付能力的需求才能构成有意义的市场，支付能力的高低取决于收入的高低；购买欲望指购买商品的动机、愿望和要求，它是把消费者的潜在购买力转变成现实购买力的重要条件。

市场构成的3个要素相互制约、相互依存，不可或缺。只有将三者有机结合在一起，市场才能够形成有机的统一体。

市场营销学是一门跨学科的管理学科，主要研究有关产品和服务的交换过程，以及组织如何理解、刺激和满足顾客需求的理论和实践。

（1）跨学科性。市场营销学融合了经济学、心理学、社会学、统计学等多个学科的理论和方法，不仅涵盖了经济市场的交换过程，还关注消费者行为、市场细分、品牌管理等方面的内容。

（2）理论与实践结合。市场营销学既注重理论研究，又强调实践应用。学术界与实践界之间有着密切的联系，市场营销理论的发展往往受到市场环境和实践经验的影响。

近几年，随着科技的不断进步，数字化营销将会更加普及和重要。

（3）数字营销。市场营销学科将更加强调数字营销、数据分析和人工智能等技术的应用，以更精准地理解消费者需求，提供个性化的服务和产品。

（4）用户体验至上。消费者对于购物体验的重视程度将进一步提升，市场营销学科将更加关注用户体验和情感营销。个性化服务、品牌情感共鸣、社交媒体营销等将成为市场营销的重要策略。

（5）社会责任和可持续发展。社会责任和可持续发展的理念将更加深入人心，市场营销学科将更加注重企业的社会责任和环境保护。企业需要通过市场营销来传递其社会责任理念，并以可持续的方式经营。

市场营销学科在当今也更加强调跨界合作和创新，例如与科技公司、创意产业等领域的合作。市场营销学科将更加开放和包容，鼓励不同领域之间的交流和合作，以促进创新和发展。

职业道德实践

"新"国货的2023：质疑、回归与转机

"我是真爱买国货，上到冰箱、电视、洗衣机这样的家电大件儿，下到日化洗护用品这样的小件儿，统统首选国货品牌，也只考虑国货品牌。"此时此刻，Grace正与大家分享自己的"国货消费观"。

在她眼中的国货代表着有品质且价格实惠，性价比更高。显然，对国货有着同样印象的并非Grace一人。

通常情况下，一些做工精心、品质良心的国货产品会被大家称为"国货之光"。在微博#国货之光#的话题中，已有44.4万人参与了该话题的讨论，产生了5.3亿多的阅读次数，无形中证明了消费者对国货的超高关注度。

与此同时，据天猫发布的数据显示，中国人的购物车中超过80%是国货，而以"90后"为代表的新生代消费者，已然成为国货的主流消费人群，"90后"在人均国货消费金额人群中领跑。

从国货的关注度到消费转化，都证明了国货本身的魅力，而国货崛起背后，也隐隐昭示着中国居民的消费结构正在发生新一轮的变革。但近期，"国货新势力"花西子却因"79元眉笔事件"惹了众怒，成了话题中心，口碑直线下降。这头有多落寞，那头就有多风光，"花西子事件"所引发的蝴蝶效应也让蜂花、活力28、郁美净等一众老国货品牌凭

借便宜、良心的标签重新站上了舞台中心,收获了一波"野性"消费。据蝉妈妈数据显示,2023年9月11日当晚,蜂花在抖音直播间的销售额直接突破了2 500万元。事实上,近些年来"翻车"的国货新势力并非花西子一个,而几度"翻红"的老牌国货们也并非高枕无忧,如何把"流"量变为留住用户的"留"量是新老国货品牌始终绕不开的难题。

国货"起势",一场文化自信的崛起

把时间拉回到30多年前,那是一个真正属于国货的时代。20世纪90年代初,在当时信息和货品并不丰富的年代,国货基本掌握着消费市场的话语权,彼时,恒源祥、百雀羚、美加净等国货消费品牌在市场上占据绝对的主导地位。

直至2001年,中国加入WTO,国内市场对外资零售业的限制逐步放开,以欧莱雅、宝洁、联合利华为代表的外资消费品公司,进入彼时市场化和商业化尚处在摸索阶段的中国消费市场,凭借数额庞大的资金、大量成熟的消费品牌、经欧美国家广泛验证有效的市场营销体系以及渠道策略,迅速占领了市场,并在很长的时间里挤压了国货的生存空间。但与此同时,外资企业也将体系化的品牌运营与管理方法带了进来。

转折发生在2010年。

这一年,中国成为世界第二大经济体,在短时间内实现的经济飞跃,也让国人提升了消费自信心,这种自信无疑会带来一种身份上以及文化上的认同感。从某种角度来说,这种自信心构成了国货消费热潮的核心内驱力。

其中,汉服的崛起便是文化自信提升的重要显现。据iiMedia Research(艾媒咨询)数据显示,2015—2021年,中国汉服市场规模实现了由1.9亿元到101.6亿元的激增,预计2025年中国汉服市场规模将达到191.1亿元。如今,微博上的超级话题"汉服"的阅读量达到79.5亿。与此同时,经过几十年的发展与积累,中国已经形成了坚实的制造基础。通过供给侧结构性改革,中国企业逐渐走出盲目追求规模和低利润的误区,进军全球中高端产业链,由"中国速度"向"中国质量"转变,为国货的发展奠定了强大的供应链基础。

此外,电商平台、社交媒体、短视频行业的发展也为国货品牌的"爆发"提供了相对低成本和高灵活度的传播和扩散渠道。

文化自信的提升、制造业的崛起、社交平台的发展,让国货之光燃起。"国潮"便是这一时代下的产物,大量带有中国特定元素的产品,如服饰、食品等,在我们的日常生活中大量涌现,也给了老牌国货们"重生"的机会。

从将运动时尚与民族文化深度融合,打造年轻化品牌"中国李宁",到以国货身份登上国际时装周,李宁便是借势"国潮"东山再起的成功案例。据财报数据显示,李宁2019年营业收入同比增长32%,至138.7亿元;期内净利润则翻一番,同比增长109.6%,至14.99亿元。同时,国潮的东风也带起了一批国货新势力的崛起,完美日记、花西子、三只松鼠等便借此踏上了发展快车道。

虽然国潮风盛行让品牌焕发了新活力,但事实上真正让国货品牌迈出崛起第一步的,很大程度上是消费者对国货品牌长久以来所怀有的"情结"。

只是,刻意地"兜售"情怀,不仅让情怀本身变了味,同时也会让消费者与一众国货品牌渐行渐远。

摘去滤镜后,被重新审视的"国货们"

机遇与风险总是并存的,当国货品牌们还沉浸在崛起的喜悦中时,新一轮挑战又悄然而至，国货品牌的商业环境开始逐渐复杂。

近两年来，在消费需求疲软、线上流量见顶的背景下，消费者对国货的选择开始退去情怀滤镜，对国货的情感也从包容鼓励转为反复审视和再评估，原本被光环掩盖的问题正逐渐暴露。

与此同时，还有外资企业的虎视眈眈。为了清销库存，部分国际品牌在中国市场提供了特殊的"价格线"，挤压了国货市场，不断蚕食着国货品牌的利润空间。一面是消费疲软带来的消费者严格审视，一面是外资企业降维打击带来的竞争压力，新老国货们所面临的环境"危机四伏"。

例如本次"花西子事件"惹众怒的重要因素，还是其"德不配位"的高端化。标价79元的花西子眉笔含量为0.07克，若按单克价格来看高达985.71元。而按同样的单位换算，标价200多元的植村秀经典砍刀眉笔每克仅58.82元。

但事实上，这款79元的花西子眉笔"含金量"却不高，是一家名为上海创元化妆品有限公司代工生产的，这是让消费者所不能接受的。

在过去，花西子中高端国货的品牌定位主要靠着流量效应支撑。但如今，市场的风向标转变，消费者变得越发理性和严苛，这也让花西子用流量营造出的"品牌故事"不堪一击。

依靠社交平台带来的流量红利期已经消逝，而消费者对于这群"新"中高端品牌的评判标准也逐渐回归产品本质，只有通过长期对产品品质的严苛追求，进而沉淀自己的品牌资产，才能逐步积累消费者的信任和提升品牌的溢价能力。

同样以代工生产和贴牌生产为主的网红美妆品牌完美日记，虽在单克价格上也耍了小聪明，但在品牌定位上走的则是更为平价的路线。因其代工模式，品控则成了其不稳定因素。同时，完美日记的产品种类繁多，曾在1个月内推出了30款全新产品，品控管理显然面临巨大挑战。而不稳定的品控问题，严重影响消费者体验，从而影响复购率。一份逸仙电商C端客户数据的调研显示，在"首次购买用户次年至少复购一次占比"这一项上，2019年完美日记增速为30.8%，而2020年的增速则仅有2.6%。

显然，退去国货情怀滤镜，回归产品本身后的国货新势力显得有些"中气不足"。

而有口碑、有集体回忆，在竞争中具有天然优势的老国货品牌们，却因缺乏存在感导致流失老用户、缺乏新用户，在市场中被竞品淹没。即便是近几年不断有舆论事件吸引了消费者"野性消费"，但是等潮水退去，流量红利也将荡然无存。

当流量"消失"，支撑这些"新"国货品牌持续发展的内生力量唯有产品和体验了。毕竟这一届的"消费者"，理性又严苛。

归根结底，新老国货"长红"的本质都是产品。

国货可以"物美"，但不一定"价廉"

不论是"眉笔事件"的主角"国货新势力"花西子，还是借此事件"抱团翻红"的"老牌国货"蜂花，它"楼塌了"，它"起朱楼"，两边截然不同的景象，却因同一因素而起——价格。

花西子因"高价"遭人唾弃，蜂花、鸿星尔克们则因"低价"受人追捧，老牌国货们的"79元能买5斤半"看似是剑指花西子"79元1根眉笔"，实际则是暗合了消费者长期以来对国货产品"物美价廉"的固有印象。

虽然亲民的价格或许只是整体品牌策略的一部分，但这无疑再次让消费者强化了国货身上的"便宜"标签。

国货，它就该便宜吗？

实则不然，在全球市场的竞争中，国货的价值应在全球商品价值链中占据更高地位，而能够支持这一地位的一定是创新且具有高品质的产品。在过去，由于同质化严重，行业只能不断压低上游成本做低价竞争，这意味着国货品牌们只能赚取微薄的利润，无法支撑品牌有更多的资金投入产品的创新研发中，从而落后于人，形成恶性循环。

因此，走向高端市场一定是越来越多国货发展的必然之路，而做出差异化的优质产品则是成为高端品牌的基础条件之一。

例如美妆行业，国际美妆品牌的研发费用率大多在1.5%~3.5%，2023年上半年，很多国货美妆品牌的研发费用率已逼近国际品牌的上限。这些美妆上市企业目前的研发投入主要集中在建立品牌研发中心、自有工厂以及外部联合实验室，还有从事自主化妆品原料开发和生产。与其说消费者是对"产品价格"的敏感，不如说是对"产品价值"的敏感。我们不能将国货困于低价的陷阱里，对于高品质的国货产品，市场自然会自己说话。

以薇诺娜为例，凭借舒敏保湿特护霜等一众高品质产品和专业沉稳的品牌形象，薇诺娜已将品牌知名度、美誉度转换为现实的产品销售数据。据Euromonitor统计，2022年，薇诺娜在国内皮肤学级护肤品赛道的市场份额升至23.2%，连续多年稳居第一。据官方数据显示，2023年"6·18"薇诺娜经典王牌产品舒敏保湿特护霜在全渠道共销售62万支。

而珀莱雅也依靠双抗、红宝石、源力三大家族获得了持续的营收增长。根据财报数据，2023年"6·18"期间，珀莱雅品牌成交金额获抖音美妆排名第6、国货排名第1，珀莱雅双抗3.0系列在"6·18"购物节期间销售量破百万。

这些国货品牌的成功之处都是取决于"好产品"，而拥有"好产品"也往往能够助力品牌穿越市场周期。

不论是新国货，还是老国货，品牌的热度能否持续取决于产品的质量和口碑。当产品质量收获消费者认可好评，热度则会持续较长时间，并能够带来销量裂变。但如果产品质量无法满足消费者期待，热度很快消退的同时，品牌也一并沉寂。

不得不说的是，当一个品牌正式进入市场，竞争是全方位的，要想在赛道上跑赢，准确的市场定位、有效的产品和营销策略、快速的反应能力，每一项都至关重要。但这一切都建立在拥有一个好产品的基础上。

"性价比只是一方面，能让我坚持买的国货都有一个共同点，那就是——好用、可靠。"Grace强调。

(资料来源：Hanna潮汐商业评论，https：//www.cbndata.com/information/284756)

课后习题

一、判断题

(   ) 1. 企业的营销活动中，一般是先"营"后"销"，"营"是手段，"销"是目标。

(   ) 2. 市场营销是企业的行为，社会组织和个人并不需要营销。

二、单选题

1. 从市场营销的角度看，市场就是（   ）。

A. 买卖的场所　　　　　　　　　B. 交换过程本身
C. 具有购买欲望和支付能力的消费者　　D. 商品交换关系的总和

2. 从顾客角度的市场看，市场由3个要素构成，以下不属于市场要素的是（　　）。

A. 卖方　　　　　　　　　　　　B. 购买欲望
C. 购买能力　　　　　　　　　　D. 购买者

3. 菲利普·科特勒在他的《科特勒营销新论》中写道："在一个产品泛滥而客户短缺的世界里，以（　　）为中心是成功的关键。"

A. 市场　　　　　　　　　　　　B. 差异化
C. 客户　　　　　　　　　　　　D. 需求

案例思考与讨论

情绪营销

多巴胺穿搭、美拉德色系，越来越多指向人们情绪的商品在近来成为大众焦点。

在市场消费领域，情绪价值不仅是一种情感体验，更是一种心理共鸣，它触及消费者内心深处的情感，激发多巴胺和其他愉悦感的化学反应。类似于恋爱中的激情和依恋，情绪价值在商业中也有着非常实际的应用，利用情绪价值的营销方式可以成为"情绪营销"。

多巴胺穿搭，就是情绪营销的一个鲜明例子。它不仅考虑了服装的功能性，更着眼于如何通过色彩、设计等因素来激发消费者的愉悦感和自信心。当人们穿上一件令他们感到自信和满足的衣物时，多巴胺激增，情感愉悦的感觉也伴随而来。这种情绪连接使人们愿意购买更多的时尚产品，而不仅仅是满足基本的穿衣需求。

多巴胺穿搭只是情绪营销的冰山一角。越来越多的品牌开始积极采用这一策略，如美食、旅游、电子产品等，都在努力创造令人愉悦和满足的情感体验，从而吸引消费者。

情绪营销在2024年依然有红利，当经济不那么振奋人心的时候，市场就会想办法激发消费者心里的情绪需求。

（资料来源：根据网络资料整理）

思考题：

你如何看待情绪营销？请谈谈你的想法。

第二章　市场营销管理概述

学习目标

【知识目标】
➤ 理解市场营销管理的含义、过程；掌握市场营销观念的转变；
➤ 熟悉市场营销观念的产生和演变过程；掌握现代市场营销观念的要点；
➤ 熟悉不同的市场营销组合策略；
➤ 领会顾客让渡价值、顾客满意与顾客忠诚。

【能力目标】
➤ 了解在现代市场营销环境下，市场营销观念的新发展，并能结合企业的具体情况运用市场营销方法进行分析；
➤ 掌握系统的市场营销知识体系应用营销思维；
➤ 能够结合新模式，更好地分析市场。

【素质目标】
➤ 认识顾客满意和顾客忠诚对企业的价值，重视企业营销道德的建立；
➤ 形成自己个性化的正确职业观和价值观；
➤ 树立营销中的爱国思想、诚信经营思想、守法思想，培养爱岗敬业精神，并将其融入当今社会主义核心价值观。

案例导入

张裕用心良苦做市场

张裕集团有限公司的前身是烟台张裕葡萄酿酒公司，创办于1892年，是中国第一个工业化生产葡萄酒的厂家，主要产品有白兰地、葡萄酒、香槟酒、保健酒、中成药酒以及粮食白酒六大系列数十个品种。

1892年，著名华侨巨商张弼士先生在烟台创办张裕酿酒公司。张裕之命名，前袭张姓，后借"昌裕兴隆"之吉。经过十几年的努力，张裕终于酿出了高品质的产品。1915年，张裕的可雅白兰地、红玫瑰葡萄酒、雷司令白葡萄酒、琼瑶浆一举荣获巴拿马太平洋万国博览会4枚金质奖章和最优等奖状，中国葡萄酒从此为世界所公认，成为民族工业的骄傲。

改革开放为张裕加速发展提供了前所未有的契机。凭借其卓越的品质，张裕开发出八大系列100多种具有较强市场竞争力的新产品，成为中国乃至亚洲最大的葡萄酒生产基地，其产品多次在国际、国内获得大奖，成为家喻户晓的名牌产品。然而，名牌不等于市场，金字招牌对于张裕来说是一个极大的优势，但是不足以使张裕在市场上所向披靡。在转向市场经济的前两年中，由于市场观念不足，企业缺乏适应市场竞争的能力，盲目生产，等客上门，受到了市场的惩罚：1989年，张裕的产值较上一年下降了2.5%，产量下降了26.2%，6条生产线停了4条，1/4的职工没有活干，一个偌大的公司只有七八名销售人员，近一半的酒积压在仓库里，累计亏损400多万元，生存和发展都面临着严峻的挑战。关键时刻，张裕人并没有顾影自怜。在积极反思失败原因，努力摸索市场规律，下功夫钻研营销后，公司树立了"市场第一"的经营观念和"营销兴企"的发展战略，实现了两个根本性转变：一是企业由"销售我生产的产品"转变为"生产我销售的产品"，一切围绕市场转；二是由"做买卖"转变为"做市场"，从"推销"变成"营销"。对不同市场推出不同的营销责任制，打破多年一贯的"一种产品包打天下"的思维定势。依照新的经营理念实施运作，张裕很快走出困境，步入了一个新的发展时期[1][2]。

（资料来源：本案例由编者参考《张裕百年用心良苦做市场》《市场营销学理论与实践》等相关文献资料，整理改编而成）

第一节　市场营销管理概述

一、市场营销管理的含义

1985年，美国市场营销协会对市场营销管理的定义为：市场营销管理是规划和实施理念、商品和劳务的设计、定价、促销和分销，为满足顾客需要和组织目标而创造交换机会的过程。

这个定义的含义是：市场营销管理是一个过程，包括分析、计划、执行和控制；它覆盖商品、服务和理念；它建立在交换的基础上，其目的是满足有关各方的需求。简单地讲，市场营销管理实质上就是需求管理。

二、市场营销管理的任务

市场营销管理的任务是帮助企业以达到自己目标的方式来影响需求的水平、时机和构成。

---

[1] 张安茹. 张裕百年用心良苦做市场 [J]. 市场营销案例, 2005 (11): 12-16.
[2] 杜鹏等. 市场营销学理论与实践 [M]. 北京：机械工业出版社, 2023.

一个组织可以设想一个在目标市场上要达到的交易水平，但是，实际的需求水平可能低于、等于或者高于这个预期的需求水平，市场营销管理就是要应付这些不同的需求情况。

根据需求水平、时间和性质的不同，可以归纳出以下 8 种不同的需求状况，在不同的需求状况下，营销管理的任务有所不同。

(1) 负需求。如果绝大多数人对某个产品感到厌恶，甚至愿意出钱回避它，那么，这个产品的市场便处于一种负需求的状态。营销者的任务便是分析市场为什么不喜欢这种产品，以及是否可以通过产品重新设计、降低价格和更积极的营销方案来改变市场的信念和态度。

(2) 无需求。目标消费者可能对某些产品毫无兴趣或者漠不关心。如农场主可能对一件新式农具无动于衷，大学生可能觉得学外语索然无味。营销者的任务就是设法把产品的好处和人的自然需要、兴趣联系起来。

(3) 潜在需求。有相当一部分消费者可能对某物有一种强烈的渴求，而现成的产品或服务却又无法满足这种需求。如人们对于无害香烟、安全的居住区以及节油汽车等有一种强烈的潜在需求。营销者的任务便是衡量潜在市场的范围，开发有效的商品和服务来满足这些需求。

(4) 下降需求。每个组织或迟或早都会面临市场对一个或几个产品的需求下降的情况。营销者的任务便是分析需求衰退的原因，决定能否通过开辟新的目标市场，改变产品特色，或者采用更有效的沟通手段来重新刺激需求。

(5) 不规则需求。许多组织面临着每季、每天甚至每小时都在变化的需求，这种情况往往导致生产能力不足或过剩。如在大规模的公共交通系统中，大量的设备在交通低潮时常常闲置，而在高峰时又不够用；博物馆平时参观的人很少，但一到周末，却门庭若市。此时，营销任务则可以通过灵活定价、推销和其他刺激手段来改变需求的时间模式。

(6) 充分需求。当组织对其业务量感到满意时，就达到充分需求。此时，营销任务是在面临消费者偏好发生变化和竞争日益激烈时，努力维持现有的需求水平；该组织必须保证产品质量，不断地衡量消费者的满意程度，以确保企业的工作效率。

(7) 超饱和需求。有些组织面临的需求水平会高于其能够或者想要达到的水平。如金门大桥所承受的交通负担超过了安全载量，黄石公园在夏季拥挤不堪。此时营销的任务就是设法暂时地或者永久地降低需求水平，如提高价格、减少推销活动和服务。

(8) 不健康的需求。不健康的产品会引起抵制消费的活动，如烟、酒、毒品等。此时，营销的任务是劝说消费者放弃这种爱好，采用的手段包括传递危害的信息、大幅提价以及减少供应。

三、市场营销管理的过程

市场营销管理过程是指在企业的战略规划下制订和实施市场营销计划的过程，是企业为实现任务和目标而发现、分析、选择和利用市场机会的管理过程。市场营销管理包含分析市场机会、选择目标市场、策划营销战略、设计营销方案和实施营销计划 5 个方面。

(一) 分析市场机会

1. 发现和识别市场机会

企业可采取以下方法来发现和识别市场机会：

（1）收集市场信息。营销人员可通过经常阅读报纸、参加展销会、研究竞争者的产品、调查研究消费者的需求等来寻找、发现或识别未满足的需求和新的市场机会。

（2）分析产品/市场矩阵。营销人员可利用产品/市场分析矩阵来寻找、发现增长机会，见图2-1。

	现有产品	新产品
现有市场	Ⅰ（市场渗透）	Ⅱ（产品开发）
新市场	Ⅲ（市场开发）	Ⅳ（多元化）

图2-1　产品/市场分析矩阵

Ⅰ对应状态为现有市场、现有产品。企业分析的重点是消费者对现有产品的需求及满足程度，并由此决定市场渗透的程度。若消费者对现有产品需求较旺，则可对现有市场渗透扩张；否则，就进行适度收缩。

Ⅱ对应的状态为现有市场、新产品。企业分析的重点是现有市场上是否仍有其他未被满足的相关需求存在，若有，则说明现有市场中存在机会，企业可以通过开发新产品来满足这种市场需求。

Ⅲ对应的状态为新市场、现有产品。企业分析的重点是新市场是否存在对企业现有产品的需求，若存在，则说明企业在营销中存在机会，企业可以扩大生产以满足新市场对产品的需求。

Ⅳ对应的状态为新市场、新产品。企业分析的重点是新市场中是否存在未被满足的消费者需求，若存在，则可采取多元化经营战略。

（3）进行市场细分。营销人员可通过市场细分来寻找、发现最好的市场机会。营销人员不仅要善于寻找、发现有吸引力的市场机会，而且要善于对所发现的各种市场机会加以评估，判断哪些市场机会能为本企业带来利润。

2. 评估市场机会

在现代市场经济条件下，市场机会能否成为企业的机会，不仅要看利用这种市场机会是否与该企业的任务和目标相一致，更取决于该企业是否具备利用这种市场机会、经营这种业务的条件，以及该企业在利用这种市场机会、经营这种业务时是否比其潜在的竞争者有更大的优势。

此外，还要进一步对每种有吸引力的企业机会进行评价。也就是说，还要进一步调查研究：谁购买这些产品？他们愿意花多少钱？他们要买多少？顾客在何处？谁是竞争对手？需要什么分销渠道？通过调查研究这些问题，营销人员要分析研究营销环境、消费者市场、生产者市场、中间商市场和政府市场。此外，企业的财务部门和制造部门还要估算成本，以确定这些市场机会能否给企业带来利润。

（二）选择目标市场

市场机会的发现使企业知道了它应当去满足什么样的需要，但要建立起企业在其将要进入的市场中的相对优势，还必须知道它应当满足哪些人的需要。这是因为对同样需要的满足，不同人群所要求的满足形式、程度和成本等是不一样的，企业只有认识了这些对需要的满足方式所存在的差异，才能提供最受欢迎的满足方式，从而在市场中建立起自己的相对优势。

（三）策划营销战略

企业进行了市场的选择和定位后，就必须对营销战略做出规划，以使自己在市场营销过程中有明确的指导思想。营销战略直接受公司的业务战略计划指导，只是在具体产品的开发上，要进行更为具体的策划和落实。对于新产品的开发、品牌的管理与经营、市场的进入、市场的布局、促销等方面都要做出具有新意和实效的战略策划，以保证企业的营销目标能够顺利实现。

营销战略的选择还必须从企业实际的市场地位和竞争力出发。在一个寡头垄断的市场上，企业通常会处于不同的市场地位，如领导者、挑战者、追随着或补缺者等，企业只有从实际的市场地位出发去选择相应的营销战略，才可能取得成功。

（四）设计营销方案

营销战略的实施必须转化为具体的营销方案。营销方案规定了营销活动的每一个步骤和细节。营销方案一般应包括以下3项内容：

1. 确定市场营销组合

市场营销组合是为了满足目标市场的需求，企业对自身可以控制的各种市场营销要素如质量、包装、价格、广告、销售渠道等的优化组合。

企业可控制的市场营销要素有很多，为了便于分析运用，这里采用美国的E. J. 麦卡锡教授提出的分类方法——4Ps法：产品（Product）、价格（Price）、地点（Place）和促销（Promotion）。市场营销组合就是这4个"P"的搭配与组合，它体现了现代市场营销观念指导下的整体营销思想。

产品是企业提供给目标市场的"货物和劳务"的总称，包括产品质量、外观、款式、品牌、规格、型号、包装以及各种服务保障，如送货、退货、安装、维修等。

价格是顾客购买产品时所支付的价钱，包括价目表上所列出的价格、折扣、支付期限、信用条件等。

分销地点是企业协调渠道系统中的其他成员，使其产品接近和到达目标顾客的活动的总称，包括渠道选择、销售模式、商品储存、运输等。

促销是企业宣传产品并且说服目标顾客购买其产品所进行的一系列活动的总称，包括广告、人员推销、营业推广、宣传报道等。

2. 营销的费用预算

对所要达到的营销目标，必然需要投入相应的营销费用。营销费用的提取与控制，可依据销售额比率，也可依据达到营销目标的实际需要，有时甚至要根据竞争对手的营销费用水平，以求在竞争实力上能保持均衡。在对营销费用进行预算时，要避免过多考虑同往期业绩挂钩，因为有时在销售业绩不好的情况下，更需要加大营销的力度，营销费用的预算可能要求更多。

3. 营销资源的分配

在具体的营销计划中，应当对营销资源（包括营销费用）在各项具体的营销活动中进行合理的分配，以形成整合营销的效果。营销资源的分配不仅要考虑在各种策略工具（如产品、定价、分销、促销）中形成合理结构，而且还要考虑在不同区域市场（如北方、南方、东部、西部）中的合理分配，有时还要考虑在不同的阶段和时期中适量投入，以形成营销活动的持续性。

（五）实施营销计划

营销计划的实施是营销目标实现的基础，再好的营销计划也只有在得到充分实施之后才能显示出它的效果。而营销计划的成功实施则取决于一个高效的营销组织系统和一套完备的营销控制程序。

企业的营销组织可以根据企业的性质、任务的不同而有所不同。但从管理原理的角度讲，它都会由一个处于公司决策层次的分管领导（如营销副总经理）、一个专门的职能部门（如营销部或市场部）以及一支从事营销活动的工作人员队伍组成。营销副总经理负责公司营销职能同其他职能乃至公司决策层面的沟通与协调；营销部负责公司营销活动的策划、组织与实施；营销队伍则是开展具体营销活动的基本力量。

营销控制是保证营销计划顺利实施的重要环节，一般主要抓好3个方面：①年度计划的控制，即从数量和进度上保证营销计划的实施；②盈利能力的控制，即从营销的质量上进行检验和提高；③战略控制，即注意营销计划同环境的适应性，以及保证营销活动能促使企业总体战略目标的实现。

四、市场营销组合策略

（一）市场营销组合概述

市场营销组合是指企业针对目标市场的需要，综合考虑环境、能力、竞争状况，对自己可控制的各种营销要素（产品、价格、分销、促销等）进行优化组合和综合运用，以取得更好的经济效益和社会效益。

市场营销组合是现代市场营销理论的一个重要概念。1953年，美国哈佛大学教授尼尔博登（Neil Borden）在美国市场营销学会的就职演说中创造了"市场营销组合"这一术语，其意是指市场需求或多或少地在某种程度上受到"营销变量"或"营销要素"的影响。为了寻求一定的市场反应，企业要对这些要素进行有效的组合，从而满足市场需求，获得最大利润。

市场营销组合是制定企业营销战略的基础，做好市场营销组合工作可以保证企业从整体上满足消费者的需求。市场营销组合是企业对付竞争者强有力的手段，是合理分配企业营销预算费用的依据。

从管理决策的角度看，影响企业市场营销活动的各种要素（变量）可以分为两大类：一是企业不可控要素，即营销者本身不可控制的市场营销环境，包括微观环境和宏观环境；二是可控要素，即营销者自己可以控制的产品、商标、品牌、价格、广告、渠道等。

市场营销组合策略包括以下4个方面：

（1）产品策略（Product Strategy），主要是指企业以向目标市场提供各种适合消费者需求的有形和无形产品的方式来实现其营销目标，包括对同产品有关的品种、规格、式样、质量、包装、特色、商标、品牌以及各种服务措施等可控因素的组合和运用。

（2）定价策略（Pricing Strategy），主要是指企业按照市场规律以制定价格和变动价格等方式来实现其营销目标，包括对同定价有关的基本价格、折扣价格、补贴、付款期限、商业信用以及各种定价方法和定价技巧等可控因素的组合和运用。

（3）分销策略（Placing Strategy），主要是指企业合理地选择分销渠道和组织商品实体流通的方式来实现其营销目标，包括对同分销有关的渠道覆盖面、商品流转环节、中间商、网点设置以及储存运输等可控因素的组合和运用。

（4）促销策略（Promotion Strategy），主要是指企业利用各种信息传播手段刺激消费者的购买欲望，以促进产品销售的方式来实现其营销目标，包括对同促销有关的广告、人员推销、营业推广、公共关系等可控因素的组合和运用。

市场营销组合策略的基本思想在于：从制定产品策略入手，同时制定价格、分销渠道及促销策略，组合成策略总体，从而达到以合适的商品、合适的价格、合适的促销方式，把产品送到合适地点的目的。企业经营的成败，在很大程度上取决于这些组合策略的选择和它们的综合运用效果。

（二）市场营销组合的特点

市场营销组合作为企业一个非常重要的营销管理方法，具有以下特点：

（1）市场营销组合是一个变量组合。构成市场营销组合的各个自变量，是影响市场营销效益的决定性要素，而市场营销组合的最终结果就是这些变量的函数，即因变量。从这个关系看，市场营销组合是一个动态组合，只要改变其中的一个要素，就会出现一个新的组合，产生不同的营销效果。

（2）市场营销组合的层次。市场营销组合由许多层次组成，就整体而言，"4Ps"是一个大组合，其中每一个P又包括若干层次的要素。这样，企业在确定市场营销组合时，不仅更为具体和实用，而且相当灵活；不仅可以选择4个要素之间的最佳组合，而且可以合理安排每个要素内部的组合。

（3）市场营销组合的整体协同作用。企业必须在准确地分析、判断特定的市场营销环境、企业资源及目标市场需求特点的基础上，才能制定出最佳的市场营销组合。所以最佳的市场营销组合的作用不是产品、价格、渠道和促销4个营销要素的简单数字相加，即 $4Ps \neq P+P+P+P$，而是使它们产生一种整体协同作用。

（4）市场营销组合必须具有充分的应变能力。市场营销组合作为企业营销管理的可控要素，一般来说，企业具有充分的决策权。例如，企业可以根据市场需求来选择确定产品结构，制定具有竞争力的价格，选择最恰当的销售渠道和促销媒体。但是，企业并不是在真空中制定的市场营销组合。随着市场竞争和顾客需求及外界环境的变化，必须对营销组合随时调整，使其保持竞争力。总之，市场营销组合对外界环境必须具有充分的适应能力和灵敏的应变能力。

（三）营销组合的创新与发展

1. 大市场营销（6P）

20世纪80年代以来，世界经济发展滞缓，市场竞争日益激烈，政治和社会因素对市场营销的影响和制约越来越大。这就是说，一般营销策略组合的4P不仅要受到企业本身资源及目标的影响，而且更受企业外部不可控因素的影响和制约。一般市场营销理论只看到外部环境对市场营销活动的影响和制约，而忽视了企业经营活动也可以影响外部环境。

1986年，菲利普·科特勒在《哈佛商业评论》上发表了《论大市场营销》。他提出了"大市场营销"概念，即在原来的4Ps的基础上，增加2个P："政治力量"（Political Power）和"公共关系"（Public Relations）。他认为，现在的公司还必须掌握另外两种技能：一是政治力量。也就是说，公司必须懂得怎样与其他国家打交道，必须了解其他国家的政治状况，才能有效地向其他国家推销产品；二是公共关系。营销人员必须懂得公共关系，知道如何在公众中树立产品的良好形象。这一概念的提出，是 20 世纪 80 年代市场营销战略思想的新发展。用菲利普·科特勒自己的话说，这是"第四次浪潮"。1984 年夏，他在美国西北大学说："我目前正在研究一种新观念，我称之为'大市场营销'。我想我们学科的导向，已经从分配演变到销售，继而演变到市场营销，现在演变到'大市场营销'。"

科特勒给大市场营销下的定义为：为了成功地进入特定市场，在策略上必须协调地使用经济、心理、政治和公共关系等手段，以取得外国或地方有关方面的合作和支持。此处所指特定的市场，主要是指壁垒森严的封闭型或保护型的市场。贸易保护主义的回潮和政府干预的加强，是国际、国内贸易中大市场营销存在的客观基础。要打入这样的特定市场，除了要做出较多的让步外，还必须运用大市场营销策略即 6P 组合。大市场营销概念的要点在于当代营销者需要借助政治力量和公共关系技巧去排除产品通往目标市场的各种障碍，取得有关方面的支持与合作，实现企业营销目标。

市场营销学在理论研究的深度上和学科体系的完善上得到了极大的发展，市场营销学的概念有了新的突破。大市场营销理论有以下特点：

（1）大市场营销十分注重调和企业与外部各方面的关系，以排除人为的（主要是政治方面的）障碍，打通产品的市场通道。这就要求企业在分析满足目标顾客需要的同时，必须研究来自各方面的阻力，制定对策，这在相当程度上依赖于公共关系工作去完成。

（2）大市场营销打破了传统的关于环境因素之间的分界线。即突破了市场营销环境是不可控因素的界线，重新认识市场营销环境及其作用，某些环境因素可以通过企业的各种活动施加影响或运用权力疏通关系来加以改变。

（3）大市场营销的目的是打开市场之门，进入市场。在大市场营销条件下，企业面临的首要问题是如何进入市场，从而影响和改变社会公众、顾客、中间商等营销对象的态度和习惯，使企业营销活动能顺利开展。

（4）大市场营销的涉及面比较广泛。在大市场营销条件下，企业营销活动除了与上述各方发生联系外，还涉及更为广泛的社会集团和个人，如立法机构、政府部门、政党、社会团体、工会、宗教机构等。企业必须争取各方面的支持与合作。

（5）大市场营销的手段较为复杂。在大市场营销条件下，企业的市场营销组合是 6P 组合。就权力而言，在开展大市场营销时，为了进入特定市场，必须找到有权打开市场之门的人，这些人可能是具有影响力的企业高级管理人员、立法部门或政府部门的官员等。营销人员要有高超的游说本领和谈判技巧，以便能使这些"守门人"采取积极合作的态度，从而达到预期目的。然而，单纯靠权力，有时难以使企业进入市场并巩固其在市场中的地位，而通过各种公共关系活动，逐渐在公众中树立起良好的企业形象和产品形象，往往能收到更广泛、更持久的效果。

（6）大市场营销既采用积极的诱导方式，也采用消极的诱导方式。在大市场营销条件下，对方可能提出超出合理范围的要求，或者根本不接受积极的诱导方式。因此，有时要采用消极的诱导方式，"软硬兼施"，促成交易。但消极的诱导方式有悖于职业道德，有可能引起对方的反感，因此要慎用或不用。

（7）大市场营销投入的资本、人力、时间较多。在大市场营销条件下，由于要与多个方面打交道，以逐步消除或减少各种壁垒，企业必须投入较多的人力和时间，花费较大的资本。

2. 战略营销组合（11P）

随着对营销战略计划过程的重视，1986 年，美国著名市场营销学家菲利普·科特勒教授又提出了战略营销计划过程的新观点，指出战略营销计划过程必须优先于战术营销组合（即 4P 组合）。战略营销计划过程也可以用 4P 来表示，分别是探查（Probing）、分割（Partitioning）、优先（Prioritizing）和定位（Positioning）。它将产品、定价、渠道、促销称为"战术 4P"，将探查、分割、优先、定位称为"战略 4P"。该理论认为，企业在"战术 4P"和"战略 4P"的支撑下，运用"权力"和"公共关系"，可以排除通往目标市场的各种障碍。

战略 4P 的含义如下：

（1）探查。即探查出市场由哪些人组成，市场是如何细分的，都需要些什么，竞争对手是谁以及怎样才能使竞争更有成效。市场营销人员所采取的第一个步骤，就是要调查研究，即市场营销调研（Marketing Research）。市场营销调研是在市场营销观念的指导下，以满足消费者需求为中心，用科学的方法，系统地收集、记录、整理、分析有关市场营销的情报资料，从而提出解决问题的建议，确保营销活动顺利进行。市场营销调研是市场营销的出发点。

（2）细分。即把市场分成若干部分，这是根据消费者需要的差异性，运用系统的方法，把整体市场划分为若干个消费者群的过程。每一个市场上都有各种不同的人（顾客群体），且他们都有各自不同的生活方式。比如：有些顾客要买汽车，有的要买机床，有的希望产品质量高，有的希望售后服务好，等等。分割的含义就是要区分不同类型的买主，即进行市场细分，识别差异性顾客群。

（3）优先。即在市场细分的基础上，企业选择所要进入的那部分市场，或要优先最大限度地满足的那部分消费者。

（4）定位。即是指市场定位，其含义是根据竞争者在市场上所处的位置，针对消费者对产品的重视程度，强有力地塑造出本企业产品与众不同的、给人印象鲜明的个性或形象，从而使产品在市场上确定适当的位置。换句话说，定位就是你必须在顾客心目中树立某种形象。

科特勒认为，只有在做好战略营销计划过程的基础上，战术营销组合的制定才能顺利进行。因此，企业首先必须做好探查、分割、优先和定位 4 项营销战略计划，并精通产品、地点、价格和促销 4 种营销战术，此外，企业还要善于运用公共关系和政治权力（Political Power）两种营销技巧。这样一个包含 10P 要素的全面的市场营销战略分析框架就清晰可见了。

在科特勒的理解中，应该还有第 11 个"P"，即"人"（People），指员工和顾客。"只有发现需求，才能满足需求"，这个过程要靠员工实现。因此，企业要想方设法调动员工的积极性。顾客是企业营销过程的一部分，比如网上银行，客户参与性就很强。这个"P"贯穿于市场营销活动的全过程，是实现前面 10 个"P"的保证。

由上可见，11P 包括大市场营销组合即 6P 组合（产品、价格、促销、分销、政府权力和公共关系）。6P 组合称为市场营销的策略，其确定得是否恰当，取决于市场营销战略 4P（探查、分割、优先和定位），最后一个"P"（员工）贯穿于企业营销活动的全过程，也是实现前面 10 个 "P" 的保证。

3. 服务市场营销组合（7P）

随着 20 世纪 70 年代以来服务业的迅速发展，越来越多的证据显示，产品营销组合要素的构成并不完全适用于服务营销。与有形产品的营销一样，在确定了合适的目标市场后，服务营销工作的重点同样是采用正确的营销组合策略，满足目标市场顾客的需求，占领目标市场。但是，服务及服务市场具有若干特殊性，从而决定了服务营销组合策略的特殊性。美国服务营销学家布姆斯（Booms）和比特纳（Bitner）针对服务的特殊性提出了扩展营销组合，又称服务营销组合，即 7Ps 理论，分别是：产品（Product）、定价（Price）、渠道（Place）、促销（Promotion）、人员（People）、有形展示（Physical Evidence）和过程（Process）。7Ps 理论在传统的 4Ps 的基础上，根据服务业的特点，增加了有形展示、人员和服务过程 3 个组合因素。

（1）产品。服务产品必须考虑提供服务的范围、服务质量、服务水平、品牌、保证以及售后服务等。服务产品的这些因素组合的差异相当大，例如，一家供应各种菜肴的小餐馆和一家供应各色大餐的五星级大饭店的因素组合就存在着明显差异。

（2）定价。价格方面要考虑的因素包括价格水平、折扣、佣金、付款方式和信用。在区别一项服务和另一项服务时，价格是一种识别方式，顾客可从一项服务的价格感受到其价值的高低。而价格与质量间的相互关系，也是服务定价的重要考虑因素。

（3）渠道。服务提供者的所在地以及其地缘的便利性都是影响服务营销效益的重要因素。地缘的便利性不仅是指实体意义上的便利，还包括传导和接触的其他方式，所以分销渠道的类型及其涵盖的地区范围都与服务便利性密切相关。

（4）促销。促销包括广告、推销、销售促进、公共关系等各种市场营销沟通方式。

（5）人员。在服务企业担任生产或操作性角色的人员，在顾客看来其贡献和其他销售人员相同，大多数服务企业的特点是操作人员可能承担服务表现和服务销售的双重任务。因此，市场营销管理者必须和作业管理者协调合作。企业工作人员的任务极为重要，尤其是那些经营"高接触度"服务业务的企业，所以营销管理者还必须重视雇员的挑选、培训、激励和控制。此外，对某些服务而言，顾客与顾客间的关系也应引起重视，因为某顾客对一项服务产品质量的认知，很可能要受到其他顾客的影响。

（6）有形展示。有形展示会影响消费者对一家服务企业的评价。有形展示包含的因素有：实体环境（装潢、颜色、陈设、声音），提供服务时所用的装备实体（如汽车租赁公司所需要的汽车），以及其他实体性信息标志（如航空公司所使用的标志、干洗店将洗好的衣物加上的"包装"等）。

（7）过程。在服务企业，人员的行为和过程很重要，工作人员的表情愉悦、专注和关切，可以减轻必须排队等待服务的顾客的不耐烦感，还可以平息技术上出问题时的怨言或不满。整个系统的运作政策和程序方法的采用、服务供应中机械化程度、员工决断权的适用范围、顾客参与服务操作过程的程度、咨询与服务的流动等，都是市场营销管理者需特别关注的问题。

4P 与 7P 之间的差别主要体现在 7P 的后 3 个 "P" 上。从总体上来看，4P 侧重于早期营销对产品的关注上，是实物营销的基础；而 7P 则侧重于在产品之外的服务营销上。

4. 4C 与 4R 组合

在以消费者为核心的商业世界中，厂商所面临的最大挑战之一便是，消费者的形态差异太大，随着这一"以消费者为中心"时代的来临，传统的营销组合 4P 已无法完全顺应时代的要求，于是营销学者提出了新的营销要素。

（1）4C 组合。1990 年，美国营销专家劳特朋先生在《广告时代》上提出了市场营销组合的新观点——4C 组合。它强调企业首先应该把追求顾客满意放在第一位，产品必须满足顾客需求，同时，降低顾客的购买成本，产品和服务在研发时就要充分考虑客户的购买力；其次，要充分注意到顾客购买过程中的便利性；最后，应以消费者为中心实施有效的营销沟通。

①顾客（Customer）。4C 组合认为，消费者是企业一切经营活动的核心，企业重视顾客要甚于重视产品，这体现在两个方面：一是创造顾客比开发产品更重要；二是消费者需求和欲望的满足比产品功能更重要。

②成本（Cost）。4C 组合将营销价格因素延伸为生产经营全过程的成本，包括以下两方面：一是企业生产成本，即企业生产适合消费者需要的产品成本。价格是企业营销中值得重视的，但价格归根结底由生产成本决定，再低的价格也不可能低于成本。二是消费者购物成本。它不单是指购物的货币支出，还包括购物的时间、体力和精力耗费以及风险承担（即消费者可能承担因购买到质价不符或假冒伪劣产品而带来的损失）。值得注意的是，近年来出现了一种新的定价思维，以往企业对于产品价格的思维模式是"成本—适当利润—适当价格"，新模式则是"消费者接受的价格—适当的利润—成本上限"。也就是说，企业界对于产品的价格定义，已从过去由厂商的"指示"价格，转换成了消费者的"接受"价格，我们可以把这看作一场定价思维的革命。新的定价模式将消费者接受价格列为决定性因素，企业要想不断追求更高利润，就不得不想方设法降低成本，从而推动生产技术、营销手段进入一个新的水平。

③便利（Convenience）。4C 组合强调企业提供给消费者的便利比营销渠道更重要。便利，就是方便顾客，维护顾客利益，为顾客提供全方位的服务。便利原则应贯穿于营销的全过程：产品销售前，企业应及时向消费者提供充分的关于产品性能、质量、使用方法及使用效果的准确信息；产品销售中，企业应给顾客以最大的购物方便，如自由挑选、方便停车、免费送货等；产品销售后，企业更应重视信息反馈，及时答复、处理顾客意见，对有问题的商品要主动包退包换，对产品使用故障要积极提供维修方便，对大件商品甚至要终身保修。目前，国外经营成功的企业，无不在服务上下大功夫，很多企业为方便顾客，还开办了热线电话服务、咨询导购、代购代送，遇到顾客投诉及时答复，并根据情况及时为顾客安排专人维修和排除故障。与传统的渠道战略相比，4C 组合更重视服务环节，强调企业既出售产品，也出售服务；消费者既购买到商品，也购买到便利。

④沟通（Communication）。4C 组合用沟通取代促销，强调企业应重视与顾客的双向沟通，以积极的方式适应顾客的情感，建立基于共同利益之上的新型的企业、顾客关系。格朗普斯认为，企业营销不仅仅是企业提出承诺，单向劝导顾客，更重要的是追求企业与顾客的共同利益，"互利的交换与承诺的实现是同等重要的"。同时，强调双向沟通，应有利于协调矛盾，融合感情，培养忠诚的顾客，而忠诚的顾客既是企业稳固的消费者，也是企业最理想的推销者。

4C 组合是站在消费者的立场上重新反思营销活动的诸要素，是对传统 4P 理论的发展和深化。显然，4C 组合有助于营销者更加主动积极地适应市场变化，有助于营销者与顾客达成更有效的沟通。

（2）4R 组合。近年来，美国学者唐·舒尔茨教授（Don Shultz）提出了基于关系营销的 4R 组合，受到了广泛的关注。4R 阐述了一个全新的市场营销四要素，即关联（Relevance）、反应（Response）、关系（Relationships）和回报（Returns）。

①与顾客建立关联。在竞争性市场中，顾客具有动态性。顾客忠诚度是变化的，他们会转向其他企业。要提高顾客的忠诚度，赢得长期而稳定的市场，重要的营销策略是通过某些有效的方式在业务、需求等方面与顾客建立关联，形成一种互助、互求、互需的关系。

②提高市场反应速度。在今天相互影响的市场中，对经营者来说最现实的问题不在于如何控制、制订和实施计划，而在于如何站在顾客的角度及时地倾听顾客的希望、渴望和需求，并及时答复和迅速做出反应，满足顾客的需求。

③重视关系营销。在企业与客户的关系发生了根本性变化的市场环境中，抢占市场的关键已转变为与顾客建立长期而稳固的关系，从交易变成责任，从顾客变成朋友，从管理营销组合变成管理和顾客的互动关系。

④回报是营销的源泉。对企业来说，市场营销的真正价值在于其为企业带来短期或长期收入和利润的能力。

4R 理论以竞争为导向，在新的层次上概括了营销的新框架，体现并落实了关系营销的思想。即通过关联、反应和关系，提出了如何建立关系、长期拥有客户、保证长期利益的具体操作方式，这是一个具有里程碑意义的进步。反应机制为互动与双赢、建立关联提供了基础和保证，同时也延伸和升华了便利性。而回报则兼容了成本和双赢两方面的内容。这样，企业为顾客提供价值和追求回报相辅相成、相互促进，客观上达到了一种双赢的效果。

第二节　市场营销管理哲学

一、市场营销管理哲学的含义

市场营销管理哲学是指企业在开展市场营销管理过程中，在处理与企业、顾客、社会及其他利益相关者关系时所持有的态度、思想和观念。它是营销活动及管理的基本指导思想，是一种观念、一种态度或是一种企业思维方式。任何一个现代企业参加市场经营活动，都要受到一定的市场营销观念所支配，而市场营销观念是否符合市场的客观实际，关系到现代企业的经营成败。

市场营销管理哲学的核心是正确处理企业、顾客和社会三者之间的利益关系。随着生产和交换向纵深发展，社会、经济与市场环境的变迁和企业经营经验的积累，市场营销管理观念发生了深刻的变化。这种变化的基本轨迹是由企业利益导向转变为顾客利益导向，再发展到社会利益导向。

在现代企业的市场营销学中，十分强调现代企业要有正确的市场营销观念。这是因为：第一，现代企业的市场营销决策和计划需要企业管理人员去制定、执行、监督和控制，现代企业具体的市场营销工作需要营销人员去从事并完成。这一系列经营管理活动都要按照一定的市场营销观念去进行。第二，任何现代企业都是在一定的环境下从事营销活动的。当外界环境发生重大变化时，现代企业必须以正确的市场营销观念为指导，及时调整营销策略。第三，现代企业市场营销学实质上就是现代企业以正确的市场营销观念为指导，组织和从事市场营销活动的学科。随着市场经济的发展，现代企业的市场营销观念也要随之发生变化，这就要求建立与之相适应的市场营销理论。因此，了解市场营销观念在实践中的演变和现代企业市场营销观念的基本特征，是现代企业管理者的一项重要任务。

二、市场营销管理哲学的演进

1. 生产观念

生产观念是一种最古老的指导企业市场营销活动的观念。这种观念认为，消费者喜爱那些可以到处买到并且价格低廉的产品，因而生产导向性企业的管理部门总是致力于获得高生产率和广泛的销售覆盖面。

生产观念是在卖方市场下产生的。20世纪20年代之前，生产的发展不能满足需求的增长，多数商品都处于供不应求的情况，在这种卖方市场下，只要有商品、质量过关、价格便宜，就不愁在市场上找不到销路，有许多商品都是顾客上门求购。于是生产观念就应运而生，在这种观念的指导下，企业以产定销，关注于集中一切力量来扩大生产、降低成本，生产出尽可能多的产品来获取更多利润。这种生产导向性企业提出的口号是"我们会生产什么就卖什么"，不讲究市场营销。

显然，企业奉行生产观念是有一定前提的：

（1）以产品供不应求的卖方市场为存在条件。在这种情况下，消费者最关心的是能否得到产品，而不会去注意产品的细小特征，于是企业不愁其产品卖不出去，只需集中力量想方设法扩大生产。

（2）产品成本很高的企业，为了提高生产率、降低成本来扩大市场，也奉行生产观念。例如，在20世纪初，美国福特汽车公司曾倾全力于汽车的大规模生产，以降低成本，使大多数美国人能买得起汽车，扩大福特汽车的市场；同时，因其生产的T型车十分畅销，根本无须推销，以至亨利·福特这位汽车大王曾傲慢地宣称："不管顾客需要什么颜色的汽车，我只有一种黑色的。"这是当时生产观念的典型表现。

生产观念并非在20世纪20年代以后就销声匿迹了。在一些特定的形势下，如日本1945年战败后数年之内，因商品短缺、供不应求，生产观念在企业经营管理中曾一度流行；我国在过去较长时间内，因物资短缺、供不应求，许多企业经营管理也奉行生产观念，以产定销，企业生产什么就卖什么，生产多少就卖多少，根本不重视市场营销工作。可见，生产观念在一定条件下是合理的，有指导作用。然而，一旦市场形势发生了变化，比如说不再是卖方市场，而处于买方市场，生产观念就会不合时宜，成为企业经营的严重障碍。因此，企业在新形势下必须用新的观念为指导。

小案例

福特 T 型车的成与败

20 世纪初，美国汽车工厂都处于作坊式的手工生产状态。这种生产方式使汽车的产量很低，成本居高不下，一辆汽车在美国的售价大约是 4 700 美元，相当于一个普通工人好几年的收入。

1908 年 10 月 1 日，福特汽车公司推出了 T 型车。最初用于生产 T 型车的流水线使福特汽车公司装配一辆汽车仅仅需要 12.5 小时，而其他公司需要 700 多小时。这使得福特汽车公司最初推向市场的 T 型车定价只有 850 美元，远远低于市场价格水平。福特汽车公司把单一型号大批量生产的潜力发挥到了极致，先进的生产方式为它带来了极大的市场优势，成为当时美国最大的汽车公司。

但到了 20 世纪 20 年代中期，由于产量激增，美国汽车市场基本形成了买方市场。当其竞争对手通用汽车公司在汽车的舒适化、个性化和多样化等方面大做文章时，亨利·福特仍然顽固地坚持以生产为中心的观念，他甚至不愿意生产除黑色以外其他颜色的汽车，只是以不断降价来应对竞争对手。他曾宣称："不管顾客需要什么样颜色的汽车，我只有一种黑色的。"但当降价也不再有效、库存大量积压时，福特不得不在 1927 年停止 T 型车的生产。

（资料来源：钱旭潮，王龙. 市场营销管理——需求的创造与传递［M］. 北京：机械工业出版社，2021）

2. 产品观念

产品观念也是一种古老的指导企业市场营销的思想。这种观念认为，消费者最喜欢那些高质量、多功能和有特色的产品，因而产品导向性企业中，管理当局总致力于生产高值产品，并不断地改进产品，使之日臻完美。

许多企业管理者认为，顾客总是欣赏精心制造的产品，他们能够鉴别产品的质量和功能，并愿意花较多的钱买质量上乘的产品。然而，由于企业管理者往往会深深地迷恋自己的产品，对该产品在市场上是否迎合时尚、是否朝着不同的方向发展等关键问题缺乏敏感与关注，所以产品观念容易导致"营销近视症"，即不适当地把注意力放在产品上，而不是放在消费者的需求上。有这样一个故事：一位办公室文具柜制造商认为他的文具柜一定好销，因为它们是世界上最好的柜子。他自豪地说："这些柜子即便从 4 层楼扔下去也能完好无损。"他的销售经理对此表示赞同，但补充了一句："不过我们的顾客并不打算把它们从 4 层楼往下扔。"

产品观念的奉行，曾使许多企业患上了"营销近视症"。这些企业将自己的注意力集中在现有产品上，集中主要的技术、资源进行产品的研究和大规模生产，他们看不到消费者需求的不断发展变化，以及对产品提出的新要求；看不到新的需求带来了产品的更新换代的契机，以及在新的市场形势下，营销策略应随市场情况的变化而变化，以为只要有好的产品就不怕顾客不上门，以产品之不变去应市场之万变，因而不能随顾客需求变化以及市场形势的发展去预测和顺应这种变化，树立新的市场营销观念和策略，最终导致企业经营的挫折和失败。

3. 推销观念

推销观念（或称"销售观念"）是被许多现代企业所采用的一种观念。这种观念认为，消费者通常有一种购买惰性或抗衡心理，如果顺其自然的话，消费者就不会足量购买某一产品，因而现代企业必须积极推销和大力促销，以刺激消费者大量购买本企业的产品。其指导思想是："我们卖什么产品，就设法让人们买什么产品。"这种观念使许多现代企业的领导者认识到，现代企业不能只集中力量发展生产，即使有物美价廉的产品，也必须保证这些产品能被人购买，只有这样企业才能生存和发展。

推销观念是在资本主义经济从卖方市场向买方市场转变过程中产生的。它流行于20世纪30—50年代。在这个时期，科学技术有了很大发展，生产的产品迅速增加，供求状况发生了变化，虽然买方市场未最后形成，但企业之间竞争日趋激烈，销售问题暴露出来，在经济危机时表现得更加严重，企业倒闭时有发生，产品的销路问题成了企业生存和发展的关键。这种客观形势的发展，使企业感到仅有物美价廉的产品还是不够的，要在竞争中获取更多利润，还必须重视和加强产品的推销工作。于是，现代企业开始重视广告、推销和市场调查，逐渐关心产品销售状况，而不像过去那样仅仅关心产品的产量。例如，在1930年以后，美国皮尔斯堡面粉公司发现推销其产品的中间商，有的开始从其他厂家进货。为了寻求中间商，公司的口号改为"本公司旨在推销面粉"，并第一次在公司内部成立了市场调研部门，派出大量推销人员从事推销业务。

与前两种观念一样，推销观念也是建立在以企业为中心、"以产定销"的观念上的，而不是满足消费者真正需要的基础上的。

4. 市场营销观念

（1）市场营销观念概述。市场营销观念认为，实现企业目标、获取最大利润的关键在于以市场需求为中心组织企业营销活动，有效地满足消费者的需求和欲望。其指导思想是"顾客需要什么产品，我就生产什么产品"或"生产消费者需求的产品"。

20世纪50年代以后，随着科学技术的飞速进步和生产的不断发展，美国等发达资本主义国家，已经由个别产品供过于求的买方市场，变为总量产品供过于求的买方市场。并且，由于个人收入和消费水平的提高，市场需求瞬息万变，买方优势地位加强，尤其是企业之间竞争加剧。企业生产什么和生产多少的决定权掌握在消费者手里，消费者是决定企业命运的人。在此形势下，现代企业只有注重产前的市场调研，从消费者需求出发，组织生产经营活动，才能在竞争中立于不败之地。例如，"状元红"酒二进上海取得了成功，就是由于其树立了正确的市场营销观念，他们对一进上海的败因进行了反省和深思，发现主要原因是自己的经营观念保守陈旧，因而对症下药，下大力气深入调查上海的市场情况，寻找确定目标市场，并且针对目标市场的特点，在产品品种、式样、包装、商标、分销渠道、促销等方面大做文章，终于敲开了上海市场的大门。简单地说，导致"状元红"酒二进上海成功的根本原因是厂家确立了以市场、消费者需要为导向的市场营销观念。菲利普·科特勒把这种观念的要点解释为："实现组织目标的关键在于正确确定目标市场的需要和欲望，并且比竞争对手更有效、更有利地传送目标市场所期望满足的东西。"有了这种观念，再加上营销手段的适当配合，才有可能为营销活动的成功铺平道路。

（2）营销观念与传统观念的区别。市场营销作为一种活动虽有悠久的历史，但它作为一种企业营销观念,却是在20世纪50年代产生的。市场营销观念的产生,是市场观念的一次质的飞跃,它不仅改变了传统的生产观念、产品观念和推销观念的逻辑思维方法,而且在经营策略和方法上也有很大突破,表现在:

第一,传统观念以生产为中心,以产品为出发点,而市场营销观念则以消费者为中心,以顾客需要为出发点。

第二,传统观念的手段是销售推广,而市场营销观念则着眼于市场营销手段的综合运用。

第三,传统观念以增加生产、提高质量或扩大销售来获取利润,而市场营销观念则从满足消费者的需要中获取利润。

(3) 市场营销观念的支柱。在市场营销观念的指导下,企业营销活动的出发点是市场,工作重点是顾客需求,即以需求为中心,通过综合运用产品、价格、分销和促销等营销工具,从各方面满足和实现消费者需求,进而通过顾客满意获得利润。市场营销观念的4个主要支柱是:目标市场、顾客需要、协调营销和盈利性。

①目标市场。企业在从事营销活动时,必须选择目标市场,进行目标市场营销。从市场营销发展史考察,企业起初进行大量市场营销,后来随着市场形势变化转为实行产品差异营销,最后发展为目标市场营销。西方国家在工业化初期,由于物质短缺,生产在市场中占有主导地位,企业纷纷实行大量市场营销,即大量生产某种产品并通过众多的渠道大量推销产品,试图用这一产品来吸引市场上的所有购买者。在当时的经济条件下,企业采用这种营销模式,即提供大量价格低廉的某种产品给所有顾客,取得了丰厚的利润。后来,随着科学技术进步,科学管理和大规模生产的推广,产品数量迅速增加,卖主之间的竞争日趋激烈。由于同一行业中各个卖主的产品大体相似,因此,在竞争中企业不能控制产品的销售价格,这样,一些卖主开始认识到产品差异的重要性,实行产品差异策略的营销,即企业生产销售多种外观、式样、质量、型号的产品。但是,这时的产品差异策略的制定不是根据消费者需求的差异性,而是仅仅为了区别于竞争者,易于控制销售价格,即不是由市场细分产生的。到20世纪50年代,处在买方市场形势下的西方企业纷纷接受市场营销观念,开始实行目标市场营销,即企业认识到了整个市场不是同质的,消费者的欲望和购买力是有差异的。因此,企业尤其是现代企业必须对消费者需求进行识别、评价,然后根据消费者需求差异性进行市场细分。在此基础上,选择其中一个或几个细分市场作为目标市场,按照不同细分市场消费者的需求,运用适当的市场营销组合,满足目标市场需要。

②顾客需要。市场营销观念认为,顾客需要是企业营销活动的出发点,但是认识顾客的需要和欲望并非是一件容易的事情。营销人员要透过消费者行为洞察消费者的内心世界,仔细分析目标市场消费者的真正需要,以及目标市场中消费者需要的细微差别,从而有针对性地满足这些需要。在分析顾客需要时要注意从顾客观点出发来确定顾客需要,因为所有产品的品质、产品的文化品位都取决于消费者认识,只有与消费者进行充分沟通,了解其产品知识、品牌网络的知识、产品的效用需求及其评价标准、消费者的个性品位等特征,才能找准顾客心理,赢得消费者。在分析顾客需要时,还要注意顾客需求的变化。消费者的需求是不断发展和改变的,这要求现代企业的营销人员要时刻倾听消费者的声

音，与消费者时刻保持双向沟通。只有这样，才能留住顾客，并形成顾客忠诚。

③协调营销。协调营销包括两层含义：第一，现代企业的各种营销工具和营销活动必须密切配合、紧密协调。目标市场选择、市场定位以及各种营销工具的运用必须从顾客需求和顾客观点出发进行彼此协调。如果企业把高收入者作为目标市场，市场定位为优质高价，则产品策略必须在产品质量、产品设计和包装上保持一流；价格策略必须符合消费者身份和地位以及和产品品质保持一致；分销则应考虑产品的定位和高收入者的消费行为，采用选择性分销或独家分销的形式，分销商应选择有声望、专门销售顶级品牌和优质产品的分销商；促销所传达的信息也应符合目标市场和市场定位战略。第二，营销部门必须与其他部门进行协调。市场营销观念认为，只有现代企业的所有员工和部门都为顾客需要和满意而工作时，营销工作才能顺利开展。为此，现代企业要进行内部营销。内部营销是指训练和尽可能地激励员工很好地为顾客服务。

④盈利性。市场营销观念认为，市场营销活动的立足点不是利润本身，而是把获得利润看成是实现顾客需要的副产品。但这并不是说市场营销观念认为利润不重要，恰恰相反，市场营销观念认为盈利性对现代企业是很重要的，问题的关键是通过调查，了解消费者的需要，发现市场，找到获利机会。

5. 社会营销观念

社会营销观念认为，企业的任务在于确定目标市场的需要、欲望和利益，比竞争者更有效地使顾客满意，同时，还要满足消费者和社会的长远利益。

社会营销观念产生于20世纪70年代，是对市场营销观念的补充与修正。市场营销观念的中心是满足消费者的需求与愿望，进而实现企业的利润目标。但往往出现这样的现象，即在满足个人需求时，与社会公众的利益发生矛盾，一些企业的营销努力可能不自觉地造成社会的损失。例如，我国在2000年以前绝大多数企业生产的各种洗涤品都含磷，严重地污染了江河湖海，而我们人类又要从江河湖海中得到鱼虾等各种物质，因此，给人类的身体健康带来了很大的危害。又如，软性饮料满足了人们对方便的需求，但大量包装瓶罐的使用对社会财富造成了很大的浪费。为了应对这些问题，西方学者提出了社会营销观念。即企业决策者在确定经营目标时，既要考虑市场需求，同时又要注意消费者的长远利益和社会的长远利益。与单纯的市场营销观念比较，社会营销观念考虑了两方面利益：一方面是消费者利益，另一方面是社会的长远利益。可见，社会营销观念弥补了市场营销观念回避消费者需要、消费者利益和社会长期利益之间关系的现实，把目标市场需求、企业优势与社会利益三者有机结合起来，从而确定企业的经营方向与经营行为。

小案例

共享单车如何让生活更美好

共享单车曾被网民誉为"新四大发明"之一，以席卷之势出现在城市的大街小巷，但随之而来的是乱停乱放、堆积成灾、退押金难等问题，给城市管理、金融监管、交通安全、维权保障等方面带来极大困扰。

若从社会观的角度重新审视共享单车的发展，那么，共享单车企业作为营利主体应担负主要责任。首先，为了抢占市场，跑马圈地、烧钱铺车的粗放式投放模式，造成单车资源的巨大损耗与严重浪费，背离了"共享经济"的题中之义；其次，单车的过量投放以及停放管理滞后，造成对公共空间无所顾忌的侵占，在某种程度上是以解决公共服务难题的名义制造了新的公共服务难题，这是企业发展与社会责任的背离；最后，对用户押金缺乏合理、可续的管理机制，甚至设置壁垒形成退出的不自由，更是违背了基本的商业伦理，挫伤了品牌公信力，造成用户对整个行业的恐慌。

所以，尽管共享单车的逻辑起点符合市场期待，补足了公共服务的细分领域，在这些颇为基础的规则上却予以漠视甚至走错方向，所以，尽管其初期表现具备令人目眩的互联网诠释，但也难以避免如今的整体性后撤。未来的共享单车如何发展？不忘"初心"，方能行稳致远，才能真正地做到"骑行让生活更美好"！

（资料来源：钱旭潮，王龙. 市场营销管理——需求的创造与传递［M］. 北京：机械工业出版社，2021）

对于市场营销观念的4个支柱（目标市场、顾客需求、协调营销和盈利性），社会营销观念都做了修正。一是以消费者为中心，采取积极的措施。例如，提供给消费者更多、更快、更准确的信息，改进广告与包装，增进产品的安全感和减少环境污染，增进并保护消费者的利益；二是协调营销活动，即视企业为一个整体，全部资源统一运用，更有效地满足消费者的需要；三是求得顾客的真正满意，即视利润为顾客满意的一种报酬，视企业的满意利润为顾客满意的副产品，而不是把利润摆在首位。上述修正同时要求企业改变决策程序。在市场营销观念指导下，决策程序首先是决定利润目标，其次是寻求可行的方法来达到利润目标。社会市场营销观念则要求，决策程序应首先考虑消费者与社会的利益，寻求有效的满足与增进消费者利益的方法，其次再考虑利润目标，权衡预期的投资报酬率是否值得投资。这种决策程序的改变，并未否定利益目标及其价值，只是将消费者利益置于利润目标之上。

第三节　顾客价值与顾客满意

一、顾客满意

1. 顾客满意的含义

顾客满意（Customer Satisfaction，CS）是顾客的一种感觉状态的水平，它来源于对一件产品所设想的绩效或产出与顾客的期望所进行的比较。

顾客满意于20世纪80年代兴起于美国，90年代后成为一种潮流。其中心思想是要站在顾客的立场上考虑和解决问题，要把顾客的需要和满意放到一切考虑因素之首。

顾客的满意水平状态主要有3种：不满意、满意、十分满意。在激烈的市场竞争中，高度的满意能培养顾客对品牌的忠诚度。

通过满足需求达到顾客满意，最终实现包括利润在内的企业目标，是现代市场营销的基本精神。这一观念上的变革及其在管理中的运用，曾经使美国等西方国家在20世纪50年代后期和60年代在商业上十分繁荣，并使一批跨国公司快速成长。然而，实践证明，现代市场营销管理哲学观念的真正贯彻和全面实施，并不是轻而易举的。对于许多企业来说，尽管以顾客为中心的基本思想是无可争辩的，但是，这个高深理论和企业资源与生产能力之间的联系却很脆弱。因此，进入20世纪90年代以来，许多学者和企业管理者围绕营销概念的真正贯彻问题，将注意力逐渐集中到两个方面：一是通过质量、服务和价值实现顾客满意；二是通过市场导向的战略奠定竞争基础。顾客购买产品后是否满意，取决于其实际感受到的绩效与期望的差异，是顾客的一种主观感觉状态，是顾客对企业产品和服务满足需要程度的体验和综合评估。研究表明，顾客满意既是顾客本人再购买的基础，也是影响其他顾客购买的要素。对企业来说，前者关系到能否保持老顾客，后者关系到能否吸引新顾客。因此，使顾客满意是企业赢得顾客，占领和扩大市场，提高效益的关键。

有关研究还进一步表明，吸引新顾客要比维系老顾客花费更高的成本。在激烈竞争的市场上，留住老顾客、培养顾客忠诚感具有重大意义。而要有效地留住老顾客，仅仅使其满意还不够，还要使其高度满意。一项消费者调研资料显示，44%宣称满意的消费者经常改变其所购买的品牌，而那些十分满意的顾客却很少改变。这些情况说明，高度的满意能培养一种对品牌在感情上的吸引力，而不仅仅是一种理性偏好。企业必须十分重视提高顾客的满意程度，争取更多高度满意的顾客，建立起高度的顾客忠诚。

因此，现代企业必须十分了解顾客让渡价值，通过企业的全面变革和全员努力，建立"顾客满意第一"的良性机制，使自己成为真正面向市场的企业。

2. 实施顾客满意战略的途径

（1）开发顾客满意的产品。顾客满意战略要求企业的全部经营活动都要以满足顾客的需要为出发点，所以企业必须熟悉顾客、了解用户，即要调查他们的现实和潜在的需求，分析他们购买的动机和行为、能力和水平，研究他们的消费习惯、兴趣和爱好。只有这样，企业才能科学地确定产品的开发方向和生产数量，准确地选择服务的具体内容和重点对象。把顾客需求作为企业开发产品的源头是顾客满意营销战略中较重要的一环。例如，有人总结出吸引老人的商品主要有以下特征：舒适、安全、便于操作、有利于交际以及体现传统价值观。夏普电器公司通过调查统计发现，购买该公司微波炉的老年顾客仅占顾客总人数的1/3，其原因是他们觉得微波炉的操作十分复杂。因此，该公司增设了一块易于操作的控制面板。此后，购买这种微波炉的老年顾客日趋增多。

招揽年轻的消费者，则要注意产品和服务的教育性或娱乐性，同时，应是保护地球和人类生存环境的无公害、无污染的"绿色产品"。随着全球经济的发展，地球生态平衡遭到了严重破坏，人们已感到生活在一个不安全、不健康的环境中，故而环境保护意识开始觉醒。大多数人在购买商品时更多地从自身健康、安全和是否有利于环境来加以选择，他们宁愿多付10%的价钱购买对环境无害、对自身健康有利的商品。有研究表明，40%的欧洲人更喜欢购买环保产品而不是传统产品。于是一些颇有眼光的商人开始转变其传统营销战略，在传统营销方式上加上环保因素，即企业从生产技术到产品设计、材料选择、包装方式、废弃物的处置方式，直至产品消费过程，都注意对环境的保护。因此，企业要多设计、生产出可回收、易分解、部件或整机可翻新和循环利用的产品，以满足当今年轻人的需要。例如，欧美一些汽车公司正在改变生产方式，设计、生产出各种节省燃料、原材料可回收、噪声较低的汽车。

（2）提供顾客满意的服务。要提供给顾客满意的服务，就要不断地完善服务系统，最大限度地使顾客感到安心和便利。为此，企业需做好以下工作：①在价格设定方面，要力求公平价格、明码标价、优质优价和基本稳定；②在包装方面，既要安全，也要方便，不要让顾客使用商品时感到不方便、不称心；③经营中要足斤足尺，童叟无欺；④在售后服务方面，一要访问，二要帮助安装，三要传授使用技术，四要提供零配件，帮助维修。

热情、真诚、为顾客着想的服务给顾客带来满意，而令人满意又是顾客再次上门的主要原因。生意是否成功，就要看顾客是否再上门。美国《哈佛商业评论》发表的一项研究报告指出："公司利润的25%~85%来自再次光临的顾客，而吸引他们再来的因素，首先是服务质量的好坏，其次是产品本身，最后才是价格。"据美国汽车业的调查表明，一个满意的顾客会引发8笔潜在生意，其中至少有1笔成交；而一个不满意的顾客会影响25个人的购买意愿。争取一位新顾客所花的成本是保住一位老顾客所花成本的6倍。有一位名叫吉拉德的美国汽车经销商，每个月要寄出13 000张卡片，任何一位从他那里购买汽车的顾客每月都会收到有关购后情况的询问，这一方法使他生意兴隆。

（3）进行顾客满意观念教育。这是指对企业全体员工进行顾客满意观念教育，使"顾客第一"的观念深入人心，使全体员工能真正了解和认识到顾客满意的重要性，并形成与此相适应的企业文化，形成一种对顾客充满爱心的价值观。

（4）建立顾客满意分析方法体系。这是指用科学的方法和手段来检测顾客对企业产品和服务的满意程度，及时反馈给企业管理层，为企业不断改进工作，及时、真正地为满足顾客的需要服务。

现代企业活动的基本准则应是使顾客感到满意。因为在信息社会，企业要保持技术上的优势和生产率的领先已经越来越不容易，企业必须把工作重心转移到顾客身上。从某种意义上说，使顾客感到满意的企业才是不可战胜的。

二、顾客让渡价值

1. 顾客让渡价值的含义

顾客让渡价值是指顾客总价值与顾客总成本之间的差额。顾客总价值是指顾客购买某一产品与服务所期望获得的一组利益。顾客总成本是指顾客为购买某一产品所耗费的时间、精神、体力以及所支付的货币资金等成本。

由于顾客在购买产品时，总希望把有关成本包括货币、时间、精神和体力等降到最低限度，而同时又希望从中获得更多的实际利益，以使自己的需要得到最大限度的满足。因此，顾客在选购产品时，往往从价值与成本两个方面进行比较分析，从中选择出价值最高、成本最低，即顾客让渡价值最大的产品作为优先选购的对象。

现代企业为在竞争中战胜对手，吸引更多的潜在顾客，就必须向顾客提供比竞争对手具有更多顾客让渡价值的产品，这样，才能提高顾客满意程度，进而使顾客更多地购买企业的产品。为此，现代企业可从两个方面改进自己的工作：一是通过改进产品、服务、人员与形象，提高产品的总价值；二是通过改善服务与促销网络系统，减少顾客购买产品的时间、精神与体力的耗费，从而降低货币与非货币成本。

2. 顾客购买的总价值

使顾客获得更大顾客让渡价值的途径之一，是增加顾客购买的总价值。顾客总价值由产品价值、服务价值、人员价值和形象价值构成，其中每一项价值的变化均对总价值产生影响。

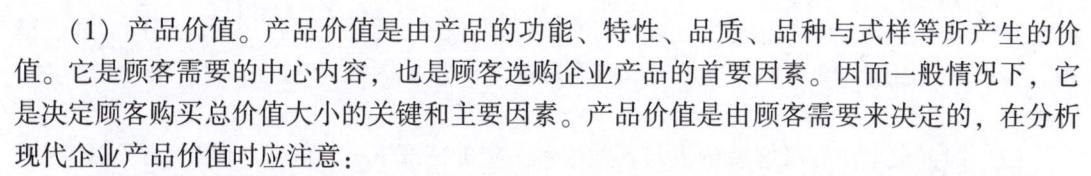

（1）产品价值。产品价值是由产品的功能、特性、品质、品种与式样等所产生的价值。它是顾客需要的中心内容，也是顾客选购企业产品的首要因素。因而一般情况下，它是决定顾客购买总价值大小的关键和主要因素。产品价值是由顾客需要来决定的，在分析现代企业产品价值时应注意：

①在经济发展的不同时期，顾客对产品的需要有不同的要求，构成产品价值的要素以及各种要素的相对重要程度也会有所不同。

②在经济发展的同一时期，不同类型的顾客对产品价值也会有不同的要求，在购买行为上显示出极强的个性特点和明显的需求差异性。因此，这就要求现代企业必须认真分析不同经济发展时期顾客需求的共同特点以及同一发展时期不同类型顾客需求的个性特征，并据此进行产品的开发与设计，增强产品的适应性，从而为顾客创造更大的价值。

（2）服务价值。服务价值是指伴随产品实体的出售，企业向顾客提供的各种附加服务，包括产品介绍、送货、产品保证等所产生的价值。服务价值是构成顾客总价值的重要因素之一。在现代企业营销实践中，随着消费者收入水平的提高和消费观念的变化，消费者在选购产品时，不仅注意产品本身价值的高低，而且更加重视产品附加价值的大小。特别是在同类产品的质量与性质大体相同或类似的情况下，企业向顾客提供的附加服务越完备，产品的附加价值越大，顾客从中获得的实际利益就越大，从而购买的总价值越大；反之，则越小。因此，在提供优质产品的同时，向消费者提供完善的服务，已成为现代企业市场竞争的新焦点。

（3）人员价值。人员价值是指企业员工的经营思想、知识水平、业务能力、工作效益与质量、经营作风、应变能力等所产生的价值。企业员工直接决定着企业为顾客提供的产品与服务的质量，决定着顾客购买总价值的大小。一个综合素质较高又具有顾客导向经营思想的工作人员，会比知识水平低、业务能力差、经营思想不端正的工作人员为顾客创造更高的价值，从而赢得更多的顾客，进而为企业创造市场。人员价值对现代企业、对顾客的影响作用是巨大的，并且这种作用往往是潜移默化、不易度量的。因此，高度重视现代企业人员综合素质与能力的培养，加强对员工日常工作的激励、监督与管理，使其始终保持较高的工作质量与水平就显得至关重要。

（4）形象价值。形象价值是指企业及其产品在社会公众中形成的总体形象所产生的价值。它包括企业的产品、技术、质量、包装、商标、工作场所等所构成的有形形象所产生的价值，员工的职业道德行为、经营行为、服务态度、作风等行为形象所产生的价值，以及企业的价值观念、管理哲学等理念形象所产生的价值等。形象价值与产品价值、服务价值、人员价值密切相关，在很大程度上是上述3个方面价值综合作用的反映和结果。形象对于现代企业来说是宝贵的无形资产，良好的形象会对现代企业的产品产生巨大的支持作用，赋予产品较高的价值，从而带给顾客精神上和心理上的满足感、信任感，使顾客的需要获得更高层次和更大限度的满足，进而增加顾客购买的总价值。因此，现代企业应高度重视自身形象塑造，为企业进而为顾客带来更大的价值。

3. 顾客购买的总成本

使顾客获得更大顾客让渡价值的另一途径，是降低顾客购买的总成本。顾客总成本不仅包括货币成本，而且还包括时间成本、精神成本、体力成本等非货币成本。一般情况下，顾客购买产品时首先要考虑货币成本的大小，因此，货币成本是构成顾客总成本大小的主要和基本因素。在货币成本相同的情况下，顾客在购买时还要考虑所花费的时间、精神、体力等，因此，这些成本也是构成顾客总成本的重要因素。这里我们主要考察后面3种成本。

（1）时间成本。在顾客总价值与其他成本一定的情况下，时间成本越低，顾客购买的总成本越小，从而顾客让渡价值越大。以餐饮服务企业为例，顾客在购买饭菜时，常常需要等候一段时间才能进入正式购买或消费阶段，特别是在营业高峰期更是如此。在服务质量相同的情况下，顾客等候购买该项服务的时间越长，所花费的时间成本就会越大，购买的总成本也就会越大。同时，等候时间越长，越容易引起顾客对该企业的不满意感，从而中途放弃购买的可能性亦会增大，反之亦然。因此，努力提高工作效率，在保证产品与服务质量的前提下，尽可能减少顾客的时间支出，降低顾客的购买成本，是为顾客创造更大的顾客让渡价值、增强现代企业产品市场竞争能力的重要途径。

（2）精力成本（精神与体力成本）。精力成本是指顾客购买产品时，在精神、体力方面的耗费与支出。在顾客总价值与其他成本一定的情况下，精神与体力成本越小，顾客为购买产品所支出的总成本就越低，从而顾客让渡价值就越大。消费者购买产品的过程是一个从产生需求、寻找信息、判断选择、决定购买到实施购买，以及购后感受的全过程。在购买过程的各个阶段，均需付出一定的精神与体力。如当消费者对某种产品产生了购买需求后，就需要搜集这种产品的有关信息。消费者为搜集信息而付出的精神与体力的多少，会因购买情况的复杂程度不同而有所不同。就复杂购买行为而言，消费者一般需要广泛、全面地搜集产品信息，因此，需要付出较多的精神与体力。对于这类产品，如果企业能够通过多种渠道向潜在顾客提供全面详尽的信息，就可以减少顾客为获取产品情报所花费的精神与体力，从而降低顾客购买的总成本。因此，现代企业应采取有效措施，来增加顾客购买的实际利益，降低购买的总成本，使顾客获得更大的让渡价值。

4. 顾客让渡价值的意义

现代企业树立顾客让渡价值观念，对于加强市场营销管理、提高现代企业经济效益，具有十分重要的意义。

（1）顾客让渡价值的多少受顾客总价值与顾客总成本两方面因素的影响。其中顾客总价值是产品价值、服务价值、人员价值和形象价值等因素的函数，其中任何一项价值因素的变化都会影响顾客总价值。顾客总成本是包括货币成本、时间成本、精力成本等因素的函数，其中任何一项成本因素的变化均会影响顾客总成本，由此影响顾客让渡价值的大小。同时，顾客总价值与总成本的各个构成因素的变化及其影响作用不是各自独立的，而是相互作用、相互影响的。某一项价值因素的变化不仅影响其他相关价值因素的增减，从而影响顾客总成本的大小，而且还影响顾客让渡价值的大小，反之亦然。因此，现代企业在制定各项市场营销决策时，应综合考虑构成顾客总价值与总成本的各项因素之间的这种相互关系，从而用较低的生产与市场营销费用为顾客提供具有更多的顾客让渡价值的产品。

（2）不同的顾客群对产品价值的期望与对各项成本的重视程度是不同的。现代企业应根据不同顾客的需求特点，有针对性地设计和增加顾客总价值，降低顾客总成本，以提高产品的实用价值。例如，对于工作繁忙的消费者而言，时间成本是最为重要的因素，现代企业应尽量缩短消费者从产生需求到具体实施购买的时间，最大限度地满足和适应其求速、求便的心理要求。总之，现代企业应根据细分市场顾客的不同需要，努力提供实用价值强的产品，这样才能增加其购买的实际利益，减少其购买成本，使顾客的需要获得最大限度的满足。

（3）现代企业为了争取顾客，战胜竞争对手，巩固或提高产品的市场占有率，往往采取顾客让渡价值最大化策略。追求顾客让渡价值最大化的结果却往往会导致成本增加，利润减少。因此，在市场营销实践中，现代企业应掌握一个合理的度的界线，而不应片面追求顾客让渡价值最大化，以确保实行顾客让渡价值所带来的利益超过因此而增加的成本费用。换言之，现代企业顾客让渡价值的大小应以能够实现现代企业的经营目标为原则。

第四节 企业市场营销道德

市场营销道德是用来判定市场营销活动正确与否的道德标准，即判断企业营销活动是否符合广大消费者及社会的利益，能否给广大消费者及社会带来最大福祉。这是涉及企业经营活动的价值取向并贯穿于企业营销活动始终的重要问题。

一、市场营销道德概述

道德是社会意识形态之一，是社会调整人们之间以及个人和社会之间的关系的行为规范的总和。市场营销道德可以界定为调整企业与所有利益相关者之间的关系的行为规范的总和，是客观经济规律及法制以外制约企业行为的另一要素。道德是由社会的经济基础所决定，并为一定经济基础服务的，任何道德都具有历史性。市场营销道德在不同的社会制度下、不同的历史时期，评判标准可能有所差异。在市场经济条件下，法制总是体现各个国家统治阶级的意志，法制与反映人们利益的道德标准有时也并不一致。在研究和认定营销道德时，评判标准也应有明确的是非、善恶观念。市场营销道德的最根本的准则，应是维护和增进全社会和人民的长远利益。

二、市场营销道德的评价

关于道德合理性的评价，伦理学家们提出了功利论与道义论两大理论。

1. 功利论

这种理论最有影响的代表人物是英国的杰里米·边沁和约翰·穆勒。功利论主要以行为后果来判断行为的道德合理性，如果某一行为给大多数人带来最大福祉，该行为就是道德的，否则就是不道德的。

如何界定功利？一般认为，功利是指事物的内在价值或者内在的善，而不是外在价值或道德上的善。内在的善是指健康、快乐等非道德意义上的内在价值。外在的善是一种手段的善。某事物是否具有外在的善，是需要通过它能否获取"内在的善"的能力来证明。例如，获得更多的财富使人们的生活更加幸福、快乐，它就是外在的善。按照边沁和穆勒的观点，功利完全等于幸福和快乐，并且认为幸福和快乐是可以衡量和比较的。边沁认为："总计所有快乐和痛苦的全部价值，然后加以比较，如果余额在快乐的方面，则表明行为总体上表现为善的倾向；反之，则表现为恶的倾向。"现在许多功利主义者倾向于把

"内在的善"扩大到知识、友谊、爱情、美等方面，而不只理解为幸福和快乐。

功利理论强调行为的后果，并以此判断行为的善恶。一种行为在善恶相抵后，净善存在，且由于存在其他行动方案的功利，该项行为才是符合道德的。功利理论对行为后果的看法，主要有两种典型代表：一种是利己功利主义，它是以人性自私为出发点，但它并不意味着在道德生活中因为自身利益去损害他人和集体的利益。因为他们深知，自身利益有赖于集体和社会利益的增进，一味地追求自身利益而不顾他人利益，最终会损害自己的利益；另一种是以穆勒为代表的普遍功利主义，它抛弃了利己主义原则。普遍功利主义认为，行为道德与否取决于行为是否普遍为大多数人带来最大福祉，同时认为，为了整体的最大利益，必要时个体应不惜牺牲个人利益。当代功利者大多倾向于采用普遍功利主义原则来判断行为的道德性。

2. 道义论

道义论是从处理事物的动机来审查是否具有道德，而不是从行动的后果来判断，并且从直觉和经验中归纳出某些人们应当遵守的道德责任和义务，以这些义务履行与否来判断行为的道德性。道义论认为，某些行为是否符合道德不是由行为结果而是由行为本身内在特性所决定的。也就是说，判断某一行为是否具有道德性，只需要根据本身的特征加以确定，而不一定要根据行为的"善""恶"后果，即符合义务原则的要求时便是道德的。例如，企业之间签订经济合同，它们必须履行合同义务，否则经营活动便会瘫痪。

道义论还强调行为的动机和行为的善恶的道德价值。例如，有3个企业都进行同一工程的投资（如"希望工程"），甲企业是为了树立企业的良好形象以便今后打开其经营之路；乙企业是为了捞取政治资本；丙企业是为了履行企业的社会责任。很显然，丙企业的投资行为是来自尽义务的动机，因而更具有道德性。

道义论是从人们在生活中应承担责任与义务的角度出发，根据一些普遍接受的道德义务规则来判断行为的正确性，是有现实意义的。事实上，诚实信用、公正公平、不偷窃、不作恶和知恩图报等品行已经被大多数人视为一种基本的道德义务并付诸行动，而且这些义务准则已经被广泛应用于各个国家法律、公司政策及商业惯例等方面。

西方道义论的道德观主要有以下几种论点：

（1）显要义务论。英国的罗斯（W. D. Ross）在1930年出版的《"对"与"善"》一书中，系统地提出了"显要义务"或"显要责任"的观念。所谓显要义务，是指在一定时间、一定环境中人们自认为合适的行为。在多数场合，正常的人们往往不用推敲便明确自己应当做什么，并以此作为一种道德义务。罗斯提出了以下6条基本的显要义务：

①诚实。要求企业在市场营销中应信守诺言，履行合约，避免欺骗和误导性宣传，对过失予以补救，使产品或服务适合消费者的预期要求。

②感恩。要求企业以知恩图报的方式，处理好与自己有长期友好合作关系的供应商、中间商、客户及其他利益相关者的关系，在他们遇到困难时给予适当的支持和帮助。

③公正。要求企业在相同条件下不厚此薄彼，在招标、签约等活动中不以主观好恶或回扣多少做出决定。

④行善。要求企业助人为乐，热心社会公益事业；当公司利益和公众利益发生矛盾时，企业应以后者为重，拒绝做出损害社会公众的行为。

⑤自我完善。企业应尽其所能生产符合社会需要的产品，使自身潜力和美德得到最大

的发挥，实现自身价值。

⑥不作恶。企业在营销活动中要坚决避免欺行霸市、强买强卖等不道德行为。

罗斯将上述 6 项显要义务解释为在一定时间、一定环境中人们自认为合适的行为，即在多数场合无须仔细推敲，人们便明白自己应当做什么和怎样做。倘若 6 项显要义务之间发生冲突，人们凭借其正确的直觉，也会做出优先履行何种显要义务的选择。显要义务理论对于市场营销道德建设的意义在于，它鼓励市场营销人员如实履行凭借直觉意识所应承担的责任和义务，并强调这些责任和义务贯穿在营销活动中无处不在的全过程，从而避免了单纯功利观点（只看结果、不问过程）的片面性。但是，这种理论将高层营销中的道德责任和义务完全归结为正常人的直觉和意识的反映，又难免带有主观色彩。在肯定显要义务理论积极意义的同时，也不应忽视它的这一理论缺陷。

(2) 相称理论。这一理论由加勒特（T. Garret）于 1966 年提出，目的指行为背后的动机与意图；手段指实现目的的过程及所运用的方式、方法；后果指行为引起的后果，包括行为人意欲达到的后果或虽非其所希望但预见可能产生的后果。假如预见行为将引起负作用，则必须有足够或相称的理由来放任这类负作用的发生；否则，行为是不道德的。

加勒特所提出的这一理论认为，应从目的、手段和后果来判断某一行为是否符合道德。作为行为背后的动机与意图的目的，本身构成道德的一部分，动机或意图的纯正与否是判断市场营销行为道德的重要因素。例如，市场调查的目的究竟是为决策前获得真实、准确的市场信息，还是决策后为已经制定出来的市场营销方案提供佐证，本身就存在着目的是否纯正的问题。作为使目的得以实现所运用的方式方法，手段本身也存在是否道德的问题，如以回扣或贿赂方式获取订单，则所用手段是不道德的。作为行为结果的后果，加勒特认为不能简单地根据后果来判断行为，用后果的合理性来证明手段的可取性，而只能借助行为后果的分析来了解行为本身的内在性质，这是该理论和功利论的显著区别。

相称理论对市场营销道德建设有着现实的指导意义。首先，围绕意图、手段、结果的综合考察方式为判断市场营销行为的道德合理性提供了一个全方位的思考框架；其次，提出了具有普遍意义的原则，即要求市场营销人员不要从事那些会给他人造成利益损害且又提不出正当理由的市场营销活动。

(3) 社会公正理论。哈佛大学伦理哲学家罗尔斯（Rawls）于 1971 年提出了社会公正理论。他从一种被称作"起始位置"的状态出发，试图构建一个理想的社会公正系统。起始位置是指具体到一个社会，社会中的每个人并不知道自己将来在社会上居于哪一层次，处于什么样的地位，只有在不清楚自己所扮演的角色时，才能对社会成员的权利与义务做出一种合理安排，这一合理安排应遵循两条基本的原则，即自由原则和差异原则。

自由原则是指在不影响他人行使同样权利的前提下，让社会每一成员尽可能多地享受自由。这不仅要求社会保障机会均等、舆论自由、财产权、选举权、人身权等基本权利，而且要在保持社会和谐、稳定的条件下，最大限度地使人们行使同样平等的权利，尽可能让每一成员享受更多的自由。

差异原则是对自由原则的一种修正和补充，它要求任何社会的制度安排一方面应普遍适合社会每一成员，另一方面又要使社会底层的人们获得最大的利益，不应出现强者剥夺弱者而使弱者更弱的状况。

社会公正理论对营销道德建设具有现实的指导意义。自由原则强调了人的权利与责任，任何一个消费者都有权选择安全、可靠的产品和相应的服务，企业的市场营销活动应充分尊重和维护消费者的这些权利。差异原则要求树立道德公正的市场营销观念，重视处于弱者地位的消费者的需求，尤其不能以强欺弱，以牺牲小部分贫困阶层的利益来换取整个社会或大多数人的利益。但这一理论中的自由原则和差异原则有时会相互矛盾，社会公正理论依然不能解决营销活动中的所有道德冲突。

上述3种理论从各自不同的角度，为企业的市场营销道德判断提供了基本线索，但任何一种理论都不能成为解决市场营销道德冲突的万能钥匙。在企业市场营销实践中，必须在道义论和功利论相互融合的基础上，把行为的目的、过程和结果结合起来，以此判断企业市场营销策略的道德性。

3. 相对主义论

相对主义论认为，事物对与错以及某行为恶与善的判断标准，因不同的社会文化背景而有异。在某一国家考虑的道德标准不一定适用于其他国家。不同国家文化的差异使企业伦理教育与伦理原则很不相同。当然，在不同国度，也不排除存在着共同的道德观。例如，关心社会福利、保护儿童、严惩犯罪分子等，这些既是法律的要求，也是道德的反映。

道德相对主义往往是由文化相对主义做支撑的。道德观的不同来源于各国文化之间的差异，包括语言、法律、宗教、政治、技术、教育、社会组织、一般价值及道德标准。

上述理论都只能为营销道德判断提供基本的思考线索，并不能成为解决营销道德冲突的万能钥匙。道德冲突在某种意义上反映的是利益冲突，而营销领域利益冲突的解决，很大程度上取决于企业树立了什么样的营销思想。

三、市场营销道德问题的现状

综合来看，我国营销道德问题的状况值得引起重视，主要表现在以下几方面：

1. 不公正现象

（1）某些企业为牟利不惜侵害消费者的健康与安全，而消费者对有潜在危险的商品，包括危险的玩具、含过量防腐剂和色素的食品、劣质化妆品等，认识还不够深刻。据调查，有71%的人认为在给予用户说明的情况下，可以出售有潜在危险性的玩具；有65%的人认为烟草工业可以发展。

（2）某些企业为牟利使消费者购物所得利益远低于付出的代价，除假冒伪劣商品外，有些合格商品的价值也远低于消费者付出的代价。这种现象在保健药品与滋补食品中最为明显。如58%的消费者认为，购买的保健饮品效用没有达到预期的目的。

（3）只针对目标市场的消费者或大多数消费者，忽视甚至歧视其他少数或处境不利的消费者。如中老年人及低收入者市场为多数企业忽视，据调查，有高达90%的人认为中老年人不易买到满意的服装。

2. 不真实现象

（1）虚假的"特价""减价"。经常出现的"特价""减价"广告宣传，大多成了欺诈式的推销术。据调查，已有75%的消费者表示不相信"特价""减价"广告宣传。

（2）过度夸张的广告。过度夸大和片面强调优点的广告，误导消费者购买决策。据调查，有75%的消费者认为目前广告过于夸大，消费者购买的实际收益小于由广告产生的期望值。

（3）滥用质量标志。滥用"真皮""纯羊毛"标识及"省优""部优""国优"称号现象严重。据调查，有65%的消费者不相信商品的质量标识。

（4）夸大量或质的包装。许多食品、化妆品包装显示的商品内容、容量与实际不符。

3. 浪费现象

过分的促销造成资源浪费，最终加重了消费者的负担。据调查，有75%的消费者认为华丽的包装只是推销的需要；62%的被调查者认为广告刺激了消费欲望，潜移默化地改变了人的价值观与生活态度，从而过多地追求物质享受，引起不合理的过量消费。

4. 强制推销

消费者主要依靠企业与营销人员提供的信息做出购买决策。据调查，50%的被调查者依据包装的好坏、标签及说明来了解商品的品质与品牌并决定购买；50%的消费者在直销人员的高超推销技巧下买了未计划购买的商品，其中70%的人在购买后又后悔。

5. 污染环境

很多企业的环保意识十分淡薄，绿色食品为数较少且价格偏高，工业生产、废弃物品污染环境日趋显著。60%的被调查者认为环保不能只讲自觉，需要法令强制；76%的消费者愿意购买有利于环保和健康的绿色产品，但要求定价合理。

6. 不正当竞争

有些企业在营销中采取不正当竞争，如请客、送礼、回扣、赌博、搭售、窃取商业情报、蓄意贬低竞争对手的广告宣传等。据调查，43%的营销人员把宴请、娱乐、送礼视作惯例，42%的营销人员认为是增进感情的需要。

四、市场营销道德的建立

要建立市场营销道德，应从以下几个方面着手：

（1）优化市场营销环境。一是要创造客观条件，即迅速发展社会生产力，为企业文明营销奠定物质基础；二是转换政府职能，通过宏观调控，引导企业市场营销沿着法制及道德的轨迹运行；三是不断地完善立法并强化执法力度，打击非法市场营销行为，保护和鼓励合法营销行为。

（2）塑造优秀企业文化。在企业经营活动中，渗透着大量文化因素，它融于企业经营的哲学思想、价值观念、群体意识、管理方式、道德规范及行为标准中。随着企业经济的发展，逐步形成了企业自身经营管理哲学及精神文化，即企业文化。如果每个企业都重视塑造具有创造力、影响力、凝聚力，具有鲜明个性的高水平的企业文化，将有利于企业领导者及广大职工树立正确的价值观，从而有利于企业做出道德性的营销策略。

（3）制定市场营销道德规范。企业应自觉地建立市场营销道德标准，并将道德标准实施融入控制系统中。西方国家的企业对市场营销道德标准的创建及实施，为我国企业市场营销道德的建设提供了有益的借鉴。自20世纪80年代以来，西方国家许多大企业创立了道德决策及执行机构，并制定了用来约束职工经营行为的道德标准，例如，美国营销协会制定出协会成员必须遵守的职业道德条例，并规定了相应的惩处办法；又如，IBM公司、GE公司及麦当劳公司等均制定出各具特色的营销道德标准，有力地规范了企业的营销行为。

（4）树立社会营销观念。企业不仅要以实现盈利和满足消费者的直接需求为目标，而且要切实关心和维护消费者及社会的长期福利。法律、法规只是道德规范的最基本的要求，合法的营销行为不一定合乎道德标准；对消费者的教育只是从客观上提高消费者的认识水平，也难以完全避免上当受骗和不合理消费。建立营销道德最根本的还是确立并实施社会营销观念。企业在营销中要形成一套履行道德与社会责任的行为准则，自觉维护消费者的利益与社会福利。

（5）加强法制建设，建立、健全维护消费者利益的机构。要进一步健全和完善法制、法规，严格执法，约束企业的不正当竞争行为，制裁欺骗和损害消费者权利的行为。建立权威的保护消费者权益及监督、检查、仲裁机构，切实维护消费者利益。

（6）认真解决信息不对称问题。不道德营销行为能够得逞，使消费者利益受损，往往是由于营销者掌握的信息较多，而消费者了解的情况较少，对有关商品的知识甚为有限，在交易中处于不利地位。要加强对消费者的宣传教育，增强其自我保护意识，积极地与违法和不道德的营销行为做斗争。同时，还应通过报刊和各种广告为消费者提供更多的商品知识，培养更多的理性消费者。

职业道德实践

鸿星尔克捐款引发的"野性消费"

2021年7月20日，河南省多地遭遇极端强降雨天气，部分地区积水严重，其危难牵动着全国人民的心，不少互联网公司、品牌、明星以及个人纷纷捐款支援河南。

21日，鸿星尔克通过郑州慈善总会和壹基金紧急捐赠5 000万元物资，驰援河南灾区，但却并未过分宣传。"高调"的捐款援助，"低调"的宣传方式，让网友们急了："宝你好糊涂，怎么不宣传一下啊？"于是，在网友们的"激情"转发下，话题#鸿星尔克的微博评论好心酸#迅速登上了热搜第一位。截至24日18时30分，话题阅读达9.3亿，讨论16.3万。

这么多品牌捐款，为何只有鸿星尔克让网友心疼？

知名媒体人微博@凯雷发布博文称：刚翻了下鸿星尔克美股一季度报表，根本没看到什么盈利，净利润负6 000万，2020年年报净利润负2亿。

不仅是报表上捉襟见肘的数据，有细心的网友发现，捐了5 000万元物资的鸿星尔克官微连微博会员都舍不得开。这把不少网友给整破防了：堂堂大企业的官方微博，竟然没舍得开会员。"不会是捐了款没钱充了吧，你可千万别倒闭啊宝！"

网友们一边"劝"鸿星尔克："捐款尽力就好！"一边用行动告诉鸿星尔克："你还有我们！"于是，网友你1个月，我3个月的，直接将会员充了120年的。鸿星尔克官微小编立马发微博："鸿星尔克立志成为百年品牌，不然对不起网友送的会员。"

与此同时，很多网友涌进鸿星尔克直播间，仅22日晚，直播观看人数超200万，以前他们的直播观看数仅几千。

主播多次提醒"理性消费"，不要因为支持我们而买自己不喜欢的鞋子。网友仿佛买红了眼：不！我偏要野性消费！甚至有网友调侃："你们工厂缝纫机不冒烟，在场的每一个都有责任。"

据新抖数据显示，抖音 7 月 23 日鸿星尔克品牌官方旗舰店近 30 个小时的直播累计观看数达 2 493 万人次，在线峰值人数 10.6 万人，销售额达到 2 285.43 万元。

而在此之前，该号日均单场直播时长在 8 小时左右，累积观看人数和预估销售额均仅在 5 万元左右，在场人数峰值不过数百人。

面对突如其来的流量，鸿星尔克的这份"理性"显得格外珍贵。

对网友们的"溺爱"鸿星尔克从员工到老板均表示：承蒙厚爱！但还是请大家更多地关心河南现状，把宣传资源留给更需要被关注的灾区，将钱花在更有用的地方！也看看"隔壁"其他的国货品牌！

河南汛情中，来自五湖四海的驰援者仍在和当地民众一同对抗天灾。而在直播间内，"野性消费"的背后是无法抵达救灾现场的人们在用另一种方式表达爱与温良。"有雪中送炭的人，咱们就愿意为他众人拾柴火焰高！"14 亿中国人的支持，让鸿星尔克从"门可罗雀"到一时的"运动品牌顶流"，正是这句话最生动的实践。

从某种程度上来说，网友们消费的并不是产品，而是一种情绪表达和价值主张，用"野性消费"来表达对品牌行为的好感。但这种"流量和情绪"不是一成不变的，而是一闪即逝的。只有抓住流量红利，打磨出更好的产品，将"野性消费"转化为长久的理性消费，企业才能真正站稳脚跟。正如有位网友所说："或许它们还不够完美，但我相信有了大家的支持，国牌一定可以慢慢形成良性循环的发展。灾难面前，温暖的中国企业都值得被人们看到。"

面对突如其来的灾情，鸿星尔克生动诠释了国货品牌的人道主义和企业担当，消费者的"野性消费"也体现了对于具有社会责任感的企业，国人给予支持态度，皆为赤子之心！

鸿星尔克此举正是社会市场营销观念的体现。营销观念反映的是每一个组织对企业利益、顾客利益和社会利益的权衡，从生产观念到产品观念、推销观念，到今天的市场营销观念和社会市场营销观念，是历史的积淀，是时代发展的必然产物。

（资料来源：根据澎湃新闻、《时代周报》、北青网、人民资讯相关内容编写）

课后习题

一、单选题

1. 为了适应社会对于环境保护的要求，许多企业主动采取绿色包装以降低白色污染。这种做法反映了企业的（　　）。

   A. 生产观念　　　　　　　　　　B. 市场观念
   C. 销售观念　　　　　　　　　　D. 社会营销观念

2. 以下说法正确的是（　　）。

   A. 营销就是销售　　　　　　　　B. 市场只是指交易的场所
   C. 有购买力的人就是顾客　　　　D. 市场营销管理是对需求的管理

二、简答题

1. 企业的营销理念是如何演变的？市场营销观念的核心是什么？

2. 如何认识和理解顾客满意？
3. 什么是顾客让渡价值？它的意义体现在哪里？
4. 什么是市场营销道德？如何评价企业的营销活动是否符合道德要求？
5. 什么是市场营销组合？它的基本构成内容有哪些？

案例分析与实训

1. 你所在的学校是否有官方微信或微博？基于微信/微博以及社交媒体的特点，试分析学校官方微信或微博的运作现状，并给出相关建议。

2. 确定一个共同主题，以小组为单位，通过抖音发布相关信息。一段时间（两周或一个月）后，看看谁能获得更多"粉丝"，并根据结果进行分析。

第三章　市场营销环境

学习目标

【知识目标】
➤ 理解市场环境的概念，学习什么是市场环境的要素：宏观环境（政治、经济、社会、技术、法律因素）和微观环境（顾客、竞争对手、供应商）等；
➤ 理解掌握市场分析方法，学习市场研究和分析，包括市场规模、市场趋势、顾客需求、竞争分析等；
➤ 了解法规和政策，理解市场营销活动需遵守的法规和政策，包括广告法规、知识产权法律等。

【能力目标】
➤ 培养能够根据环境有效收集、整理和分析市场数据的能力，以便制定市场策略；
➤ 能够识别和理解宏观和微观环境中的机会和威胁，以便调整市场策略；
➤ 能够分析竞争对手的市场定位、产品特点和市场份额，为竞争策略制定提供支持；
➤ 能够根据市场趋势和数据，预测未来市场的发展方向，以便做出决策。

【素质目标】
➤ 培养学生或培训参与者的决策能力，使其能够基于市场环境的分析做出明智的决策；
➤ 鼓励创造性思维，以适应不断变化的市场环境，开发新产品或服务，创造竞争优势；
➤ 强调在市场营销活动中的道德和法规遵守，确保企业在市场中表现出社会责任感。

案例导入

传音 Transsion 非洲之王

2023 年，虽然全球手机行业下行态势依旧，但个别地区却实现了逆势增长，比如，大部分中国手机厂商不愿意触碰的非洲市场。据多家国际数据机构统计，2023 年度第三季度，非洲地区智能手机实现强势复苏，出货量同比增长 12%，至 1 790 万部。其中，传音手机拿下冠军，出货量占比近一半，达到 860 万部。

作为在非洲等新兴市场深耕多年的中国企业，相比"华、米、O、V"，国内消费者显然对传音手机知之甚少，但它却用自己的方式，经过 15 年的开荒，成为名副其实的非洲手机之王。

传音的出海故事即便过去了十几年，它的选择、做法依然能给如今已经出海或者想要出海的中国企业带来不少启发。

根据国际数据公司（IDC）发布的 2023 年度全球手机出货量榜单，传音手机以 0.949 亿部出货量占据了 8.1% 的市场份额，再次进入全球前五。从传音的身上，中国企业看到了一条不同的出海路径。他们的品牌 Tecno、Infinix 和 Itel 在非洲市场上如火如荼，成为备受瞩目的明星。然而，这个成功的背后，是一个复杂多样的市场营销环境。

非洲大陆是人口众多的大陆之一，拥有多元化的文化、语言和经济。随着城市化的加速和数字化经济的崛起，非洲市场吸引了国际品牌，同时也引发了激烈的市场竞争。然而，非洲市场的复杂性和多样性使之充满挑战，需要深入进行市场环境分析。为何传音在非洲市场如此成功？

1. 人口环境

非洲是世界上人口增长最快的大陆之一，拥有年轻而庞大的人口。传音了解到这一巨大的市场潜力，他们专注于为年轻人设计和推出多样化的手机产品，满足年轻一代的需求。据 Worldometers 预测，2020—2030 年，非洲将是全球人口增长最快的地区，人口红利保障了移动互联网业务增长的空间；非洲也是人口最年轻的大陆，非洲市场有 14 亿人口，平均年龄 19 岁，人口基数很大。

2. 经济环境

非洲多个国家正在经历经济增长，城市化进程迅猛。这意味着更多人有能力购买智能手机，提高了手机市场的潜力。传音的中低端手机定位在这个发展阶段的市场非常有竞争力。当地的发展类似于我们 20 世纪 90 年代的水平，有很多需求还未释放，市场在逐渐实现需求升级。且在快速城镇化中，年轻、城镇化的用户对于新生事物接受程度高、付费意愿高。

3. 政治法律环境

非洲由于政治和法律环境的多样性，对国际企业来说具有挑战性。传音通过密切关注各国的法规和政策，包括进口税和质量标准，确保了合规性，并成功适应了非洲国家的法律环境。

4. 科学技术环境

非洲大陆正在经历数字化经济的崛起，移动支付和互联网应用广泛普及。传音的手机产品支持这些新技术趋势，与当地数字化生活方式保持一致。以 5G 技术为例，尽管从产业趋势上看，4G 市场在非洲虽然仍是主流，但目前南非、埃塞俄比亚、尼日利亚等 7 个

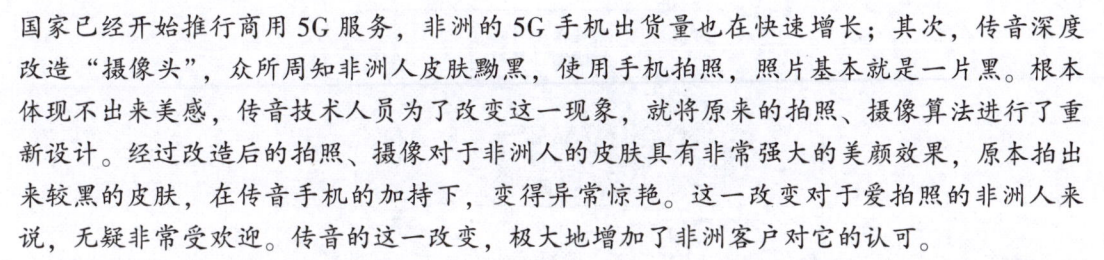

国家已经开始推行商用5G服务，非洲的5G手机出货量也在快速增长；其次，传音深度改造"摄像头"，众所周知非洲人皮肤黝黑，使用手机拍照，照片基本就是一片黑。根本体现不出来美感，传音技术人员为了改变这一现象，就将原来的拍照、摄像算法进行了重新设计。经过改造后的拍照、摄像对于非洲人的皮肤具有非常强大的美颜效果，原本拍出来较黑的皮肤，在传音手机的加持下，变得异常惊艳。这一改变对于爱拍照的非洲人来说，无疑非常受欢迎。传音的这一改变，极大地增加了非洲客户对它的认可。

5. 社会文化环境

非洲大陆是多元化的，有不同的文化和语言。非洲人都喜欢唱歌，音乐天赋极好。因此，他们只要聚在一起，手机音乐就会打开。传音技术人员，针对这一现象也对手机进行了精心调整。他们将原本的小扬声器全部换成了大扬声器，这样一来，传音手机的音量就比普通手机大很多。

另外，传音还成功地将非洲语言这一多样性纳入其市场策略，提供多语言支持和针对当地文化的广告活动。他们还积极与当地社区互动，建立了强大的品牌认知度。

总结：

传音在非洲市场的成功证明了对市场营销环境的深入了解和灵活应对的重要性。他们适应了非洲市场的多样性，紧密追踪市场趋势，建立了强大的品牌认知度，提供了出色的售后服务，同时也积极支持数字化经济。这些因素共同构成了他们在非洲市场的成功方程，为其他手机制造商提供了宝贵的经验。

非洲市场的成功不仅取决于产品质量，还取决于与市场环境的契合度。传音的案例证明，深入了解市场营销环境，以适应并引领市场趋势，是取得成功的关键。在一个多样性极大的市场中，对市场营销环境的综合分析能够为企业提供竞争优势，使其能够持续在复杂的市场中蓬勃发展。

（资料来源：根据网络资料整理）

第一节　市场营销环境的含义和特点

一、市场营销环境的含义

市场营销环境是存在于企业营销系统外部的不可控制或难以控制的因素和力量，这些因素和力量是影响企业营销活动及其目标实现的外部条件。

如同生物有机体一样，任何企业总是生存于一定的环境之中，企业的营销活动不可能脱离周围环境而孤立地进行。企业的市场营销活动要以环境为依据，主动地去适应环境，同时又要在了解、掌握环境状况及其发展趋势的基础上，通过营销努力去影响外部环境，使环境有利于企业的生存和发展，有利于增强企业营销活动的有效性。

市场营销环境一般可划分为微观营销环境和宏观营销环境。微观营销环境和宏观营销环境之间不是并列关系，而是主从关系，微观营销环境受制于宏观营销环境，微观营销环境中所有的因素都要受宏观营销环境中各种力量的影响，如图3-1所示。

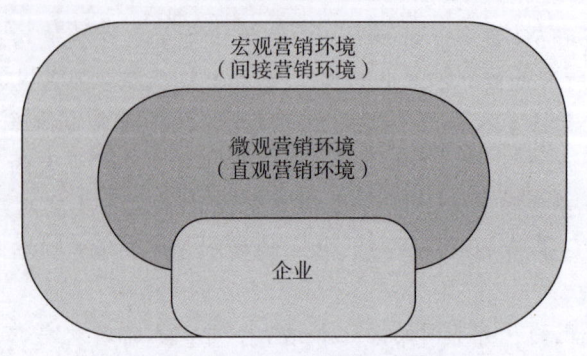

图 3-1　市场营销环境对企业的作用

微观营销环境又称直接营销环境，与企业紧密相连，是企业市场营销活动的参与者，直接影响和制约企业的营销能力。同时，微观营销环境与企业有或多或少的经济联系，包括营销渠道企业（主要指中间商和供应商）、顾客、竞争者以及社会公众。

宏观营销环境是指影响微观营销环境的一系列巨大的社会力量，主要有人口、经济、政治、法律、科学技术、社会文化及自然生态等因素。宏观营销环境一般以微观营销环境为媒介去影响和制约企业的营销活动，故又被称作间接营销环境，如图 3-2 所示。在特定场合，也可直接影响企业的营销活动。营销环境按其对企业营销活动的影响，也可分为不利环境和有利环境。不利环境是指对企业市场营销不利的各项因素的总和；有利环境是指对企业市场营销有利的各项因素的总和[①]。

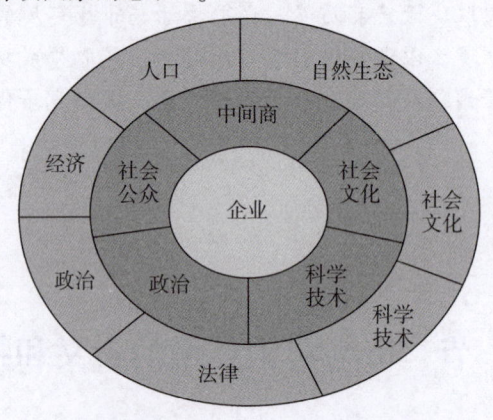

图 3-2　间接营销环境

二、营销环境的特征

市场营销环境通常是多样化和不断变化的，以下是一些常见的市场营销环境特征：

1. 客观性

环境作为企业外在的不以营销者意志为转移的因素，对企业营销活动的影响具有强制性和不可控性。一般来说，企业无法摆脱和控制营销环境，特别是宏观营销环境，难以按企业自身的要求和意愿改变，如人口因素、政治法律因素、社会文化因素等。但企业可以

---

① 何亮，柳玉寿. 市场营销学原理 [M]. 成都：西南财经大学出版社，2018.

主动适应环境的变化和要求，制定并不断调整市场营销策略。

2. 差异性

不同的国家或地区之间，宏观营销环境存在广泛的差异，不同的企业之间微观营销环境也千差万别。为适应不同的环境及其变化，企业必须根据环境的不同状况制定有针对性的营销策略。环境的差异性也表现为同一环境的变化对不同企业有不同的影响。例如，不同国家的插座和电压的标准存在差异。企业则应根据环境变化的趋势和行业的特点，采取相应的营销策略。

3. 多变性

市场营销环境是一个动态系统。构成营销环境的诸因素都受众多因素的影响，每一项环境因素都随着社会经济的发展而不断变化。2021年8月20日，全国人民代表大会常务委员会会议表决通过了关于修改人口与计划生育法的决定，修改后的人口计生法规定，国家提倡适龄婚育、优生优育，一对夫妻可以生育3个子女。

这一政策的推出将对市场营销产生深远影响。对于儿童相关行业，如母婴产品、教育培训、亲子旅游等，三胎政策将带来更多的市场需求，同时也会导致竞争的加剧。对于其他行业，例如，房地产和医疗保健行业，政策的实行将进一步推动消费需求和转型升级。营销环境的变化，既会给企业提供机会，也会给企业带来威胁，虽然企业难以准确无误地预见未来环境的变化，但可以通过设立预警系统，追踪不断变化的环境，及时调整营销策略。

4. 相关性

营销环境诸因素之间相互影响、相互制约，某一因素的变化会带动其他因素的连锁变化，形成新的营销环境。例如，竞争者是企业重要的微观营销环境因素之一，而宏观营销环境中的政治法律因素或经济政策的变动，均能影响一个行业竞争者加入的多少，从而形成不同的竞争格局；又如，市场需求不仅受消费者收入水平、爱好以及社会文化等方面因素的影响，政治法律因素的变化往往也会产生决定性的影响；再如，各个环境因素之间有时存在矛盾，如某些地方消费者有购买家电的需求，但当地电力供应不正常，这无疑是扩展家电市场的制约因素。

三、营销部门与内部环境

企业营销系统是指营销者的企业整体。微观营销环境是指企业外部所有参与营销活动的利益相关者。

从营销部门的角度看，营销活动能否成功，要受企业内部各种因素的直接影响，如图3-3所示。企业营销部门需要面向其他职能部门以及高层管理部门。营销部门与财务、采购、制造、研究与开发等部门之间既有多方面的合作，也存在争取资源的矛盾。这些部门的业务状况如何，它们与营销部门的合作以及它们之间的协调发展，对营销决策的制定与实施影响极大。例如，生产部门对各生产要素的配置、生产能力和所需要的人力、物力的合理安排有着重要的决策权，营销计划的实施，必须取得生产部门的充分支持；市场营销调研预测和新产品的开发工作，需要研究与开发部门的配合和参与。高层管理部门由董事会、总经理及其办事机构组成，负责确定企业的任务、目标、方针政策和发展战略。营销部门在高层管理部门规定的职责范围内做出营销决策，市场营销目标从属于企业总目标，营销部门所制订的计划也必须在高层管理部门的批准和推动下才能实施。

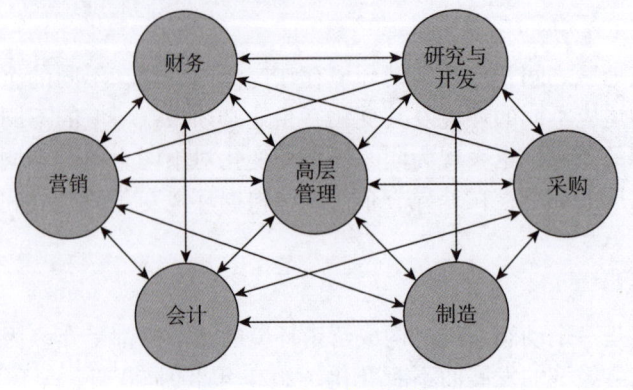

图 3-3　企业内部环境

第二节　微观营销环境和宏观营销环境

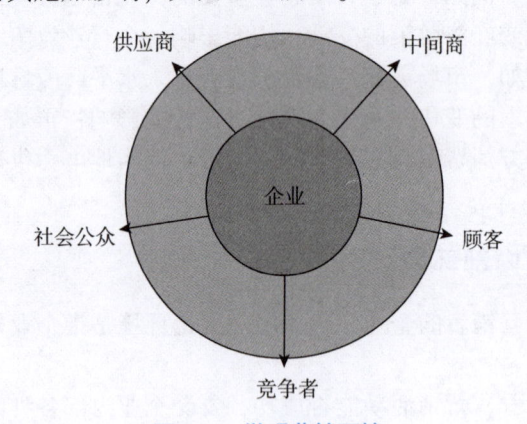

一、微观营销环境

微观营销环境既受制于宏观营销环境，又与企业营销形成协作、竞争、服务、监督的关系，直接影响与制约企业的营销能力。微观营销环境是指直接制约和影响企业营销活动的力量和因素，即那些与企业有双向运作关系的个体、集团和组织。在一定程度上，企业可以对其进行控制或对其施加影响，如图 3-4 所示。

图 3-4　微观营销环境

（一）营销渠道

1. 供应商

供应商是向企业及其竞争者提供生产经营所需资源的企业或个人，包括提供原材料、零配件、设备、能源、劳务、资金及其他用品等。供应商对企业营销业务有实质性的影响，其所供应的原材料数量和质量将直接影响产品的数量和质量，所提供的资源价格会直接影响产品成本、价格和利润。供应商对企业供货的稳定性和及时性，是企业营销活动顺利进行的前提。在物资供应紧张时，供应商的供货情况更起着决定性的作用。

2. 中间商

中间商主要指协助企业促销、销售和经销其产品给最终购买者的机构，包括批发商、零售商、实体分配公司、营销服务机构和财务中介机构等。营销中间机构是指通过促销、销售以及配送等活动，帮助企业把产品送到最终顾客手中的那些机构和个人。营销中间机构为企业融通资金、牵线搭桥、推销或代理产品并提供从运输、储存、信息到咨询、保险、广告等种种便利营销活动的服务。

（二）顾客

顾客是企业的目标市场，是企业服务的对象，也是营销活动的出发点和归宿。企业的一切营销活动都应以满足顾客的需求为中心，因此，顾客是企业最重要的环境因素。企业面对的市场类型如图 3-5 所示，包括生产者市场、中间商市场、政府市场、消费者市场、非营利组织市场和国际市场。各类市场都有其独特的顾客，它们不断变化着需求，要求企业以不同的方式提供相应的产品和服务，从而影响企业营销决策的制定和服务能力的形成。

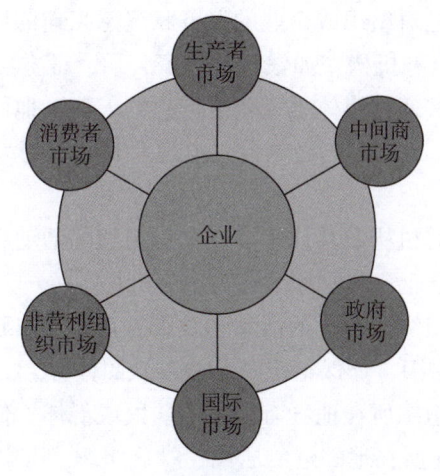

图 3-5　企业面对的市场类型

（三）竞争者

在竞争性的市场上，企业都会面对形形色色的竞争对手。除来自本行业的竞争外，还有来自替代品生产者、潜在加入者、原材料供应者和购买者等多种力量的竞争。从消费需求的角度看，竞争者可以分为以下几种类型：欲望竞争者，指提供不同产品、满足不同消费欲望的竞争者，例如，100 万元买了房子就不能买豪车；属类竞争者，指满足同一消费欲望的可替代的不同产品之间的竞争者，属类竞争是消费者在决定需要的类型之后出现的次级竞争，也称平行竞争，例如，同一需求的不同产品，锻炼的方式有很多种，跑步机或者健身房或者骑行等；产品竞争者，指满足同一消费欲望的同类产品的不同产品形式之间的竞争者，例如，同一产品不同的品种，变频空调与定频空调以及中央空调等；品牌竞争者，指满足同一消费欲望的同一品种的不同厂家产品之间的竞争者，同一产品不同品牌，例如，可口可乐和百事可口、加多宝和王老吉等。以上几种竞争方式紧密关联。

（四）社会公众

社会公众是指对企业实现营销目标的能力有实际或潜在利害关系和影响力的团体或个人。企业所面对的广大公众的态度，会协助或妨碍企业营销活动的正常开展。所有的企业都必须采取积极措施，树立良好的企业形象，力求保持与主要公众之间的良好关系。企业所面临的公众主要有以下几种，如图3-6所示：

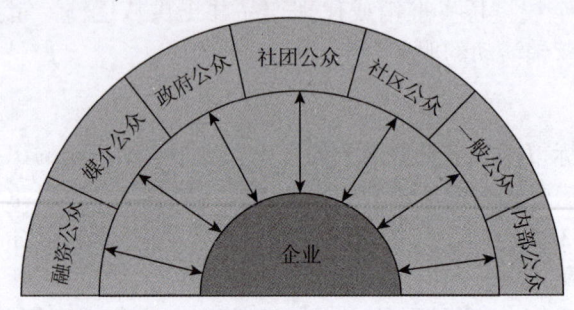

图3-6 微观营销环境中企业所面临的公众

（1）融资公众：指的是对组织或企业的财务状况感兴趣的潜在投资者或融资来源。主要指影响企业融资能力的金融机构，如银行、投资公司、证券经纪公司、保险公司等。

（2）媒介公众：指那些通过媒体渠道获取信息的人群，他们可以对组织的声誉和形象产生影响。主要是指报纸、杂志、广播电台、电视台和网络等大众传播媒体以及社交媒体上的关注者。

（3）政府公众：指政府机构及其代表，它们对组织的活动和行为可能产生直接或间接的影响。主要指负责管理企业营销业务的有关政府机构。

（4）社团公众：指对组织或企业的活动和政策感兴趣的非政府组织或利益集团。主要指行业协会、消费者权益组织、环保组织及其他群众团体等。

（5）社区公众：指与组织所在地区有联系的居民或群体，他们可能会对组织的行为和影响产生关注。主要指企业所在地邻近的居民、社区组织、非营利性组织等。

（6）一般公众：指组织活动中的一般人群，他们可能是潜在的顾客、消费者或其他与组织相关的人。主要指一般市民、普通消费者、潜在客户等。

（7）内部公众：指组织内部的员工、管理层和其他直接关联的人员，他们对组织的运营和决策具有直接影响。主要指企业的员工，包括高层管理人员和一般职工、合作伙伴等。

二、宏观营销环境

宏观营销环境是指给企业营销活动造成市场机会和环境威胁的主要社会力量，这些因素对整个市场或行业的发展趋势和格局产生广泛而深远的影响，包括人口、经济、自然、科学技术、政治、法律、社会文化等因素，通常情况下PEST分析是指对宏观环境要素的分析，不同行业和企业根据自身特点和经营需要，分析的具体内容会有差异，但一般都应对政治（Political）、经济（Economic）、社会（Social）和技术（Technological）这4大类影响企业的主要外部环境因素进行分析。宏观营销环境力量如图3-7所示。

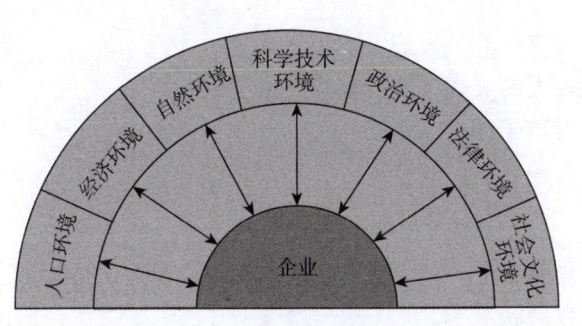

图 3-7 宏观营销环境力量

(一) 人口环境

人口是构成市场的第一要素。现代市场营销学认为，市场是由那些想购买商品又具有货币支付能力的消费者构成的。这种消费者（人口）越多，市场容量也就越大。因此，人口便成为决定市场潜在容量的关键性因素。市场是由有购买欲望同时又有支付能力的人构成的，人口的多少直接影响市场的潜在容量。

（1）人口总量。一个国家或地区的总人口数量是衡量市场潜在容量的重要因素。人口增长首先意味着人民生活必需品的需求增加，据国家统计局数据显示，我国现在人口总数为 14.096 7 亿人。据联合国在 2023 年年底发布的最新人口数据显示，印度目前的总人口数突破 14.25 亿人，已超越中国正式成为全球第一人口大国。随着社会主义市场经济的发展，人民收入不断提高，中国已被视作世界最大的潜在市场。

（2）年龄结构。人口的年龄结构决定着不同的需求取向。据国家统计局数据显示，截至 2023 年年末，全国范围内 65 岁以上的老人 21 676 万人，占总人口的 15.4%。预计到 2030 年，我国 65 岁以上的老年人口占比将超 20%，进入高度老龄化阶段。"银色"市场迅速扩大，未来"老年人"市场需求潜力巨大，老年人市场有巨大的商机。而出生率下降引起市场需求变化，给儿童食品、童装、玩具等生产经营者带来威胁，但同时也使年轻夫妇有更多的闲暇时间用于旅游、娱乐和在外用餐。

（3）地区分布。人口在地区上的分布，关系到市场需求的异同。居住在不同地区的人群，由于地理环境、气候条件、自然资源、风俗习惯的不同，消费需求的内容和数量也存在差异。

（4）家庭状况。家庭是社会的细胞，也是商品采购和消费的基本单位。人口的家庭状况主要包括家庭结构与家庭生命周期。家庭结构是指家庭组成的类型及各成员相互间的关系；家庭生命周期是指一个家庭从形成到解体的运动过程。家庭结构的不同状况和家庭生命周期的不同阶段，都会产生不同的需求，形成不同的购买决策。

（5）人口性别。性别差异给消费需求带来差异，从而在购买习惯与购买行为上也有差别。

在家庭生命周期的不同阶段，家庭生命周期按年龄、婚姻、子女等状况，可划分为以下 7 个阶段：

未婚期：年轻的单身者。
新婚期：年轻夫妻，没有孩子。
满巢期一：年轻夫妻，有 6 岁以下的幼童。

满巢期二：年轻夫妻，有 6 岁或 6 岁以上儿童。
满巢期三：年纪较大的夫妻，有已能自立的子女。
空巢期：身边没有孩子的老年夫妻。
孤独期：单身老人独居。

（二）经济环境

经济环境一般指影响企业市场营销方式、结构与规模的经济因素，主要包括消费者收入与支出状况、经济发展状况等。

1. 消费者收入与支出状况

（1）收入。市场消费需求是指人们有支付能力的需求。仅仅有消费欲望，并不能创造市场；只有既有消费欲望，又有购买力，才具有现实意义。也就是说，只有既想买又买得起，才能产生购买行为。

在研究收入对消费需求的影响时，常使用以下指标：

①人均国内生产总值。一般指价值形态的人均 GDP，它是一个国家或地区所有常住单位在一定时期内（如 1 年），按人口平均所生产的全部货物和服务的价值，超过同期投入的全部非固定资产货物和服务价值的差额。国家的 GDP 总额反映了全国市场的总容量、总规模，人均 GDP 则从总体上影响和决定了消费结构与消费水平。据国家统计局公布数据：2023 年全年国内生产总值（GDP）1 260 582 亿元，按不变价格计算，比上年增长 5.2%。

②个人收入。这是指城乡居民从各种来源所得到的收入。各地区居民收入总额可用于衡量当地消费市场的容量，人均收入的多少反映了购买力水平的高低。

③可任意支配收入。在个人可支配收入中，有相当一部分要用来维持个人或家庭的生活以及支付必不可少的费用。只有在可支配收入中减去这部分维持生活的必需支出，才是个人可任意支配收入，这是影响消费需求变化的最活跃的因素。

（2）支出。支出主要是指消费者支出模式和消费结构。收入在很大程度上影响着消费支出模式与消费结构。随着消费者收入的变化，支出模式与消费结构也会发生相应变化。

（3）消费者的储蓄与信贷。

①储蓄。这是指城乡居民将可任意支配收入的一部分储存待用。储蓄的形式可以是银行存款、购买债券，也可以是手持现金。较高储蓄率会推迟现金的消费支出，加大潜在的购买力。

②信贷。这是指金融或商业机构向有一定支付能力的消费者融通资金的行为，主要形式有短期赊销、分期付款、消费贷款等。消费信贷使消费者可用贷款先取得商品使用权，再按约定期限归还贷款。消费信贷的规模与期限在一定程度上影响着某一时限内现实购买力的大小，也影响着提供信贷的商品的销售量。如购买住宅、汽车及其他昂贵消费品，消费信贷可提前实现这些商品的销售。

2. 经济发展状况

企业的市场营销活动要受到一个国家或地区经济发展状况的制约，在经济全球化的条件下，国际经济形势也是企业营销活动的重要影响因素。

（1）经济发展阶段。经济发展阶段的高低，直接影响企业的市场营销活动。经济发展阶段高，企业的市场营销活动表现为：着重投资于较大的、精密的、自动化程度高、性能好的生产设备；在重视产品基本功能的同时，强调款式、性能及特色；大量进行广告宣传及营业推广活动；分销途径复杂且广泛，制造商、批发商与零售商的职能逐渐独立，连锁商店的网点增加。美国学者罗斯托（W. W. Rostow）的经济成长阶段理论，将世界各国经济发展归纳为5种类型：①传统经济社会；②经济起飞前的准备阶段；③经济起飞阶段；④迈向经济成熟阶段；⑤大量消费阶段。凡属前3个阶段的国家称为发展中国家，处于后两个阶段的国家称为发达国家。

（2）经济形势。企业的市场营销活动受到国际和国内经济形势的影响。2007年8月，一场由美国次级抵押贷款市场动荡引起的风暴，席卷美国、欧盟和日本等世界主要金融市场，使全球大多数国家都受到了严重的冲击。美国金融危机不断扩张，从次级贷到优级贷、从抵押贷款到普通商业信贷和消费信贷的风险迅速上升，主要投资银行亏损严重甚至破产，金融企业惜贷，短期资金异常紧张，实体经济受到严重冲击，经济下行风险加大。通过经济全球化，美国将次贷危机的风险转移到了世界各个角落，这场百年罕见的金融危机，没有一个国家可以独善其身。经济的繁荣与衰退、通货膨胀与紧缩等因素，都会直接影响到消费者的购买力以及消费观念。企业在宏观经济环境不稳定的情况下，需要灵活应对市场波动，调整市场营销策略。同时，经济因素也会影响到企业的定价策略和销售目标的制定。因此，企业需要密切关注宏观经济状况的变化，及时做出调整，以应对市场环境的变动。自2019年以来，全球经济形势受到新冠疫情的影响，疫情加速了数字化转型的进程，推动了线上消费和数字化服务的普及。消费者更倾向于通过互联网购物、在线娱乐和远程办公等方式满足需求，这对传统实体店铺和线下服务产生了挑战，也促进了更多企业加大对数字化营销的投入。疫情期间，全球供应链同时也受到了严重影响，部分企业也开始尝试新的业务模式和销售渠道，如直播销售、社交电商等，以适应消费者需求的变化和市场环境的挑战。

由于国际或国内经济形势都是复杂多变的，机遇与挑战并存，企业必须认真研究，力求正确地认识与判断，以制定相应的营销战略和计划。

（三）自然环境

自然环境主要指营销者所需要或受营销活动所影响的自然资源。营销活动要受自然环境的影响，也对自然环境的变化负有责任。营销管理者当前应正视自然环境面临的难题和趋势，如资源短缺、环境污染严重、能源成本上升等。因此，从长期的观点来看，自然环境应包括资源状况、生态环境和环境保护等方面。许多国家的政府对自然资源管理的干预日益加强。人类只有一个地球，自然环境的破坏往往是不可弥补的，企业营销战略中实行生态营销、绿色营销等，都是维护全社会长期福利的体现。

（四）政治、法律环境

1. 政治环境

政治环境指企业市场营销的外部政治形势。在国内，安定团结的政治局面，不仅有利于经济发展和人民货币收入的增加，而且影响人民群众心理预期，导致市场需求的变化。党和政府的方针、政策规定了国民经济的发展方向，也直接关系到社会购买力的提高和市场消费需求的增长变化。对国际政治环境的分析，应了解"政治权力"与"政治冲突"对企业营销活动的影响。政治权力对市场营销的影响往往表现为由政府机构通过采取某种措施约束外来企业或其产品，如进口限制、外汇控制、劳工限制、绿色壁垒等。政治冲突指国际上的重大事件与突发性事件，这类事件在和平与发展为主流的时代从未绝迹，对企业市场营销工作的影响或大或小，有时带来机会，有时带来威胁。

2. 法律环境

法律环境指国家或地方政府颁布的各项法规、法令和条例等。法律环境对市场消费需求的形成和实现具有一定的调节作用。企业研究并熟悉法律环境，既可保证自身严格依法管理和经营，也可运用法律手段保障自身的权益。

各个国家的社会制度、经济发展阶段和国情不同，体现统治阶级意志的法制也不同，从事国际市场营销的企业必须对有关国家的法律制度和有关的国际法规、国际惯例和准则进行学习研究，并在实践中遵循。

（五）科学技术环境

科学技术是第一生产力，科技的发展对经济发展有巨大的影响，不仅直接影响企业内部的生产和经营，还同时与其他环境因素互相依赖、互相作用，给企业营销活动带来有利或不利的影响。例如，一种新技术的应用，可以为企业创造一个明星产品，产生巨大的经济效益，也可能迫使企业的某种曾获得巨大成功的传统产品退出市场。新技术的应用会引起企业市场营销策略的变化，也会引起企业经营管理的变化，还会改变零售商业业态结构和消费者购物习惯。例如，大数据分析、人工智能等技术的应用使得企业能够更加准确地了解消费者的需求和行为。通过分析海量数据，企业可以进行消费者行为预测、市场细分、个性化定价等，从而制定更加精准的营销策略。企业可以通过实时数据监测和分析，及时了解市场变化和消费者反馈，从而及时调整营销策略和战术，提高市场反应速度和灵活性。

华为在5G技术领域的领先地位为全球数字化经济的发展提供了强有力的支持。5G技术的到来将带来更高的传输速度、更低的延迟和更大的网络容量，将使得无线通信更加快速、可靠。而华为作为全球最大的电信设备供应商，在5G技术的研发和商用化方面一直处于领先地位。华为的5G技术将为全球数字化经济的发展提供更加可靠的基础设施，促进物联网、工业互联网和智能交通等领域的快速发展。

当前，世界新科技革命正在兴起，生产的增长越来越多地依赖科技进步，产品从进入市场到市场成熟的时间不断缩短，高新技术不断改造传统产业，加速了新兴产业的建立和发展。值得注意的是，高新技术的发展，促进了产业结构趋向尖端化、软性化、服务化，营销管理者必须更多地考虑应用尖端技术，重视软件开发，加强对用户的服务，适应知识经济时代的要求。

（六）社会文化环境

社会文化主要是指一个国家、地区的民族特征、价值观念、生活方式、风俗习惯、宗教信仰、伦理道德、教育水平、语言文字等的总和。主体文化是占据支配地位的，起凝聚整个国家和民族的作用，由千百年的历史沉淀所形成的文化，包括价值观、人生观等。次级文化是在主体文化支配下所形成的文化分支，包括种族、地域、宗教等。

文化对所有营销参与者的影响是多层次、全方面、渗透性的，它不仅影响企业的营销组合，而且影响消费心理、消费习惯等，这些影响是通过间接的、潜移默化的方式进行的，这里择要分析以下几方面：

1. 教育水平

教育水平不仅影响劳动者的收入水平，而且影响消费者对商品的鉴赏力、消费者心理、购买的理性程度和消费结构，从而影响企业营销策略的制定和实施。

2. 价值观念

价值观念指人们对社会生活中各种事物的态度和看法。在不同的文化背景下，人们的价值观念差异很大，影响着消费需求和购买行为。对于不同的价值观念，营销管理者应研究并采取不同的营销策略。

3. 消费习俗

消费习俗指历代传承下来的一种消费方式，是风俗习惯的一项重要内容。消费习俗在饮食、服饰、居住、婚丧、节日、人情往来等方面都表现出独特的心理特征和行为方式。

4. 消费流行

由于社会文化多方面的影响，使消费者产生了共同的审美观念、生活方式和情趣爱好，从而导致社会需求的一致性，这就是消费流行。消费流行在服饰、家电以及某些保健品方面表现得最为突出。消费流行在时间上有一定的稳定性，但有长有短，有的可能几年，有的则可能几个月；在空间上有一定的地域性，同一时间内，不同地区流行的商品品种、款式、型号、颜色可能不尽相同。

第三节　环境分析与营销对策

环境分析与营销对策是市场营销中重要的战略规划过程，旨在评估外部环境因素对企业的影响，并据此确定相应的营销策略和行动计划。

一、环境威胁与市场机会

市场营销环境通过对企业构成威胁或提供机会而影响营销活动。

环境威胁是指环境中不利于企业营销的因素及其发展趋势，对企业形成挑战，或对企业的市场地位构成威胁。这种挑战可能来自国际经济形势的变化，如 1997 年爆发的东南亚金融危机，2007 年由美国次贷危机引发的全球金融危机，给世界多数国家的经济和贸易带来了负面影响。挑战也可能来自社会文化环境的变化，如国内外对环境保护要求的提高，某些国家实施"绿色壁垒"，这些对某些产品不完全符合新的环保要求的生产者来说，无疑是一种严峻的挑战。

市场机会是指由环境变化造成的对企业营销活动富有吸引力和利益空间的领域。在这些领域，企业拥有竞争优势。市场机会对不同企业有不同的影响力，企业在每一特定的市场机会中成功的概率，取决于其业务实力是否与该行业所需要的成功条件相符合，如企业是否具备实现营销目标所必需的资源，企业能否比竞争者利用同一市场机会获得更大的"差别利益"。

二、威胁与机会的分析与评价

企业面对威胁程度不同和市场机会吸引力不同的营销环境时，需要通过环境分析来评估环境机会与环境威胁。企业最高管理层可采用"威胁分析矩阵图"和"机会分析矩阵图"来分析、评价营销环境。

1. 威胁分析

对环境威胁的分析，一般着眼于两个方面：一是分析威胁的潜在严重性，即影响程度；二是分析威胁出现的可能性，即出现概率。其分析矩阵如图3-8所示。

	出现概率 高	出现概率 低
影响程度 大	3 5	1 6
影响程度 小	2 4 8	7

图3-8　威胁分析矩阵

在图3-8中，处于3、5位置的威胁出现的概率和影响程度都大，必须特别重视并制定相应对策；处于7位置的威胁出现的概率和影响程度均小，企业不必过于担心，但应注意其发展变化；处于1、6位置的威胁出现概率虽小，但影响程度较大，必须密切关注其出现与发展；处于2、4、8位置的威胁影响程度较小，但出现的概率大，也必须充分重视。

2. 机会分析

机会分析主要考虑其潜在的吸引力（盈利性）和成功的可能性（企业优势）大小。其分析矩阵如图3-9所示。

	成功的可能性 大	成功的可能性 小
潜在的吸引力 大	3 7	4 2
潜在的吸引力 小	6	1 5 8

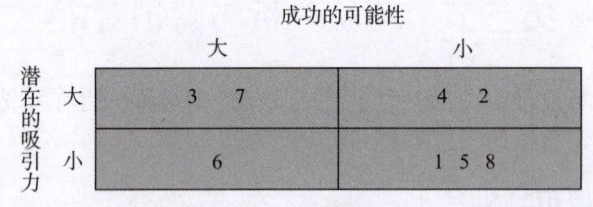

图3-9　机会分析矩阵

在图3-9中，处于3、7位置的机会，潜在的吸引力和成功的可能性都大，有极大可能为企业带来巨额利润，企业应把握时机，全面发展；而处于1、5、8位置的机会，不仅潜在吸引力小，而且成功的概率也小，企业应改善自身条件，关注机会的发展变化，审慎而适时地开展营销活动。

用上述矩阵法分析、评价营销环境，可能出现4种不同的结果，综合评价如图3-10所示。

	威胁水平 低	威胁水平 高
机会水平 高	理想业务	风险业务
机会水平 低	成熟业务	困难业务

图3-10　环境分析综合评价

对市场机会的分析，还必须深入分析机会的性质，以便企业寻找对自身发展最有利的市场机会。

（1）环境市场机会与企业市场机会。市场机会实质上是"未满足的需求"。伴随着需求的变化和产品生命周期的演变，会不断出现新的市场机会。但对不同企业而言，环境机会并非都是最佳机会，只有理想业务和成熟业务才是最适宜的机会。一些成功的企业运用SWOT分析法，对企业内部因素的优势（Strengths）和劣势（Weaknesses）按一定标准进行评价，并与环境中的机会（Opportunities）和威胁（Threats）结合起来权衡抉择，力求内部环境与外部环境协调和平衡，牢牢把握住对企业最有利的市场机会。

（2）行业市场机会与边缘市场机会。企业通常都有其特定的经营领域，出现在本企业经营领域内的市场机会，称为行业市场机会；出现于不同行业之间的交叉与结合部分的市场机会，则称为边缘市场机会。一般来说，边缘市场机会的业务进入难度要大于行业市场机会的业务，但行业与行业之间的边缘地带有时会存在市场空隙，企业可在该空间通过发挥自身的优势获得发展。

（3）目前市场机会与未来市场机会。从环境变化的动态性来分析，企业既要注意发展目前环境变化中的市场机会，也要面对未来，预测未来可能出现的大量需求或大多数人的消费倾向，发现和把握未来的市场机会。

三、企业营销对策

在环境分析与评价的基础上，企业对威胁与机会水平不等的各种营销业务，应分别采取不同的对策。

对理想业务，应看到机会难得，甚至转瞬即逝，必须抓住机遇，迅速行动；否则，丧失时机，将后悔不及。

对风险业务，面对高利润与高风险，既不宜盲目冒进，也不应迟疑不决，坐失良机，应全面分析自身的优势和劣势，扬长避短，创造条件，争取突破性的发展。

对成熟业务，机会与威胁处于较低水平，可作为企业的常规业务，用以维持企业的正常运转，并为开展理想业务和风险业务准备必要的条件。

对困难业务，要么是努力改变环境，走出困境或减轻威胁，要么是立即转移，摆脱无法扭转的困境。

职业道德实践

中国的"新四大发明"

英国BBC网站2018年4月3日刊发文章称，中国的"新四大发明"包括高铁、移动支付、电子商务、共享单车。虽然"新四大发明"基于的技术并不起源于中国，但是中国在推广应用上处于领先地位。这表明，中国在接受新技术的速度上超过其他国家。

"新四大发明"一词是怎么来的？"新四大发明"似乎是出自2017年5月北京外国语大学做的一项调查。该调查让20个来自不同国家的人列出他们"最想带回国"的中国技术。排在最前面的答案是高铁、移动支付、电子商务、共享单车。

"新四大发明"会让人想起古代中国的"四大发明"，即造纸术、火药、印刷术和指南针。

中国一直很重视技术创新，因为中国想在 2020 年前建设成为"创新型国家"。根据世界经济论坛的数据，中国在科研和发展上的投资已处于世界第二位，仅次于美国。

1. 高铁

对于"高铁"并没有一个标准的定义。欧盟认为在新轨道上速度达到 250 km/h，在旧一点的轨道上速度达到 200 km/h 就能称为"高速"。

根据国际铁路联盟（UIC）资料显示，首次高速列车服务开始于 1964 年，即日本的新干线或者说高速列车。中国在 2008 年奥林匹克运动会开始前，开通了第一条高铁，连接北京和天津。

2. 移动支付

1997 年芬兰出现了第一批用移动设备支付的案例。然而，有些人认为移动支付真正开始是 2014 年苹果支付的推出。

《2024 年全球支付报告》显示，在我国所有支付方式中，移动支付占比最高，达到 50%。到 2024 年年底，移动支付用户数量将达到 8.54 亿，人们使用移动支付的频率非常高。中国支付清算协会发布的《2024 年移动支付用户调查报告》告诉我们，2024 年，每天都使用移动支付的用户比例达 74.0%。

3. 电子商务

1979 年，英国人迈克尔·奥尔德里奇提出了在线购物这一概念。通过一种叫可视图文（Videotex）的技术，奥尔德里奇凭借一根电话线，将一个普通的电视机和当地零售商的电脑连接起来。但是电子商务真正流行起来是在 20 世纪 90 年代，因为亚马逊和易趣在 1995 年建立了网站。2024 中国农产品电商发展报告称：我国成全球最大农产品电商国，拼多多等引领数字转型。深圳市跨境电子商务协会研究院院长邢康男表示："从国家官方宣布的跨境电商数据来看，2022 年海关总署公布的全年跨境电商进出口数据是 2.1 万亿元，而 2023 年前 3 个季度公布的数据是 1.7 万亿元，仅从官方的统计数据就可以看出，整个跨境电商在全球贸易经济下滑的背景下，呈现逆势增长的态势，而且增长比例相对而言优于全国绝大部分行业。"

4. 共享单车

共享单车这一概念于 20 世纪 60 年代始于阿姆斯特丹，但是为了防止偷窃行为，警方没收了这些单车。首次大规模的共享单车计划发生在 20 世纪 90 年代的欧洲城市，哥本哈根是第一个引进的城市。

中国共享单车市场规模增长稳定，2017—2022 年复合增速达 10%，由 130.3 亿元增长至 304 亿元，2022 年中国共享单车市场规模突破 300 亿元，同比增长 7.31%。预计于 2025 年将增长至 427.4 亿元。

我国共享骑行市场用户规模增长迅速，"最后一公里"出行习惯已培育。随着互联网的普及，共享单车市场在全国不断渗透，共享单车用户规模增长迅速。据统计，2017—2022 年，我国共享单车用户规模从 3.1 亿人增长至 4.6 亿人，其间复合年增长率为 8.21%。用户规模有望在渗透率逐步攀升的情况下于 2024 年突破 5 亿人。

可见，中国在这 4 种技术的吸收和适应方面已经超过了其他国家。

厦门大学学者许共城说："有些人认为'新四大发明'基于的技术并不起源于中国。这是真的，但是中国利用这些技术进行了新的发明。"

（资料来源：根据《参考消息》整理）

课后习题

一、判断题

（　　）1. 文化是区分一个社会群体与另外一个社会群体的主要因素，包括共同或者相近的价值观、道德、信仰、习惯、风俗等。

（　　）2. 根据恩格尔定律，恩格尔系数越大，说明该国家或地区的人民生活水平越高。

（　　）3. 对于潜在严重性大，出现威胁可能性也大的市场威胁，企业要高度重视，积极应对。

（　　）4. 环境形成的对企业营销活动有吸引力和利益空间的因素，即营销环境中的有利因素。

二、单选题

1. 由于我国经济增速放缓，很多企业的经营变得比较困难，这种环境是（　　）。
 A. 经济环境 B. 行业环境
 C. 社会环境 D. 政治环境
2. 下列营销环境中属于企业微观营销环境的是（　　）。
 A. 国家政策 B. 竞争对手
 C. 科技力量 D. 人口结构
3. 互联网和信息化手段改变了人们的生活习惯和企业的运营模式，这是营销环境中的（　　）。
 A. 政策环境 B. 技术环境
 C. 经济环境 D. 社会环境
4. 互联网的发展促进了用户的社交需求，出现了巨大的发展机会，腾讯公司利用QQ用户优势开发微信，根据SWOT分析，腾讯的战略属于（　　）。
 A. 增长型/扩张型战略 B. 扭转型/转型战略
 C. 防御/转移/推出战略 D. 多种经营/分散战略
5. 根据营销环境机会和威胁综合分析，高机会和高威胁的业务属于（　　）。
 A. 风险业务 B. 成熟业务
 C. 困难业务 D. 理想业务

三、多选题

经济环境指企业营销活动所面临的外部经济因素，其运行状况及发展趋势会直接或间接地对企业营销活动产生影响，下列属于经济环境的范畴的是（　　）。
 A. 消费者储蓄 B. 消费者收入
 C. 消费者信贷 D. 消费者支出

案例思考与讨论

河南人造钻石产业"闪亮"世界

中国河南的钻石市场发生了翻天覆地的变化,引发了全球范围的热议。长久以来,钻石一直被当作奢侈品,价格居高不下,但如今,这一神话终于被中国的人工钻石技术击碎。河南制造的人工钻石不仅价格大幅下滑,而且质量和外观媲美天然钻石,这彻底改变了全球珠宝市场的格局。一直以来,钻石都被赋予了各种神秘的象征和价值,被视为名贵珠宝的代表。英国商人戴比尔斯的商业头脑使得钻石价格一度飙升,钻石成为富人的宠儿。这种垄断和营销手段让钻石价格高企,成为普通人难以企及的奢侈品。

但是,国内人工钻石技术的突破打破了这一局面。中科院历经30年的努力,在钻石的制造和培育方面取得了关键性突破。如今,河南制造的人工钻石价格只有天然钻石的1/10,而且质量更加纯净透明,颜色更加鲜艳。这种技术的突破彻底颠覆了西方的暴富梦,让全球女性普遍享受到了"克拉自由"。

在河南省商丘市柘城县力量钻石股份有限公司的车间里,一排排六面顶压机正安静地运行,而其内部温度高达1 600℃,犹如一座座小火山,放置其间的石墨柱在历经两三周的高温高压后,可"孕育"出1克拉以上的人工培育钻石原石。石墨可以在高温高压下形成人造金刚石,而高纯度大尺寸的人造金刚石也被称为人工培育钻石原石。

"柘城有'钻石之都'的美誉,以前主要生产机械加工用金刚石,现在通过技术创新,构建了微粉、单晶、钻石等金刚石制品全链条。"柘城县高新区管委会主任孙若梅告诉记者,高新区已入驻金刚石超硬材料及相关配套企业110余家,年产金刚石单晶50亿克拉,培育钻石毛坯及加工销售钻石400万克拉。

商丘市只是河南人造金刚石产能的富集地之一,郑州、许昌、南阳等地市也是人造金刚石及其制品的重要产地。"企查查"检索显示,河南名称包含"金刚石"的企业高达近500家。数量庞大的企业每年释放出巨大产量。"据不完全统计,河南每年产出工业级人造金刚石约120亿克拉,培育钻石原石超过600万克拉,其中相当一部分出口到印度等地切割加工,然后发往欧洲、北美等区域。"中国机床工具工业协会超硬材料分会秘书长孙兆达介绍。

近期在美国拉斯维加斯举办的珠宝博览会上,力量钻石展出一颗50克拉的产品。该公司副总经理周志华介绍,当前主要以生产毛坯为主,也卖裸钻,不过正在向下游延伸,发展饰品,打通全产业链。为延续在人造金刚石、培育钻石领域的优势,《河南省"十四五"制造业高质量发展规划》提出:"巩固人造金刚石优势,大力发展宝石级金刚石、高导热高透光率多晶金刚石等,加快金刚石聚晶、高端刀具等高端制品研发制造,加快原辅材料、超硬材料及制品协同发展,打造全球超硬材料产业基地。"

河南已经成为全球最大的钻石生产基地,每年生产超过300万克拉的钻石,占据全球市场份额的45%。西方钻石商的抵制和宣传已经无法阻挡人工钻石的崛起。

(资料来源:根据网络资料整理)

思考题:

你认为河南"人造钻石"主要通过营销环境中的哪些因素引领了全球钻石市场的变革?

第四章 购买者市场与购买者行为分析

学习目标

【知识目标】
➢ 了解消费者市场的特点和消费者购买行为的模式;
➢ 掌握消费者心理活动和个性心理特征;
➢ 掌握消费者购买决策过程;
➢ 掌握影响消费者购买行为的诸多要素。

【能力目标】
➢ 明确消费者购买决策过程各阶段的特点,探讨相应的市场营销对策;
➢ 能够结合理论独立分析消费行为相关案例,加深对消费心理与行为的理解;
➢ 把握营销技巧,提高营销实战能力。

【素质目标】
➢ 了解中国消费基本国情,树立文化自信;
➢ 培养团队协作精神以及对他人的尊重;
➢ 树立良好的消费观念,合理消费,杜绝奢侈浪费的生活方式;
➢ 树立和践行社会主义核心价值观,培养良好的市场营销职业观念,遵守市场营销职业道德。

购买者构成企业的市场,是企业市场营销活动的出发点和归宿点。各类企业要提高市场营销效益,实现企业发展的愿景,就必须深入研究购买者行为的规律,据此进行市场细分和目标市场选择,有的放矢地制定市场营销组合策略。企业的市场可以分为消费者市场和组织市场两大类。消费品生产经营企业应当着重研究消费者的购买行为,工业品生产企业应当着重研究组织市场的购买行为。

案例导入

茶颜悦色武汉开首店，排队七八小时只为喝上一杯奶茶

在武汉站乘坐复兴号高铁前往长沙南站，在站内喝杯茶颜悦色奶茶再乘高铁返回，总耗时在3个半小时左右。但要是想在武汉喝上一杯茶颜悦色，排队时间可能超过8小时，代购价格甚至炒到500元一杯。

2020年12月1日，茶颜悦色的湖南省外首店在武汉正式营业，店址在武汉天地广场。

这是茶颜悦色在湖南"深居简出"7年后第一次走出家门，新店一开业立刻受到武汉人的热情追捧。"武汉茶颜悦色门外排起长队""武汉一杯奶茶卖到500元"的消息纷纷登上微博热搜。在上午10点正式开业之前，茶颜悦色天地店门前就已经排起长队，队伍甚至排到隔壁喜茶门口。茶颜悦色官方微博显示，队尾的排队时长预计为8小时，且当日每人限购4杯。

"希望大家不要加钱买！我们充200送30很便宜的！"武汉开店首日，茶颜悦色的工作人员在排队现场拿着大喇叭号召消费者抵制黄牛，并举着写有"不认同任何形式的代排队、代购等行为""在此排队需要7小时"等字样的招牌，在队伍旁维持秩序。

尽管如此，十几元一杯的奶茶还是被炒出天价。开业首日的队伍中有不少身穿饿了么外卖蓝色服装的外卖小哥，其中一名小哥表示，"早上有好几名消费者下单，跑腿费能加到100元"，甚至有人愿意花500元顶替队伍前排的消费者"插队"购买。有些人还因为排队无望，直接选择坐高铁前往长沙，一定要在这一天喝上茶颜悦色。

近几年，凭借本地人和外地游客的口耳相传，茶颜悦色已成为和臭豆腐齐名的长沙美食新名片，以及奶茶届的一匹"现象级"黑马。很多外地人哪怕不吃臭豆腐，也会在去长沙时"打卡"至少一杯茶颜悦色。就算在长沙，虽然店铺遍布街头巷尾，顾客们还是经常要排队超过半小时。

到底为什么消费者愿意花费这巨大的时间成本和金钱成本来品尝这杯神奇的奶茶？如何解读他们这种"不太理智"的消费行为呢？

（资料来源：《北京日报》"茶颜悦色武汉开首店，排队七八小时又成营销套路？"2020年12月2日）

第一节 消费者购买决策过程和参与者

市场是指有购买愿望且有购买能力的顾客群体。消费者市场和组织市场是按照顾客购买目的或用途的不同而划分的。其中，消费者市场是个人或家庭为了生活消费而购买产品和服务的市场。生活消费是产品和服务流通的终点，因而消费者市场也称为最终产品市场。消费者行为研究包含消费者购买决策过程和购买行为影响因素两大内容。

一、消费者购买决策过程

消费者购买决策过程一般分为5个阶段，如图4-1所示。

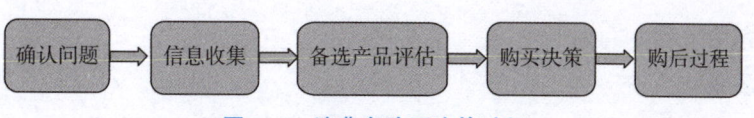

```
确认问题 → 信息收集 → 备选产品评估 → 购买决策 → 购后过程
```

图 4-1　消费者购买决策过程

1. 确认问题

确认问题指消费者确认自己的需要是什么。需要是购买活动的起点，升高到一定阈限时就变成一种驱动力，驱使人们采取行动予以满足。营销人员在这个阶段的任务是：

（1）了解需要。了解与本企业产品有关的现实和潜在的需要。在价格和质量等因素既定的条件下，产品如果能够满足消费者某一或某些需要就能吸引购买。

（2）设计诱因。了解消费者需要随时间推移以及外界刺激强弱而波动的规律性，设计诱因，增强刺激，唤起需要，从而促成购买行动。

2. 信息收集

在社会生产力高度发达的条件下，消费者的某一需要往往会有许多品牌、品种的商品给予满足，究竟如何选择，需要进行信息收集。营销人员在这一阶段的任务是：

（1）了解消费者信息来源。

①经验来源。这是指消费者直接接触产品得到的信息。

②个人来源。这是指家庭成员、朋友、邻居、同事和其他熟人所提供的信息。

③公共来源。这是指社会公众传播的信息，如消费者权益组织、政府部门、新闻媒介、消费者和大众传播的信息等。

④商业来源。这是指营销企业提供的信息，如广告、推销员介绍、商品包装的说明、商品展销会等。

（2）了解消费者对不同信息来源的信任程度。分析可知，消费者对经验来源和个人来源信息信任度最高，其次是公共来源信息，最后是商业来源信息。

（3）设计信息传播策略。除利用商业来源传播信息外，还要设法利用和刺激信息的公共来源、个人来源和经验来源，也可多种渠道同时使用，以加强信息的影响力和有效性。

3. 备选产品评估

消费者在获得全面的信息后就会根据这些信息和一定的评价方法对同类产品的不同品牌加以评价并决定选择。一般而言，消费者评价行为涉及 3 个方面：

（1）产品属性。产品属性指产品所具有的能够满足消费者需要的特性。产品在消费者心中表现为一系列基本属性的集合。例如，下列产品应具备的属性是：

冰箱：制冷效率高、耗电少、噪声低、经久耐用。

计算机：信息储存量大、运行速度快、图像清晰、软件适用性强。

因此，营销人员应了解顾客主要对哪些属性感兴趣，以确定产品应具备的属性。

（2）品牌信念。品牌信念指消费者对某品牌优劣程度的总看法。每一品牌都有一些属性，消费者对每一属性实际达到了何种水准给予评价，然后将这些评价连贯起来，就构成其对该品牌优劣程度的总看法，即对该品牌的信念。

（3）效用要求。效用要求指消费者对该品牌每一属性的效用功能应当达到何种水准的要求。或者说，该品牌每一属性的效用功能必须达到何种水准才会被消费者接受。

明确了上述 3 个问题以后，消费者会有意或无意地运用一些评价方法对不同的品牌进行评价和选择。

4. 购买决策

购买决策阶段主要涉及两个问题：一是是否购买；二是如何购买。

（1）购买意向到实际购买之间的介入因素。消费者经过产品评估后会形成一种购买意向，但是不一定导致实际购买，从购买意向到实际购买还有一些因素介入其间，如他人态度、意外因素等。

（2）购买决策内容。消费者一旦决定实现购买意向，必须做出以下决策：

①产品种类决策，即在资金有限的情况下优先购买哪一类产品。

②产品属性决策，即该产品应具有哪些属性。

③产品品牌决策，即在诸多同类产品中购买哪一品牌。

④时间决策，即在什么时间购买。

⑤经销商决策，即到哪一家商店购买。

⑥数量决策，即买多少。

⑦付款方式决策，即一次付款还是分期付款，现金购买还是其他方式等。

5. 购后过程

与传统市场观念相比，现代市场观念最重要的特征之一是重视对消费者购后过程的研究以及提高其满意度。消费者的购后过程分为3个阶段：购后处置、购后评价、购后行为。

（1）购后处置。消费者的购后处置有频繁使用、较少使用、偶然使用、闲置不用、废物丢弃、转卖他人等多种情况。营销人员应当关注消费者如何处置产品。如果一个应该高频率使用的产品而消费者实际使用率很低或丢弃，说明消费者认为该产品无用或对该产品不满意。

（2）购后评价。当前广泛运用的购后评价理论是预期满意理论。预期满意理论认为，满意是消费者将产品可感知效果与自己的期望值相比较后所形成的心理感受状态，即消费者购买产品以后的满意程度取决于购前期望得到实现的程度。如果购后感受达到或超过购前期望，则感到满意或非常满意；反之，则不满意。营销企业如果希望实现消费者购后满意，在商品宣传上应实事求是，不夸大其词，以免造成消费者购前期望高于其购后感受。

（3）购后行为。消费者对产品的评价决定了购后行为，如信赖产品、重复购买、推荐给周围人群，或者抱怨、索赔、个人抵制不再购买、劝阻他人购买、向有关部门投诉等。企业应当采取有效措施促进消费者购后的正面态度与行为，减少或消除负面态度与行为。

二、消费者购买决策过程的参与者

消费者在购买活动中可能扮演下列5种角色中的一种或几种：

（1）发起者：第一个提议或想到去购买某种产品的人。

（2）影响者：有形或无形地影响最后购买决策的人。

（3）决定者：最后决定整个购买意向的人。

（4）购买者：实际执行购买决策的人。

（5）使用者：实际使用或消费商品的人。

消费者以个人为单位购买时，5种角色可能由一人担任；以家庭为购买单位时，5种角色往往由家庭不同成员分别担任。营销人员应最关心决定者是谁，但也不能忽视其他角色在购买活动中的作用。

> **小案例**
>
> **冲动性购买还是诱发性购买?**
>
> 巧云与乐珍是大学好友,毕业后又在同一个城市工作,她们周末经常约在一起逛街吃饭。一天,两人来到一家品牌服饰店,乐珍看中了一件衣服,试穿后觉得效果不错,只不过自己没什么场合能穿它,但听到店员说 3 折促销的消息后,便毫不犹豫地付了钱。在一旁的店员趁机向没有购买意愿的巧云推荐这件衣服,巧云试穿后觉得也不错,但是自己已经有了两三件类似的衣服。结果,店员的劝说加上促销的诱人价格,以及乐珍所说的平时穿衣可以多一个选择,巧云最后也买了一件。两人购买了一模一样的衣服,你认为她们的购买行为属于哪种类型呢?
>
> (资料来源:杨洪涛,等. 市场营销——超越竞争,为顾客创造价值 [M]. 北京:机械工业出版社,2015)

第二节　影响消费者购买行为的因素

影响消费者购买行为的因素主要有个体因素与环境因素两个方面,如图 4-2 所示。

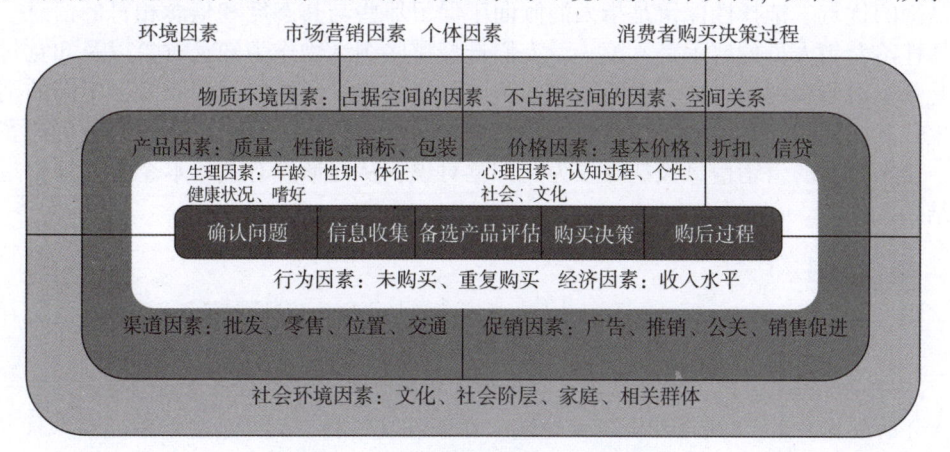

图 4-2　影响消费者购买行为的因素

一、影响消费者购买行为的个体因素

影响消费者购买行为的个体因素主要有消费者的生理因素、心理因素、行为因素与经济因素等。生理因素是指年龄、性别、体征(高矮胖瘦)、健康状况和嗜好(如饮食口味)等生理特征的差别。生理因素决定着对产品款式、构造和细微功能的需求。心理因素包含消费者的认知过程、消费者的个性等。行为因素是指消费者已经发生或正在发生的行为对其后续行为的影响。经济因素指消费者收入水平的影响。

1. 消费者的感觉与知觉

消费者的感觉与知觉是消费者认知过程的两个阶段。认知过程是指人由表及里、由现象到本质反映客观事物的特性与联系的过程，可以分为感觉、知觉、记忆、想象和思维等阶段。

（1）感觉。感觉是人脑对当前直接作用于感觉器官的客观事物个别属性的反映。企业营销人员应当通过调查确定一些重要的感觉评价标准，了解消费者对各种商品的感觉，在产品开发、产品定位、使用方法、促销方法、广告设计中考虑消费者的感觉与感受性变化，设计相应的市场营销组合策略。

（2）知觉。知觉是人脑对直接作用于感觉器官的客观事物各个部分和属性的整体的反映。知觉与感觉的区别是：感觉是人脑对客观事物的某一部分或个别属性的反映；知觉是对客观事物各个部分、各种属性及其相互关系的综合的、整体的反映。

（3）知觉的性质及其在市场营销中的应用。

①知觉的整体性。它也称为知觉的组织性，是指知觉能够根据个体的知识经验将直接作用于感官的客观事物的多种属性整合为同一整体，以便全面地、整体地把握该事物。有时，刺激本身是零散的，而由此产生的知觉却是整体的。

②知觉的选择性。它是指知觉对外来刺激有选择地反映或组织加工的过程，包括选择性注意、选择性扭曲和选择性保留。选择性注意是指在外界诸多刺激中仅仅注意到某些刺激或刺激的某些方面，而对其他刺激加以忽略。知觉的选择性保证了人能够把注意力集中到重要的刺激或刺激的重要方面，排除次要刺激或刺激的次要方面的干扰，更有效地感知和适应外界环境。选择性扭曲是指人们有选择地将某些信息加以扭曲，使之符合自己的意向。受选择性扭曲的作用，人们在消费品购买和使用过程中往往忽视所喜爱品牌的缺点和其他品牌的优点。选择性保留是指人们倾向于保留那些与其态度和信念相符的信息。知觉的选择性给营销人员的启示是：第一，人们选择哪些刺激物作为知觉对象以及知觉过程和结果受到主观与客观两方面因素的影响；第二，企业提供同样的营销刺激，不同的消费者会产生截然不同的知觉反应，与企业的预期可能并不一致；第三，企业应当分析消费者的特点，使本企业的营销信息被选择成为其知觉对象，从而形成有利于本企业的知觉过程和知觉结果。

小案例

外卖成为常规就餐的第三种常态

2017年3月7日晚，中央电视台财经频道特别节目《中国经济生活大调查》中，美团点评的数据显示，"叫个外卖"成为继"在家做饭"和"到店堂食"后，国人就餐的"第三种常态"，成为最受关注的互联网话题，增长高达300%。每10个中国人中有3个是外卖用户，在这些外卖"吃货"中，有近一半的人每周叫外卖超过3次。一周后的央视"3·15"晚会曝光了某外卖平台的乱象：黑作坊大量存在，商家无证无照，平台市场经理引导商家虚构地址、上传虚假照片等，食品卫生与安全再度引发关注。

前一段数据明白无误地告诉我们，外卖已经坐稳了国人就餐的第三把交椅，后一则新闻则告诉我们外卖行业存在严重的食品安全问题。再回想当年三聚氰胺事件对中国奶粉业的影响，那么问题来了：对于学校食堂，你是不喜欢还是不放心，还是两者兼而有之？外卖为什么成了很多中国人就餐的第三种常态？

（资料来源：钱旭潮，王龙. 市场营销管理——需求的创造与传递 [M]. 北京：机械工业出版社，2021）

2. 消费者的个性

（1）个性的含义及其构成。个性是指人的整个心理面貌，是个人心理活动稳定的心理倾向和心理特征的总和。个性心理结构包括个性倾向性和个性心理特征两个方面。

①个性倾向性。这是指人所具有的意识倾向，决定着人对现实的态度以及对认识活动对象的趋向和选择，主要包括需要、动机、兴趣、理想、价值观和世界观。个性是人的行为的基本动力，是行为的推进系统。

②个性心理特征。这是指一个人身上经常地、稳定地表现出来的心理特点的总和，主要包括能力、气质和性格。当一个人的个性倾向性成为一种稳定而概括的心理特点时，就构成了个性心理特征。

（2）需要与动机。

①需要。需要是指个体对内在环境和外部条件的较为稳定的要求。西方心理学对需要的解释主要分为两种：一是重视它的动力性意义，把需要看作一种动力或紧张；二是把需要看作个体在某方面的不足或缺失。德国心理学家勒温认为，个人与环境之间有一定的平衡状态，如果这种平衡状态遭到破坏，就会引起一种紧张，产生需要或动机。如果需要得不到满足或遭到阻遏，紧张状态就会保持，推动着人们从事消除紧张、恢复平衡、满足需要的活动。需要满足后，紧张才会消除，因此，需要是行为的动力。

②动机。动机是指人产生某种行为的原因。购买动机是指人们产生购买行为的原因。动机的产生必须有内在条件和外在条件。内在条件是达到一定强度的需要，需要越强烈，则动机越强烈。外在条件是诱因的存在。诱因是指驱使有机体产生一定行为的外在刺激，可分为正诱因和负诱因。正诱因是指能够满足需要，引起个体趋向和接受的刺激因素。负诱因是指有害于需要满足，引起个体逃离和躲避的刺激因素。比如，对于饥饿的人来说，米饭是正诱因，体罚是负诱因。诱因可以是物质的，也可以是精神的，如同事对某种服装的称赞可以成为消费者购买的精神诱因。当内在与外在条件同时具备时就会产生动机。比如，当消费者感受到的炎热强烈到一定程度并且商店有空调出售时，才会产生购买空调的动机。

（3）马斯洛需要层次论。第二次世界大战后，美国行为科学家马斯洛（A. H. Maslow）提出了需要层次论，将人类的需要分为由低到高的5个层次，即生理需要、安全需要、社会需要、尊重需要和自我实现需要，如图4-3所示。

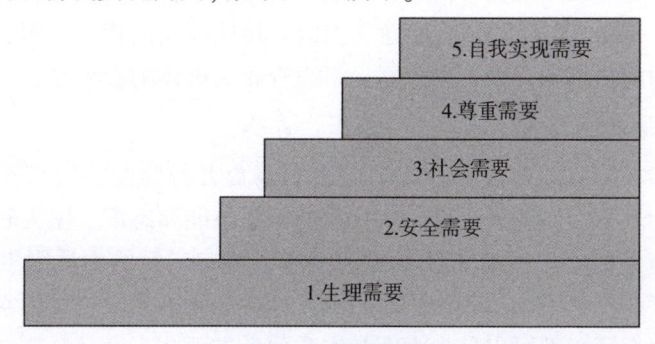

图4-3 需要层次

①生理需要。这是指为了生存而对必不可少的基本生活条件产生的需要。如由于饥渴

冷暖而对吃、穿、住产生需要，它能保证一个人作为生物体而存活下来。

②安全需要。这是指维护人身安全与健康的需要。如为了人身安全和财产安全而对防盗设备、保安用品、人寿保险和财产保险产生需要；为了维护健康而对医药和保健用品产生需要等。

③社会需要。这是指参与社会交往，取得社会承认和归属感的需要。在这种需要的推动下，人们会设法增进与他人的感情交流和建立各种社会联系。消费行为必然会反映这种需要，如为了参加社交活动和取得社会承认而对得体的服装和用品产生需要；为了获得友谊而对礼品产生需要等。

④尊重需要。这是指在社交活动中受人尊敬，取得一定社会地位、荣誉和权力的需要。如为了在社交中表现自己的能力而对教育和知识产生需要；为了表明自己的身份和地位而对某些高级消费品产生需要等。

⑤自我实现需要。这是指发挥个人的最大能力，实现理想与抱负的需要。这是人类最高层次的需要，满足这种需要的产品主要是思想产品，如教育与知识等。

一般而言，人类的需要由低层次向高层次发展，低层次需要满足以后才会追求高层次的满足。例如，一个食不果腹、衣不蔽体的人可能会铤而走险而不考虑安全需要，可能会向人乞讨而不考虑社会需要和尊重需要。营销人员应当分析消费者的需要层次并制定相应的营销策略予以满足。

二、影响消费者购买行为的环境因素

影响消费者购买行为的环境因素是指外部世界中影响消费者行为的所有物质和社会要素的总和。

1. 物质环境与社会环境

物质环境是指自然界中各类物质对消费者行为的影响，可分为占据空间的因素、不占据空间的因素和空间关系等。占据空间的因素是指所有有形的物质因素，如有形产品和品牌、城市与乡村的建筑与交通、地理资源、商场及其装修、商品陈列等；不占据空间的因素是指无形的物质因素，如气候、噪声、光线和时间等；空间关系是指消费者与商品、商品销售场所的空间位置关系以及各物质因素相互之间的空间位置关系，如消费者与商场的空间距离、商场在商业区中的相对位置、商品在商场或柜台中的相对位置等。

社会环境因素是指人与人之间社会意义上的直接或间接的相互作用。如某地区的文化与亚文化，政治制度与氛围，个人、家庭、组织等相关群体的影响等。

2. 微观环境与宏观环境

微观环境是指在特定场合或较小范围内影响消费者行为的物质因素和社会因素的总和，如商场的购物环境、商场人流量、售货员的服务技能和态度、家人和朋友对某商品的看法等。宏观环境是指大规模的、具有普遍性的、影响广泛的物质因素和社会因素的总和，包括人口因素、经济因素、政治法律因素、社会文化因素、自然因素和科学技术因素等。物质环境和社会环境都可以分为微观与宏观两个方面。

第三节 组织市场与购买行为

一、组织市场的概念和类型

1. 组织市场的概念

组织市场是指工商企业为从事生产、销售等业务活动以及政府部门和非营利组织为履行职责而购买产品和服务所构成的市场。简言之，组织市场是以某种正规组织为购买单位的购买者所构成的市场。就卖主而言，消费者市场是个人市场，组织市场则是法人市场。

2. 组织市场的类型

组织市场包括生产者市场、中间商市场、非营利组织市场和政府市场。

(1) 生产者市场。生产者市场是指购买产品或服务用于制造其他产品或服务，然后销售或租赁给他人以获取利润的单位和个人。组成生产者市场的主要产业有：工业、农业、林业、渔业、采矿业、建筑业、运输业、通信业、公共事业、银行业、金融业、保险业和服务业等。

(2) 中间商市场。中间商市场也称为转卖者市场，是指购买产品用于转售或租赁以获取利润的单位，包括批发商和零售商。

(3) 非营利组织市场。非营利组织泛指所有不以营利为目的、不从事营利性活动的组织。我国通常把非营利组织称为"机关团体、事业单位"。非营利组织市场是指为了维持正常运作和履行职能而购买产品或服务的各类非营利组织所构成的市场。

(4) 政府市场。政府市场是指为了执行政府职能而购买或租用产品的各级政府和下属各部门所构成的市场。各国政府通过税收、财政预算掌握了相当部分的国民收入，形成了潜力极大的政府采购市场。组织市场与消费者市场的购买行为既有相似性，又有较大差异性，表现在交易导向与购买类型、购买决策过程、购买决策的参与者、购买决策影响因素等方面。

二、组织市场的交易导向与购买类型

1. 组织市场的交易导向

组织市场采购的基本原则是用相对较低的成本获得最高利益。营销人员的任务是给目标顾客提供尽可能高的消费价值。围绕着采购的基本原则，组织市场有3种交易导向：购买导向、利益导向和供应链管理导向。

(1) 购买导向。购买导向是指组织市场以最大限度地维护自身利益，实现短期交易作为采购指导思想。在这种思想指导下，购买者与供应商之间的交易行为是不连续的，关系是不友好的甚至是敌对的。

(2) 利益导向。利益导向是指组织市场以建立交易双方长期的良好关系作为采购指导思想。购买者建立了与更多小型供应商保持良好合作关系的制度与方法，通过更好的管理询价、转换及成本控制来寻求节约，不是单纯压低供应商的价格，而是分享节约的利益。

(3) 供应链管理导向。供应链管理导向是指组织市场以建立交易双方密切的伙伴关系，实现双方价值最大化作为采购指导思想。购买者把采购工作视为价值链中的重要环

节，制订精益计划与供应商建立更加紧密的关系，让供应商参与产品设计与成本节约过程，通过拉动需求而不是推动供应来增进价值。

2. 组织市场购买类型

（1）直接重购。直接重购是指组织用户的采购部门按照过去的订货目录和基本要求继续向原先的供应商购买产品，这是最简单的购买类型。采购部门对以往的所有供应商加以评估，选择感到满意的作为直接重购的供应商。被列入直接重购名单的供应商应尽力保持产品质量和服务质量，提高采购者的满意程度。未列入名单的供应商会试图提供新产品和满意的服务，以便促使采购者转移或部分转移，从而以少量订单入门，然后逐步争取买方扩大其采购份额。

（2）修正重购。修正重购是指组织用户改变原先所购产品的规格、价格或其他交易条件后再进行购买。用户与原先的供应商协商新的供货协议或者更换供应商，原先选中的供应商感到有一定的压力，会全力以赴地继续保持交易；新的供应商为获得新的交易机会，也会努力争取。这种决策过程较为复杂，买卖双方都有较多的人参与。

（3）新购。新购是指组织用户初次购买某种产品或服务，这是最复杂的购买类型。新购产品大多是不常购买的项目，如大型生产设备、建造新的厂房或办公大楼、安装办公设备或计算机系统等，采购者要在一系列问题上做出决策，如产品的规格、购买数量、价格范围、交货条件及时间、服务条件、付款条件、可接受的供应商和可选择的供应商等。购买的成本和风险越大，购买决策的参与者就越多，需要收集的信息就越多，购买过程就越复杂。由于顾客还没有一个现成的供应商名单，因此，购买需求对所有的供应商都是机会，也是挑战。

三、组织市场购买决策过程

组织市场购买类型决定了购买决策过程的复杂性。从理论上说，组织用户完整的购买过程可分为8个阶段，但是具体过程依不同的购买类型而定，直接重购和修正重购可能跳过某些阶段，新购则会完整地经历各个阶段，见表4-1。

表4-1 组织市场购买决策过程

购买阶段	购买类型		
	新购	修正重购	直接重购
1. 问题识别	是	可能	否
2. 总需要说明	是	可能	否
3. 明确产品规格	是	是	是
4. 物色供应商	是	可能	否
5. 征求供应建议书	是	可能	否
6. 选择供应商	是	可能	否
7. 签订合约	是	可能	否
8. 绩效评价	是	是	是

1. 问题识别

问题识别是指组织市场用户认识自己的需要，明确所要解决的问题。问题识别可以由内在刺激或外在刺激引起。

（1）内在刺激。比如，企业决定推出一种新产品，需要新设备或原材料来制造；机器发生故障，需要更新或需要新零件；已购进的商品不理想或不适用，需要更换供应。

（2）外在刺激。采购人员通过广告、商品展销会或卖方推销人员介绍等途径了解到有更理想的产品，从而产生需要。供应商应利用上述方式刺激买方认识需要。

2. 总需要说明

总需要说明是指通过价值分析确定所需项目的特征和数量。标准化产品易于确定，而非标化产品须由采购人员和使用者、技术人员乃至高层经营管理人员共同协商确定。卖方营销人员应向买方介绍产品特性，协助买方确定需要。

3. 明确产品规格

明确产品规格是指说明所购产品的品种、性能、特征、数量和服务，写出详细的技术说明书，作为采购人员的采购依据。卖方应通过价值分析向潜在顾客说明自己的产品和价格比其他品牌更理想。未列入买方选择范围的供应商可通过展示新工艺、新产品把直接重购转变为新购，争取打入市场的机会。

4. 物色供应商

物色供应商是指采购人员根据产品技术说明书的要求寻找最佳供应商。如果是新购或所需品种复杂，组织市场用户为此花费的时间就会较长。调查表明，企业采购部门信息来源及重要性的排列顺序是：内部信息，如采购档案、其他部门信息和采购指南，推销员的电话访问和亲自访问；外部信息，如卖方的产品质量调查、其他公司的采购信息、新闻报道、广告产品目录、电话簿、商品展览等。供应商应当进入"工商企业名录"和计算机信息系统，制订强有力的广告宣传计划和促销体系，寻找潜在和现实的购买者。

5. 征求供应建议书

征求供应建议书是指邀请合格的供应商提交供应建议书。对于复杂和花费大的项目，买方会要求每一位潜在供应商提出详细的书面建议，经选择淘汰后，请余下的供应商提出正式供应建议书。卖方的营销人员必须擅长调查研究、写报告和提建议，这些建议应当是营销文件而不仅仅是技术文件，从而能够坚定买方的信心，使本公司在竞争中脱颖而出。

6. 选择供应商

选择供应商是指组织市场用户对供应建议书加以分析评价，确定供应商。评价内容包括供应商的产品质量、性能、产量、技术、价格、信誉、服务、交货能力等属性，各属性的重要性随着购买类型的不同而不同。组织用户在做出决定前，还可能与较为中意的供应商谈判，以争取较低的价格和较好的供应条件。供应商的营销人员可以从产品的服务和"生命周期成本"等方面制定应对策略以防止对方压价和提出过高要求。组织用户的采购中心还会决定使用多少供应商，有时他们偏好一家大供应商，以保证原材料供应和获得价格让步；有时他们同时保持几条供应渠道，以免受制于人，并促使卖方展开竞争。各供应商都要及时了解竞争者的动向，制定竞争策略。

7. 签订合约

签订合约是指组织市场用户根据所购产品的技术说明书、需要量、交货时间、退货时间、担保书等内容与供应商签订最后的订单。许多组织市场用户愿意采取长期有效合同的形式，而不是定期采购订单。买方若能在需要产品的时候通知供应商随时按照条件供货，就可实行"无库存采购计划"，从而降低或免除库存成本。卖方也愿意接受这种形式，因为可以与买方保持长期的供货关系，增加业务量，抵御新竞争者。

8. 绩效评价

绩效评价是指组织市场用户对各个供应商的绩效加以评价，以决定维持、修正或中止供货关系。评价方法有：①询问使用者；②按照若干标准加权评估；③把绩效差的成本加总，修正包括价格在内的采购成本。供应商必须关注该产品的采购者和使用者是否使用同一标准进行绩效评价，以求评价的客观性和正确性。

四、组织市场购买决策的参与者

购买类型不同，购买决策的参与者也就不同。直接重购时，采购部门负责人起决定作用；新购时，企业高层领导起决定作用；在确定产品的性能、质量、规格、服务等标准时，技术人员起决定作用；在供应商选择方面，采购人员起决定作用。这说明在新购的情况下，供应商应当把产品信息传递给买方的技术人员和高层领导，在买方选择供应商的阶段应当把产品信息传递给采购部门负责人。

组织用户的采购决策组织称为采购中心，指围绕同一目标而直接或间接参与采购决策并共同承担决策风险的所有个人和群体。采购中心通常由来自不同部门和执行不同职能的人员所构成。采购中心成员在购买过程中分别扮演着以下7种角色中的一种或几种：

（1）发起者。它是指提出购买要求的人。他们可能是使用者，也可能是其他人。

（2）使用者。它是指组织用户内部使用这种产品或服务的成员。在多数情况下，使用者往往首先提出购买建议，并协助确定产品规格。

（3）影响者。它是指组织用户的内部和外部能够直接或间接地影响采购决策的人员。他们协助确定产品规格和购买条件，提供方案评价的情报信息，影响采购选择。技术人员大多是重要的影响者。

（4）决策者。它是指有权决定买与不买、决定产品规格、购买数量和供应商的人员。有些购买活动的决策者很明显，有些却不明显，供应商应当设法弄清谁是决策者，以便有效地促成交易。

（5）批准者。它是指有权批准决策者或购买者所提购买方案的人员。

（6）采购者。它是指被赋予权力按照采购方案选择供应商和商谈采购条款的人员。如果采购活动较为重要，采购者中还会包括高层管理人员。

（7）信息控制者。它是指组织用户的内部或外部能够控制信息流向采购中心成员的人员。比如，采购代理人或技术人员可以拒绝某些供应商和产品的信息，接待员、电话接线员、秘书门卫等可以阻止推销者与使用者或决策者接触。

为了实现成功销售，企业营销人员必须分析以下问题：谁是购买决策的主要参与者？他影响哪些决策？他们的影响程度如何？他们使用的评价标准是什么？

五、组织市场购买决策的主要影响因素

影响组织市场购买决策的基础性因素是经济因素，即商品的质量、价格和服务。在不同供应商的产品质量、价格和服务基本没有差异的情况下，组织市场的采购人员几乎无须进行理性的选择，其他因素就会对购买决策产生重大影响。

影响组织市场购买决策的主要因素可分为4大类：环境因素、组织因素、人际因素和个人因素，如图4-4所示。供应商应了解和运用这些因素，引导买方的购买行为，促成交易。

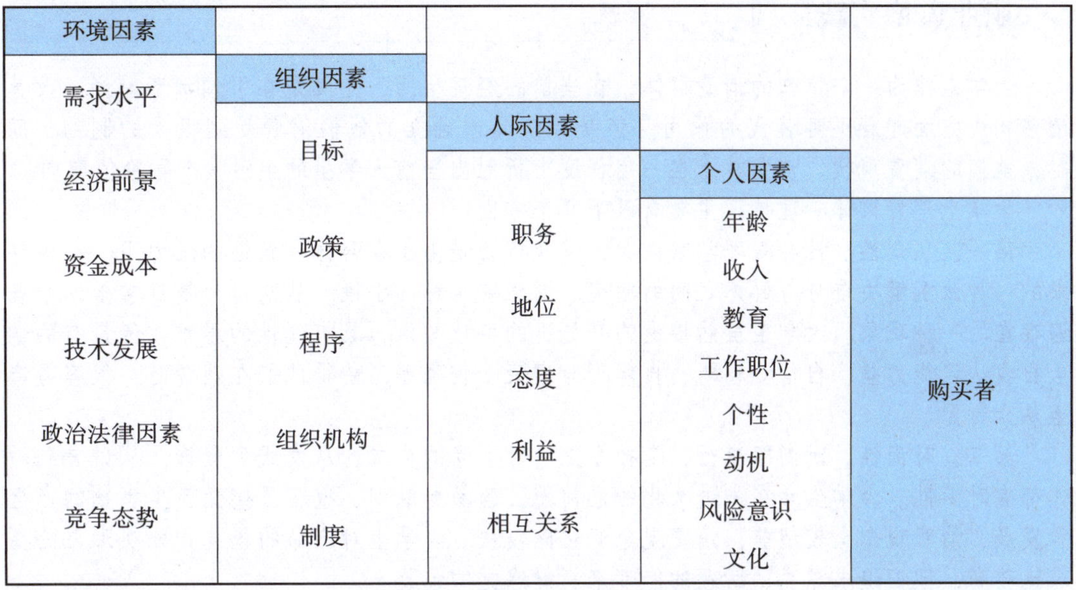

环境因素				
需求水平	组织因素			
经济前景	目标	人际因素		
资金成本	政策	职务	个人因素	
技术发展	程序	地位	年龄	
政治法律因素	组织机构	态度	收入	
竞争态势	制度	利益	教育	购买者
		相互关系	工作职位	
			个性	
			动机	
			风险意识	
			文化	

图4-4 组织市场购买决策的主要影响因素

1. 环境因素

环境因素包括市场需求水平、国家的经济前景、资金成本、技术发展、政治法律因素、竞争态势等。例如，经济前景看好，有关组织市场用户就会增加投资，增加原材料采购和库存；技术的进步将导致企业采购者购买需求的改变。

2. 组织因素

组织因素是指组织市场用户自身的经营战略、组织和制度等因素的影响。企业营销人员必须了解的问题有：组织市场用户的经营目标和战略是什么？为了实现这些目标和战略，他们需要什么产品？他们的采购程序是什么？有哪些人参与采购或对采购产生影响？他们的评价标准是什么？该公司对采购人员有哪些政策与限制？等等。比如，以追求总成本降低为目标的企业，会对低价产品更感兴趣；以追求市场领先为目标的企业，会对优质高效的产品更感兴趣。

3. 人际因素

人际因素是指组织市场内部参与购买过程的各种角色（使用者、影响者、决策者、批准者、采购者和信息控制者）的职务、地位、态度、利益和相互关系对购买行为的影响。供应商的营销人员应当了解每个人在购买决策中扮演的角色是什么、相互之间关系如何等，利用这些因素促成交易。

4. 个人因素

个人因素是指组织市场用户内部参与购买过程的有关人员的年龄、收入、教育、个性、偏好、风险意识等因素对购买行为的影响。

受上述因素的影响，采购中心每一成员表现出不同的采购风格有理智型、情感型、习惯型等。

职业道德实践

大学生作为一个特殊的消费群体，在当前的经济生活，尤其是在引领消费时尚、改善消费构成方面起着不可替代的作用。但是经济尚未独立的他们消费受到很大的制约。同时，他们的消费现状、消费特点在一定程度上折射出当前大学生的生活状态和价值取向。

大学生消费群体心理特征主要有以下几个方面：

第一，从众性。社会心理学家认为，从众行为是由于在群体一致性的压力下，个体寻求的一种试图解决自身与群体之间的冲突、增强安全感的手段。从众行为是日常生活中普遍存在的一种现象。大学生虽然接受的是先进的科技知识，具有理性的思维，但是有的学生自我认识能力差、自信心较弱、自尊心与虚荣心较强等，使得他们在消费时，很容易产生从众行为。

第二，时尚性。时尚即流行，是社会上一时崇尚的样式，从发式到服饰，从语言到动作都有时尚性。大学生站在先进文化的最前端，容易接触到、也容易接受新生事物的产生和发展，消费观念比较超前，消费观念变化比较快。大学生对产品的包装和外观形象的要求比较高，他们追求漂亮、新颖的能带来新鲜感觉的包装。

第三，易受暗示性。暗示是在无对抗条件下，通过语言、行动等刺激手段对人们的心理和行为产生影响，从而使人们按照一定的方式行动或接受一定的意见思想。社会心理学研究指出，暗示者、被暗示者以及环境的特点都会影响暗示的效果。现代社会中的大众传媒，如电视、网络、报纸、杂志等众多媒体，就常利用暗示心理向大众传播信息，引导群众采取相应的行为。大学生接触各种媒体的机会更多，他们虽然有较高的知识水平，但心理不甚成熟，在各种暗示充斥的情况下，难免会失去分辨和判断能力，盲目地采取媒体所宣传的决策或行为。

第四，攀比性。人们总是选择他人作为自己的参照标准。大学生在生活、学习、人际交往和休闲娱乐中，总是有意无意地与他人做比较以求心理平衡，获得自我认同，这种不考虑自己经济状况、一味的攀比促成了不合理的消费，扭曲了大学生的心灵。

第五，个性化。在这个崇尚自由的时代，大学生开始不喜欢集体活动，而是追求个性独立、表现自我，以求与众不同。这是新型青年文化的显著特点。大学生正处于追求个性发展、自我意识增强、乐于接受新鲜事物的年龄阶段，面对五彩缤纷的消费市场，他们追求独特、个性和自由。

（资料来源：由编者参考市场营销学理论与实践、市场营销管理——需求的制造与传递等相关文献资料，经整理与改编而成）

思考题：

每个人都属于群体，消费者群体是如何影响消费心理的？

课后习题

一、单选题

1. 下列不属于消费者市场特点的是（　　）。
   A. 专业性　　　　　　　　　　B. 替代性
   C. 广泛性　　　　　　　　　　D. 层次性
2. 小王计划购买一台电脑，但他缺乏电脑方面的知识，又不了解有关的市场情况，对他这样的消费者，企业当务之急的营销措施是（　　）。
   A. 适时传递有关产品的信息　　B. 大幅降低产品的价格
   C. 保证一定的存货水平　　　　D. 赠品销售
3. 工商局为满足办公需要购买了一批沙发，从市场构成来说，这种需求属于（　　）。
   A. 消费者市场　　　　　　　　B. 中间商市场
   C. 生产者市场　　　　　　　　D. 政府市场

二、简答题

1. 消费者购买决策过程的信息收集阶段，营销人员的任务是什么？
2. 影响消费者行为的个体因素有哪些？
3. 试述马斯洛需要层次论及其在市场营销中的应用。
4. 试述影响消费者行为的环境因素。
5. 分析组织市场购买决策的参与者及其作用。

案例分析与实训

没有人能空着手从宜家离开

在宜家购物心情是愉快的，虽然商场里没有亦步亦趋的销售人员，但你仍然能够了解到许多知识，能购买到你心仪的产品。价签上有你想要的全部信息，包括产品的价格、规格、工艺、颜色、特点及保养指南，等等。你甚至愿意在商场待上一整天，获得满满的体验感。

登录宜家官方网站（http：//www.ikea.com/cn/zh/），收集资料，试分析宜家对消费者的洞察。

第五章　营销调研

学习目标

【知识目标】
➢ 掌握市场营销信息系统的构成，了解市场营销信息的来源；
➢ 掌握市场营销调研的含义，了解市场营销调研的类型、作用和方法，熟悉市场营销调研过程。

【能力目标】
➢ 能够具备分析市场营销信息系统的能力，包括了解市场营销信息系统的构成，如数据收集、处理和分析等；
➢ 能够识别市场营销信息的多样化来源，包括但不限于市场调研报告、客户反馈、竞争情报等以适应信息时代我国企业经济活动的开展对于市场信息收集和分析的需要。

【素质目标】
➢ 具备团队合作意识，能够与团队成员沟通协调配合，共同完成市场营销信息收集、分析和调研工作；
➢ 培养分析与判断能力的提升，培养数据分析能力能够从海量的市场营销信息中提炼出有价值的数据，并进行合理的分析和判断，为决策提供有力支撑；
➢ 强调科学决策的重要性，在辨析任何事物的过程中都不忘实事求是，坚持从实际出发的原则，养成良好的调研习惯。

案例导入

宝洁公司的"全民"调研

一般在早晨7点，敲开调研样本顾客的家门，去观察他们如何刷牙——这是陈洁刚刚加入宝洁时的工作内容。

当时，陈洁刚大学毕业，接触的第一个项目是负责做中国消费者刷牙习惯的调查。

"我们选了4个不同的城市，看看消费者用热水还是冷水刷牙，用多少水、刷牙前会不会浸一下自己的牙膏，以及牙膏用量……这些都要一一跟踪。而这些具体的信息，能帮助我们在未来产品设计时，模拟用户的习惯来进行分析。"

在常规企业中，消费者调研的工作往往由市场部门旗下的调研组织完成，并不像宝洁一样单独设立一个专门的产品调研部。设置目的就是能够更有效地衔接产品研发工作和市场消费者。事实上，产品调研部的工作，就是从消费者需求出发提炼归纳创新的想法，再用这些创新想法引领技术研发方向。这样一来，宝洁一方面非常了解消费者的需求；另一方面可以把需求转化成产品设计上的要求。

宝洁调研的手法分两大类：一类是定性的，有入户访谈形式，到消费者家里看其真实使用产品的情况；另一类是团队访谈，可能会让至少5个消费者一起到一个房间里，对他们进行访谈。还有一种英文说法是"shopping along"，员工和消费者一起到商场，看其平常的购物习惯是什么样子。"这样不仅能帮我们了解他平时的使用，同时也了解其在超市里的一些行为、如何选择产品，这在将来能帮助做产品的沟通和定位。"陈洁表示，"这三者是我们现在主要定性的手法。定量的话，就是一些大型的定量测试，比如，产品初期的模型出来时，让100至几百个消费者去使用，给我们反馈，然后用一些统计的分析方法来分析。"陈洁和她的团队调研的重点是，宝洁所谓的"两个真理时间"。宝洁前CEO雷富礼在其参与撰写的《游戏颠覆者》一书中写道："第一个真理时间是在货架旁，也就是消费者决定购买宝洁还是竞争对手品牌的时候。如果我们在第一个真理时间获胜，就有在第二个真理时间获得胜利的可能。"第二个真理时间，则是指购买了产品的消费者正在使用的时候，他们要检验宝洁是否兑现了品牌的承诺。

宝洁的调研团队成员一起到消费者家里听消费者给他们讲他的生活和他对产品的使用情况。每个部门的技术背景专长都不一样，综合各个部门听到的信息，会产生不同的创新想法。确定品牌的目标消费者是品牌建设中最为关键的一步。

这不仅仅涉及最基本的人口统计及其心理特征，还需要深入地了解影响消费者的情感因素。这就要求宝洁的决策者们不仅要了解消费者的需求，更要了解他们的愿望。高强度调研意味着更高的成本。事实上，宝洁在消费者与购物者研究方面投入了超过10亿美元，这一数目远远超过了业内任何一家竞争对手，几乎达到了行业平均水平的两倍。

（资料来源：根据网络资料整理）

第一节 营销信息系统

一、信息及其特征

信息是事物运动状态以及运动方式的表象。广义的信息由数据、文本、声音和图像4种形态组成，主要与视觉和听觉相关。信息具有以下特征：可扩散性，即通过各种传递方式可被迅速散布；可共享性，即信息可转让，但转让者在让出后并未失去它；可存储性，即通过体内储存和体外储存两种主要方式存储起来，个人储存即是记忆；可扩充性，随着人类社会的不断发展和时间的延续，信息可以不断得以扩充；可转换性，信息可由一种形态转换成另一种形态。

二、营销信息系统的内涵与作用

营销信息系统（Marketing Information System，MIS）由人员、设备和程序构成，该系统对信息进行收集、分类、分析、评估和分发，为决策者提供所需的、及时的和准确的信息。这些信息应能满足以下要求：

1. 目的性

在产出大于投入的前提下，为营销决策提供与营销活动相关联的、必要的和及时的信息，尽量减少杂乱无关的信息。

2. 及时性

及时性包含速度和频率，在激烈的市场竞争中，信息传递的速度越快就越有价值。频率也要适宜，低频率的报告会使管理者难以应对急剧变化的环境，而频率过高又会使管理者承受处理大量数据的负担。

3. 准确性

准确的信息要求信息来源可靠，收集整理信息的方法科学，信息能反映客观实际情况。不确切的市场信息，往往会误导营销决策。

4. 系统性

市场营销信息系统是若干具有特定内容的同质信息在一定时间和空间范围内形成的有序集合。在时间上具有纵向的连续性，是一种连续作业的系统；在空间上具有最大的广泛性，内容全面、完整。

5. 广泛性

市场营销信息反映的是人类社会的市场活动，是营销活动中人与人之间传递的社会信息，它会渗透到社会经济生活的各个领域。伴随市场经济的发展和经济全球化，市场营销活动的范围由地方性市场扩展为全国性、国际性市场，信息收集的范围也应兼收并蓄，相当广泛。

市场营销信息系统是从了解市场需求情况、接受顾客订货开始，直到产品交付顾客使用、为顾客提供各种服务为止的整个市场营销活动有关的市场信息收集和处理的过程，它既是企业进行营销决策和编制计划的基础，也是监督、调控企业营销活动的依据。

三、营销信息系统的构成

营销决策所需的信息一般来源于企业内部报告系统、营销情报系统和营销调研系统，再经过营销分析系统，共同构成营销信息系统，如图5-1所示。

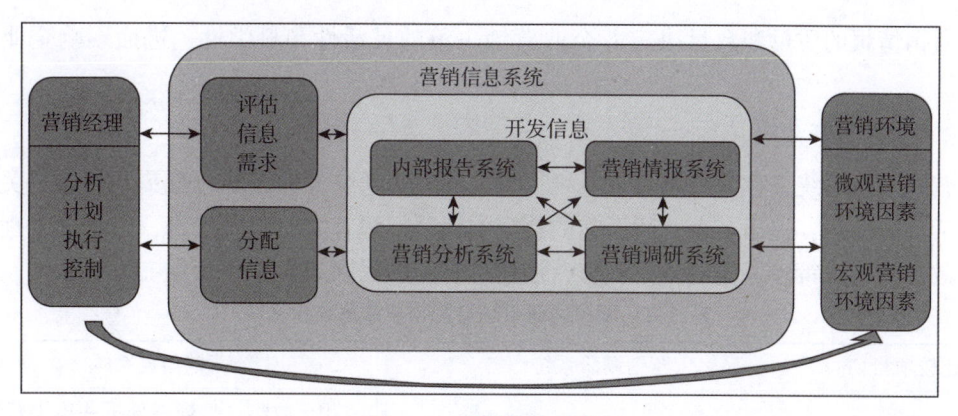

图 5-1 营销信息系统

1. 内部报告系统

内部报告系统向市场营销管理者及时提供有关交易的信息，包括订货数量、销售额、价格、库存状况、应收账款、应付账款等各种反映企业营销状况的信息。内部报告系统的核心是订单—收款循环，同时，辅之以销售报告系统。订单—收款循环涉及企业的销售、财务等不同的部门和环节的业务流程：订货部门接到销售代理、经销商、顾客发来的订单后，根据订单内容开具多联发票并送交有关部门。储存部门首先查询该种货物的库存，存货不足则回复销售部缺货，如果仓库有货，则向仓库和运输单位发出发货和入账指令。财务部门的到付款通知后，做出收款账务，定期向主管部门递交报告。为提高竞争力，所有企业都希望能迅速而准确地完成这一循环的各个环节。

内部报告系统应向企业决策制定者提供及时、全面、准确的生产经营信息，以利于其掌握时机，更好地处理进、销、存、运等环节的问题。新型内部报告系统的设计，应符合使用者的需要，力求及时、准确，做到简单化、格式化，加强实用性、目的性，从而真正有助于营销决策。

2. 营销情报系统

内部报告系统的信息是企业内部已经发生的交易信息，主要用于向管理人员提供企业运营的"结果资料"。营销情报系统所要承担的任务则是及时捕捉、反馈、加工、分析市场上正在发生和将要发生的信息，用于提供外部环境的"变化资料"，帮助营销主管人员了解市场动态并指明未来的新机会及问题。

营销情报信息不仅来源于市场与销售人员，也可能来源于企业中所有与外部有接触的其他员工。收集外部信息的方式主要有以下4种：

（1）无目的的观察。即无既定目标，在和外界接触时留心收集有关信息。

（2）有条件的观察。即并非主动探寻，但有一定目的性，与既定范围的信息做任意性接触。

（3）非正式的探索。即为取得特定信息进行有限的和无组织的探索。

（4）有计划的收集。即按预定的计划、程序或方法，采取审慎严密的行动，来获取某一特定信息。

营销情报的质量和数量决定着企业营销决策的灵活性和科学性,进而影响企业的竞争力。

3. 营销调研系统

营销调研系统又称为专题调查系统,它的任务是系统地、客观地收集和传递有关市场营销活动的信息,提出与企业所面临的特定的营销问题有关的调研报告,以帮助管理者制定有效的营销决策。营销调研系统与营销信息系统的区别如表 5-1 所示。

表 5-1 营销调研系统与营销信息系统的区别

比较项目	营销调研系统	营销信息系统
定义	用于进行市场调研和数据收集的系统	用于收集、整理、分析并提供营销相关信息的系统
目的	获取市场反馈和消费者意见,了解市场需求和趋势	提供全面、及时、准确的营销信息支持
数据来源	主要来自外部环境和市场,如调查、观察、采访等	包括企业内部数据和外部市场情报等
使用对象	企业内部各级管理层、市场营销团队等	企业内部各级管理层、市场营销团队等
输出结果	主要为调研报告、数据分析结果等	主要为市场分析报告、市场趋势预测等
目标群体反馈	注重获取市场反馈和消费者观点	注重为决策者提供全面信息支持

4. 营销分析系统

营销分析系统是企业用一些先进技术分析市场营销数据和问题的营销信息子系统。完善的营销分析系统通常由资料库、统计库和模型库 3 部分组成。

(1) 资料库。有组织地收集企业内部和外部资料,营销管理人员可随时取得所需资料进行研究分析。内部资料包括销售、订货、存货、推销访问和财务信用资料等;外部资料包括政府资料、行业资料、市场研究资料等。

(2) 统计库。统计库是指一组随时可用于汇总分析的特定资料统计程序。其必要性在于:实施一个规模庞大的营销研究方案,不仅需要大量原始资料,而且需要统计库提供的平均数和标准差的测量,以便进行交叉分析。营销管理人员为测量各变量之间的关系,需要运用各种多变量分析技术,如回归、相关、判别、变异分析以及时间序列分析等。统计库分析结果将作为模型的重要输入资料。

(3) 模型库。模型库是由高级营销管理人员运用科学方法,针对特定营销决策问题建立的,包括描述性模型和决策模型的一组数学模型。描述性模型主要用于分析实体分配、品牌转换、排队等候等营销问题;决策模型主要用于解决产品设计、厂址选择、产品定价、广告预算、营销组合决策等问题。

第二节 营销调研

一、营销调研的含义和作用

营销调研就是运用科学的方法，有目的、有计划地收集、整理和分析研究有关市场营销方面的信息，获得合乎客观事物发展规律的见解，提出解决问题的建议，供营销管理人员了解营销环境，发现机会与问题，从而作为市场预测和营销决策的依据。菲利普·科特勒认为：营销调研是指系统地设计、收集、分析和提交关于一个组织的具体营销情况的数据报告。

营销调研是企业营销活动的出发点，其作用十分重要，具体有以下3个方面：

1. 有利于制订科学的营销规划

营销调研为企业制订科学的营销规划提供了重要支持。通过深入的市场调查和数据分析，企业可以全面了解市场的需求、竞争格局、消费者行为等信息。基于这些信息，企业可以制定针对性的营销目标、策略和计划，确保其与市场需求和趋势相适应。具体来说可以通过调研了解市场情况，企业可以设定具体、可衡量的营销目标，如市场份额增长、销售增长率等。重新市场定位，根据调研结果确定产品或服务的市场定位，明确目标受众群体、产品定位和竞争优势，为产品营销打下基础。帮助企业进行营销策略制定，根据市场调研数据，制定相应的营销策略，包括产品定价、渠道选择、促销活动等，以提高市场竞争力和销售效率。

2. 有利于优化营销组合

营销调研可以帮助企业优化营销组合，使其更符合市场需求和消费者偏好，提高市场营销效果和ROI（投资回报率）。通过调研了解消费者需求和竞争对手产品情况，企业可以调整产品组合，推出更符合市场需求的产品，提高产品市场占有率和销售额。根据市场调研结果，选择最适合的销售渠道和分销渠道，确保产品能够迅速、有效地抵达目标消费者，提高销售效率和市场覆盖率。通过调研了解消费者购买行为和偏好，制定针对性的促销活动和优惠政策，吸引消费者购买并提升品牌忠诚度。

3. 有利于开拓新的市场

营销调研为企业开拓新的市场提供了重要参考，帮助企业识别市场机会、发现潜在需求，实现业务增长和扩张。通过调研分析，发现市场细分的机会，确定具有潜力的细分市场和目标客户群体，为企业精准营销奠定基础。通过了解市场调研数据，企业可以识别市场上的缺口和需求，推出新的产品或服务，满足消费者需求，开拓新的市场空间。通过调研分析，企业可以确定适合扩张的地域和市场，制定相应的市场进入策略，拓展业务范围，实现企业增长和发展的目标。

二、营销调研的内容

营销调研涉及营销活动的各个方面，为营销策略的制定提供可靠的依据。

（1）产品调研。产品调研包括对新产品设计、开发和试销进行调研。通过产品调研，可对现有产品进行改良，以及对目标顾客在产品款式、性能、质量、包装等方面的偏好趋势进行预测。

（2）消费者调研。消费者调研是以消费者为中心，调研消费者数量、消费者地区分布、消费者购买动机与购买行为、消费者购买偏好、消费者对某企业产品的意见等。

（3）价格调研。价格调研的目的是为了制定正确的定价策略，价格调研包括新产品定价策略、影响企业定价的因素、产品需求价格弹性、不同价格策略对产品销售的影响。

（4）渠道调研。渠道调研是为了了解中间商的情况，以便通过中间商的销售渠道完成企业的营销目标。渠道调研包括中间商的信誉、中间商的规模。

（5）促销调研。促销调研是为了确定对企业最有效的促销策略，具体包括促销方式的选择、促销效果、促销费用等。

（6）竞争者调研。企业为在市场上保持和扩大市场占有率，必须知己知彼。对竞争对手情况的调研包括竞争对手的市场占有率、竞争对手的产品特点等。

（7）宏观营销环境调研。宏观营销环境对企业有着重大影响，是企业营销调研的重要内容。该调研包括国家经济发展状况对市场的影响、政府颁布的法律政策对市场的影响、本地区消费者受教育程度情况等。

三、获取调研数据的方法

（一）实地调研法

营销调研中常用的实地调研方法是通过直接取自调研对象的原始资料进行搜集，即获取的是第一手资料，一般有询问法、观察法和实验法。

1. 询问法

询问法是调研人员询问被调研人员，根据被调研人员的回答搜集资料的方法。可以分为口头询问和书面询问。

（1）口头询问。调研人员亲自询问被调研人员，根据其口头回答获取所需资料。询问过程可以是自由交谈，也可以事先拟定问题。询问形式可以是个别询问，也可以是召开座谈会的形式。口头询问便于双方互相沟通，被调研者可以充分发表自己的意见，信息反馈快，搜集的信息真实性强。但调研人员工作量大，调研花费高，调研结果的质量也会受限于调研人员的工作态度和工作能力。农夫山泉的董事长钟睒睒一向重视客户的一手信息，因此，在农夫山泉的第一个试销城市他亲自带队开展市场调研，小朋友的一句"有点甜"击中了钟睒睒敏锐的神经，于是他立刻对这句品牌口号启动大规模的市场测试，让消费者评判是否真的好。从消费者的反馈来看，这确实符合了消费者喜好，也促进了农夫山泉的一路高歌猛进。

（2）书面询问。调研人员事先设计调研问卷并分发给被调研者，根据其书面答案来搜集资料。调研问卷可以当面交给被调研者，也可以邮件发出。调研问卷可以使用纸质版本，也可以让被调研者在手机或电脑读取问题作答。该方式使被调研者有充分的时间思考问题，避免受到任何倾向性观点的影响。另外，可以扩大调研区域和调研对象，且调研的人力成本低，但调研问卷的回收率低，回收时间长。

2. 观察法

（1）人员观察。调研人员直接到现场观察和记录被调研者的言行，获取第一手资料，也可以借助摄影机、录音机、相机等设备进行调研。由于调研者和被调研者不直接对话，甚至被调研者不知道自己正在被调研，因此，被调研者被记录下的言行更自然、客观、真实，调研结果也就更可靠。但观察的多为表面现象，无法了解被调研者的内心活动，如消费心理、购买动机等。观察法一般与其他调研方法结合使用，以获得更完善的调研资料。而其中一个应用较为广泛的对现象的观察法叫神秘顾客法。

神秘顾客调查法是由管理人员派受过专门培训的调查员假扮成顾客，对企业的服务、业务操作、员工诚信度、商品推广情况以及产品质量等进行匿名调查的一种方法。

神秘顾客在对受测对象检测中以第三者的身份出现，这些受过专门培训的购物者在体验过程中不掺和个人主观偏好，可以保持检测的客观、公正、保密性，这种方法的应用有利于企业提升、改进服务质量和水平。调查公司在电信、IT产品、汽车、银行、医院、连锁店等各种服务机构提供过这种服务。

（2）机械观察。调研人员还可使用各种机械设备来进行观察，以获取客观、准确的数据，避免了人为因素对调研数据的影响。常用的设备有：

①眼动追踪仪。用于记录人眼在观看画面时的注视轨迹和持续时间。这种设备通常用于评估广告、产品包装、网页设计等方面的效果，了解消费者的注意力分布和注意力集中点。

②心率监测器。常用于测量受访者的心率变化，以评估其对不同刺激的情绪和情感反应。这种设备通常与其他观察方法结合使用，如观看广告、产品演示等。

③虚拟现实设备。例如，头戴式显示器、手持式VR设备等，用于模拟虚拟场景，让受访者参与到虚拟环境中，以观察其在不同情境下的行为和反应。

3. 实验法

实验法是从影响调研问题的若干因素中选出一个或两个因素，将它们置于一定条件下进行小规模实验，随后对实验结果进行分析判断，做出决策。实验法是当前消费品经营企业普遍采用的一种调研方法，可用于商品改变包装、商标、价格、促销等方式时的效果测定。在实验时一般采用试用和试销的方法。

（1）试用。企业将新产品送给有关人员试用，让用户将使用体验反馈给企业，为企业改善产品和预测销售量提供依据。

（2）试销。企业预先小批量生产产品，投放到预定的市场，根据市场反馈再确定生产方式和生产规模。

（二）资料调研法

资料调研法是对现成的市场信息资料进行搜集，获取的是第二手资料。第二手资料包括企业内部资料和企业外部资料。

（1）企业内部资料。包括企业内部的各种记录、统计表、报告、订货单等，涵盖了企业产销量、成本、利润、库存、工资、财务报表等信息。这些资料可由企业内部信息系统提供，也可由内部各部门员工口头或书面提供。

（2）企业外部资料。包括政府部门的定期出版物（统计年鉴、统计报告等）、行业协会报告和定期出版物、各类报纸和专业刊物、市场调研机构发表的研究报告、各类网络信息库。

（三）数据库营销

数据库营销（Database Marketing）就是企业通过收集和积累会员（用户或消费者）信息，经过分析筛选后有针对性地使用电子邮件、短信、电话、信件等方式进行客户深度挖掘与关系维护的营销方式。学者认为它是一套内容涵盖现有顾客和潜在顾客，可以随时更新的动态数据库管理系统。数据库营销的核心是数据挖掘。

在传统销售上，用于客户数据的数据库已经存在很长一段时间了，但是在需要维护的更多的客户数据、数据处理，以及以新的更加复杂的方式应用方面，数据库营销方式仍然存在很大不同。在其他方面，企业使用数据来学习更多有关客户的知识，为特定的公司选择目标市场（通过客户分割），比较客户对于公司的价值，以及提供更多专业的服务给客户。

四、营销调研的类型

市场营销调研可根据不同的标准，划分为不同的类型。如按调研时间可分为一次性调研、定期性调研、经常性调研、临时性调研。按调研目的可分为探测性调研、描述性调研、因果关系调研。以下对后一种分类做详细介绍。

1. 探测性调研

企业在情况不明时，为找出问题的症结，明确进一步调研的内容和重点，需进行非正式的初步调研，收集有关资料进行分析。探测性调研研究的问题和范围比较大，研究方法比较灵活，在调研过程中可根据情况随时进行调整。有些比较简单的问题，如果探测性调研已能弄清其来龙去脉，可不再做进一步调研。

2. 描述性调研

在已明确所要研究问题的内容与重点后，通过详细的调查和分析，对市场营销活动的某个方面进行客观的描述，对已经找出的问题做如实的反映和具体的回答。这时一般要进行实地调查，收集第一手资料，摸清问题的过去和现状，进行分析研究，寻求解决问题的办法。描述性调研是市场营销调研经常采用的一种类型。如某企业产品销量下降，通过调研，主要原因是产品质量差、售后服务不好等，可将调研结果进行描述，如实反映情况和问题，以利寻求对策。

3. 因果关系调研

企业营销活动存在许多引发性的关系，大多可以归纳为由变量表示的一些函数。这些变量既包括企业自身可以控制的产品产量、价格、促销费用等，也包括企业无法完全控制的产品销售量、市场竞争格局与供求关系等。描述性调研可以说明这些现象或变量之间存在的相互关系，而因果关系调研则在描述性调研的基础上进一步分析问题发生的因果关系，说明某个变量是否影响或决定着其他变量的变化，解释和鉴别某个变量的变化究竟受哪些因素的影响，以及各种影响因素的变化对变量产生影响的程度。

五、营销调研的步骤

营销调研通常包括5个步骤：确定问题与调研目标、拟订调研计划、收集信息、分析信息、提交报告，如图5-2所示。

确定问题与调研目标 → 拟订调研计划 → 收集信息 → 分析信息 → 提交报告

图 5-2　营销调研的步骤

1. 确定问题与调研目标

为保证营销调研的成功和有效，首先，要明确所要调研的问题，既不可过于宽泛，也不宜过于狭窄，要有明确的界定并充分考虑调研成果的实效性；其次，在问题的基础上，提出特定的调研目标。

2. 拟订调研计划

能够设计有效地收集所需要信息的调研计划，包括概述资料来源、调研方法和工具等。由于收集第一手资料的花费较大，调研通常从收集第二手资料开始，必要时再采用各种调研方法收集第一手资料。调查表和仪器是收集第一手资料采用的主要工具。抽样计划决定三方面的问题：抽样单位确定调研的对象；抽样范围确定样本的多少；抽样程序则是指如何确定受访者的过程。接触方法则回答如何与调查对象接触的问题。

3. 收集信息

在制订调研计划后，既可由本企业调研人员承担收集信息的工作，也可委托调研公司收集。进行实验调查时，调研人员必须注意使实验组和控制组匹配协调，将调查对象汇集在一起时避免其相互影响，并采用统一的方法对实验处理过程和外来因素进行控制。

4. 分析信息

分析信息是指从已获取的有关信息中提炼出适合调研目标的调研结果。在分析过程中，可将数据资料列成表格，制定一维和二维的频率分布，对主要变量计算其平均数并衡量其离中趋势。

5. 提交报告

提交报告是指调研人员向营销主管提交与进行决策有关的主要调研结果。调研报告应力求简明、准确、完整、客观，为管理人员做出科学决策提供依据。如能使管理决策减少不确定因素，则此项营销调研就是富有成效的。

第三节　调研的方法

在市场调研中，确定调研对象和样本是非常重要的，因为它直接影响到调研结果的准确性和代表性。

调查对象的代表性直接影响调研资料的准确性。根据调研的目的及人力、财力、时间情况，要适当地确定调研样本的多少和调研对象。

一、普查和典型调查

普查是对调研对象进行逐个调查，以取得全面、准确的资料，信息准确度高，但耗时长,人力、物力、财力花费大。典型调查是选择有代表性的样本进行调研,据此推论总体。只要样本代表性强,调研方法得当,典型调查可以收到事半功倍的效果。

二、抽样调查

抽样调查是指当调研对象多、区域广,而人力、财力、时间又不允许进行普查时,依照同等可能性原则,在所调研对象的全部单位中抽取一部分作为样本,根据调研方法分析结果来推论全体。常用的抽样方法有:

(1)随机抽样。即完全不区别样本是从总体的哪一部分抽出,总体中的每个单位都有同等机会被抽取出来。如采用抽签法或乱数表法。

(2)机械抽样。即遵照随机原则,将全部调研单位按照与研究标准无关的一个中立标准加以排列,严格按照一定的间隔机械地抽取调研样本。由于样本在总体中分配较均匀,样本代表性也较强。

(3)分层抽样。实行科学分组与抽样原理相结合,先用与所研究现象有关的标准,把被研究总体划分为性质相近的各组,以降低各组内的标准变异度,然后在各组内用纯随机抽样或机械抽样的方法,按各组在总体中所占比重成比例地抽出样本。

(4)整群抽样。上述方法都是从总体中抽取个别单位,整群抽样则是整群地抽取样本,对这一群单位进行全面观察。其优点是比较容易组织,缺点是样本分布不均匀,代表性较差。

(5)判断抽样。即由专家判断而决定所选的样本,又称立意抽样。

第四节　市场需求的测量与预估

市场需求测量和市场预估是两个相互关联的概念,目的都是发现和分析市场机会,研究和选择目标市场,制订和实施营销计划及方案并控制营销过程。不同的是,前者指对当前需求的估计,后者指对未来需求的估计。

一、市场需求测量

1. 不同层次的市场

市场作为营销领域的范畴,是指某一产品的实际购买者和潜在购买者的总和,是对该产品有兴趣的顾客群体,因此也称潜在市场。潜在市场的规模取决于显示顾客与潜在顾客的多少。购买者身份的确认,一般依据3个特征,即兴趣、收入和购买途径。兴趣指购买需求和欲望,是采取购买行为的基础。收入决定支付能力,是采取购买行为的条件。购买途径决定购买者能否买得到所需产品。

同样的产品,往往因购买者必须具备某一特定条件才能获取,如成年人才能购买汽车。有效市场中具备这种条件的顾客群体,构成了该产品有效的市场。

企业可将营销努力集中于有效市场的某一细分市场,这便成为企业的目标市场。企业及竞争者的营销努力,必能售出一定数量的某种产品,购买该产品的顾客群体,便形成渗透市场。

2. 市场需求

某一产品的市场总需求，是指在一定的营销努力下，一定时期内在特定地区、特定营销环境中，特定顾客群体可能购买的该种产品总量。对市场需求的概念，可从以下8方面考察：

（1）产品。首先确定所要测量的产品类别及范围。

（2）总量。可用数量和金额的绝对数值表述，也可用相对数值表述。

（3）购买。这是指订购量、装运量、收获量、付款数量或消费数量。

（4）顾客群。要明确是总市场的顾客群、某一层次市场的顾客群还是目标市场或者某一细分市场的顾客群。

（5）地理区域。根据非常明确的地理界线测量一定的地理区域内的需求。企业根据具体情况，合理划分区域，测定各自的市场需求。

（6）时期。市场需求测量具有时间性，如本年度、5年、10年的市场需求。由于未来环境和营销条件变化的不确定性，预测时期越长，预测的准确性就越差。

（7）营销环境。测量市场需求必须确切掌握宏观经济中人口、经济、政治、法律、技术、文化诸因素的变化及其对市场的影响。

（8）营销能力。市场需求受可控因素的影响，包括产品价格、促销和分销方式等的影响，一般表现出某种程度的弹性，不是一个固定的数值。因此，市场需求也称为市场需求函数。

在市场竞争中，企业的市场占有率与其营销努力成正比。假定营销努力与营销费用支出成正比，则 i 公司的市场占有率公式为：

$$S_i = M_i / \sum M_i$$

式中，M_i 为 i 公司的营销费用；$\sum M_i$ 为全行业的营销费用。

由于不同企业的营销费用支出所取得的效果不同，以 a_i 代表公司营销费用的奏效率，则 i 公司的市场占有率计算公式为：

$$S_i = a_i M_i / \sum a_i M_i$$

此外，如果营销费用分配于广告、促销、分销等方面，它们有不同的效果及弹性。如果考虑到营销费用的地区分配，以及以往营销努力的递延效果和营销组合的协同效果等因素，则上述表达式还可以更进一步完善。

3. 企业预测与企业潜量

企业预测指企业销售预测，是与企业选定的营销计划和假定的营销环境相对应的销售额，即预期的企业销售水平。这里，销售预测不是为确定营销计划或营销努力水平提供基础，而是由营销计划所决定的，它是既定的营销费用计划产生的结果。与销售预测相关的还有两个概念：①销售定额，即公司为产品线、事业部和推销员确定的销售目标，这是一种规范和激励销售队伍的管理手段，分配的销售定额之和，一般应略高于销售预测。②销售预算，主要为当前采购、生产和现金流量做决策。销售预算一般略低于销售预测，以避免过高的风险。

企业潜量即企业销售潜量，指企业的营销努力相对于竞争者不断增大时，企业需求所达到的极限。当企业的市场占有率为100%时，企业潜量就是市场潜量，但这是一种极端情况。

二、估计当前市场需求

1. 总市场潜量

总市场潜量指一定时期内，一定环境条件下和一定行业营销努力水平下，一个行业中所有企业可能达到的最大销售量。其公式为：

$$Q = NqP$$

式中，Q 为总市场潜量；N 为既定条件下特定产品的购买人数；q 为每一个购买者的平均数量；P 为单位产品的平均价格。

由上式还可以导出另一种估算市场潜量的方法，即连锁比率法。它由一个基数乘以几个修正率组成，即由一般相关要素移向有关产品大类，再移向特定产品，层层往下推算。

假定某啤酒厂开发出一种啤酒，估计其市场潜量时可借助下式：

新啤酒需求量＝人口×人均可任意支配收入×人均可任意支配收入中用于购买食物的百分比×食物花费中用于饮料的百分比×饮料花费中用于酒类的百分比×酒类花费中用于啤酒额百分比×啤酒花费中用于该新啤酒的预计百分比。

2. 企业需求

企业需求指在市场需求总量中企业所占的份额。用公式表示为：

$$Q_i = S_i Q$$

式中，Q_i 为公司需求；S_i 为 i 公司的市场占有率；Q 为市场需求，即总市场需求。

3. 区域市场潜量

企业在测量市场潜量后，为选择拟进入的最佳区域，合理分配营销资源，还应测量各地区的市场潜量。较为普遍的有两种方法：市场累加法和购买力指数法。前者多为工业品生产企业采用，后者多为消费品生产企业采用。

（1）市场累加法。市场累加法指先识别某一地区市场的所有潜在客户并估计每一个潜在客户的购买量，然后计算得出地区市场潜量。如果公司能列出潜在买主，并能准确估计每个买主将要购买的数量，则此方法无疑是简单而又准确的。问题是获得所需要的资料难度很大，花费也较高。目前可以利用的资料，主要有全国或地方的各类统计资料、行业年鉴、工商企业名录等。

（2）购买力指数法。购买力指数法指借助与区域购买力有关的各种指数以估算其市场潜量。例如，药品制造商假定药品市场与人口直接相关，某地区人口占全国人口的 2%，则该地区的药品市场潜量也占全国市场的 2%。这是因为消费品市场顾客很多，不可能采用市场累加法。但上述例子仅包含一个人口因素，而现实中影响需求的因素有很多，且各因素影响程度不同。因此，通常采用购买力指数法。美国《销售与市场营销管理》杂志每年都会公布全美各地和各大城市的购买力指数，并提出以下计算公式：

$$B_i = 0.5y_i + 0.3r_i + 0.2p_i$$

式中，B_i 为 i 地区的购买力占全国购买力的百分比；Y_i 为 i 地区个人可支配收入占全国的百分比；R_i 为 i 地区零售额占全国的百分比；P_i 为 i 地区人口占全国的百分比；0.5、0.3、0.2 是 3 个因素权数，表明该因素对购买力的影响程度。

4. 行业销售额和市场占有率

企业为识别竞争对手并估计它们的销售额，同时，正确估量自己的市场定位，以利于竞争中知己知彼，正确制定营销战略，有必要了解全行业的销售额和本企业的市场占有率情况。

企业一般通过国家统计部门公布的统计数字、新闻媒介公布的数字和行业主管部门或行业协会所公布和收集的数字，以此来了解全行业的销售额。通过对比分析，可计算本公司的市场占有率，还可将本公司的市场占有率与主要竞争对手进行比较，计算相对的市场占有率。例如，全行业和主要竞争对手的增长率为8%，本行业增产率为6%，则表明企业在行业中的地位已被削弱。

为分析企业市场占有率增减变化的原因，通常要剖析以下几个重要因素：产品本身因素，如质量、装潢、造型等；价格差别因素；营销努力与费用因素；营销组合策略差别因素；资金使用效率因素等。

科学的营销决策，不仅要以市场营销调研为出发点，而且要以市场需求为预测依据。市场需求预测是在营销调研的基础上，运用科学的理论和方法，对未来一定时期的市场需求量及影响需求的诸多因素进行分析研究，寻找市场需求发展变化的规律，以为营销管理人员提供关于未来市场需求的预测性信息，并以此作为营销决策的依据。

第五节　大数据营销

在信息时代，数据已成为企业竞争的关键资源之一。随着互联网的普及和移动设备的普及，大量的数据被不断产生和积累。大数据已成为营销领域的关键驱动力之一，这些数据包含了宝贵的信息，可以帮助企业更好地了解市场和消费者，优化营销策略，提高市场竞争力。大数据营销以其独有的特点和优势，为企业提供了更加精准、个性化的营销解决方案。

（1）数据量大。大数据营销所处理的数据量庞大，包括消费者行为数据、社交媒体数据、交易数据等，这些数据覆盖了用户的方方面面，为精准营销提供了充分的信息基础。

（2）数据多样。大数据的来源多样化，包括结构化数据和非结构化数据，如文本、图片、视频等。这种多样性使得营销者能够更全面地了解消费者，提高营销的精准度和效果。

（3）实时性强。大数据分析技术的发展使得数据处理速度大大提高，实时数据分析成为可能。通过实时数据分析，企业可以及时掌握市场动态，调整营销策略，抢占市场先机。

（4）个性化营销。大数据营销可以有效地根据用户的个性化需求和偏好，为用户提供定制化的营销服务。通过分析用户行为和历史数据。企业则可以精准地预测用户需求，推送个性化的营销信息，提高用户满意度和忠诚度。

临沂作为中国的物流之都，是中国最大的物流集散地之一。对众多商家来说，准确又高效地管理商品，与其生存和发展密切相关。借助大数据的快速发展，临沂市顺和直播电商科技产业园通过构建大数据中心为商家提供供应链选品数据分析服务，通过大数据后台的实时数据分析为商家赋能。对产业园内主要从事运动服装与鞋品经营的山东顺和名品供应链管理有限公司来说，大数据技术的应用给其带来了天翻地覆的变化。第一，从前进货、点货、卖货各环节加起来至少需要3个人来工作，借助大数据技术，这些工作如今1个人就能轻松完成，减少了人工费用支出。第二，借助数据分析服务可分析出哪款商品更受欢迎，然后管理人员根据分析的结果制定销售策略，使得决策更科学合理，最终实现商品营业额的快速上升①。

职业道德实践

公共数据商用合法性边界如何认定？杭互十大案例聚焦数权保护

2023年11月23日，第二届全球数字贸易博览会——数据要素治理与市场化论坛在浙江杭州举行。会上，杭州互联网法院院长陈增宝发布了10起数据权益司法保护典型案例。南都记者注意到，其中7起系不正当竞争纠纷案，涉及公共数据商业化利用合法性边界、大数据产品法律属性及权益保护的认定等。

10起案例中，有2起流量"刷单"案值得关注。被告推广宣传一款聚合式智能刷流量软件，能够自动打开原告运营的短视频平台，自动实施批量点赞、评论和随机转发等系列指定动作，实现将指定视频刷上热门、截流、引流同行"粉丝"等目标。原告遂诉至法院。

法院经审理，判决被告停止涉案不正当竞争行为，发布声明消除影响，并应赔偿原告经济损失及合理费用共计100万元。该案对通过刷量引流虚构平台数据的行为给予负面评价，认为该类行为不仅会动摇算法推荐功能的基石，亦会影响基于算法推荐形成的平台运营管理、商业推广秩序和正常用户体验，属于不正当竞争行为。

另一起案例中，被告开发某直播场控助手软件，使得用户可在原告运营的某短视频平台内操纵关注数、点赞、评论、送礼物等直播数据，原告遂诉至法院。法院经审理，判决被告停止上述不正当竞争行为并赔偿原告损失100万元。

法院在该案中明确，通过操控真实批量的短视频平台账号，以虚假刷流量、涨粉、刷弹幕等方式，帮助网络主播虚假宣传会误导消费者，使平台对虚构数据及用户评价产生错误认知，影响平台数据和直播热度的真实性，该种扰乱市场竞争秩序的行为属于虚假宣传。数据权益保护是实现数据合规、高效、有序流通的前提，有利于活跃数据要素市场，实现其可持续、高质量发展。

10起案例中，有1起对大数据产品的法律属性及权益保护进行了明确。该案中，原告是某电商平台运营管理者，将其平台上用户浏览、搜索、收藏、加购、交易等行为痕迹信息所产生的原始数据，通过特定算法深度分析过滤、提炼整合形成数据分析产品，为用户提供决策参考。被告购买原告的数据分析产品后，允许他人以远程登录形式使用该产品，并收取报酬，原告遂诉至法院。经审理，法院判决被告立即停止上述侵权行为，赔偿原告经济损失及合理费用200万元。值得注意的是，该案明确了网络平台运营者对其开发的大

---

① 付晓蓉，陈佳. 大数据营销［M］. 北京：人民邮电出版社，2023.

数据产品享有竞争性财产权益，未经许可直接将他人数据产品作为自己获取商业利益工具的，构成不正当竞争行为。

另一起不正当竞争纠纷案情况类似。被告开发运营"某群控软件"，并通过技术手段实现在原告运营的某社交软件上，好友聊天、朋友圈点赞评论和转账等信息的批量获取和批量同步互动，原告遂诉至法院。法院经审理，判决被告立即停止涉案不正当竞争行为，赔偿原告经济损失260万元，并刊登声明为两原告消除影响。

法院明确，数据控制主体对于单一原始数据聚合而成的数据资源整体享有竞争性权益。擅自使用他人数据资源开展创新竞争，应当符合"合法、适度、用户同意、有效益"的原则。规模化、破坏性使用他人数据资源且竞争效能上弊大于利的，应认定为不正当竞争。

不当使用公共数据致人利益受损判赔60万元

2022年发布的"数据二十条"显示，鼓励加强公共数据开放共享，推动建立公共数据的确权、授权机制，以"原始数据不出域、数据可用不可见"的方式探索公共数据商业化与非商业化运营模式。公共数据开放力度加大的同时，有关公共数据商业化利用合法性边界的讨论也一直存在。据陈增宝披露，一被告于2019年在其运营的企业信息查询平台上，发布了抓取自全国企业信用公示系统的"企业清算信息"，但并未说明该信息系历史信息，造成用户误认为系新变动信息，引发高度关注，原告遂诉至法院。法院经审理，判决被告赔偿原告经济损失及合理费用60万元，并为其消除影响。法院明确，企业使用公开的公共数据应遵循来源合法原则、注重信息时效原则、保障信息质量原则、敏感信息校验原则，以防止不当使用给数据原始主体带来损害；公共数据使用者未能尽到必要的注意义务，导致法人或自然人等原始数据主体合法利益受损的，应承担相应法律责任。

直播数据是否可能构成商业秘密？

10起典型案例中，一起商业秘密纠纷案对这一标准进行了认定。原来，被告在原告公司任职期间，双方签订了保密协议。被告利用工作权限分析原告运营的直播平台后台数据，掌握中奖规律，通过关联多账号进行刷奖，获得高额奖金。离职后，仍继续登录后台刷奖，原告遂诉至法院。法院经审理，认定该案适用惩罚性赔偿，判决被告赔偿原告经济损失300万元。该案明确数据类经营信息符合商业秘密构成要件的，应予保护。直播平台中奖数据反映经营者特定经营策略及经营效果，体现用户打赏习惯和消费习惯等深层信息，可为经营者提供用户画像、吸引流量、获得竞争优势，具有商业价值，可作为商业秘密予以保护。

（资料来源：《南方都市报》，https：//m.mp.oeeee.com/a/BAAFRD000020231124878986.html）

课后习题

一、判断题

（　　）1. 一般是先进行描述性调研，然后再进行探测性调研。

（　　）2. 问卷设计时可以提出一些带有引导性和倾向性的问题。

二、单选题

1. 案头调查法主要收集的是（　　）。
   A. 一手资料　　　　　　　　B. 二手资料
   C. 实地资料　　　　　　　　D. 观察资料

2. （　　）是根据专家或调查人员的判断来决定所取样本的抽样方法。
   A. 判断抽样　　　　　　　　B. 分层抽样
   C. 配额抽样法　　　　　　　D. 任意抽样法

3. 企业对需要调研的问题尚不清楚，无法确定应调研哪些内容，因此，只能收集一些相关资料进行分析，找出症结所在，然后再做进一步调研，企业的这种调研是（　　）。
   A. 描述性调研　　　　　　　B. 因果关系调研
   C. 预测性调研　　　　　　　D. 探测性调研

三、多选题

1. 市场调查的内容主要包括（　　）。
   A. 营销策略　　　　　　　　B. 市场环境
   C. 竞争者　　　　　　　　　D. 市场需求

2. 实地调研法包括（　　）。
   A. 观察法　　　　　　　　　B. 询问法
   C. 实验法　　　　　　　　　D. 文案调研

案例思考与讨论

数字化营销，开创新机遇

网易云音乐于 2013 年 4 月 23 日成立，是由网易公司根据算法，融合个性推荐与社交属性，推出的一款以发现与分享为核心，兼具社交功能的音乐产品，并且在国内市场上首次提出"音乐社交"这一概念，尝试打造一个移动端的在线音乐社群。

网易云音乐一直秉承把个性化的理念、以碎片化用户需求作为核心经营理念，以多元音乐资源为支撑，以歌单作为中心构架，把人作为关键要素。凭借得天独厚的社交生态，注重体验营销的主要作用，通过搭建场景，鼓励用户发挥出自身的情感和价值观，并将情绪作为社交化场景的联结点，拉近当今这种疏离又缺乏深度的人际关系。疫情促使在线音乐市场平稳增长，网易云音乐作为后起之秀，上线 3 年来，已成为继腾讯音乐之后的第二大互联网音乐播放平台，在一众互联网音乐播放平台中崭露头角。

一、评估网易云音乐数据资产

活跃用户数数据资产价值的核心因素之一，在一定程度上能够反映网易云音乐的规模效应。根据网易云音乐 2022 年年度业绩公告，截至 2022 年年末，网易云音乐在线音乐服务月活跃用户数 MAU 为 1.894 亿。

单位用户贡献值就是每一个活跃用户对企业所产生的价值。活跃用户的贡献价值，主要表现为网易云音乐数据资产的增值。

根据网易云音乐 2022 年年度业绩公告，其 2022 年的营业总收入为 89.92 亿元，由此可得网易云单位用户贡献值 ARPU＝营业收入/MAU＝89.92/1.894＝47.476。网易云音乐的营业收入主要来源于付费用户，活跃用户数体现该平台的规模效应，而付费用户数与活跃用户相比，更直接地反映了营业收入的效果。

所以付费用户数与活跃用户数之比，更能反映用户对企业平台付费黏性程度。根据网易云音乐2022年年度业绩公告，截至2022年年末，网易云音乐付费用户高达3 959.94 万人，即用户付费渗透率 K＝3 959.94/1 8940×100%＝20.908%。

二、提升数据资产价值建议

数字经济时代的到来，为互联网音乐播放平台的发展提供了广阔的空间，数据资产成为企业重要的战略资源，数据资产的价值也在不断提升，因此，网易云音乐也应当重视其保护数据的能力，着重提高数据系统的安全性。

数据资产价值的保持关键在于对每一位用户的把握，要重视每一次用户的体验。网易云音乐可以通过用户信息收集，利用人工智能技术，逐步建立更加精准更为贴切的用户画像，关注并分析每一位用户的喜好。从而面向不同类型的用户，有针对性地推出更有吸引力的产品和更多个性化的服务，进而提升用户的忠诚度和稳定性，并进行持续优化，最终实现增加用户黏性。

网易云音乐在上线初期，就给出了"移动音乐社区"的概念，之后又上线了名为"云村"的社区版块，意在打造围绕音乐分享与发现的独特音乐社区，由此可见，音乐社区是网易云音乐的主打策略，也是其核心竞争力的关键。因此，网易云音乐可以继续着力自身优势，发挥所长，逐步拓宽音乐社区的场景覆盖，吸引更多的用户群体参与到音乐社区中来。网易云音乐应当重视数据资产的相关管理工作，构建一套科学有效的数据资产管理体系，可以妥善地管理、保护数据资产。

此外，网易云音乐还应定期进行数据分析，重视企业数据资产价值的实时评估，不仅可以关注到自身数据资产的经营和维护，还可以借助数据分析的结果，更好地了解用户行为和市场趋势，并据此制定更有针对性的策略，从而不断提升企业的价值。

在诸多互联网音乐播放平台竞速发展的行业背景下，网易云音乐需要尝试开发新的数据营销策略，以提高自身数据资产价值。可以在现有的营销模式的基础上进行改进，通过自身的精准投放系统，结合 AI 技术，精准地分析每个用户的购买偏好，制定出具有针对性的营销策略，从而更加精准地向用户推荐产品和服务，提升企业的营销效率。

(资料来源：根据网络资料整理)

思考题：

网易云是如何进行数字化营销的？

第六章　营销战略

学习目标

【知识目标】
➢ 理解营销战略的内涵、作用、分类；
➢ 理解影响战略选择、实施的因素；
➢ 掌握营销战略有效实施的原则；
➢ 理解市场细分的概念、作用、依据及标准；
➢ 理解目标市场的概念、选择条件和范围；
➢ 掌握市场定位的方式和策略；
➢ 理解竞争者分析的重要性和方法；
➢ 掌握竞争战略的3种基本形式。

【能力目标】
➢ 能够应用市场细分、目标市场选择、市场定位知识进行相关分析、评价；
➢ 能够运用营销战略相关知识对有关营销战略的选择进行分析、评价；
➢ 具备为企业制定竞争战略的能力；
➢ 能够运用营销战略相关知识为企业选择适当的战略实施模式。

【素质目标】
➢ 具备良好的职业素养，能够遵守职业道德和规范，具有良好的职业操守和职业道德，能够在市场营销战略分析、制定、实施过程中保持诚信和公正，树立良好的企业形象和品牌形象；
➢ 具备良好的沟通能力、团队合作精神和创新意识，能够与团队成员有效协作，提出有针对性的、有效的营销战略；
➢ 掌握市场营销战略的相关软件工具，在营销战略分析逻辑思维的引导下，具备通过信息数据收集、汇总、整理、分析制定企业营销战略的能力。

> **案例导入**

洲际高端连锁酒店如何面对细分市场

面对不断细分的酒店市场，高端连锁酒店需要进行怎样的自我变革，才能实现浴火重生呢？在洲际酒店集团广州、惠州、佛山、阳江及海陵岛区域总经理曾广林看来，高端连锁酒店需要借助已有的知名度与号召力，充分利用互联网和大数据等工具，为自身不断注入新的个性化元素，填补既有服务和市场需求之间的空隙，以开辟更广阔的发展空间。

对话：Q——新营销，A——曾广林

Q：相比过去而言，今天的高端酒店市场是否正在趋向于理性？

A：现在，酒店行业的竞争越来越激烈。过去大家一说投资酒店，就一窝蜂地去投资五星级酒店，其中有些是面子工程，有些是为了搭建平台，这些往往是为了投资而投资，真正出于经营目的的酒店并不多，对当地的市场也欠缺考量。而现在，只要是地理位置稍微欠佳，或者是处于三四线城市，你都不敢轻易地投资五星级酒店，因为你可能支撑不了其庞大的经营成本。在二线城市该开什么样的酒店，其定位应当建立在市场需求的基础之上。现在，大家会更倾向于投资中档酒店、精品酒店。它们并非新鲜事物，但它们在今天的频繁涌现是由市场所主导的，是市场回归理性的一种表现。

Q：近几年，独立酒店受到市场热捧。您如何看待这一现象？相比于独立酒店，高端连锁酒店具有哪些发展优势？

A：独立酒店有一定的生存空间。但在大数据时代，我相信它们还是会遇到一定挑战的。

第一，相比于独立酒店，连锁酒店更容易进行市场细分。现在，每一个档次的酒店竞争都很激烈，但不意味着酒店市场已经饱和。不同的酒店定位并不相同：有会议的，有商务的，有度假的；有高端的，有中端的，有低端的。这几年，酒店市场越来越细分，也面临着一个行业洗牌的状态。大型酒店集团可以对旗下酒店进行不同的定位和分类，并依据市场变化及时进行调整，但独立酒店却缺少这样的先天条件。

第二，相比于独立酒店，连锁酒店更容易借大数据腾飞。大型酒店集团的顾客数据总量多，管理层普遍认为大数据的投入对集团的长远规划有利，因此，集团的支持力度大，这样的大投入在长时间后也能收获大回报。而对于那些"单打独斗"的酒店来说，大数据对它们的影响比较有限。因为对它们来说，这笔投入不仅是一笔相当大的资金，而且往往并不能得到立竿见影的效果。

第三，高档连锁酒店在财力、物力和品牌影响力等方面都具有先天优势，无论硬件设施还是软件服务都有统一的标准，能给顾客一个基本的心理保障，这是那些独立经营的中档酒店难以匹敌的。随着中产阶级的壮大，我相信高档酒店市场在未来依然充满机会，我们可以把旅游、休闲度假这些项目都作为服务的一部分。

截止到今年，我们洲际酒店集团在全球已有8 580万会员，通过会员项目，全球各地的酒店可以充分进行资源交流。例如，你在广州中心皇冠假日酒店告诉我们你下一站想去纽约，我们就可以立即帮你订到纽约的皇冠假日酒店。

Q：洲际酒店集团如何运用大数据来提升用户体验？

A：大数据可以为我们的全球数据库提供区域性的分析，根据这些分析报告可以制定具体的经营策略。在服务方面，我们会将客人在住店期间的习惯偏好、离店之后提出的意见和建议都收集起来。比如，你在我们英国酒店入住期间对酒店服务提出了一些意见，当你入住中国酒店时，我们就可以根据记录提前做好准备，防止出现同样的问题。

Q：为了更好地迎合细分市场的用户，酒店的产品结构需要进行哪些调整和优化？

A：我们的定位是高端商务酒店，而且价位和所在区域的消费力度接近，所以说我们开业时的定位已经比较准确。现在酒店业的产品结构调整对我们的影响并不是太大。

过去几十年，酒店一直是奔着豪华、高端的标准去建造的。现在消费者已经变得更加理性，酒店要想保持竞争力，就要对固有标准及时进行调整。这个调整不一定就是降低价位，你可以提供更多的增值服务。

Q：现在很多酒店都在努力升级餐饮服务。在这方面，您有哪些成功经验？相比外面的餐厅酒楼，酒店餐厅怎样才能提升竞争力？

A：餐饮一直在酒店产品结构里占据着较大比重。20世纪80—90年代来华住酒店，往往周边都没有餐厅，想要出去吃饭很麻烦，只能选择在酒店里就餐。现在，餐饮业的发展如火如荼，给酒店业带来了一定冲击，因为他们的经营成本比酒店餐厅要小得多。为什么外面餐厅一盘青菜20元，酒店餐厅一定要卖38元？原因很简单：外面餐厅只要打个电话让供应商送来即可。我们要先打采购单，交给采购部经理；然后把报价单拿回来，交给财务总监签字，再给总经理签字，这才去买；收货后，由财务部付款，这时候才能进厨房。

外面酒楼的名字很容易被人记住，但酒店里的餐厅名字却很少有人能想得起来。作为一个顾客，你在吃饭前首先想的是"吃什么"，而不是"去哪里吃"。针对"吃什么"的问题，外面酒楼往往都有自己的特色菜，这一家鱼做得好，那一家蟹做得好，但酒店餐厅却必须兼顾不同客人不同口味的需求，尽量做到大众化，这样一来就很难做出特色。所以这么多年，很少有酒店餐厅能超越外面的酒楼。

做高端酒店，就要做好很多天没有生意的心理准备。因为高消费的客人不会频繁带家人在酒店用餐。在高星级酒店吃饭，首先吃的是面子，其次是环境、是服务，最后才是吃菜。所以在酒店吃饭主要是出于面子上的需要，而不是为吃饭而吃饭。

对于餐饮，以前我们的态度是"等你来"，现在大家都在抢这块生意，我们也要主动出击。百日宴、寿宴、结婚周年纪念、商务聚会，这在过去是很小的市场，现在却是我们的必争之地。

Q：在您负责的华南区的几家酒店中，有哪一家让您最为满意？

A：今年2月刚刚开业的全球首家华邑酒店——阳江中心华邑酒店。这是洲际酒店集团专为中国市场定制的首个全新的高端酒店品牌。它的设计秉承了礼、尊、和、达的品牌理念，遵循"亲近自然且不失奢华"的设计主旨，充分挖掘"阳江"及"渔"文化符号，用现代设计将华邑品牌深厚的东方文化底蕴进行了完美的演绎，自从开业以来便一直广受好评。

Q：如何将阳江当地的文化及市场需求融入酒店餐饮产品的设计当中？

A：酒店标准化的餐饮不一定符合当地人的口味，因此，需要与当地的食材、风味结合起来，这样才能快速地打开婚宴、寿宴等餐饮市场，才能尽快提升酒店的知名度，才能尽快获得当地人的喜爱。

(资料来源：陈喆. 高端连锁酒店如何面对细分市场 [J]. 新营销，2015 (11).)

任何现代企业在开展营销活动时都会意识到，在通常情况下，它们不可能或至少不能以同一种方式吸引市场上所有的购买者。这不仅是受企业的有限资源和竞争能力的限制，而且因为购买者为数众多、分布广泛并都有着不同的购买习惯与要求。因此，为了充分利用自身有限的资源，发挥经营优势，提供适合顾客需要的产品和服务，大多数现代企业都实行目标市场营销，即选择与本企业经营目标相适应、最有吸引力的、企业可以提供最有效服务的那一部分市场作为目标市场，采取相应营销手段打入并占领该市场。

竞争是市场经济的基本特性。市场竞争所形成的优胜劣汰，是推动市场经济运行的强大动力，它迫使企业不断研究市场，开发新产品，改进生产技术，更新设备，降低经营成本，提高经营效率和管理水平，获取最佳效益并推动社会的进步。在发达的市场经济条件下，任何企业都处于竞争者的重重包围之中，竞争者的一举一动对企业的营销活动和效果具有决定性的影响。现代企业必须认真研究竞争者的优势与劣势、竞争者的战略和策略，明确自己在竞争中的地位，有的放矢地制定竞争战略，才能在激烈竞争中求得生存和发展。

市场营销战略是企业为长期生存和发展而进行的谋划和决策，是市场营销管理的核心，具有全局性、长远性、纲领性、竞争性、应变性、相对稳定性的特征。市场营销战略的制定过程包括建立战略业务单位、规划投资组合、规划新业务发展等内容。企业在长期的竞争中，有 3 种基本的战略方法选择可以形成竞争优势，分别是：成本领先战略、差异化战略、集中性战略。企业在开展市场营销活动的进程中，在行业竞争分析的基础上具体选择的市场竞争战略有：市场领导者战略、市场挑战者战略、市场追随者战略和市场补缺战略等。

第一节　营销战略内涵

企业要想在动态的市场环境中求得生存和发展，不但要善于创造顾客并满足其需求和欲望，还必须积极主动地适应不断变化的市场。市场营销战略是企业面对激烈变化、严峻挑战的竞争环境，为长期生存和发展进行谋略或规划。制定企业的市场营销战略是市场营销管理的核心内容。

一、市场营销战略的主要内容和特点

"战略"一词源于希腊语 strategos，原意是"将军"，当时引申为指挥军队的艺术和科学。在现代社会和经济生活中，这一术语主要用来描述一个组织打算如何实现其目标和使命。菲利普·科特勒的观点是：当一个组织清楚其目的和目标时，它就知道今后要往何处去。问题是如何通过最好的路线到达那里。公司需要一个达到其目标的全盘的、总的计划，这就叫作战略。市场营销战略是企业在分析外部环境和内部环境的基础上，确定企业营销发展的目标，做出营销活动总体的、长远的规划，以及实现这样的谋划所应采取的重大行动措施。它是市场营销的目标规划、营销实施方案规划、营销管理的规划。

1. 市场营销战略的主要内容

企业市场营销战略包括两方面内容，即企业的长远营销目标和实现营销目标的手段，后者也称为市场营销策略或战术。企业市场营销活动，在某一时期的发展中，总有一个要实现的目标。通常，企业在营销活动中往往有多种可供选择的目标，但企业必须依据资源供应、利用状况以及环境情况，在一定时期内确定一个对自己最有利的，也能达到的营销目标。

2. 市场营销战略的特点

（1）全局性。市场营销战略是以企业全局和营销活动全局的发展规律为研究对象，是为指导整个企业营销总体发展全过程的需要而制定的，它规定的是营销总体活动，追求的是企业营销总体效果，着眼点是营销总体的发展。市场营销战略规定了营销发展的总体目标，指明了营销的发展方向，起到统率全局的作用。

（2）长远性。市场营销战略是对企业未来较长时期营销发展和营销活动的谋划，因此，它着眼于未来，在分析外部环境变异性和内部条件适应性的基础上，谋求企业的长远发展，关注的主要是企业的长远利益。

（3）纲领性。市场营销战略中所规定的战略目标、战略重点、战略对策等都属于方向性、原则性的东西，是企业营销发展的纲领，对企业具体的营销活动具有权威性的指导作用。营销战略是企业领导者对重大营销问题的决定，指导企业营销发展的过程。企业市场营销战略应该通过展开、分解和落实等过程，才能变为具体的行动计划。

（4）竞争性。市场营销战略规划如何在激烈的市场竞争中与竞争对手抗衡，如何应对来自各方面的冲击、压力、威胁和挑战。制定市场营销战略的目的是谋求改变企业在市场竞争中的状况，在未来市场竞争中占据有利地位，不断壮大自己的实力，在与竞争对手争夺市场、顾客、资源的斗争中占有相对优势，以战胜对手，确保自己的生存和发展。

（5）应变性。市场营销战略具有根据企业外部环境和内部条件的变化，适时加以调整，以适应环境变化的特征。市场营销战略是确定企业未来行动的，而未来的企业内、外部环境是发展变化的。企业能否把握环境变化，做出重大战略决策，带有很大的风险性。成功的战略不仅具有承担更大的风险的能力，更能在条件变化的情况下适时加以调整，以适应变化后的形势。

（6）相对稳定性。市场营销战略必须在一定时期内具有相对稳定性，才能在企业营销实践中具有指导意义。稳定性要求营销战略本身具有一定弹性。如果企业营销战略朝令夕改，会造成企业营销活动的混乱，企业各部门不会采取相应的措施去实现战略，会给企业带来损失。但由于企业营销实践活动是一个动态过程，指导企业营销实践活动的战略也应是动态的，以适应外部环境的多变性，所以企业营销战略的稳定性是相对的稳定性。

二、营销战略的制定过程

战略计划过程是企业及其各业务单位为了生存和发展而制定长期总战略所采取的一系列重大步骤，包括规定企业任务、确定企业目标、建立战略业务单位、规划投资组合、规划新业务发展。

1. 确定企业的营销任务与目标

在对企业面临的市场竞争态势进行分析的基础上，企业要明确自己的营销任务和目标。

（1）规定企业任务。明确规定适当的任务，并向全体员工讲清楚，这样可以提高士气，调动员工的积极性。并且，企业的任务是一只"无形的手"，它能指引全体员工都朝着一个方向前进，使全体员工同心协力地工作。

企业在规定其任务时，可向股东、顾客、经销商等有关方面广泛征求意见，并且需要考虑以下 5 个主要因素：

企业过去历史的突出特征；

企业高层的意图；

企业周围环境的发展变化；

企业的资源情况；

企业的特有能力。

为了指引全体员工都朝着既定的方向前进，企业要写出一个正式的任务报告书。一个有效的任务报告书应具备如下条件：

①市场导向。在任务报告书中如何表述企业经营的业务范围呢？过去表述的方式是以所生产的产品或以所应用的技术来表示。现在，企业在市场营销观念指导下，要通过千方百计满足目标顾客的需要来扩大销售，取得利润，实现企业的目标，因此，企业需要写出一个市场导向的任务报告书，即企业在任务报告书中要按照其目标顾客的需要来规定和表述企业任务。

②切实可行。任务报告书要根据本企业的资源的特长来规定和表述其业务范围，不要把其业务范围规定得太窄或太宽，也不要说得太笼统，因为这样都是不切合实际的，也是不可能实现的，而且会使企业的员工感到方向不明。

③富于鼓动性。任务报告书应使企业员工感到其工作有利于提高社会福利并很重要，因而能提高士气，鼓励全体员工为实现企业的任务而奋斗。

④具体明确。企业在任务报告书中要规定明确的方向和指导路线，以缩小每个员工的自由处理权限和范围。例如，在任务报告书中要明确规定有关人员应该如何对待供应商、顾客、经销商和竞争者，使全体员工在处理一些重大问题上可以遵循一个统一的准则。

（2）确定企业目标。规定了企业的任务后，还要把企业的任务具体化为一系列的各级组织层次的目标。各级经理应对其目标心中有数，并对其目标的实现完全负责，这种制度叫作目标管理。企业的常用目标有贡献目标、市场目标、竞争目标和发展目标等。企业的任务与目标内容见表 6-1。

表 6-1 企业的任务与目标

类别	内容	
任务	What	干什么
	Who	为谁服务
	When	何时满足其需求
	Where	何处满足其需求
	Why	为什么这么干
	How	如何满足其需求
目标	贡献目标	提供给市场的产品；节约资源状况；保护环境目标；利税目标
	市场目标	原有市场的渗透；新市场的开发；市场占有率的提高等
	竞争目标	行业地位的巩固或提升
	发展目标	企业资源的扩充；生产能力的扩大；经营方向和形式的发展

为了使企业的目标切实可行，所规定的目标必须符合以下要求：

①层次化。一个企业通常有许多目标，但是这些目标的重要性不一样，应当按照各种目标的重要性来排列，显示出哪些是主要的，哪些是派生的，同时应将目标层层分解，逐级落实，这样就可以把企业的任务和目标具体化为一系列的各级目标，等级分明，而且落实到人，以加强目标管理，确保企业任务和目标的实现。

②数量化。以数量来表示企业的目标便于企业管理计划、执行和控制过程。

③现实性。企业不能根据其主观愿望来规定目标水平，而应当根据对市场机会和资源条件的调查研究和分析来规定适当的目标水平。

④一致性。有些企业提出的各种目标往往是互相矛盾的，例如，"最大限度地增加销售额和利润"。实际上，企业不可能既最大限度地增加销售额的同时又最大限度地增加利润。所以各种目标必须是一致的，否则就失去了指导作用。

2. 制定市场营销战略

SWOT分析模型也称SWOT分析法、道斯矩阵，也叫态势分析法，是最常用于企业战略制定、竞争对手分析的方法。

（1）SWOT分析法的含义。在如今的战略规划报告里，SWOT分析法应该算是一个众所周知的工具，源自麦肯锡公司，其中包括分析企业的优势（Strengths）、劣势（Weaknesses）、机会（Opportunities）和威胁（Threats）。因此，SWOT分析法实际上是将对企业内、外部条件各方面内容进行综合和概括，进而分析组织的优劣势、面临的机会和威胁的一种方法。通过SWOT分析法，可以帮助企业把资源和行动聚集在自己的强项和有最多机会的地方，并让企业的战略变得明朗。

SWOT分析法是运用各种调查研究方法，分析出公司所处的各种环境因素，即外部环境因素和内部环境因素。外部环境因素包括机会因素和威胁因素，它们是外部环境对公司的发展有直接影响的有利和不利因素，属于客观因素。内部环境因素包括优势因素和弱点因素，它们是公司在其发展中自身存在的积极和消极因素，属主动因素。在调查分析这些因素时，不仅要考虑到历史与现状，而且更要考虑未来发展问题。

①机会与威胁分析。随着经济、科技等诸多方面的迅速发展，特别是世界经济全球化、一体化过程的加快，全球信息网络的建立和消费需求的多样化，企业所处的环境更为开放和动荡。这种变化几乎对所有企业都产生了深刻的影响。正因为如此，识别环境中的机会和威胁成为一种日益重要的企业职能。

②优势与劣势分析。识别环境中有吸引力的机会是一回事，拥有在机会中成功所必需的竞争能力是另一回事。每个企业都要定期检查自己的优势与劣势，这可通过设置"企业经营管理检核表"的方式进行。企业或企业外的咨询机构都可利用这一方法检查企业的营销、财务、制造和组织能力。每一要素都要按照特强、稍强、中等、稍弱和特弱划分等级。

当两个企业处在同一市场或者说它们都有能力向同一顾客群体提供产品和服务时，如果其中一个企业有更高的盈利率或盈利潜力，那么，我们就认为这个企业比另外一个企业更具有竞争优势。换句话说，所谓竞争优势是指一个企业超越其竞争对手的能力，这种能力有助于实现企业的主要目标——盈利。但值得注意的是：竞争优势并不一定完全体现在较高的盈利率上，因为有时企业更希望增加市场份额，或者多奖励管理人员或雇员。

竞争优势可以指消费者眼中一个企业或它的产品有别于其竞争对手的任何优越的方面，它可以是产品线的宽度、产品的大小、质量、可靠性、适用性、风格和形象以及服务的及时、态度的热情等。只有明确企业究竟在哪一个方面比竞争对手更具有优势才更有意义，因为只有这样，才可以扬长避短或者以实击虚。

由于企业是一个整体，而且竞争性优势来源十分广泛，所以在做优劣势分析时必须从整个价值链的每个环节上，将企业与竞争对手做详细的对比。如产品是否新颖、制造工艺是否复杂、销售渠道是否畅通以及价格是否具有竞争性等。需要指出的是，衡量一个企业及其产品是否具有竞争优势，只能站在现有潜在用户的角度上，而不是站在企业的角度上。

影响企业竞争优势的持续时间，主要有3个关键因素：

建立这种优势要多长时间？

能够获得的优势有多大？

竞争对手做出有力反应需要多长时间？

（2）SWOT分析的方法。在适应性分析过程中，企业高层管理人员应在确定内外部各种变量的基础上，采用杠杆效应、抑制性、脆弱性和问题性4个基本概念进行SWOT模式的分析。SWOT循环分析如图6-1所示。

图6-1 SWOT循环分析

①杠杆效应（优势+机会）。杠杆效应产生于内部优势与外部机会相互一致和适应时，在这种情形下，企业可以用自身内部优势撬起外部机会，使机会与优势充分结合并发挥出来。然而，机会往往是稍纵即逝的，因此，企业必须敏锐地把握时机，捕捉机会，以寻求更大的发展。

②抑制性（劣势+机会）。抑制性意味着妨碍、阻止、影响与控制。当环境提供的机会与企业内部资源优势不相适合，或者不能相互重叠时，企业的优势再大也得不到发挥。在这种情形下，企业就需要提供和追加某种资源，以促进内部资源劣势向优势方面转化，从而迎合或适应外部机会。

③脆弱性（优势+威胁）。脆弱性意味着优势的程度或强度降低或减少。当环境状况对公司优势构成威胁时，优势得不到充分发挥，出现优势不优的脆弱局面。在这种情形下，企业必须克服威胁，发挥优势。

④问题性（劣势+威胁）。当企业内部劣势与企业外部威胁相遇时，企业就面临着严峻挑战，如果处理不当，可能直接威胁到企业的生死存亡。

（3）构造SWOT矩阵并制订战略计划。将调查得出的各种因素根据轻重缓急或影响程度等排序方式组成SWOT矩阵。在此过程中，将那些对公司发展有直接的、重要的、大量的、迫切的、久远的影响因素优先排列出来，而将那些间接的、次要的、少许的、不急的、短暂的影响因素排列在后面。

在完成环境因素分析和SWOT矩阵的构造后，便可以制订出相应的行动计划。制订计划的基本思路是：发挥优势因素，克服弱点因素，利用机会因素，化解威胁因素；考虑过去，立足当前，着眼未来。运用系统分析的综合分析方法，将排列与考虑的各种环境因素相互匹配起来加以组合，便得出一系列公司未来发展的可选择对策。

（4）建立战略业务单位。企业的营销管理层要对业务组合进行分析和评价，即业务是发展、维持，还是缩减、淘汰，或规划新的业务，以做出相应的决策和安排。

大多数的企业，包括规模较小的企业，都有可能同时经营若干项业务。每项业务都会有自己的特点，而且面对的市场、环境也未必完全一样。为了便于从战略上进行管理，有必要从性质上对组成企业活动领域的各项业务进行区别，将其划分为若干个战略业务单位（Strategic Business Units，SBU）。战略业务单位是指企业专门制定的一种经营战略的最小经营单位，它可能包括一个或几个部门，或者是某部门的某类产品，或者是某种产品或品牌。一个战略业务单位通常具有以下特征：

①有自己的业务。可能是一项独立的业务，也可能是一组相互联系，但在性质上可与企业的其他业务分开的业务。因为它们有着共同的任务，所以有必要作为一个单位进行管理。

②有共同的性质和要求。不论是一项业务还是一组业务，都有它们共同的经营性质和要求，否则无法为其专门制定经营战略。

③掌握一定的资源，能够相对独立或有区别地开展业务活动。

④有其竞争对手。这样战略业务单位才有其存在的意义。

⑤有相应的管理班子从事经营战略的管理工作。

区分战略业务单位的主要依据是，各项业务之间是否存在共同的经营主线。所谓"共同的经营主线"，是指目前的产品间、市场与未来的产品之间、市场间的一种内在联系或相关性。由于区分战略业务单位的目的是为了将企业使命具体化，并分解为各项业务或某一组业务的战略任务，在实际工作中还需要注意把握以下问题：

一是市场导向而不是产品导向。因为依据产品特性或技术区分的业务单位，难有持久的生命力。产品和技术会过时、陈旧，只有需求、顾客才是永恒的。例如，一家企业区分了一个"计算尺业务"的业务单位，计算器问世后，难免陷入被动状态。要是依据市场导向，将其区分为"满足人们对小型、快速、精确的计算工具的需要"这样一个业务单位，就可以顺理成章地向计算器方向发展。产品导向和市场导向的业务定义比较如表6-2

所示。

表 6-2 产品导向和市场导向的业务定义比较

公司	产品导向	市场导向
资生堂	我们生产化妆品	我们出售希望
佳能	我们生产复印机	我们帮助改进办公效率
标准石油公司	我们出售汽油	我们提供能源
星球电视公司	我们安排卫星节目	我们经营娱乐
大金	我们生产空调器和暖炉	我们为家庭提供舒适的温度
富士	我们生产胶卷	我们保留记忆
先锋	我们生产卡拉OK机	我们帮你唱歌

二是切实可行而不要包罗万象，否则就会失去共同的经营主线。例如，依据"满足交通运输的需要"区分，就会定义过宽。首先，这个单位可供选择的经营范围相当广泛，如市内交通、城市间交通、空中、水上交通等；其次，顾客范围相当广泛，如个人、家庭、企业、机关等；最后，产品范围也相当广泛，有各种汽车、火车、轮船、飞机。这些变量可以形成无数组合，产生出无数条经营主线。假如一个企业有志于这一活动领域，就要为每个组合、每条经营主线分别确定其经营单位，因为只有一个经营单位，难以制定经营战略。

（5）战略业务的选择与投资组合。如何把有限的人力、物力、财力资源合理地分配给现状、前景不同的各个战略业务单位，是总体战略必须考虑的主要内容。企业高层必须对各个经营单位及其业务进行评估和分类，确认它们的发展潜力，决定其投资方向和结构。最著名的分类和评价方法是美国波士顿咨询集团法，如图 6-2 所示。

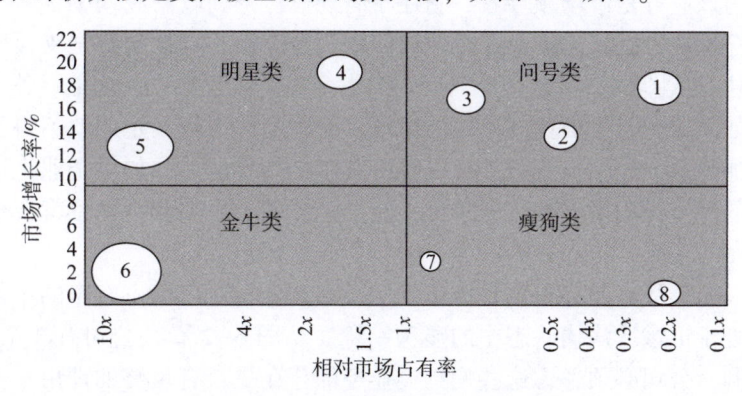

图 6-2 波士顿咨询集团法

波士顿咨询集团法是用"市场增长率—相对市场占有率矩阵"来对企业的战略业务单位加以分类和评价的。

矩阵图中的纵坐标代表市场增长率，表示企业的各战略业务单位的年市场增长率。假设以 10% 为分界线，则 10% 以上为高增长率，10% 以下为低增长率。

矩阵图中的横坐标代表相对市场占有率，表示企业各战略业务单位的市场占有率与同行业最主要的竞争者（即市场上的领导者或"大头"）的市场占有率之比。如果企业的战略业务单位的相对市场占有率为0.4，也就是市场占有率为同行业最大竞争者的市场占有率的40%；如果企业的战略业务单位的相对市场占有率为2.0，那么，企业的战略业务单位就是市场上的"大头"，其市场占有率是市场上的"二头"的市场占有率的两倍。假设以1.0为分界线，则1.0以上为高相对市场占有率，1.0以下为低相对市场占有率。

矩阵图中的8个圆圈代表企业的8个战略业务单位。这些圆圈的位置表示各战略业务单位的市场增长率和相对市场占有率的高低；各个圆圈的面积大小表示各战略业务单位销售额的大小。矩阵图把企业所有的战略业务单位分为4种不同类型：

①问号类。问号类是高市场增长率和低相对市场占有率的战略业务单位。大多数业务都从问号类开始的，公司力图进入一个高速成长的市场，其中已有市场的领导者，那么，公司能否在市场上取得成功？这类单位需要大量现金，因为企业需要提高其相对市场占有率，使其赶上市场上的"大头"，必须加大投资力度，如增添一些工厂、设备和人员，才能适应迅速增长的市场。因此，企业要慎重考虑经营这类单位是否划算，如果不划算，就要精简或淘汰。从图6-2看，企业有3个问号类单位，企业与其把有限的资金分散用于3个问号类单位，不如集中力量用于其中一两个单位，这样经营效益也许会好一些。

②明星类。问号类的战略业务单位如果经营成功，就会转入明星类。这类战略业务单位是高市场增长率和高相对市场占有率的单位。明星类是高速成长市场中的领导者，也是竞争者追逐的对象。公司必须投入大量金钱来维持市场增长率和击退竞争者，因此，明星类业务常常是现金的消耗者；同时，它们也有盈利和成长的空间，并将成为公司未来的金牛类业务单位。在图6-2中，公司有2个明星业务。

③金牛类。明星类的战略业务单位的市场增长率下降到10%以下，就转入金牛类业务单位。这类单位是低市场增长率和高相对市场占有率的单位。这类业务之所以称为金牛类业务单位，是因为它为公司带来了大量的现金收入。由于市场增长率低，公司不必大量投资，同时也因为该业务是市场领导者，它还享有规模经济和较高利润率优势，能够不断地给企业带来生存发展所必需的资金。企业的流动资金充足，可抽出资金支援问号类、明星类和瘦狗类单位。从图6-2看，企业只有1个大金牛类业务单位，这种财务状况是很脆弱的。这是因为如果这个金牛类业务单位的市场占有率突然下降，企业就不得不从其他单位抽回现金，来加强这个金牛类业务单位以维持其市场领导地位；如果企业把这个金牛类业务单位所放出的现金都用来支援其他单位，这个强壮的金牛类业务单位就会变成弱金牛类业务单位。

④瘦狗类。这类战略业务单位是低市场增长率和低相对市场占有率的单位，盈利少或有亏损，如同处于饥饿或病痛状态中的瘦狗一样。从图6-2看，公司有2个瘦狗类单位，这种情况很不利，公司必须考虑这些瘦狗类业务的存在是否有足够的理由。例如，市场增长率会回升，或者可重新成为市场领导者，或者是出自某种情感上的缘故。瘦狗类业务的继续经营，通常要占用企业管理层较多时间，这可能是得不偿失，因此，需要进一步收缩或淘汰。

3. 选择适当战略

企业对其所有的战略业务单位加以分类和评价之后，就应采取适当的战略。一般可供选择的战略业务有4种：

（1）发展。这种战略的目标是提高战略业务单位的相对市场占有率。为了达到这个目标，有时甚至不惜放弃短期收入。这种战略特别适用于问号类业务单位，因为这类业务单位如果要转入明星类，就必须提高其市场占有率。

（2）保持。这种战略的目标是维持战略业务单位的相对市场占有率。这种战略特别适用于金牛类业务单位，尤其是其中的大金牛单位，因为这类单位能提供大量现金。

（3）收割。这种战略的目标是增加战略业务单位的短期现金流量，而不顾长期效益。收割活动包括决定在计划中不断减少成本，并最终放弃该业务。公司对现金的计划是"收割"和"对该业务提取利润"。收割活动常常包括取消研究与开发费用、在设备到期时不更换、不更换销售人员、减少广告费用等。其愿望是成本的减少快于销售额的下降，从而使公司的现金流量成为正的增加。这一战略适用于处境不佳的金牛类业务，这种业务前景黯淡而又需要从它身上获得大量现金收入。收割也适用于问号类和瘦狗类业务。

（4）放弃。这种战略的目标是清理、变卖某些战略单位，以便把有限的资源用于经营效益较高的业务上，从而增加盈利。这种战略特别适用于那些没有前途或妨碍企业增加盈利的问号类和瘦狗类单位。

上述4类战略业务单位在矩阵图中的位置不是固定不变的。随着时间的推移，它们在矩阵中的位置会发生变化。成功的战略业务单位有一个生命周期，它们从问号类开始，转向明星类，然后成为金牛类，最终成为瘦狗类，从而走向生命周期的终点。因此，公司不能仅仅注意其业务在矩阵图上现有的位置，还要注意它们的时间变化规律。如果某项业务的预期轨迹不太令人满意，公司就应该要求业务经理提出新战略和可能产生的结果。这样，市场增长率—相对市场占有率矩阵就成为公司战略计划者的计划构架。

公司可能犯的最大错误就是要求所有的战略业务单位都要达到同样的增长率或投资报酬率。战略业务单位的分析重点是每项业务有不同的潜量与它自己目标的要求。其他的错误包括：给金牛业务的留存资金太少（在此情况下，这些业务的发展就会减弱），或留给它们的留存资金太多（使公司无法向新的成长业务投入足够的资金）；给瘦狗类业务投入大量资金，希望扭转局面，但每次都失败；保留太多的问号类业务并逐项投资；问号类业务要么得到足够的支持以获得细分优势，要么干脆放弃。

三、市场发展战略

企业在制订了业务组合计划之后，还应对未来的业务发展方向制订战略计划，即制定企业的市场发展战略。企业的市场发展战略有以下3种：

1. 密集型增长战略

如果企业尚未完全开发其现有产品和市场的机会，则可采取密集型增长战略。这种战略包括以下3种类型：

（1）市场渗透。市场渗透是指企业通过加强宣传和推销工作，选择多渠道将同一产品送达同一市场，或短期降价等措施，在现有市场上扩大现有产品的销售。

（2）市场开发。市场开发是指企业通过在新市场增设网点或利用新分销渠道，加强广告宣传和促销等措施，扩大现有产品的销售。

（2）产品开发。产品开发是指企业通过增加花色、品种、规格、型号等，向现有市场提供新产品或改进产品。

2. 一体化增长战略

如果企业所处的行业很有发展前途，而且企业在供、产、销等方面实行一体化能提高效率和扩大销售，则可实行一体化增长战略。这种战略包括以下3种类型：

（1）后向一体化。后向一体化是指企业通过收购或兼并若干原材料供应商，拥有和控制其供应系统，实行供产一体化。例如，某拖拉机制造商过去向轮胎公司采购轮胎，现在决定自己生产轮胎，这就是后向一体化。

（2）前向一体化。前向一体化是指企业通过收购或兼并若干商业企业，拥有和控制其分销系统，实行产销一体化。例如，美国胜家公司在全国各地设有缝纫机商店，实行自产自销，这就是前向一体化。

（3）水平一体化。水平一体化是指企业收购、兼并竞争者的同种类型的企业，或者在国内外与其他同类企业合资生产经营等。例如，我国东南沿海地区的某些现代化企业，利用自己在商标、技术、市场、资金等各方面的优势，与西部欠发达地区的企业进行联合，或以其他形式进行合作经营等。

3. 多元化增长战略

多元化增长就是企业尽量增加产品种类，跨行业生产经营多种产品和服务，扩大企业的生产范围和市场范围，使企业的特长得到充分发挥，人力、物力、财力等资源得到充分利用，从而提高经营效益。多元化增长的主要方式包括以下3种类型：

（1）同心多元化。同心多元化是指企业利用原有的技术、特长、经验等研发新产品，增加产品种类，从同一圆心向外扩大业务经营范围。例如，生产复印机的企业又研发生产打印机。同心多元化的特点是原产品与新产品的基本用途不同，但有较强的技术关联性。

（2）水平多元化。水平多元化是指企业利用原有市场，采用不同的技术来发展新产品，增加产品种类。例如，原来生产化肥的企业又投资农药项目。水平多元化的特点是原产品与新产品的基本用途不同，但存在较强的市场关联性，可以利用原来的分销渠道销售新产品。

（3）集团多元化。集团多元化是指大企业收购、兼并其他行业的企业，或在其他行业投资，把业务扩展到其他行业中。新产品、新业务与企业的现有产品、技术、市场毫无关系。也就是说，企业既不以原有技术也不以原有市场为依托，而是向技术和市场完全不同的产品或服务项目发展。它是实力雄厚的大企业集团采用的一种经营战略。

第二节　目标市场营销战略

任何现代企业在开展营销活动时都会意识到，在通常情况下，它们不可能或至少不能以同一种方式吸引市场上所有的购买者。这不仅是受企业的有限资源和竞争能力的限制，而且因为购买者为数众多、分布广泛并都有着不同的购买习惯与要求。因此，为了充分利用自身可获得的有限资金和资源，发挥自己的经营优势，提供适合顾客需要的产品和服务，大多数现代企业都实行目标市场营销，即选择与本企业经营目标相适应的、最有吸引力的、本企业可以提供最有效服务的那一部分市场作为自己的目标市场，从而采取相应的市场营销手段，打入和占领这个市场。

目标市场营销的主要步骤包括：第一步，市场细分（Market Segmentation），即把市场细分为具有不同需要、特点或行为的购买者群体，并描绘细分市场的轮廓；第二步，选择目标市场（Market Targeting），即估计每个细分市场的吸引程度，选择进入一个或若干个细分市场；第三步，市场定位（Market Positioning），即对产品进行竞争性定位并制定市场营销组合战略以有效传播市场定位。市场细分、目标市场选择和市场定位这三者构成了现代市场营销策略的核心。

一、市场细分

市场细分的概念是由美国市场学家温德尔·史密斯于1956年发表在美国《市场营销》杂志的《市场营销策略中的产品差异化与市场细分》一文中提出来的。这个概念一经提出，就受到企业经营管理者的重视，并迅速地广为利用。

1. 市场细分的概念与作用

（1）市场细分的概念。所谓市场细分，是指根据消费者需求的差异性，把整体市场划分为若干个具有相似需求的消费者组成的消费者群，即子市场，从而确定企业目标市场营销战略的过程。对这个概念可以从以下几个方面来理解：

①细分市场是细分消费者，而不是细分商品。市场细分是把同一产品分为由具有不同特性的消费者所组成的子市场。它不是产品分类，而是同种产品的消费者分类，如"黄金搭档"保健品将目标市场细分为中老年、青年、儿童市场。

②市场细分的基础和理论依据是消费需求的异质性理论。产品属性是影响消费者购买行为的重要因素，顾客对产品不同属性的重视程度不同，从而形成不同的需求偏好，这种需求偏好差异的存在是市场细分的客观依据。一般而言，消费者对一种产品的偏好分布有3种类型：同质偏好、分散偏好和集群偏好。

假设我们向奶制品购买者询问蛋白质含量和钙含量两个产品属性，由此产生3种不同的偏好模式，如图6-3所示。

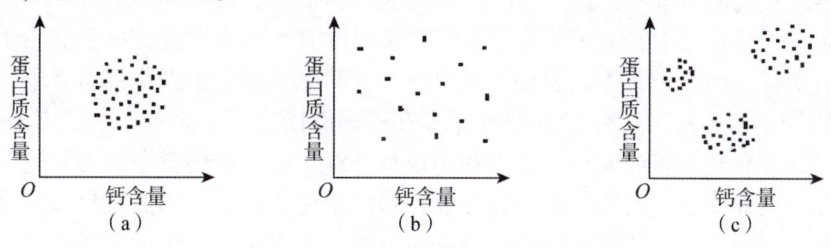

(a) 同质偏好；(b) 分散偏好；(c) 集群偏好。

图6-3 市场偏好模式

a. 同质偏好是指所有消费者对产品的各属性都有大致相同的偏好。企业不能对这种偏好分布的市场进行细分，所有品牌都是类似的，并且都处在蛋白质含量和钙含量两者偏好的中心，如图6-3（a）所示。

b. 分散偏好是指市场中的所有消费者对产品的各属性都有着不同的偏好，即不同消费者对产品属性的要求存在较大差异。进入该市场的第一品牌可能定位在市场的中心，以迎合最多的消费者；同时，可使所有的消费者总的不满为最小。新进入市场的竞争者，可能把其品牌定位在第一品牌的附近，与其抢夺市场份额；也可以远离市场中心，形成有鲜明特征的定位，以吸引对第一品牌不满的消费者群体。如果这个市场中有好几个品牌，则它们可能被定位于整个空间的各处，以显示与其他竞争品牌的差异性，来迎合消费者偏好的差异，如图6-3（b）所示。

c. 集群偏好是指市场中存在具有独特偏好的密集群体，这些密集群体可称为常见细分市场。第一个进入此市场的公司有3种选择，它可将产品定位于中心，以迎合所有的顾客群体（无差异营销）；也可以将产品定位在最大的细分市场内（集中营销）；还可以推出好几种品牌，分别定位于不同的细分市场内（差异营销）。显而易见，如果公司只发展一种品牌，那么，竞争者就会进入其他的细分市场，并在那里引进许多品牌，如图6-3（c）所示。

在营销活动中，通常把一个产品的市场分为同质市场和异质市场两种类型。在同质市场中，顾客对同一产品的要求基本一致，对厂商营销活动的反应也基本一致。异质市场是指组成这一市场的顾客对同一产品的要求是多样化的，对厂商的促销活动的反应是不一致的。严格来讲，同质市场只能是一个个的个体消费者，因为任何两个消费者都不可能有完全一致的产品要求和营销反应。因而同质市场是相对的，异质市场才是绝对的。

③市场细分是一个经常性的、反复的过程。消费者对产品的需求的特征并非一成不变，它随着社会、文化和经济的发展而处于不断发展变化之中，它也不仅仅是一个自然过程，企业可以通过营销影响它。

④市场细分是企业选择目标市场和制定市场营销策略的基础。企业细分市场的目的在于根据各个细分市场的特点，采取相应的对策，从而进行有效的市场营销活动。

(2) 市场细分对企业的作用。市场细分是企业从事市场营销的重要手段，因此，它对于企业的营销实践也有着重要的意义。

①市场细分有利于发掘市场机会。通过市场细分，企业可以寻找目前市场上的空白点，即了解现有市场上有哪些消费需求没有得到满足。如果企业能够满足这些消费者的需求，则可以以此作为企业的目标市场，这就是市场给予企业的机会。例如，日本对美国市场的手表需求做的调查表明：23%的消费者要求价格低廉，能计时就行；46%的消费者要求准确、耐用、价格适中；31%的消费者要求象征价值、华丽贵重。由于瑞士手表只注重最后一种消费者，因此，日本人发掘了近70%不能得到满足的前两类消费者群，生产物美价廉的机械表和电子表，不到10年日本手表在美国市场达到了60%以上的市场占有率。

②市场细分有利于企业充分、合理利用现有资源，提高市场竞争能力。这一点对于企业特别重要。企业发展史说明，在全球企业日趋大型化的时代，仍然有众多的企业得到了生存和发展，原因就在于这些企业通过细分而发现了大企业所留下的市场空隙，最大限度地利用自身资源，在特定市场上确立了自己的经营优势。事实上，当今许多著名的大型企业，都是从经营某一独特的产品起步，在满足市场空隙地带的需求过程中成长起来的。在科学技术高度发达、人民生活水平普遍提高的今天，消费需求日趋多样化，这就给广大的企业提供了更多的机会。

③有利于掌握目标市场的特点，正确制定营销策略。不进行市场细分，企业选择目标市场必定是盲目的，不认真地鉴别各个细分市场的特点，就不能进行有针对性的市场营销。例如，我国某公司向日本出口冻鸡，原先的目标市场主要是消费者市场，以超级市场、专业食品商店为主要销售渠道，但随着市场竞争的加剧，销售量呈下降趋势。为此，该公司对日本冻鸡市场做了进一步的调查分析，以掌握不同细分市场的需求特点。调查发

现，冻鸡购买者一般有3种类型：一是饮食业用户；二是团体用户；三是家庭主妇。这3个细分市场对冻鸡的品种、规格、包装和价格等要求不尽相同。饮食业对冻鸡的品质要求较高，但对价格的敏感度低于零售市场的家庭主妇；家庭主妇对冻鸡的品质、外观、包装均有较高的要求，同时要求价格合理，购买时挑选性较强。根据这些特点，该公司重新选择了目标市场，以饮食业和团体用户为主要顾客，并据此调整了产品、渠道等营销组合策略，使出口量得到大幅增长。

2. 市场细分的标准

我们已经知道，市场细分化的实质就是对某种商品的购买者，按照某种标准加以分类使之划分为具有不同特点的一系列群体的过程。细分化的基础是消费需求的差异性，引起需求发生差异的原因有很多，而且对消费者市场和生产者市场的购买者而言又有所区别。下面分别从消费者市场和生产者市场两个角度分析市场细分的标准：

（1）消费者市场的细分标准。由于消费者为数众多，需求各异，所以消费者市场是一个复杂多变的市场。不过，总有一些消费者有某些类似的特征。以这些特征为标准，就可以把整个消费者市场细分成不同的子市场，并据此选定企业的目标市场。

消费者市场的细分标准有很多，通常可以分成4大类，即人口因素、地理因素、心理因素、行为因素。

①地理因素。是指现代企业按消费者所在的不同地理位置以及其他地理变量（如城市、农村、地形气候、人口密度等）作为细分消费者市场的标准。这是一种传统的划分方法。相对于其他标准，这种划分标准比较稳定，容易分析，因为一般来说，处在同一地理条件下的消费者，他们的需求有一定的相似性，对企业的产品、价格、分销、促销等营销措施也会产生类似的反应。现代企业在不同地理区域开展业务时，要注意地区之间消费者对某一类产品的需求差异性。例如，亚都加湿器的经营者在推出产品时，首先选择了北京市场，因为北方冬季寒冷干燥，室内供暖使空气干燥的问题更为突出，加湿器正好能缓解这一问题。其次，北京居民收入水平较高，对新颖小家电产品的接受能力强。

②人口因素。是指各种人口统计变量，包括年龄、家庭人数、家庭生命周期、性别、收入、职业、教育、宗教、民族、国籍和社会阶层等。人口统计变量是区分消费者群体最常用的标准，这主要是因为人口统计变量比大部分其他类型的变量更容易衡量，并且消费者的需求偏好和购买行为往往与人口统计变量有密切的联系。下面，我们详细说明一些常用的人口统计变量。

a. 年龄。年龄是服装、杂志、娱乐、化妆品、玩具等商品市场最重要的市场细分变量。按年龄因素，可分为婴儿、儿童、青少年、成人、老年等市场。消费者的欲望和能力随年龄而变化。如日本资生堂化妆品公司，根据年龄把女性化妆品市场划分为15岁以下、15~18岁、18~24岁、25~35岁、35岁以上，并推出与不同年龄阶段相适应的化妆品，以满足人们的不同需要。

b. 性别。性别细分在服装、美容、化妆品和杂志等领域早已普遍采用。一般来说，男性和女性消费者在购买动机和购买行为上存在着较大的差异，因此，企业在产品设计和经营方式上应考虑到男女有别。

男性购物的特点：较干脆、讲求效率；较少斤斤计较或精打细算；不大愿意挤一个小时的公共汽车去抢购打8折的商品；乐意购买新包装、新商品；不重价格、重产品特性和属性；广告的内容与展示频率较容易让男性认识该产品的特性。

女性购物的特点：把买东西看成是巡视商店的机会，显示出无穷的乐趣；对商品的特点、价格等心中有数，往往反复挑选；喜欢表现出自己的优越感和受到诚实店员的接待；容易产生不安感和受冷落感；乐意购买打折商品。

c. 收入。收入细分是另一种长期习惯做法，它运用于诸如汽车、游船、服装、化妆品、旅游等产品和服务行业。按照当前的平均收入水平，可以分为高收入、中等收入、低收入3类。收入水平的高低，不仅决定其购买各项商品的支出总额，而且也决定其购买商品的种类。如冰激凌等市场常用收入来细分，哈根达斯、和路雪、光明代表了3种不同的冰激凌档次，以适应不同的消费群体的需要。

d. 社会阶层。社会阶层是划分一国市场的重要依据，现代企业必须对此十分重视。一般来讲，每一个社会阶层内的成员基本上具有相似的购买力，实际上在一国市场上，社会阶层比购买力（人均收入）更能决定消费者购买商品数额的大小，社会阶层还影响着企业的分销渠道的选择和促销手段的运用。人们愿意到他们感到舒适、自由的地方购买货物，这就要求现代企业必须精心为不同阶层设计广告和产品或提供服务，选择各阶层都愿意接受的销售渠道。例如，在美国市场上，有的企业就把美国社会划分为老牌富有家族，新致富的后来者，成功的企业经理和教授，商人、小企业所有者、教师和办公室职员，有技术的工厂工人和没有技术的工厂工人。其中，前3层构成等级市场，后3层是大量市场；也有的企业把美国社会分为上上层、上下层、中上层、中下层、下上层、下下层共6个层次。不管如何划分社会阶层，目的是以此为依据来划分一国市场，发现扩大市场份额的机会。像大多数其他细分变量一样，社会阶层的品位随着时间也会变化。

③心理因素。心理因素是指根据购买者的生活方式或个性特点，将购买者划分成不同的群体。在同一人口统计群体中的消费者，由于其生活方式、个性或价值取向的不同，往往会表现出差异极大的心理特性，对同一种产品的需求和购买动机存在很大差异。在招待外商时，若不知对方情况，就会闹出笑话，如日本人认为是很珍贵的美龙爪，南美人却认为是便宜货。

a. 生活方式。生活方式是指一个人或群体对消费、工作和娱乐的特定习惯和倾向性的方式。人们对各种商品的兴趣爱好受到他们生活方式的影响。事实上，他们消费的商品也反映了他们的生活方式。例如，对时间态度的不同，就使速溶咖啡在美国很畅销，在英国则不怎么受欢迎，因为英国人把能否煮一杯好咖啡，作为自己修养高低的一种标志。现在，越来越多的企业也注意在生活方式细分中寻求良机。国外已趋向按人们的生活方式设计产品，如德国福斯公司设计的交通用车，讲究经济、安全和生态学观点。

b. 个性。个性是指个人特性的组合，通过自信、支配、自主、顺从、交际、保守和适应等性格特征来表现出一个人对其所处的环境相对持续稳定的反应。企业可使用个性变量来细分市场，给其生产出来的产品赋予品牌个性，以吸引相对应个性的消费者。在20世纪50年代后期，福特与雪佛莱汽车就是按不同的个性来促销的。福特汽车的购买者被认为是"独立的、感情容易冲动的、男子汉气质的、留心改变以及具有自信心的人"，而雪佛莱汽车的拥有者则为"保守的、节俭的、关心声誉的、较少男子气质的以及力求避免极端的人"。

④行为因素。在行为细分中，根据购买者对产品的认知程度、态度、使用情况与反应等因素，可将市场细分为不同的群体。行为因素包括购买时机、追求的利益、使用率、使用者状况、品牌忠诚程度、购买准备阶段和对产品的态度7个方面。许多营销人员都认为行为因素是进行市场细分的最佳出发点。

a. 购买时机。购买者产生购买需要、购买产品或使用产品的时机，可作为细分市场的基础。购买时机细分可以帮助公司开拓产品的使用范围。例如，由于商务、度假或探亲等有关时机需要，引起了乘飞机旅行的行为。航空公司可以在这些时机中选择为人们的特定目的服务，如为集体度假的顾客提供包机出租服务。

b. 追求的利益。这是按购买者对产品追求的不同利益，将其归入各群体的市场细分方式。这种方法首先要断定消费者对有关产品所追求的主要利益是什么，追求各种利益的各是什么类型的人，各种品牌的商品提供了什么利益；其次根据这些信息来采取相应的市场营销策略。例如，根据人们所追求利益的不同，就可以把牙膏分为4个利益细分市场，即追求经济利益、医用利益、美容化妆利益和味觉利益。每个追求利益的群体都有其特定的行为和心理方面的特点。

c. 使用率。使用率是指消费者购买产品或服务的数量。对于一些产品或服务，消费者有的可能使用很少，有的使用一些，有的则大量使用。由此，市场也相应地被细分成少量使用者、中量使用者和大量使用者群体。大量使用者的人数通常只占总市场人数的一小部分，但是他们在总消费中所占的比重却很大。因此，企业通常倾向于吸引对它们的产品或服务的重度使用者群体，而不是少量使用者群体。但企业在致力于为大量使用者细分市场服务时，也不要忽视少量使用者，因为有时少量使用者会转变为重度使用者，也可能从未使用者中产生出新的使用者。

d. 使用者状况。许多市场都可被细分为某一产品的未使用者、曾经使用者、潜在使用者、初次使用者和经常使用者。市场占有率高的公司特别重视将潜在使用者转变为实际使用者，而小公司则努力将使用竞争者品牌的顾客转向使用本公司的品牌。对潜在使用者和经常使用者应分别采用不同的营销方法。

e. 品牌忠诚程度。品牌忠诚程度是指购买者对某一品牌商品的一种持续信仰和约束。企业必须辨别其忠诚顾客，以便更好地为他们服务，并给品牌忠诚者某种形式的回报或鼓励。如一些饭店设有金卡、银卡，针对金卡、银卡顾客，分别给予不同的折扣。

f. 购买准备阶段。消费者对于某种产品总是处于不同的准备阶段，如有些人还不知道，有些人了解了一些，有些人知之甚详；有些人已产生购买兴趣，有些人正打算购买。对于处在不同购买准备阶段的消费者，企业应采取不同的营销组合策略。如对产品毫无了解的消费者，要设计简单、易被接受的广告信息，使消费者产生初步的认识与需求；对于有购买欲望或打算购买的消费者，广告重点应转为宣传产品的好处、销售地点及服务项目。

g. 对产品的态度。消费者对某种产品的态度一般有热情、肯定、无所谓、否定、敌视5种。企业对持有不同态度的消费者应当分别采取不同的营销对策。对热情、肯定者，应给予回报，使他们成为企业产品的忠实拥护者；对无所谓者应通过适当的广告媒体，加大宣传力度，设法提高他们的兴趣；对否定和敌视者，也应进行必要的宣传，以缓和他们的态度。

（2）生产者市场的细分标准。细分消费者市场的标准，有些同样适用于生产者市场。但由于生产者市场细分的对象是用户，它具有不同于消费者市场的特点。因此，有必要对生产者市场的细分变量做些补充说明。

①产品的最终用途。制造商可以根据产品的最终用途将市场细分为军用买主市场、工业买主市场、商业买主市场，不同的市场具有不同的要求。一般来说，军用买主市场属于质量型市场；工业买主市场属于质量服务型市场；商业买主市场属于价格交易型市场。企业应根据最终用户的不同，来制定不同的营销组合策略，以促进产品的销售。

②用户规模。很多企业根据用户规模的大小来细分市场。用户的购买能力、购买习惯等往往取决于用户的规模。在西方国家，很多企业把用户划分为大用户和小用户，并建立适当的制度与之打交道。大用户数目少，但购货量大，企业往往采用更加直接的方式与之进行业务往来，这样可以相对减少企业的推销成本；小用户则相反，数目众多但单位购货量较少，企业可以更多地采用其他的方式，如中间商推销等，利用中间商的网络来进行产品的推销工作。

③用户的地理位置。很多国家和地区，由于自然资源和历史的原因，形成了若干工业区，如美国的钢铁业集中于匹兹堡，汽车业集中于底特律。用户的地理位置对于企业的营销工作，特别是产品的上门推销、运输、仓储等活动有非常大的影响。地理位置相对集中，有利于企业营销工作的开展。

3. 有效市场细分的条件

（1）有效的市场细分条件。从企业市场营销角度看，无论是消费者市场还是生产者市场，并非所有的细分市场都有意义。有效的市场细分必须具备以下条件：

①可衡量性。这是指划分后的细分市场，其规模大小、购买能力和需求量等，应该是能够加以测定的。假如根据某种标准划分出来的市场，顾客分布分散且偏远，这样的细分就很难进行衡量。没有顾客的详细资料，企业也就难以制定有针对性的营销策略。

②可进入性。这是指企业有能力进入并服务于所选定的细分市场。企业细分出来的市场，应该能使企业的资源得到充分的利用，而且企业能够满足这个消费市场的需求。

③可盈利性。这是指企业要进入的细分市场应该有一定的规模和市场潜力，使企业有利可图，或者说是值得为之设计一套营销方案，并能获得预期利润。

（2）企业在选择市场细分标准时还需要注意以下几点：

①细分变数具有动态性。如收入增减、职业去留、年龄增大、经验积累、城镇发展等。

②细分变数要进行交叉结合。如人口因素通常与心理因素相结合、人口因素中有关经济文化方面的变数与地理因素结合等。福特汽车公司在开发野马牌汽车的目标市场时，就是利用购买者的年龄来划分的，该车是专为迎合那些希望拥有一辆价格不贵而外观华丽的汽车的年轻人而设计。可是，福特汽车公司发现，野马牌汽车的买主各种年龄群体的人都有，于是其认识到它的目标市场并非年龄上年轻的人，而是心理上年轻的人。

③反对市场过细划分。这是指企业在细分市场时，并非把市场分得越细越好。如年龄

按一岁一岁细分，职业按各种职业分等，这样做无实际意义。

二、目标市场的选择

市场细分的目的在于有效地选择并进入目标市场。所谓目标市场，就是企业要进入的那个市场，是企业拟投其所好或为之服务的、有颇为相似需要的顾客群。任何企业在市场细分的基础上，都要从众多的细分子市场中选择那些有营销价值的、符合企业经营目标的子市场作为企业的目标市场，然后根据目标市场的特点与企业的资源，实施企业的营销战略与策略。

1. 细分市场的评估

目标市场的选择是指在细分市场的基础上，根据企业的内外条件，选择对企业最有利的市场。企业要选择目标市场，首先要确定有哪些细分市场是可供选择的，因为并不是所有的细分市场都是适合本企业的。因此，在确定目标市场之前，要对细分出来的子市场进行分析评估。评估细分市场主要从以下4方面进行：

（1）市场潜量分析。这是指通过研究细分市场的消费者特性来了解该市场的规模大小。市场规模主要由消费者的数量和购买力所决定，同时也受当地的消费习惯及消费者对企业市场营销策略的反应敏感程度的影响。分析市场规模既要考虑现有的水平，更要考虑其潜在的发展趋势，如果细分市场现有规模虽然较大，但没有发展潜力，企业进入一段时间后就会缺乏发展的后劲，从而影响企业的长期利益。因此，企业选定的目标市场应该有足够的需求量、一定的购买力以及一定的发展潜力。

（2）企业特征分析。这是指分析企业的资源条件和经营目标是否能与细分市场的需求相吻合。有时候，即使细分市场有相当的规模，但与企业的经营目标不符，企业的资源条件也无法保证，那企业将不得不放弃这个市场。因此，企业应该明确自身的经营目标，明了现有的资源状况及资源潜力，如企业的经营规模、技术水平、管理能力、资金来源、人员素质等，只有这样，才能进入并服务于相应的细分市场，既避免资源不足造成的市场机会损失，也避免资源过剩造成的浪费。

（3）竞争优势分析。这是指分析细分市场上的竞争状况对企业进入市场的影响。如果细分市场上竞争者很少，而且进入障碍不多，对企业而言则是进入该市场的一个好机会，但要防止其他竞争者也看中了这一市场。如果市场上已有了竞争者，但对手实力较弱，竞争不激烈，企业也可以选择该市场作为目标市场。需要慎重考虑的是，竞争非常激烈且对手实力十分雄厚的细分市场，企业要想进入并获得发展就要付出一定的代价。当然，假如企业有一定的实力，而且该市场的前景及规模十分看好，则企业也不妨放手一搏，但必须有足够的准备。

（4）获利状况分析。细分市场所能给企业带来的利润可以说是最后的，但又是最为重要的因素。企业经营的目的最终要落实在利润上，只有有了利润，企业才能生存和发展。因此，细分的子市场应能使企业获得预期的或合理的利润，企业才会选择其为目标市场。

2. 目标市场覆盖模式

企业在选择目标市场时，有5种可供考虑的目标市场覆盖模式，如图6-4所示。

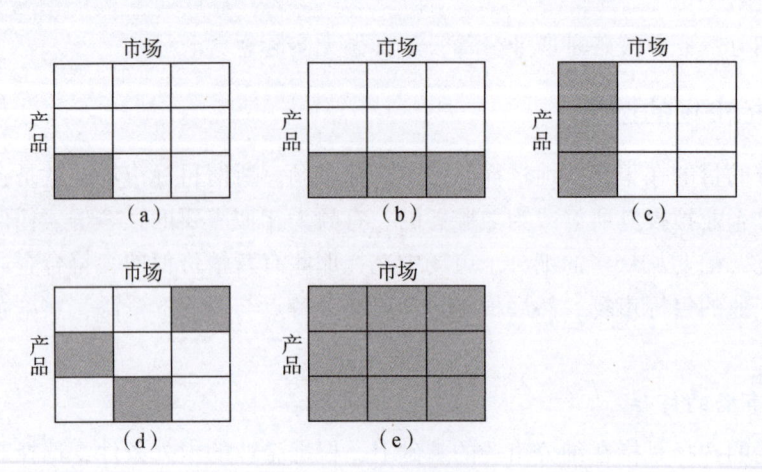

(a) 产品-市场集中化；(b) 产品专业化；(c) 市场专业化；(d) 选择性专业化；(e) 全面覆盖。

图 6-4 目标市场覆盖模式

（1）产品-市场集中化。这是一种最简单的目标市场覆盖模式。即企业只选取一个细分市场，只生产一类产品，供应某个单一的顾客群体，进行集中营销。这种目标市场覆盖模式，尤为适用于现代企业，如娃哈哈、乐百氏公司在开始的时候都是专一生产软饮料，目标市场是儿童市场。选择产品-市场集中化模式一般基于以下考虑：①现代企业具备在该细分市场上从事专业化经营或获胜的优势条件；②现代企业资金有限，只能经营一个细分市场；③该细分市场可能没有竞争对手；④立足该细分市场，获得成功后，再向更多的细分市场扩展。

现代企业通过密集营销，可以更加了解本市场的需要，并树立良好的声誉，在该细分市场建立牢固的市场地位。另外，通过生产、销售和促销的专业化分工，也可以获得相当的经济效益。但是，这一模式毕竟市场过于狭小，长此以往，企业很难获得大规模的发展。所以这是一种容易进入市场的方式，但不是一种长期的发展方式，它只能是现代企业长期发展战略的一部分，或者是现代企业整体发展战略的一部分。

（2）产品专业化。产品专业化即企业集中生产一种产品并向各类顾客销售这种产品。如一家显微镜生产商向大学实验室、政府实验室和企业实验室销售显微镜，公司准备向不同的顾客群体销售不同种类的显微镜，而不去生产这些实验室可能需要的其他仪器。这一方式通常能使企业比较容易地在某一产品领域树立起很高的声誉，而且也有很大的发展空间。如长虹公司一直到 1996 年以后才向彩电以外的项目发展，在这之前都执行了产品专业化策略；可口可乐公司至今仍采用的是产品专业化策略。

（3）市场专业化。市场专业化即企业专门经营满足某一顾客群体需求的各种产品。如企业为实验室生产一系列产品，包括显微镜、示波器、拉力器、化学烧瓶等。这种方式的好处是企业专门为某一顾客群服务，可以在这一顾客群中建立相当广泛的信誉和知名度。市场专业化经营的产品类型众多，能有效地分散经营风险。但由于集中于某类顾客群，当这类顾客的需求下降时，企业也会遇到收益下降的风险。

（4）选择性专业化。选择性专业化即现代企业选取若干个有良好的盈利潜力和结构吸引力且符合企业目标和资源的细分市场作为目标市场，分别针对每个细分市场的需求开展营销活动。其中每个细分市场之间很少有或者根本没有联系。既然每个细分市场都有吸引力,即每个细分市场都可能盈利,这种目标市场选择相对于上述几种方式的优点是分散风险。因为即使在某个细分市场失去吸引力,企业仍然可以在其他市场盈利。采用选择性专业化这一模式的企业应具有相当规模的资源和较强的营销能力。

(5) 全面覆盖。全面覆盖即企业生产多种产品去满足各种顾客群体的需求。只有大公司才能采用全面市场覆盖战略。例如,国际商用机器公司(计算机市场)、通用汽车公司(汽车市场)等。

3. 目标市场营销策略

大企业和小企业都可能就无差异性市场营销、差异性市场营销、集中性市场营销3种目标市场策略做出进一步选择。但一般小企业在实施上述策略的范围、程度和形式上,与大企业应当有所不同。

(1) 无差异性市场营销策略。是指企业把整个市场看作一个大的目标市场,不进行细分,以单一的营销组合手段推出一种产品,试图吸引所有的购买者的策略,如图6-5所示。

图6-5 无差异性市场营销策略示意

这种市场策略认为,所有消费者对这类商品有共同的需求,可以采用同一种价格和同一包装,通过同一分销渠道来推销商品。这种策略比较适合于差别不大的商品和服务。实行无差异性营销策略的典型代表是早期的可口可乐公司,早期的可口可乐公司面向所有的购买者,只生产一种口味的可乐,采用标准的瓶装和统一的广告宣传。这种策略的优点是有利于大规模生产,可以降低生产、储存和运输成本,节省广告宣传、促销、市场调研等费用。其缺点是不能适应复杂多变的市场需要,忽略了市场需求的差异性,易丧失潜在的市场机会。

无差异性市场营销策略在大多数情况下适用于实力雄厚的大企业,要求企业具有产品专利权、规模生产能力、资源优势、广泛的销售渠道、强大的营销能力。但在现实中也不乏小企业实施无差异性市场营销策略取得成功的例子。如一家生产金属垫圈的小企业凭借着低成本优势几乎独占国内金属垫圈市场。

(2) 差异性市场营销策略。差异性市场营销策略是指企业在将整体市场细分后,根据消费者需求的多样性和差异性,生产和销售各种产品,并运用不同的营销组合策略,以满足各类消费者不同需求的一种策略,如图6-6所示。例如,烟台"北极星"牌木钟远销世界40多个国家或地区,除质量优良外,根据用户需要设计新产品,为国外某些城镇用户提供淡雅浅钟壳;为农村用户提供红漆圆头座钟和金色云涛、骏马的雕花铜座钟;为欧美用户提供复古味浓的座钟;为华侨用户提供很有民族气派的木钟;此外,还根据用户需要,设计了连续走时33天的月钟、长形深色大挂钟、双音响座钟、落地钟等9个品种、56个花色式样的木钟。

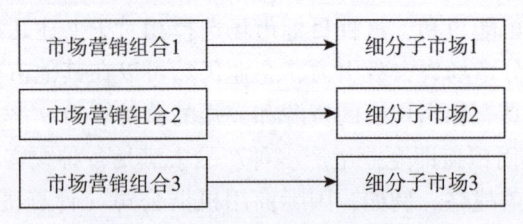

```
市场营销组合1  →  细分子市场1
市场营销组合2  →  细分子市场2
市场营销组合3  →  细分子市场3
```

图 6-6　差异性市场营销策略示意

这种策略的优点是能有效地满足不同消费者的不同需求，增强企业对市场的渗透能力和控制能力，有利于提高企业的市场占有率和竞争力，赢得更多忠诚的顾客群；具有较大的灵活性，有利于降低经营风险。其缺点是使生产组织和营销管理复杂化，增加了生产成本、管理费用和销售费用；要求企业拥有高素质的营销人员、雄厚的财力和技术力量。

差异性市场营销策略在多数情况下适用于那些有较强开发能力和营销能力的大企业。从今后的趋势看，随着生产的发展，人民生活水平的提高，消费者的需求将呈现多样化的特征。为了充分满足各方面的需要，同时也为了提高企业的市场占有率和竞争力，企业将越来越多地实行差异性市场营销策略。小企业在选择差异性市场营销策略时，应注意将市场范围限制于某个特定行业或区域市场内，以便同自己的有限资源相匹配。企业选择多个细分市场时，应分析各个细分市场的关联性。关联性较强，有利于降低生产、存货、分销和促销成本，提高效率和竞争力。制定有效地进入多个细分市场的阶段性计划，有助于提高小企业进入市场的成功率。

（3）集中性市场营销策略。集中性市场营销策略又称为密集性市场营销策略，是指企业在市场细分的基础上，选择一个或少数几个细分市场作为目标市场，并以某种市场营销组合集中满足其消费者需求所采取的营销策略，如图6-7所示。

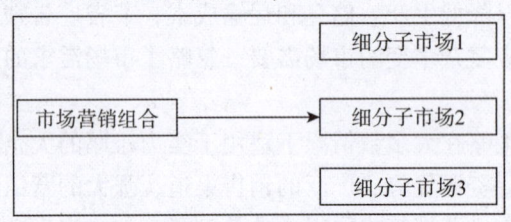

```
                 →  细分子市场1
市场营销组合    →  细分子市场2
                 →  细分子市场3
```

图 6-7　集中性市场营销策略示意

集中性市场营销策略对小企业来说尤其重要。其意义在于小企业能够高度集中人力、物力、财力于自己最为有利的某个市场，不求在整体市场上取得较低的市场占有率，而着眼于在某个特定的细分市场上取得较高的占有率。这种策略的优点是有利于准确把握顾客需求，有针对性地开展营销活动；有利于降低生产成本和营销费用，提高投资收益率。其缺点是经营风险较大。企业把全部优势力量投入比较单一或几个狭窄的目标市场上，一旦市场发生重大变化，企业可能陷入困境。所以小企业在运用这一策略时，一要慎重，二要留有回旋的余地。

这里要解释一下"市场占有率"这个概念。市场占有率指本企业某一时期某种产品的销售量占该产品市场总销售量的百分率。一般来说，该产品的市场占有率越高，其在市场上的地位就越重要。

（4）选择目标市场策略要考虑的因素。选择目标市场策略要考虑以下因素：

①企业实力。这主要指企业的资金、技术、设备、竞争能力、管理水平、员工素质等。如果企业实力雄厚，管理水平较高，根据产品的不同特性，可以考虑采用无差异性市场营销策略或差异性市场营销策略。如果实力有限，适宜采用集中性市场营销策略。多数情况下，小企业选择集中性市场营销策略或小范围的差异性市场营销策略容易取得成功。而大企业选择大范围的差异性市场营销策略或较大市场的集中营销更容易获利。

②产品性质。这主要指产品是否具有同样的品质或性能。对于同质性产品，如汽油、大米、钢铁等，比较适宜采用无差异性市场营销策略。而对于规格复杂，消费者感觉差异较大的产品，如服装、家用电器等，适宜采用差异性市场营销策略或集中性市场营销策略。

③市场特点。这主要指市场上消费者的需要和对企业营销策略的反应。如果企业拟进入的市场，消费者的需求、爱好、购买行为相似，市场具有同质性，企业适宜采用无差异性市场营销策略；反之，则采取差异性市场营销策略或集中性市场营销策略。

④产品生命周期。这主要指企业随着产品生命周期的发展而变更目标市场策略。一般来说，当新产品刚刚进入市场，处于投入期时，企业适宜采用无差异性市场营销策略或集中性市场营销策略；当产品进入成长期和成熟期之后，竞争者纷纷加入，市场需求向深层次发展，企业应增加产品品种，采用差异性市场营销策略，以开辟新的市场，延长产品生命周期；而产品进入衰退期时，企业适宜采用集中性市场营销策略。

⑤竞争对手的市场策略。差异营销常常是战胜无差异营销的有效策略，集中营销则可能使企业在某个细分市场上击败竞争对手。一般来说，当竞争对手实行无差异性市场营销策略时，企业适宜采用差异性市场营销策略或集中性市场营销策略，抢先向市场的深度进军，占领更深层次的细分市场。相反，当竞争对手实行差异性市场营销策略时，企业应当在进一步细分的基础上，开发出更多的新产品，采用差异性市场营销策略或集中性市场营销策略。

三、市场定位

选定了目标市场以后，企业便应考虑如何使自己的产品在市场上树立某种独特的形象，以与竞争者产品相区别，这就是目标市场营销最后成功的关键——市场定位。

1. 市场定位的含义

市场定位，也被称为产品定位或竞争定位。它是由美国的两位广告经理艾尔·里斯（Al Ries）和杰克·特劳特（Jack Trout）于1972年在《广告时代》杂志上发表的题为《定位时代》文章中提出来的。所谓产品定位，是指在企业选定的目标市场上，为了适应消费者心目中某一位置而设计产品和营销组合的行为，即确立产品在市场上的形象。从根本上来讲，产品定位的目的是影响消费者心理，使消费者对企业产品形成一种特殊的偏爱。例如，日本索尼公司在电器方面追求高、精、尖的第一流产品；日立、东芝公司则向着大、全的方面发展；三洋的目标旨在薄利多销，以价廉物美吸引顾客；松下的战略是以消费者的潜在需要作为开发新产品的主要方向。上述几家日本公司在消费者的心目中都有着独特形象，其电器产品在市场上也各有不同的位置。福特公司把它的汽车定为"静悄悄的福特"，这定位既风趣，又耐人寻味，其广告宣传就围绕着"静悄悄"3个字做文章，使人感到乘坐福特汽车安静、舒适，不会受到噪声的干扰，从而增加消费者对福特汽车的好感和购买欲望。此外，福特汽车在不同的国家进行不同的产品定位：在美国强调其经济性、耐久性、安全性，在法国强调其身份与休闲，在德国强调其实用性，在瑞士强调其安全性。

2. 市场定位的方式

产品在市场上进行定位和塑造形象，可以从以下几个方面进行选择：

（1）特色定位。这是指根据具体产品的特色来定位。特色是对产品基本功能以外的增补，而与众不同是对特色的基本要求。例如，丰田节能；大众价廉；沃尔沃安全耐用；德国拜尔发动机强调其性能可靠，被称为"最后仍在行驶的机械"。

（2）利益定位。这是指根据产品所能满足的需求或所提供的利益、解决问题的程度来定位，包括顾客购买本企业产品时追求的利益和购买本企业产品所能获得的附加利益。如"傻瓜"相机的出现使摄影大大简单化，并进入寻常百姓家，此定位就属于利益定位。沃尔玛的天天低价即是对持续为顾客提供低价利益的一种定位明示。

（3）使用者类型定位。这是指根据使用者类型来定位，通过赋予产品与使用者特性相似的特定形象，吸引该类型的使用者注意，并使用本企业的产品。如化妆品，职业女性定位于"自然"，时髦女性定位于"浓烈"，户外活动的女性定位于"淡雅"。宝洁牙膏在丹麦、德国、荷兰强调防治龋齿的效果，而在英国、法国、意大利则强调对牙齿的美容作用。

（4）质量-价格定位。这是指结合对照质量和价格来定位。产品的这两种属性通常是消费者在做出购买决策时最直观和最关注的要素，而且往往是综合考虑的，但这种考虑，不同的消费者会各有侧重。如海尔产品定高价以显示其高质量，树立海尔产品"国内第一流产品"的地位。

（5）"高级俱乐部"定位。这是指企业把自己视作行业最大的几家公司之一。公司如果不能取得第一名或公司具有某种很有意义的属性，便可以宣传说自己是三大公司之一。"三大公司"的概念是由美国第三大汽车公司——克莱斯勒汽车公司提出的（市场上最大的企业不会提出这种概念），其含义是俱乐部的成员都是"最佳"的。如阿文斯公司推出阿文斯小汽车，针对当时独占鳌头的福特公司，它宣传"我们是第二名，我们正在努力"。它巧妙地排除了众多的竞争对手，而又不致激化与福特公司的矛盾。

（6）竞争定位。这是指根据与竞争有关的不同属性或利益来进行定位。如七喜汽水强调其不含咖啡因，定位于"非可乐的软饮料"，新鲜解渴，以区别于可乐型饮料。

3. 市场定位的策略

（1）迎头定位。这是选择与竞争者相同的市场，与其一比高低的定位策略。采用这一定位策略要具备以下条件：

①该市场位置最符合企业的业务实力。
②本企业的资源和产品比竞争者有更多的优势。
③该市场有足够的市场潜量。

（2）避强定位。这是一种避开强有力竞争对手的市场定位策略。即将企业产品定位在目标市场的空缺处，这样可以避开市场的激烈竞争，使企业有一个从容发展的机会。如美国的七喜汽水定位为"非可乐"型饮料，吸引了相当部分的品牌转换者。采用这一定位策略要具备以下条件：

①技术上可行，即有能力生产出符合该市场需要的产品或服务。

②有足够数量的潜在顾客。

（3）转移定位。转移定位又叫重新定位，即指已经初次定位的企业根据市场需求和竞争状况的变化而改变目标市场或扩展目标市场的定位策略。采用转移定位策略的企业可能有两种情况：

①因初次定位失误而不得不重新定位。

②因企业实力增强而扩展目标市场。

竞争是市场经济的基本特性。市场竞争所形成的优胜劣汰，是推动市场经济运行的强制力量，它迫使企业不断研究市场，开发新产品，改进生产技术，更新设备，降低经营成本，提高经营效率和管理水平，获取最佳效益并推动社会的进步。在发达的市场经济条件下，任何企业都处于竞争者的重重包围之中，竞争者的一举一动对企业的营销活动和效果具有决定性的影响。现代企业必须认真研究竞争者的优势与劣势、竞争者的战略和策略，明确自己在竞争中的地位，有的放矢地制定竞争战略，才能在激烈竞争中求得生存和发展。

四、竞争者分析

现代企业要制定正确的竞争战略和策略，就要深入地了解竞争者，主要包括：谁是我们的竞争者，他们的战略和目标是什么，他们的优势与劣势是什么，他们的反应模式是什么，我们应当攻击谁、回避谁等。

1. 识别竞争者

现代企业的现实和潜在竞争者的范围是极其广泛的，如果不能正确地识别，就会患上"竞争者近视症"，企业被潜在竞争者击败的可能性往往大于现实的竞争者。现代企业应当有长远的眼光，要从行业结构和业务范围的角度识别竞争者。

（1）从行业竞争角度识别竞争者。行业是一组提供一种或一类密切替代产品的相互竞争的公司。密切替代产品指具有高度需求交叉弹性的产品。

经济学家认为，行业动态首先决定于需求与供应的基本状况，供求会影响行业结构，行业结构又影响行业的行为，行业的行为决定着行业的绩效。这里主要讨论决定行业结构的主要因素。

决定行业结构的主要因素有：销售商数量及产品差异程度、进入与流动障碍、退出与收缩障碍、成本结构、纵向一体化、企业化经营的程度。

①销售商数量及产品差异程度，其包括以下几种行业结构类型：

a. 完全垄断。这是指在一定地理范围内某一行业只有一家公司供应产品或服务。完全垄断可能是由专利权、许可证、规模经济或其他因素造成的。在西方国家，完全垄断可分为"政府垄断"和"私人垄断"两种。在私人垄断条件下，追求最大利润的垄断者会抬高商品价格，少做或不做广告，并提供最低限度的服务。如果该行业内出现了替代品或紧急竞争危机，垄断者会改善产品和服务作为阻止新竞争者进入的障碍。

b. 完全寡头垄断。完全寡头垄断也称为无差别寡头垄断，指某一行业内少数几家公司提供的产品或服务占据绝大部分市场并且顾客认为各公司产品没有差别，对不同品牌无特殊偏好。寡头企业之间的相互牵制导致每一企业只能按照行业的现行价格水平定价，不能随意变动，竞争的主要手段是改进管理、降低成本、增加服务。

c. 不完全寡头垄断。不完全寡头垄断也称为差别寡头垄断，指某一行业内少数几家公司提供的产品或服务占据绝大部分市场且顾客认为各公司的产品存在差异，对某些品牌形成特殊偏好，其他品牌不能替代。顾客愿意以高于同类产品的价格购买自己所喜爱的品牌，寡头垄断企业对自己经营的受顾客喜爱的品牌产品具有垄断性，可以制定较高价格以增加盈利。

d. 垄断竞争。这是指某一行业内有许多卖主且相互之间的产品有差别，顾客对某些品牌有特殊偏好，不同的卖主以产品的差异性吸引顾客，展开竞争。企业竞争的焦点是扩大本企业品牌与竞争品牌的差异，突出特色。应当注意，产品的差异性有些是客观上存在的，易于用客观手段检测或直观感觉证实；有些则是购买者主观心理上存在的，不易用客观或主观方法加以检测。对于客观上不易造成差别的同质产品或不易用客观和主观手段检测的产品，企业可以运用有效的营销手段（如款式、商标、包装、价格和广告等）在购买者中造成本品牌与竞争品牌的心理差别，强化特色，夺取竞争优势。

e. 完全竞争。这是指某一行业内有许多卖主且相互之间的产品没有差别。完全竞争大多存在于均质产品市场，如食盐、农产品等。买卖双方都只能按照供求关系确定的现行市场价格来买卖商品，都是"价格的接受者"而不是"价格的决定者"。企业竞争战略的焦点是降低成本，增加服务并争取扩大与竞争品牌的差别。

②进入与流动障碍。一般而言，如果某个行业具有高度的利润吸引力，其他企业会设法进入。但是，进入一个行业会遇到许多的障碍，主要有：缺乏足够的资本、未实现规模经济、无专利和许可证、无场地、原料供应不充分、难以找到愿意合作的分销商、产品的市场信誉不易建立等。其中一些障碍是行业本身固有的，另外一些障碍是先期进入并已经垄断市场的企业单独或联合设置的，以维护其市场地位和利益。即使企业进入了某一行业，在向更有吸引力的细分市场流动时，也会遇到流动障碍。各个行业的进入与流动障碍有所不同，例如，进入食品制造业十分容易，进入飞机制造业则极其困难。某个行业的进入与流动障碍高，先期进入的企业就能够获取高于正常水平的利润率，其他企业只能望洋兴叹；某个行业的进入与流动障碍低，其他企业就会纷纷进入，使该行业的平均利润率降低。

③退出与收缩障碍。如果某个行业利润水平低甚至亏损，已进入的企业会主动退出，并将人力、物力和财力转向更有吸引力的行业。但是退出一个行业也会遇到退出障碍，主要有：对顾客、债权人或雇员的法律和道义上的义务，政府限制，过分专业化或设备陈旧造成的资产利用价值低，未发现更有利的市场机会，高度的纵向一体化，感情障碍等。即使不完全退出该行业，仅仅是缩小经营规模，也会遇到收缩障碍。由于存在退出与收缩障碍，许多企业在已经无利可图的时候，只要能够收回可变成本和收回部分固定成本，就会在一个行业内维持经营。它们的存在降低了行业的平均利润率，打算在该行业内继续经营的企业出于自身的利益考虑应设法减少它们的退出障碍，如买下退出者的资产、帮助承担顾客义务等。

④成本结构。在每个行业里从事业务经营所需的成本及成本结构不同。例如，日用品行业所需成本小，而所需分销和促销成本大。企业应把注意力放在最大成本上，在不影响业务发展的前提下减少这些成本。日用品制造商将主要成本用于建立广泛的分销渠道和广告宣传可能比投入生产更有利。

⑤纵向一体化。在许多行业中，实行前向或后向一体化有利于取得竞争优势。农工商联合体从事农产品的生产、加工和销售业务，可以降低成本，控制增值流，还能在各个细分市场中控制价格和成本，使无法实现纵向一体化的企业处于劣势。

⑥企业化经营的程度。有些行业局限于地方经营；有些行业则适宜发展全球经营，可称为全球性行业。在全球性行业从事业务经营，必须开展以全球化为基础的竞争，以实现规模经济和赶上最先进的技术。

（2）从业务范围来识别竞争者。每个现代企业都要根据内部和外部条件确定自身的业务范围并随着实力的增加而扩大业务范围。企业在确定和扩大业务范围时都自觉或不自觉地受一定导向支配，导向不同，竞争者识别和竞争战略就不同。

①产品导向与竞争者识别。产品导向指企业业务范围限定为经营某种定型产品，在不从事或很少从事产品更新的前提下设法寻找和扩大该产品的市场。

现代企业的每项业务包括4个方面的内容：a. 要服务的顾客群；b. 要迎合的顾客需求；c. 满足这些需求的技术；d. 运用这些技术生产出的产品。根据这些内容可知，产品导向指现代企业的产品和技术都是既定的，而购买这种产品的顾客群体和所要迎合的顾客需求却是未定的，有待于寻找和发掘。在产品导向下，现代企业的业务范围扩大是指市场扩大，即顾客增多和要迎合的顾客需求增多，而不是指产品种类增多。

实行产品导向的现代企业仅仅把生产同一品种或规格产品的企业视为竞争对手。产品导向的适用条件是：市场产品供不应求，现有产品不愁销路；企业实力薄弱，无力从事产品更新。当原有产品供过于求而企业又无力开发新产品时，主要营销战略是市场渗透和市场开发。市场渗透是设法增加现有产品在现有市场的销售量，提高市场占有率。市场开发是寻找新的目标市场，用现有产品满足新市场的需求。

②技术导向与竞争者识别。技术导向指企业业务范围限定为经营用现有设备或技术生产出来的产品。此时的业务范围扩大是指运用现有设备和技术或对现有设备和技术加以改进而生产出新的品种。对照现代企业业务的4项内容看，技术导向指现代企业的生产技术类型是确定的，而用这种技术生产出何种产品、服务于哪些顾客群体、满足顾客的何种需求却是未定的，有待于根据市场变化去寻找和发掘。

技术导向把所有使用同一技术、生产同类产品的企业视为竞争对手。适用条件是某具体品种已供过于求，但不同花色品种的同类产品仍然有良好前景。与技术导向相适应的营销战略是产品改革和一体化发展，即对产品的质量、样式、功能和用途加以改革，并利用原有技术生产与原产品处于同一领域的不同阶段的产品。技术导向未把满足同一需要的其他大类产品的生产企业视为竞争对手，易于发生"竞争者近视症"。当满足同一需要的其他行业迅猛发展时，本行业产品就会被淘汰或严重供过于求，继续实行技术导向就难以维持企业生存。

③需要导向与竞争者识别。需要导向指企业业务范围确定为满足顾客的某一需求，并运用可能互不相关的多种技术生产出分属不同大类的产品去满足这一需求。对照现代企业业务范围的4项内容来看，需要导向指所迎合的顾客需要是既定的，而满足这种需要的技术、产品和所服务的顾客群体却随着技术的发展和市场的变化而变化。根据需要导向确定业务范围时，应考虑市场需求和企业实力，避免过窄或过宽，过窄则市场太小，无利可图；过宽则力不能及。

实行需要导向的现代企业把满足顾客同一需要的企业都视为竞争者，而不论它们采用何种技术、提供何种产品。适用条件是市场商品供过于求，企业具有强大的投资能力、运用多种不同技术的能力和经营促销各类产品的能力。如果企业受到自身实力的限制而无法按照需要导向确定业务范围，也要在需要导向指导下密切注视需求变化和来自其他行业的可能的竞争者，在更高的视野上发现机会和避免危险。需要导向的竞争战略是新产业开发，进入与现有产品和技术无关但满足顾客同一需要的行业。

④顾客导向和多元导向。顾客导向指企业业务范围确定为满足某一群体的需要。此时的业务范围扩大指发展与原顾客群体有关但与原有产品、技术和需要可能无关的新业务。对照现代企业业务的4项内容看，顾客导向指现代企业要服务的顾客群体是既定的，但此群体的需要有哪些，满足这些需要的技术和产品是什么，则要根据内部和外部条件加以确定。

顾客导向的适用条件是企业在某类顾客群体中享有盛誉和销售网络有优势，并且能够转移到公司的新增业务上。换句话说，该顾客群体出于对公司的信任和好感而乐于购买公司增加经营的与原产品生产技术上有关或无关的其他产品，公司也能够利用原有的销售渠道促销新产品。顾客导向的优点是能够充分利用企业在原顾客群体的信誉、业务关系或渠道销售其他类型的产品，减少进入市场的障碍，增加企业销售和利润总量。缺点是企业要有丰厚的资金和运用多种技术的能力，并且新增业务若未能获得顾客信任和满意将损害原有产品的声誉和销售。

多元导向指企业通过对各类产品市场需求趋势和获利状况的动态分析确定业务范围，新发展业务可能与原有产品、技术、需要和顾客群体都没有关系。适用条件是企业有雄厚的实力、敏锐的市场洞察力和强大的跨行业经营的能力。多元导向的优点是可以最大限度地发掘和抓住市场机会，撇开原有产品、技术、需要和顾客群体对企业业务发展的束缚；缺点是新增业务若未能获得市场承认将损害原成名产品的声誉。

2. 判定竞争者的战略和目标

（1）判定竞争者的战略。公司最直接的竞争者是那些处于同一行业同一战略群体的公司。战略群体指在某特定行业内推行相同战略的一组企业。战略的差别表现在目标市场、产品档次、性能、技术水平、价格、销售范围等方面。区分战略群体有助于理解以下3个问题：

①不同战略群体的进入与流动障碍不同。例如，某现代企业在产品质量、声誉等方面缺乏优势，则进入低价格、中等成本的战略群体较为容易，而进入高价格、高质量、低成本的战略群体较为困难。

②同一战略群体内的竞争最为激烈。处于同一战略群体的现代企业在目标市场、产品类型、质量、功能、价格、分销渠道和促销战略等方面几乎无差别，任何企业的竞争战略都会受到其他企业的高度关注并在必要时做出强烈反应。

③不同战略群体之间存在现实或潜在的竞争。这是因为：不同战略群体的顾客会有交叉；每个战略群体都试图扩大自己的市场，涉足其他战略群体的领地，这在企业实力相当和流动障碍小的情况下尤其如此。

（2）判定竞争者的目标。竞争者的最终目标是追逐利润，但是每个企业对长期利润和短期利润的重视程度不同，对利润满意水平的看法不同。有的企业追求利润"最大化"目标；有的现代企业追求利润"满足"目标，达到预期水平就不会再付出更多努力。具体的战略目标多种多样，如获利能力、市场占有率、现金流量、成本降低、技术领先、服务领先等，每个企业有不同的侧重点和目标组合。了解竞争者的战略目标及其组合可以判断他们对不同竞争行为的反应。例如，一个以低成本领先为目标的企业对竞争企业在制造过程中的技术突破会做出强烈反应，而对竞争企业增加广告投入则不太在意。美国企业多数按照最大限度扩大短期利润的模式经营，因为当前经营绩效决定着股东满意度和股票价值；日本企业则主要按照最大限度扩大市场占有率的模式经营，由于贷款利率低，资金成本低，所以对利润的要求也较低，在市场渗透方面显示出更大的耐心。竞争者的目标由多种因素确定，包括企业的规模、历史、经营管理状况、经济状况等。

3. 评估竞争者的实力和反应

(1) 评估竞争者的优势与劣势。竞争者能否执行和实现战略目标，取决于资源和能力。评估竞争者可分为以下3步：

①收集信息。收集竞争者的信息主要包括销售量、市场份额、心理份额、情感份额、毛利、投资报酬率、现金流量、设备能力利用等。其中，心理份额是指回答"举出这个行业中你首先想到的一家公司"这个问题时，提名竞争者的顾客在全部顾客中的比例。情感份额是指回答"举出你最喜欢购买其产品的一家公司"这一问题时，提名竞争者的顾客在全部顾客中的比例。收集信息的方法是查找二手资料和向顾客、供应商及中间商调研得到第一手资料。

②分析评价。根据所得资料综合分析竞争者的优势与劣势。

③优胜基准。这是指找出竞争者在管理和营销方面的最好做法作为基准，然后加以模仿、组合和改进，力争超过竞争者。优胜基准的步骤为：a. 确定优胜基准项目；b. 确定衡量关键绩效的变量；c. 确定最佳级别的竞争者；d. 衡量最佳级别竞争者的绩效；e. 衡量公司绩效；f. 制订缩小差距的计划和行动；g. 执行和监测结果。

(2) 评估竞争者的反应模式。了解竞争者的经营哲学、内在文化、主导信念和心理状态可以预测它对各种竞争行为的反应。竞争中常见的反应类型有以下4种：

①从容型竞争者。这是指对某些特定的攻击行为没有迅速反应或强烈反应。可能原因是：认为顾客忠诚度高，不会转移购买；认为该行为不会产生大的效果；缺乏做出反应所必需的资金条件等。

②选择型竞争者。这是指只对某些类型的攻击做出反应，而对其他类型的攻击无动于衷。例如，对降价行为做出针锋相对的回击，而对增加广告费用则不做反应。了解竞争者会在哪些方面做出反应，有利于企业选择最为可行的攻击类型。

③凶狠型竞争者。这是指对所有的攻击行为都做出迅速而强烈的反应。这类竞争者意在警告其他企业最好停止任何攻击。

④随机型竞争者。这是指对竞争者攻击的反应具有随机性，有无反应和反应强弱无法根据其以往的情况加以预测。许多小企业往往是随机型的竞争者。

五、企业的一般竞争战略

1. 企业的一般竞争战略概述

制定竞争战略的本质在于把某企业与其所处的环境联系起来，而厂商环境的关键方面在于某企业的相关行业、行业结构，它们对竞争者战略的选择有强烈影响。所谓行业，是指生产彼此可密切替代的产品的厂商群。行业内部的竞争状态取决于5种基本的竞争威胁，即细分市场内激烈竞争的威胁、新竞争者的威胁、替代产品的威胁、买方的讨价还价能力、供应方的讨价还价能力。

（1）细分市场内激烈竞争的威胁。如果某个细分市场已经有了众多的、强大的或者竞争意识强烈的竞争者，那么，该细分市场就会失去吸引力。如果该细分市场处于稳定或者衰退状态，生产能力不断扩大，固定成本过高，撤出市场的壁垒过高，竞争者投资很大，那么，情况就会更糟。这些情况常常会导致价格战、广告争夺战，并使参与竞争的企业付出高昂的代价。

（2）新竞争者的威胁。某个细分市场的吸引力随其进退难易的程度而有所区别。根据行业利润的观点，最有吸引力的细分市场应该是进入的壁垒高、退出的壁垒低。

在这样的细分市场里，新的企业很难打入，但经营不善的企业可以安然撤退。如果细分市场进入和退出的壁垒都高，那么，这里的利润潜量就大，但往往也伴随较大的风险，因为经营不善的企业难以撤退，必须坚持到底。如果细分市场进入和退出的壁垒都较低，企业便可以进退自如，获得的报酬虽然稳定，但不高。最坏的情况是进入细分市场的壁垒较低，而退出的壁垒却很高。于是在经济良好时，大家蜂拥而入，但在经济萧条时，却很难退出。其结果是大家都生产能力过剩，收入下降。

（3）替代产品的威胁。如果某个细分市场存在着替代产品或者有潜在替代产品，那么，该细分市场就会失去吸引力。替代产品会限制细分市场内价格和利润的增长，企业应密切关注替代产品的价格趋向。如果在这些替代产品行业中技术有所发展，或者竞争日趋激烈，这个细分市场的价格和利润就可能会下降。

（4）购买者讨价还价能力加强的威胁。如果某个细分市场中购买者的讨价还价能力很强或正在加强，则该细分市场就没有吸引力。购买者便会设法压低价格，对产品质量和服务提出更高的要求，并且使竞争者加剧竞争，所有这些都会使销售商的利润受到损失。如果购买者比较集中或有组织，或者该产品在购买者的成本中占较大比重，或者产品无法实行差别化，或者顾客的转换成本较低，或者由于购买者的利益较低而对价格敏感，或者顾客能够向后实行联合，那么，购买者的讨价还价能力就会加强。销售商为了保护自己，可选择议价能力最弱或者转换销售商能力最弱的购买者。较好的防卫方法是提供顾客无法拒绝的优质产品供应市场。

（5）供应商讨价还价能力加强的威胁。如果企业的供应商——原材料和设备供应商、公用事业、银行等，能够提价或者降低产品和服务的质量，或减少供应数量，那么，该企业所在的细分市场就会没有吸引力。如果供应商集中或有组织，或者替代产品少，或者供应的产品是重要的投入要素，或者转换成本高，或者供应商可以向前实行联合，那么，供应商的讨价还价能力就会较强大。因此，应与供应商建立良好关系和开拓多种供应渠道。

为了长期形成与这5种竞争威胁相抗衡的防御地位，而且能在行业中超过所有的竞争者，企业可选择互相有内在联系的一般竞争战略，即成本领先战略、差异化战略和集中性战略。

2. 成本领先战略

（1）成本领先战略的含义。成本领先战略是指通过有效途径，使企业的全部成本低于竞争对手的成本，以获得同行业平均水平以上的利润。实现成本领先战略需要有一整套具体政策，即要有高效率的设备以及降低研究开发、服务、销售、广告等方面成本的措施。

(2) 成本领先战略的优点。只要成本低，企业即使面对强大的竞争对手，也还可以在本行业中获得竞争优势。这是因为：

①在与竞争对手的斗争中，企业由于成本低，具有进行价格战的良好条件，即使竞争对手在竞争中处于不能获得利润、只能保本的情况下，本企业仍可获利。

②在面对强有力的购买者要求降低产品价格的压力时，处于低成本的企业仍可以有较好的收益。

③在争取供应商的斗争中，由于企业的成本低，相对于竞争对手具有较大的对原材料、零部件价格上涨的承受能力，能够在较大的边际利润范围内承受各种不稳定经济因素所带来的影响；同时，由于低成本企业对原材料或零部件的需求量一般较大，因而为获得廉价的原材料或零部件提供了可能，这也便于和供应商建立稳定的协作关系。

④在与潜在进入者的斗争中，那些形成低成本的因素常常使企业在规模经济或成本优势方面形成进入障碍，削弱新进入者对低成本者的进入威胁。

⑤在与替代品的斗争中，低成本企业可用削减价格的办法稳定现有顾客的需求，使之不被替代产品所替代。当然，如果企业要较长时间地巩固企业的现有竞争地位，还必须在产品及市场上有所创新。

(3) 成本领先战略的缺点。

①投资较大。企业必须具备先进的生产设备，才能高效率地进行生产，以保持较高的劳动生产率。同时，在进攻型定价以及为提高市场占有率而形成的投产亏损等方面也需进行大量的预先投资。

②技术变革会导致生产工艺和技术的突破，使企业过去大量投资和由此产生的高效率突然丧失优势，并给竞争对手造成以更低成本进入的机会。

③将过多的注意力集中在生产成本上，可能导致企业忽视顾客需求特性和需求趋势的变化以及忽视顾客对产品差异的兴趣。

④由于企业集中大量投资于现有技术及现有设备上，提高了退出障碍，因而对新技术的采用以及技术创新反应迟钝，甚至采取排斥态度。

(4) 成本领先战略的适用条件。低成本战略是一种重要的竞争战略，但是它也有一定的适用范围。当具备以下条件时，采用成本领先战略会更有效力：

①市场需求具有较大的价格弹性。

②本行业的企业大多生产标准化产品，从而使价格竞争决定企业的市场地位。

③实现产品差异化的途径很少。

④多数客户以相同的方式使用产品。

⑤用户从一个销售商改变为另一个销售商时，不会发生转换成本，因而特别倾向于购买价格最优惠的产品。

3. 差异化战略

(1) 差异化战略的含义。所谓差异化战略，是指为使企业产品与对手产品有明显的区别、形成与众不同的特点而采取的战略。差异化有利于扩大企业品牌和产品的知名度，强化顾客的品牌忠诚度。企业如果要有效地实行差异化战略必须注意以下几点：

①品牌知名度的扩大有利于促使老顾客重复购买，并且可以促使潜在顾客使用本企业

的产品。

②品牌知名度的提升有利于企业降低推广新产品的成本,或者减少新产品推广失败所带来的对品牌的损伤。

③差异化要能够促使顾客更加关注产品的个性和特色,而忽视价格的重要性。

④差异化要有利于提升企业形象。

⑤差异化战略要有利于企业强化创新,从而有利于培养和提升企业的核心能力。

（2）实现差异的途径。实现差异的途径多种多样,主要有以下几种方法:

①产品差异化。产品差异化主要包括:工作质量差异化、产品特色差异化、产品设计差异化。工作质量必须以顾客的需求为起点,以顾客的知觉为终点,如果顾客要求较高的可靠性、耐用性或者高性能,那么,这些要素就构成了顾客眼中的质量。也就是说,企业设计产品必须以顾客的需求为起点,在这一阶段,企业必须多听取顾客的意见。产品质量的优劣必须以顾客的评价为标准。产品特色是指产品基本功能之外的一些增补,它是产品差异化的一个很重要的特点。产品设计是一个综合的因素,决定了产品的特色、性能、稳定性、耐用性等,好的设计要求外表美观、操作简单、使用方便、经久耐用等。

②服务差异化。服务差异化是指企业向顾客提供别具一格的良好服务。服务差异化主要表现在订货方便、交货、安装、客户培训、客户咨询、维修和多种服务上。订货方便是指企业必须使顾客能够方便地向公司订货。交货是指企业必须保证货物准确及时地送达顾客,它包括送货的及时性、准确性。安装是为确保产品在预定地点正常使用而需要做的工作。客户培训是指企业有义务向顾客提供必要的培训,以使其能够方便地使用购买的产品。客户咨询是指卖方无偿或有偿地向买方提供有关资料、信息或提出建议等服务。维修是指企业在产品出现故障的时候,能够向顾客提供必要的修理服务。多种服务是指企业可以为顾客提供的其他方面的服务。例如,企业可以向顾客提供一个比竞争者更好的产品担保和保修合同。

③人员差异化。人员差异化是指因企业比竞争者拥有更为优秀的员工而形成的差异化。

④形象差异化。形象差异化是指企业通过各种不同的途径,创造性地树立企业独一无二的形象。

（3）差异化战略的优点。

①实行差异化战略是利用了顾客对其特色的偏爱和忠诚,由此可以降低对产品的价格敏感性,使企业避开价格竞争,在特定领域形成了独家经营的市场,保持领先。

②顾客对企业（或产品）的忠诚性形成强有力的进入障碍,新进入者要进入该行业需花很大气力去克服这种忠诚性。

③产品差异可以产生较高的边际收益,增强企业对付供应者讨价还价的能力。

④由于购买者别无选择,对价格的敏感度又低,企业可以运用产品差异战略来削弱购买者的讨价还价能力。

⑤由于企业具有特色,赢得了顾客的信任,在特定领域形成独家经营的市场,便可在与替代品的较量中,比其他同类企业处于更有利的地位。

（4）差异化战略的缺点。

①保持产品的差异化往往以高成本为代价,因为企业需要进行广泛的研究开发、产品设计、采用高质量原料和争取顾客支持等工作。

②并非所有的顾客都愿意或能够支付产品差异所形成的较高价格。同时，买主对差异化所支付的额外费用是有一定支付极限的，若超过这一极限，低成本、低价格的企业与高价格差异化产品的企业相比就会显示出竞争力。

③企业要想取得产品差异，有时要放弃获得较高市场占有率的目标，因为它的排他性与高市场占有率是矛盾的。

（5）差异化战略的适用条件。

①有多种使产品或服务差异化的途径，而且这些差异化是被某些用户视为有价值的。

②消费者对产品的需求是不同的。

③奉行差异化战略的竞争对手不多。

以上我们讨论了成本领先战略和产品差异化战略。那么，这两者之间存在什么关系呢？在这两种战略中如何做出选择呢？通过对许多成功企业的调查研究，结果表明，许多成功的企业有一个共同的特点，就是在确定企业竞争战略时都是根据企业内外环境条件，在产品差异化、成本领先战略中选择了一个，从而确定具体目标，采取相应措施而取得成功的。当然，也有一些企业同时采取两种竞争战略而成功，如经营卷烟业的菲利浦·莫里斯公司，依靠高度自动化的生产设备，使生产成本降到很低；同时，它又在商标、销售促进方面进行巨额投资，在产品差异化方面取得成功。但一般来说，不能同时采用这两种战略，因为这两种战略有着不同的管理方式、开发重点和企业经营结构，反映了不同的市场观念。

在同一市场的演进中，常会出现这两种竞争战略循环变换的现象。一般来说，为了竞争及生存的需要，企业往往以产品差异化战略打头，使整个市场的需求动向发生变化，随后其他企业纷纷效仿跟进，使差异化产品逐渐丧失了差异化优势，最后变为标准产品。此时，企业只有采用成本领先战略，努力降低成本，使产品产量达到规模经济，提高市场占有率来获得利润。这时市场也发展成熟，企业之间的竞争趋于激烈。企业要维持竞争优势，就必须通过新产品开发等途径寻求产品差异化，以开始新一轮战略循环。

4. 集中战略

（1）集中战略的含义。集中战略是指企业把经营的重点目标放在某一特定购买者集团，或某种特殊用途的产品，或某一特定地区，来建立企业的竞争优势及其市场地位。由于资源有限，一个企业很难在其产品市场展开全面的竞争，因而需要瞄准一定的重点，以期产生巨大而有效的市场力量。此外，一个企业所具备的不败的竞争优势，也只能在产品市场的一定范围内发挥作用。

集中战略所依据的前提是，厂商能比正在更广泛进行竞争的竞争对手更有效或效率更高地为其狭隘的战略目标服务，结果，厂商或由于更好地满足其特定目标的需要而取得产品差异，或在为该目标的服务中降低了成本，或两者兼而有之。尽管集中战略往往采取成本领先和差异化这两种变化形式，但三者之间仍存在区别，后两者的目的都在于达到其全行业范围内的目标，但整个集中战略却是围绕着一个特定目标而建立起来的。

（2）集中战略的优点。

①经营目标集中，可以集中企业所有资源于一特定战略目标。

②熟悉产品的市场、用户及同行业竞争情况，可以全面把握市场，获取竞争优势。

③由于生产高度专业化，在制造、科研方面可以实现规模效益。

(3) 集中战略的风险。

①以广泛市场为目标的竞争对手，很可能将该目标细分市场纳入其竞争范围，甚至已经在该目标细分市场中竞争，构成对企业的威胁。这时企业要在产品及市场营销各方面保持和加大其差异性，产品的差异性越大，集中战略的维持力越强；需求者差异性越大，集中战略的维持力也越强。

②该行业的其他企业也采用集中战略，或者以更小的细分市场为目标，构成了对企业的威胁。这时选用集中战略的企业要建立防止模仿的障碍，当然其障碍的高低取决于特定的市场细分结构。另外，目标细分市场的规模也会造成对集中战略的威胁，如果细分市场较小，竞争者可能不感兴趣，但如果是在一个新兴的、利润不断增长的较大的目标细分市场上也采用集中战略，就会剥夺原实行集中战略的企业的竞争优势。

③如果政治、经济、法律、文化等环境发生变化，或者技术的突破和创新等多方面原因引起替代品出现或消费者偏好发生变化，导致市场结构性变化，此时，集中战略的优势也将随之消失。

六、在市场中处于不同地位的企业的竞争战略

每个企业都要依据自己的目标、资源和环境，以及在目标市场上的地位，来制定竞争战略。即使在同一企业中，不同的业务、不同的产品也有不同要求，不可强求一律。因此，企业应当首先确定自己在目标市场上的竞争地位，然后根据自己的市场定位选择适当的营销战略和策略。企业在市场中的竞争地位有多种分类方法，根据企业在目标市场上所起的领导、挑战、跟随或拾遗补阙的作用，可以将企业分为市场领导者、市场挑战者、市场跟随者和市场利基者4种类型。

1. 市场领导者

(1) 市场领导者的含义。所谓市场领导者，是指在相关产品的市场上市场占有率最高的企业。一般来说，大多数行业都有一家企业被公认为市场领导者，它在价格调整、新产品开发、渠道覆盖和促销力量方面处于主导地位。它是市场竞争的导向者，也是竞争者挑战、效仿或回避的对象。这些市场领导者的地位是在竞争中自然形成的，但不是固定不变的。如果它没有获得法定的特许权，必然会面临着竞争者的挑战。因此，企业必须随时保持警惕并采取适当的措施。

(2) 市场领导者战略。一般来说，市场领导者为了维护自己的优势，保持自己的领导地位，通常可采取3种战略：一是设法扩大整个市场需求；二是采取有效的防守措施和攻击战术，保护现有的市场占有率；三是在市场规模保持不变的情况下，进一步扩大市场占有率。

①扩大市场需求总量。一般来说，当一种产品的市场需求总量扩大时，受益最大的是处于市场领导地位的企业。因此，市场领导者应努力从以下3个方面扩大市场需求量：

a. 发掘新的使用者。每一种产品都有吸引顾客的潜力，因为有些顾客或者不知道这种产品，或者因为其价格不合适，或者产品缺乏某些特点等而不想购买这种产品。此时，企业可以采取市场渗透策略、新市场策略、地理扩张策略来发掘新的使用者。

b. 寻找新用途。这是指设法找出产品的新用法和新用途以增加销售。比如，食品生产者常常在包装上印制多种食用或烹制方法。产品的许多新用途往往是顾客在使用中发现

的，企业应及时了解和推广这些用途。美国的小苏打制造厂阿哈默公司发现有些顾客把小苏打当作冰箱除臭剂使用，就开展了大规模的广告活动宣传这种用途，使得美国很多家庭把装有小苏打的开口盒子放进了冰箱。

c. 增加使用量。一是劝告消费者提高使用频率。企业应设法使顾客更频繁地使用产品，例如，果汁营销人员应说服人们不仅在待客时才饮用果汁，平时也要饮用果汁以增加维生素；二是促使消费者增加每次使用量。例如，有的调味品制造商将调味品瓶盖上的小孔略微扩大，销售量就明显增加了。

②保护市场占有率。处于市场领导地位的企业，在努力扩大整个市场规模时，必须注意保护自己现有的业务，防备竞争者的攻击。市场领导者如何防御竞争者的进攻呢？最有建设意义的答案是不断创新。领导者不能满足于现状，必须在产品创新、提高服务水平和降低成本等方面，真正处于该行业的领先地位；另外，应该在不断提高服务质量的同时，抓住对方的弱点主动出击。

市场领导者即使不发动进攻，至少也应保护其所有战线，不能有任何疏漏。堵塞漏洞要付出很高的代价，随便放弃一个产品或细分市场，"机会损失"可能更大。由于资源有限，领导者不可能保持它在整个市场上的所有阵地，因此，它必须善于准确地辨认哪些是值得耗资防守的阵地，哪些是可以放弃而不会招致风险的阵地，以便集中使用防御力量。防御策略的目标是要减少受到攻击的可能性，将攻击转移到威胁较小的地带，并削弱其攻势。具体来说，有以下 6 种防御策略可供市场领导者选择：

a. 阵地防御。这是指围绕企业目前的主要产品和业务建立牢固的防线，根据竞争者在产品、价格、渠道和促销方面可能采取的进攻战略而制定自己的预防性营销战略，并在竞争者发起进攻时坚守原有的产品和业务阵地。阵地防御是防御的基本形式，是静态的防御，在许多情况下是有效的、必要的，但是单纯依赖这种防御则是一种"市场营销近视症"。企业更重要的任务是技术更新、新产品开发和扩展业务领域。

b. 侧翼防御。这是指企业在自己主阵地的侧翼建立辅助阵地以保卫自己的周边和前沿，并在必要时作为反攻基地。超级市场在食品和日用品市场占据统治地位，但是在食品方面受到以快捷、方便为特征的快餐业的蚕食，在日用品方面受到以廉价为特征的折扣商店的攻击。为此，超级市场提供广泛的、货源充足的冷冻食品和速食品以抵御快餐业的蚕食，推广廉价的小品牌商品并在城郊和居民区开设新店以击退折扣商店的进攻。

c. 以攻为守。这是指在竞争对手尚未构成严重威胁或在向本企业采取进攻行动前抢先发起攻击以削弱或挫败竞争对手。这是一种先发制人的防御，公司应正确地判断何时发起进攻效果最佳，以免贻误战机。有的公司在竞争对手的市场份额接近于某一水平而危及自己市场地位时发起进攻，有的公司在竞争对手推出新产品或推出重大促销活动前抢先发动进攻，如推出自己的新产品、宣布新产品开发计划或开展大张旗鼓的促销活动，压倒竞争者。公司先发制人的方式多种多样，如"游击战"，这儿打击一个对手，那儿打击一个对手，使各个对手疲于奔命，忙于招架；展开全面进攻；持续性地打价格战，使未取得规模效益的竞争者陷于困境；开展心理战，警告对手自己将采取某种打击措施而实际上并不付诸实施。

d. 反击防御。这是指市场领导者受到竞争者攻击后采取反击措施。要注意选择反击的时机，可以迅速反击，也可以延迟反击。如果竞争者的攻击行动并未造成本公司市场份额迅速下降，可采取延迟反击，在弄清竞争者发动攻击的意图、战略、效果和其薄弱环节后再实施反击。反击战略主要有：第一，正面反击。即与对手采取相同的竞争措施，迎击对方的正面进攻。如果对手开展大幅降价和大规模促销等活动，市场领导者凭借雄厚的资金实力和卓著的品牌声誉，也采取降价和促销活动，可以有效地击退对手；第二，攻击侧翼。即选择对手的薄弱环节加以攻击；第三，钳形攻势。即同时实施正面攻击和侧翼攻击；第四，退却反击。这是指在竞争者发动进攻时我方先从市场退却，避免正面交锋的损失，待竞争者放松进攻或麻痹大意时再发动进攻，收复市场，以较小的代价取得较大的战果；第五，围魏救赵。这是指在对方攻击我方主要市场区域时攻击对方的主要市场区域，迫使对方撤销进攻以保卫自己的大本营。

e. 运动防御。运动防御要求领导者不但要积极防守现有阵地，还要扩展到可作为未来防御和进攻中心的新阵地，它可以使企业在战略上有较多的回旋余地。市场扩展可通过两种方式实现：第一，市场扩大化。这是企业将注意力从目前的产品上转移到有关该产品的基本需要上，并全面研究与开发有关该需要的科学技术。但是市场扩大化必须有一个适当的限度，否则，就违背了两条基本原则，即目标原则和优势集中原则；第二，市场多角化。这是向彼此不相关联的其他行业扩展，实行多角化经营。例如，美国雷诺和菲利浦·莫里斯等烟草公司认识到社会对吸烟的限制正在加强，而纷纷转入酒类、软饮料和冷冻食品等新行业，实行市场多角化经营。

f. 收缩防御。这是指企业主动从实力较弱的领域撤出，将力量集中于实力较强的领域。当企业无法坚守所有的市场领域，并且由于力量过于分散而降低资源效益的时候，可采取这种战略。其优点是在关键领域集中优势力量，增强竞争力。

③扩大市场份额。一般而言，如果单位产品价格不降低且经营成本不增加，企业利润会随着市场份额的扩大而提高。咖啡市场份额的每个百分点价值为4 800万美元，软饮料为12 000万美元。但是，切不可认为市场份额提高就会自动增加利润，还应考虑以下3个因素：

a. 经营成本。许多产品往往有这种现象：当市场份额持续增加而未超出某一限度的时候，企业利润会随着市场份额的提高而提高；当市场份额超过某一限度仍然继续增加时，经营成本的增加速度就大于利润的增加速度，企业利润会随着市场份额的提高而降低。如果出现这种情况，则市场份额应保持在该限度以内。

b. 营销组合。如果企业实行了错误的营销组合战略，如过分地降低商品价格，过高地支出公关费、广告费、渠道拓展费、销售员和营业员奖励费等促销费用，承诺过多的服务项目导致服务费大量增加等，则市场份额的提高反而会造成利润下降。

c. 反垄断法。为了保护自由竞争，防止出现市场垄断，许多国家的法律规定，当某一公司的市场份额超出某一限度时，就要强行地将其分解为若干相互竞争的小公司。如果占据市场领导者地位的公司不想被分解，就要在自己的市场份额接近于临界点时主动加以控制。

2. 市场挑战者

在行业中名列第二的企业称为亚军公司或者追赶公司。例如，软饮料行业的百事可乐公司。这些亚军公司对待当前的竞争形势有两种态度：一种是向市场领导者和其他竞争者发动进攻，以夺取更大的市场占有率，这时它们称为市场挑战者；另一种是维持现状，避免与市场领导者和其他竞争者产生争端，这时它们称为市场追随者。市场挑战者如果要向市场领导者和其他竞争者挑战，首先必须确定自己的战略目标和挑战对象，其次再选择适当的进攻策略。

(1) 明确战略目标和挑战对象。战略目标同进攻对象密切相关，针对不同的对象存在不同的目标。一般来说，挑战者可以选择以下3种类型的公司作为攻击对象：

①攻击市场领导者。这一战略风险很大，但是潜在的收益可能很高。为取得进攻的成功，挑战者要认真调查研究顾客的需要及其不满之处，这些就是市场领导者的弱点和失误。如美国米勒啤酒之所以获得成功，就是因为该公司瞄准了那些想喝"低度"啤酒的消费者为开发重点，而这一市场在以前却被忽视了。此外，通过产品创新，以更好的产品来夺取市场也是可供选择的策略。

②攻击规模相当者。挑战者对一些与自己势均力敌的企业，可选择其中经营不善而发生危机者作为攻击对象，以夺取它们的市场。

③攻击区域性小型企业。一些因经营不善而发生财务困难的地方性小企业，可作为挑战者的攻击对象。

(2) 选择进攻战略。在确定了战略目标和进攻对象之后，挑战者可选择以下5种战略进行进攻：

①正面进攻。正面进攻就是集中兵力向对手的主要市场发动攻击，打击的目标是敌人的强项而不是弱点。这样，胜负便取决于谁的实力更强，谁的耐力更持久，进攻者必须在产品、广告、价格等主要方面大大领先对手，方有可能成功。

正面进攻策略也可采取一种变通形式，最常用的方法是针对竞争对手实行削价，通过在研究开发方面大量投资，降低生产成本，从而以低价格向竞争对手发动进攻。

②侧翼进攻。侧翼进攻就是集中优势力量攻击对手的弱点，有时也可先正面进攻，牵制其防守兵力，再向其侧翼或背面发动猛攻，采取"声东击西"的策略。侧翼进攻可以分为两种：一种是地理性的侧翼进攻，即在全国或全世界寻找对手相对薄弱的地区发动攻击；另一种是细分性侧翼进攻，即寻找市场领导企业尚未很好满足的细分市场。侧翼进攻不是指在两个或更多的公司之间浴血奋战来争夺同一市场，而是要在整个市场上更广泛地满足不同的需求。因此，它最能体现现代市场营销观念，即"发现需求并且满足它们"。同时，侧翼进攻也是一种最有效和最经济的策略，较正面进攻有更多的成功机会。

③围堵进攻。围堵进攻是一种全方位、大规模的进攻，它是在几个战线发动全面攻击，迫使对手在正面、侧翼和后方同时全面防御。进攻者可向市场提供竞争者能供应的一切，甚至比对方还多，使自己提供的产品无法拒绝。当挑战者拥有优于对手的资源，并确信围堵计划的完成足以打垮对手时，这种策略才能奏效。

④迂回进攻。这是一种间接的进攻策略，它避开了对手的现有阵地而迂回进攻。具体办法有3种：a. 研发新产品，实行产品多元化经营；b. 以现在的产品进入新市场，实现市场多元化经营；c. 通过技术创新和产品开发，替换现有产品。例如，美国高露洁公司在面对宝洁公司强大的竞争压力下，就采取了这种策略：加强高露洁公司在海外的领先地位，在国内实行多元化经营，向宝洁没有占领的市场发展，迂回包抄宝洁公司。该公司不断收购纺织品、医药产品、化妆品及运动器材和食品公司，获得了极大成功。

⑤游击进攻。游击进攻主要适用于规模较小、力量较弱的企业，目的在于通过向对方不同地区发动小规模的、间断性的攻击来骚扰对方，使之疲于奔命，最终巩固永久性据点。游击进攻可采取多种方法，包括有选择的降价、突袭式的促销行动等。应该指出的

是，尽管游击进攻可能比正面进攻、围堵进攻、侧翼进攻节省开支，但如果想打倒对手，光靠游击战是不可能达到目的的，还需要发动更强大的攻势。

从以上战略可以看出，市场挑战者的进攻策略是多样的。一个挑战者不可能同时运用所有策略，但也很难仅靠某一种策略取得成功，通常是设计出一套策略组合，通过整体策略来改善自己的市场地位。

3. 市场追随者

市场追随者是指那些在产品、技术、价格、渠道和促销等大多数营销战略上模仿或跟随市场领导者的公司。在很多情况下，市场追随者可让市场领导者和挑战者承担新产品开发、信息收集和市场开发所需的大量经费，自己坐享其成，减少支出和风险，并避免向市场领导者挑战可能带来的重大损失。许多居第二位及以后位次的公司往往选择追随而不是挑战。当然，追随者也应当制定有利于自身发展而不会引起竞争者报复的战略，可分为以下3类：

（1）紧密跟随。这是指在各个细分市场和产品、价格、广告等营销组合战略方面模仿市场领导者，完全不进行任何创新的公司。由于它们是利用市场领导者的投资和营销组合策略去开拓市场，自己跟在后面分一杯羹，故被看作依赖市场领导者而生存的寄生者。有些紧密跟随者甚至发展成为"伪造者"，专门制造赝品。

（2）有距离跟随。这是指在基本方面模仿领导者，但是在包装、广告和价格上又保持一定差异的公司。如果模仿者不对领导者发起挑战，领导者不会介意。在同质产品行业，不同公司的产品相同，服务相近，不易实行差异化战略，这时价格几乎是吸引购买的唯一手段，但价格由于敏感性高，因而随时可能爆发价格大战。正因如此，各公司常常模仿市场领导者，采取较为一致的产品、价格、渠道和促销战略，市场份额保持着高度的稳定性。

（3）选择跟随。这是指在某些方面紧跟市场领导者，在某些方面又自行其是的公司。它们会有选择性地改进领导者的产品、服务和营销战略，避免与领导者正面交锋，选择其他市场销售产品。这种跟随者通过改进并在别的市场壮大实力后有可能成长为挑战者。

虽然追随战略不冒风险，但是也存在明显缺陷。研究表明，市场份额处于第二位及以后位次的公司与第一位的公司在投资报酬率方面有较大的差距。

4. 市场利基者战略

（1）市场利基者的含义与利基市场的特征。几乎每个行业都有小企业，它们专心致力于市场中被大企业忽略的某些细分市场，在这些小市场上通过专业化经营来获取最大限度的收益。这种有利的市场位置就称为"利基"，市场利基者是指专门为规模较小的或大公司不感兴趣的细分市场提供产品和服务的公司。市场利基者的作用是拾遗补阙，见缝插针，虽然其在整体市场上仅占有很少的份额，但是比其他公司更充分地了解和满足某一细分市场的需求，能够通过提供高附加值的产品得到高利润和快速增长。

利基不仅对于小企业有意义，而且对某些大企业中的较小业务部门也有意义，它们也常设法寻找一个或多个既安全又有利的利基。一般来说，一个理想的利基市场具有以下几个特征：

①具有一定的规模和购买力，能够盈利。
②具备发展潜力。
③强大的公司对这一市场不感兴趣。

④本公司具备向这一市场提供优质产品和服务的资源和能力。

⑤本公司在顾客中建立了良好的声誉,能够抵御竞争者入侵。

(2) 市场利基者竞争战略选择。市场利基者发展的关键是实现专业化,主要途径有:

①最终用户专业化。公司可以专门为某一类型的最终用户提供服务。例如,航空食品公司专门为民航公司生产提供给乘客的航空食品。

②垂直专业化。公司可以专门为处于生产与分销循环周期的某些垂直层次提供服务。

③顾客规模专业化。公司可以专门为某一规模(大、中、小)的顾客群服务。市场利基者专门为大公司不重视的小规模顾客群服务。

④特殊顾客专业化。公司可以专门向一个或几个大客户销售产品。如许多小公司只向一家大公司提供其全部产品。

⑤地理市场专业化。公司只在某一地点、地区或范围内经营业务。

⑥产品或产品线专业化。公司只经营某一种产品或某一类产品线。

⑦产品特色专业化。公司专门经营某一种类型的产品或者特色产品。

⑧客户订单专业化。公司专门按客户订单生产特制产品。

⑨质量、价格专业化。公司只在市场的底层或上层经营。

⑩服务专业化。公司向大众提供一种或数种其他公司所没有的服务。

⑪销售渠道专业化。公司只为某类销售渠道提供服务。例如,某家软饮料公司决定只生产大容器包装的软饮料,并且只在加油站出售。

市场利基者是弱小者,面对的主要风险是当竞争者入侵或目标市场的消费习惯变化时有可能陷入绝境。因此,它的主要任务有3项:创造利基市场、扩大利基市场、保护利基市场。

企业在密切注意竞争者的同时不应忽视对顾客的关注,不能单纯强调以竞争者为中心而损害更为重要的以顾客为中心。以竞争者为中心指企业行为完全受竞争者行为支配,逐个跟踪竞争者的行动并迅速做出反应。这种模式的优点是使营销人员保持警惕,注意竞争者的动向;缺点是被竞争者牵着走,缺乏事先规划和明确的目标。以顾客为中心指企业以顾客需求为依据制定营销战略。其优点是能够更好地辨别市场机会,确定目标市场,根据自身条件建立具有长远意义的战略规划;缺点是有可能忽视竞争者的动向和对竞争者的分析。在现代市场中,企业在营销战略的制定过程中既要注意竞争者,也要注意顾客。

职业道德实践

擅自抓取竞争对手数据被判侵权[①]

医药类数据库对公众来说很有价值,比如,药品使用说明书丢了,上网就可以查到药品使用信息,相当方便,也可以给相关医药公司带来巨大流量。因此,医药企业纷纷加强该领域布局,花费巨额成本构建医药类数据库竞争优势。

杭州观澜网络有限公司是知名数字医疗健康科技企业"丁香园"旗下公司,亦是

---

① https://www.163.com/dy/article/I39BG9OP0552IGHJ.html

"用药助手"App 运营者。该 App 收录了数万种药品说明书，可通过商品名、通用名、疾病名称、形状等迅速找到药品说明书内容，数据来自药品生产厂家的说明书等。该公司为上述药品说明书数据的搜集、编辑、录入、核对、分类等付出了大量的人力、物力，并在多年内对其不断进行数据更新、维护和完善，是公司的核心资产和核心竞争力来源。

上海医米信息技术有限公司运营的"医学界医生站"App，提供了与原告药品说明书数据库类似的功能模块，经营与杭州观澜网络有限公司相同的业务，但由于数据库数据有限，与 A 的竞争中处于劣势。为获取竞争优势，上海医米信息技术有限公司通过软件从 A 公司抓取了 3 万多份药品数据。

2020 年 "4·26" 世界知识产权日前夕，杭州观澜网络有限公司向上海市中级人民法院起诉上海医米信息技术有限公司非法获取杭州观澜网络有限公司信息进行不正当竞争。上海市高级人民法院通过官方公众号披露了这一医药领域数据库保护典型案例：擅自抓取其他企业辛苦建设的药品说明书数据库作为自身数据库用于经营的企业，侵权。判令被告上海医米信息技术有限公司应立即停止以不正当的方式使用原告药品说明书数据库，并赔偿原告经济损失 250 万元、其他合理费用 6 万元。

该案作为互联网医疗行业首例被公开认定抓取同业竞争对手数据为不正当竞争的判罚，它为法院裁判类似案时提供了参考。这也对企业合规经营提出了更高的前瞻性要求。

通过以上案例我们应有如下启示：

第一，互联网环境下，网站流量、用户数量及黏性是衡量经营者产品或服务竞争力的重要指标，某项产品或服务即便是免费提供的，但随着用户对产品依赖度的提升，经营者亦可获得后续不断的潜在交易机会及潜在用户，增加平台上其他有偿服务的交易量，意味着相关收益和企业估值的增加。

第二，在"移智大物云"的时代，数据信息产生、获取、存储、使用将变得异常容易，企业通过"技术爬取"手段，擅自获取存在竞争关系的其他企业数据信息的行为适用《中华人民共和国反不正当竞争法》。

第三，企业获取数据，尤其是通过互联网获取数据，要符合相关法律、法规、规章，尤其是新颁布的《信息安全技术健康医疗数据安全指南》(2021.7.1)、《中华人民共和国数据安全法》(2021.9.1)、《中华人民共和国个人信息保护法》(2021.11.1)。

第四，任何公司都需要基于数据信息进行决策，并通过数据信息构建竞争优势，但都要思考数据信息获取应符合商业伦理和法律的问题。

课后习题

一、判断题

（ ）1. 市场细分是将整个市场按照不同的标准划分为不同的部分，以便企业选择其目标市场。

（ ）2. 在进行市场细分时，只需要考虑消费者的需求和偏好。

（ ）3. 市场定位是根据企业自身特点和市场需求，确定企业在市场中的位置的过程。

（ ）4. 成本领先战略的核心是使企业的总成本低于竞争对手的总成本，从而在市场上获得成本优势。

（　　）5. 差异化战略的核心是提供与众不同的产品或服务，从而在市场上获得竞争优势。

二、单选题

1. 市场细分的目的是为了（　　）。
   A. 帮助企业找到目标市场　　B. 增加产品的差异化程度
   C. 提高企业的市场份额　　　D. 降低企业的生产成本

2. 下列哪一项不是市场细分的标准（　　）。
   A. 地理因素　　　　　　　　B. 行业特点
   C. 消费者行为因素　　　　　D. 消费者偏好因素

3. 目标市场选择和市场定位的关系是（　　）。
   A. 目标市场选择是市场定位的基础　　B. 市场定位是目标市场选择的依据
   C. 目标市场选择与市场定位相互独立　D. 目标市场选择与市场定位相互矛盾

4. 以下哪种战略属于竞争性市场营销战略？（　　）
   A. 集中战略　　　　　　　　B. 成本领先战略
   C. 差异化战略　　　　　　　D. 蓝海战略

5. 在成本领先战略中，企业通过什么途径来降低成本？（　　）
   A. 通过提高效率来降低成本　　B. 通过减少研发投入来降低成本
   C. 通过扩大规模来降低成本　　D. 通过降价来提高市场份额

6. 以下哪种说法是正确的？（　　）
   A. 成本领先战略和差异化战略不能同时使用
   B. 集中战略和蓝海战略可以同时使用
   C. 蓝海战略和成本领先战略可以同时使用
   D. 蓝海战略和差异化战略可以同时使用

三、多选题

1. 下列哪些是市场细分的标准？（　　）
   A. 地理因素　　　　　　　　B. 人口因素
   C. 心理因素　　　　　　　　D. 行为因素

2. 市场定位的步骤包括哪些？（　　）
   A. 分析目标市场的竞争环境　　B. 确定目标市场的需求和特点
   C. 选择适当的市场定位策略　　D. 设计并实施营销计划

3. 目标市场选择的策略有哪些？（　　）
   A. 无差异市场营销策略　　　　B. 差异化市场营销策略
   C. 集中市场营销策略　　　　　D. 无目标市场营销策略

4. 市场有效细分的主要条件有（　　）。
   A. 可衡量性　　　　　　　　B. 可进入性
   C. 可盈利性　　　　　　　　D. 可实施性

5. 下列哪些是企业采用成本领先战略的好处？（　　）
   A. 可以获得成本优势　　　　B. 可以提高市场份额
   C. 可以增加企业的利润　　　D. 可以提高顾客忠诚度

6. 在差异化战略中，企业可以通过哪些途径来提供与众不同的产品或服务？（　　）
   A. 通过技术创新来提供独特的产品或服务
   B. 通过品牌塑造来提供独特的产品或服务
   C. 通过客户服务优化来提供独特的产品或服务
   D. 通过价格优惠来提供独特的产品或服务
7. 以下哪些战略属于集中战略？（　　）
   A. 产品集中战略　　　　　　　　B. 市场集中战略
   C. 地区集中战略　　　　　　　　D. 销售渠道集中战略

案例思考与讨论

"快递之王"顺丰的竞争战略

一、顺丰的前世今生

（一）顺丰的前世

1993年，顺丰诞生于广东顺德。2016年12月12日，顺丰速运取得中国证监会批文、获准登陆A股市场。

顺丰系国内领先的快递物流综合服务商，立志于为客户提供一体化的综合物流解决方案。顺丰不仅提供配送端的高质量物流服务，还延伸至价值链前端的产、供、销、配等环节，从客户需求出发，利用大数据分析和云计算技术，为客户提供仓储管理、销售预测、大数据分析、结算管理等一体化的综合物流服务。

顺丰同时还是一家具有网络规模优势的智能物流运营商。顺丰拥有通达国内外的庞大物流网络，是一家具有"天网+地网+信息网"三网合一、可覆盖国内外的综合物流服务运营商。

（二）顺丰的今生

2017年2月24日，顺丰快递正式更名为顺丰控股，股票代码：002352。（顺丰控股档案详见其官网：http：/www.sf-express.com）。

二、顺丰的竞争能力

作为中国物流行业尤其是快递领域的龙头企业，顺丰到底有哪些优势？如今它都有哪些"护城河"？

（一）顺丰的模式

顺丰控股——A股目前首家采用直营模式的快递公司，即由总部对各分支机构实施统一经营、统一管理，在开展业务的范围内统一组织揽收投递、集散处理和中转运输，并根据业务发展的实际需求自主调配网络资源；同时，顺丰控股大量运用信息技术保障全网执行统一规范，建立行业领先的业务信息系统。

相较于加盟经营模式，直营模式对各环节具有绝对控制力，有助于公司战略自上而下始终保持统一，保障公司经营目标的有效达成。

（二）顺丰的产品

作为国内领先的快递物流综合服务商，顺丰已具备为客户提供一体化综合物流解决方案的能力，不仅提供配送端的高质量物流服务，还延伸至价值链前端的产、供、销、配等环节，利用大数据分析和云计算技术，为客户提供仓储管理、销售预测、大数据分析、金融管理等解决方案。

其产品主要包括：时效快递、经济快递、同城配送、仓储服务、国际快递等快递服务，物流普运、重货快运等重货运输服务，以及为食品和医药领域的客户提供冷链运输服务。此外，顺丰控股还提供保价、代收货款等增值服务，以满足客户个性化需求。

（三）顺丰的阵地

顺丰1993年成立以来，每年都要投入巨资完善由公司统一管理的自有服务网络：从中山，到立足珠三角，到布局长三角；从华南先后扩展至华东、华中、华北；从内地延展到香港、台湾地区，直至国外。顺丰从最初的国内快递服务业务不断延伸业务领域，一路开疆拓土，不断开发新的业务细分领域，进军国际物流市场等，其龙头地位越发稳固。从一系列发展布局来看，顺丰一步步不断巩固自身的业务防线，从而建立起了牢固的防御阵地。

1. 打造中国版的"孟菲斯"

面对加盟制快递企业由下方带来的高时效快递件的竞争压力，顺丰也同样采取了行动，并且是更大格局的动作，比如，购买飞机——在湖北鄂州建立起直通全国各地的航空物流核心枢纽，试图打造中国版的"孟菲斯"。这将再次构筑起"护城河"，拉开公司与其他快递企业在效率上的差距。

2016年4月6日，中国民用航空局同意将湖北鄂州作为顺丰机场的运营基地。该项目包括全长3 600米的双跑道货运机场、物流基地和产业园，占地面积达到15～20平方千米，目标是建成亚洲航空货运枢纽之一。该项目建成后，可以起降像波音747这样的远程宽体大飞机。

2017年12月20日，湖北国际物流核心枢纽项目在湖北鄂州开工建设，将为打造全球第四、亚洲第一的航空物流枢纽奠定坚实基础。

2018年2月23日，国务院、中央军委正式发布国函〔2018〕26号文件《国务院、中央军委关于同意新建湖北鄂州民用机场的批复》，同意新建湖北鄂州民用机场。这标志着该项目取得重大进展。

2. 发力产品线四大新业务

由于宏观经济下行，导致商务件需求减少，顺丰在继续升级主营业务的同时也早已在相关高增速行业展开布局，包括冷链物流、跨境电商、重货快运、城际配送这四大处于高速增长及快速整合期的物流行业。

（1）冷链物流一路高歌猛进。2012年，自顺丰优选上线开始，顺丰就在做冷链物流的尝试。2014年11月，顺丰成立了冷运事业部。如今，顺丰在多个生鲜品类的业务上处于领先地位。顺丰冷运官方微信2017年10月24日的数据显示，顺丰冷运食品服务产品有冷运到家、冷运到店、冷运专车、冷运仓储、冷运零担、生鲜速配、大闸蟹专递。

2018年3月13日，中国证券报消息称顺丰控股与夏晖公司就成立合资公司达成协议，双方将携手打造一家冷链物流公司。其中，该公司将经营夏晖公司在中国已有的部分业务（包括国内货运管理）。

（2）跨境物流依靠速度取胜。2014年11月17日，国内快递巨头"顺丰"强势介入跨境物流市场，联手荷兰邮政推出"欧洲小包"。这也意味着顺丰正式开始进军国外物流市场,此前,已经上线了专门面向国内跨境B2C电商卖家的有关欧洲快递方面的服务,仅仅需要10个工作日以内的时间就能完成欧盟26国的配送服务。

(3)重货快运满足新的需求。2017年4月,顺丰公司推出了重货快运专线,全国配送3日内抵达。从而打破了以前仅邮寄20千克以下包裹的制约,针对20千克以上的重货全面开放收寄业务,不但对重货的体积和重量没有限制,而且降低了邮费。据了解,顺丰重货分航空重货和陆运重货两种方式。航空件保证配送时效,可在24小时内抵达成都、北京、上海、无锡、苏州、青岛、廊坊、南通8个城市;陆运件一般4~6天抵达。

(4)城际配送不断添新加彩。顺丰内部,不少地方在2015年就开始试点"同城配"业务。2016年8月,顺丰正式入局即刻送,3 000~5 000米的主流"O2O"配送,单人完成收派,即拿即送,一小时送达。

(四)顺丰"护城河"

1. 物流综合解决方案能力

物流综合解决方案能力是行业未来的核心竞争力之一。

经过多年发展,顺丰控股已具备为客户提供全方位综合解决方案的能力。基于顺丰控股及整个顺丰集团在物流、科技、商业、金融等方面的资源能力,顺丰控股面向标杆行业提供端到端的综合物流解决方案,引领企业客户数字化升级供应链。

2. 智慧物流凸显科技实力

在科技实力方面,截至2017年年末,顺丰控股已获得及申报中的专利共有1 004项,其中发明专利有366项。主要的智慧物流项目包括物流无人机、智能设备(智能手持终端、便携式打印机、智能接驳柜)、智慧服务(新微信客户端、扫码寄件、电子运单、智能客服、数据灯塔)、智慧决策(线路规划、业务预测)、智慧地图、智慧包装、机器图像识别、顺丰车联网、智慧云仓、全自动分拣等。

3. 智慧物流网络规模优势

顺丰控股同时还是一家具有网络规模优势的智能物流运营商。

顺丰控股拥有通达国内外的庞大物流网络,包括以全货机+散航+无人机组成的空运"天网",以营业服务网点、中转分拨网点、陆路运输网络、客服呼叫网络、"最后一公里"网络为主组成的"地网",以智能设备、智慧服务、智慧决策、智慧包装、机器图像识别、车联网等组成的"信息网","天网+地网+信息网"三网合一。

三、顺丰的竞争地位

顺丰借壳上市,是2016年中国物流行业的一件大事。中国大型标杆民营物流企业得到资本市场的认可,对于促进中国物流的升级发展,起着绝对积极的作用,亦可视为顺丰巩固其龙头老大地位所采取的竞争战略。可从以下几个角度去解读其价值:

(一)上市是捍卫领导者地位

10年电商快速发展,带动中国快递业的疯狂发展。当电商洗盘过后,电商物流必将面临洗牌,中国快递业也正进入全面的洗盘时期。一线快递顺丰、"三通一达",(中通、圆通、申通、韵达)、EMS的格局已定,二、三线快递面临洗牌是必然的。顺丰借壳上市,是否能拔得头筹,成为资本关注的领头羊,这是顺丰资本化的重要战略,因此,选择此时借壳看似偶然实则必然。

(二)上市是承揽更多的业务

传统的"三通一达"主要以天猫、淘宝电商件为主,随着阿里巴巴投资圆通,对其他

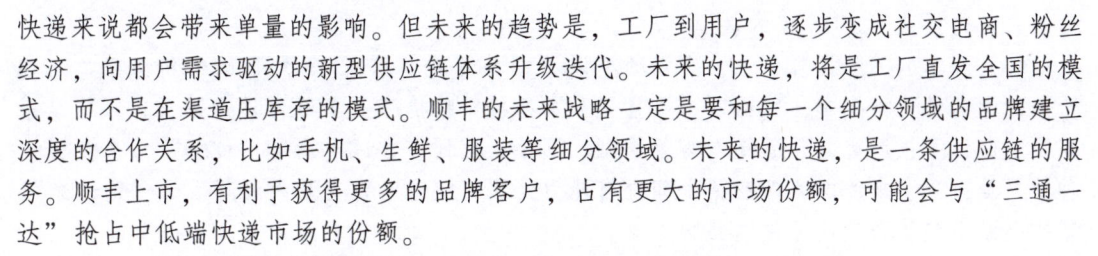

快递来说都会带来单量的影响。但未来的趋势是，工厂到用户，逐步变成社交电商、粉丝经济，向用户需求驱动的新型供应链体系升级迭代。未来的快递，将是工厂直发全国的模式，而不是在渠道压库存的模式。顺丰的未来战略一定是要和每一个细分领域的品牌建立深度的合作关系，比如手机、生鲜、服装等细分领域。未来的快递，是一条供应链的服务。顺丰上市，有利于获得更多的品牌客户，占有更大的市场份额，可能会与"三通一达"抢占中低端快递市场的份额。

（三）上市是提升内部管理

顺丰是一家非常重视企业文化、企业管理体系的公司。但中国的民营物流企业，"基因"方面必须要升级。如果上市，有利于企业内部管理的再一次升级。

（四）上市是借力资本实现更多资源的整合

顺丰上市一方面是对快递网络的升级，另一方面可能会利用资本做投资收购，进一步布局顺丰的商业生态。这比单独靠快递盈利来发展，整合资源和抓住商机更佳。

（五）上市是升级管理层人才

顺丰第一代的高管都是和王卫打江山的人，这些人一定是顺丰的功臣，但现在这个互联网时代，他们的价值可能已经时过境迁。顺丰上市，也是王卫对曾经的功臣给予回报的最佳方式。

总之，顺丰的借壳上市，给中国物流企业带来极大的促进作用。虽然当前作价433亿元，但随着上市的资本化后的各种整合，顺丰很可能在一年左右向千亿元级的市值飙升。这个飙升不是单个企业发展的驱动，而是社会和行业发展的驱动。顺丰未来的路还很长，期待更多的中国物流企业能够获得更多资本的投资。

四、顺丰的竞争现状

10万亿元以上的市场规模、低效的产业环节以及电商业务的高度协同性，令中国电商巨头对改造物流行业充满兴趣[①]。

对于追求独立和富有野心的顺丰而言，一块更大的蛋糕里，是一个更重视运营、资本和创新速度的战场，那里有比通达系更富互联网商战经验的对手。作为中国快递业龙头，顺丰正面临快递业内部竞争以及外部与电商物流和零担龙头跨界竞争。

自2017年2月24日借壳上市以来，顺丰长期保持40倍以上的市盈率，领先全球上市快递公司。2017年其业务量达30.5亿件，同比增长18.3%，但市场份额下降0.5个百分点，引发市场疑虑。2017年上市快递企业的年报及国家邮政局公布的数据显示，中通以62.2亿件业务量占据15.5%的市场份额，位居通达系之首。此外，韵达与百世物流业务量的增速也分别达到46.86%、74.10%。

中国快递市场过去的增长驱动需求来自电商件市场，电商件市场只是维持与GDP持平或略快的增速，所以在结果上体现为"三通一达"市场份额不断上升，顺丰的市场份额不断下降。

但值得顺丰关注的是，通达系内部开始出现差异化，中通、韵达等市场份额增长较快的公司正在加速直营化。而通达系也正在改善过度依赖平价电商件的单一订单来源，存在向高端市场迈进的动机。

面对来自快递业内部的竞争，顺丰采取的策略是加筑在运输时效性的"护城河"，而

---

① 李潇雄，刘一鸣. 巨头物流之战：菜鸟、京东物流和顺丰战事升级 [J]. 财经, 2018 (6).

非反击。这得益于2014年的教训。

华兴资本的一份报告记录，当年顺丰以"同城8元、跨省12元"的低价策略加入通达系的电商件价格战中，试图以高质量服务加低价策略抢夺更多电商件份额，但最终结果却是电商件亏损严重，几近耗光当年盈利。同年，它还在尝试电商和"O2O"业务。另一种结果是，吸引来的电商件业务量却没有能力消化，快递时效甚至大大落后于"通达系"，影响到顺丰整体高端商务件的品牌形象。

由此说明，顺丰高成本的自营模式并不与当时的整体电商环境匹配。次年，顺丰调整策略重回高端路线，抛开"通达系"走向一条几乎没有民营企业竞争对手的道路。

时隔4年后，顺丰显然已经意识到主要对手已变为电商物流，它将科技投入列为2018年重点经营计划之首，同时将"打造物流科技集团"定为战略发展的首要目标。2017年，顺丰在科技方面共计投入16.04亿元，IT人员约3 700人（含外包），其中研发投入11.67亿元，研发人员（含外包）2 800人。

在2017年与菜鸟网络的数据之争后，2018年4月26日顺丰控股公告，与8家供应链企业签署《关于设立超级大数据合资公司之股东协议》。

顺丰的战争不止于主营快递业务、数据和创新技术维度的竞争，还在于它向外开拓的新增业务。顺丰2017年财报显示，顺丰的新增业务包括供应链管理服务（开发中）、重货业务、冷运业务、国际业务、同城业务。

在庞大的物流市场规模中，大宗物流占比最大，整车、零担市场也大于快递市场。零担市场与快递市场在运营逻辑上较为接近，近年来两者边界正在模糊，零担企业与快递企业之间彼此觊觎对方的市场。零担市场龙头德邦物流此前宣布进军快递业。

顺丰控股在2015年正式推出重货运输产品，2017年重货产品合作的大客户主要有尚铭电器、九牧厨卫等；2018年5月12日，顺心捷达正式亮相，这是一家由顺丰与新邦物流合作的以加盟制为主的零担快运公司。

随着快递一线企业的上市，中国快递业的市场集中度正在提高，形成利于快递龙头企业的市场格局。而零担市场规模更大，也更分散，这给了顺丰及通达系等一线快递企业进入的机会。

而另一新增业务冷运和同城业务，则是顺丰直营模式的衍生。直营模式的缺点在于资本开支太高、管理半径不足、管理成本高昂，因此，只能选择高端客户市场。而着重物流服务质量的冷运市场和着重时效性的同城市场，都是最能体现直营模式效率优势的细分市场。

截至2017年年末，顺丰冷运网络覆盖104个城市及周边区域，目前服务于生鲜食品、医药行业。2017年，顺丰冷运业务不含税营业收入达22.95亿元，同比增长59.70%，客户主要包括麦当劳、双汇、顶新以及哈药集团、华润三九、赛诺菲制药、广药集团等。

顺丰从2017年开始布局同城即时配送，全年不含税业务营业收入总计3.66亿元。但在这个细分市场里，顺丰是后来者，它将面临更为复杂的对手环境，包括新零售参与者和"O2O"平台所提供的物流创新解决方案，如达达、点我达、美团点评、饿了么等。

顺丰作为一家靠快递业起家的巨头，曾用高成本、高利润的直营模式在价格战时期甩开同行，拥有行业中网络控制力强、稳定性高、非常独特稀缺的综合性物流网络体系。但它现在所面对的是电商物流的"平台级"玩法，数据、技术等物流产业新要素的较量，它比任何人都更需要盟友和新的增长点，然而却强敌环伺。

五、顺丰的未来之路

相关资料显示，顺丰战略发展方向包括：打造物流科技集团；持续深入构建全方位数字化的行业综合解决方案能力；运用各种合作方式，继续拓展国际化进程；坚持绿色物流，践行社会责任等。

从其2018年重点经营计划也可以看出，打造物流科技集团和构建行业综合解决方案能力已经是顺丰极力强攻的方向。具体包括：

（一）保障传统业务稳定增长

1. 实现物流全过程科技化

通过顺丰科技的有力支撑，实现对物流全流程的科技化，用技术改变物流，借助物联网（IOT）技术，在物流的收派、中转、运输、仓储、包装"最后一公里"等环节实现智能化，打造全数字化的物流体验，构建柔性敏捷的作业体系，实现触手可及的万物互联。

除了保障和支持核心业务以外，顺丰还在无人机、机器人、人工智能、GIS、物联网、大数据等新兴技术领域继续投入资源进行研究和创新，力求构建智慧物流的大脑，提升其"智商"，打造"物流+人工智能"的新业务形态。

2. 优化网点和中转场布局

顺丰利用大数据和人工智能等技术收集与汇聚数据，对数据进行交互智能分析，建立基于数据的、超越传统感知和经验的辅助决策系统，结合区域特性及各类型网点，更合理地整合和布局网点、中转场资源，提高网点及中转场规划的合理性，实现末端服务网点的精准投入，进一步提高区域覆盖率。

3. 持续优化营运线路规划

2018年，顺丰继续利用人工智能和运筹学等算法结合线路规划技术，推广新技术的应用范围至更多的区域和更多的业务范畴，提升中转场流向和分区配载等的匹配度，以提高快件时效和资源效率、降低成本。

在传统业务方面，2018年顺丰将持续聚焦行业特性，基于行业、客群、场景的不同情形，采用科技化、系统化的规划，优化现有产品/服务组合及运营模式，使其更加符合市场需求，并在监控管理可视化的基础上，对产品分行业进行持续优化迭代，提供有质量的差异化产品和服务，牵引传统业务持续稳定增长。

（二）持续提供综合解决方案

1. 重货业务方面

加强重货基础能力建设，拓展重货网络，提高重货业务的运营保障能力。依托科技，加大自动化设备的研发及投入在操作环节的应用，不断提高工作效率和降低员工劳动强度。在能力与效率提高的同时，加大对重货市场及同行业的研究分析，有针对性地在电商大件市场、零担重货市场推出具有市场竞争力的重货新产品，并在客户定制化服务上，持续以"方案+"的形式推出行业解决方案。

2. 冷运业务方面

通过布局科学且运营高效的"RDC+DC"冷仓网络，进一步完善"基于销售地冷仓网、直通产地运输、后端面向门店和消费者的城市配送"的端到端冷链解决方案。此外，通过采取运营模式优化、IT功能系统化和外部资源合作等措施，进一步提高冷运资源作业效能和管理效率，降低内部运营成本，更好地保障端到端冷链解决方案运营与服务，促进冷链业务的快速发展。

3. 医药业务方面

通过"多仓协同+干线运输调度+航空运力补充"逐步建立起全国"T+3"医药物流网络；优化仓干配全链条业务模式和运作流程，进一步提高 $-40\sim25°C$ 温度段精确温控能力，提高资源使用效率和营运质量；继续加强医药冷链设备设施验证管理技术和信息系统管理模式研发和创新；打造顺丰医药供应链服务平台2.0。

4. 国际业务方面

国际业务将随着2018年战略规划、市场方向以及客户需求对国际业务产品体系进行升级优化，提升客户体验。此外，国际业务将锁定2~3个重点行业，并争取与更多海外电商平台建立合作关系。

5. 同城业务方面

加快同城运营网络建设，提高同城网络服务能力；加大智能装备的研发力度与投放，提高作业效率；借助科技手段实现对各操作环节的精确运算；为全行业、全品类企业提供优质的同城即时物流服务。同时，通过新零售店配、SAAS等技术投入，对客户进行新零售赋能，共同促进新零售行业的加速发展。

6. 仓储业务方面

在核心城市建设骨干仓、标杆仓，引入具有核心竞争力的AGV智能引导车、小型分拣机、智能穿梭车、高速提升机等智能化仓储设备，为客户提供电商、食品、医药等全品类、复杂场景下的一站式仓储服务。

(资料来源：《顺丰的魄力和隐忧：自营体系沉重 快运引入加盟模式》，《新京报》2018年5月8日)

思考题：

1. 企业市场竞争战略有哪些？本案例中涉及了哪些内容？除了本案例中涉及的竞争战略以外，顺丰还可以从哪些方面着手保持行业领头羊的位置？

2. 顺丰采取的领导者竞争策略有哪些？这些策略分别起到了哪些作用？

3. 顺丰的市场优势在哪里？与其他快递竞争对手的差别在哪里？针对其他竞争对手，顺丰采取了哪些竞争策略以保住优势地位？

第七章 产品与品牌

学习目标

【知识目标】
➢ 了解产品的整体概念及其营销意义；
➢ 掌握产品组合策略、产品生命周期的阶段及其营销策略；
➢ 熟悉新产品开发的重要性、掌握新产品开发的程序、新产品推广的过程；
➢ 明确品牌与商标的区别，认识品牌和包装在现代企业营销活动中的作用，理解品牌策略。

【能力目标】
➢ 能辨别产品所处生命周期的阶段，并找到相对的策略；
➢ 理解并能够有效运用各种品牌策略、新产品开发策略及包装策略；
➢ 能够应用新产品开发以及产品生命周期理论解决企业营销中实际存在的各种问题。

【素质目标】
➢ 具备良好的职业素养，能够遵守职业道德和规范，具有良好的职业操守和职业道德，树立良好的企业形象和品牌形象；
➢ 让学生在学习的过程中深刻体会中国品牌文化和中国品牌精神，坚定品牌强国的理想信念。

案例导入

2024中国品牌大趋势

2024年是中国经济发展转变的关键一年，中国品牌也面临着转型升级的关键期：资产贬值的趋势是否能得到遏制？企业存在的价值除了吸收就业创造财富，还在于企业本身是否还值钱，在于资产的保值增值，在于企业的现金流是否充沛，以免陷入资产负债表缩水引发的连锁式衰退。品牌作为企业的战略资产价值作用更为彰显，企业只有把品牌做好、做强才更有价值，更能安身立命。品牌是企业最持久的可变现资产，也是小企业发展为大企业的桥梁，把握住新的中国品牌发展的大趋势就显得更加重要。

第一大趋势：中国本土品牌的崛起

中国市场的优势在于制造业的全产业链结构与完善的工业体系。历经40多年的改革开放，中国制造的量与质已今非昔比。从代工服装到制造汽车，从模仿到创新，中国制造已开始摆脱价廉质低的象征。据联合国工业发展组织调查统计，中国是世界上工业门类最齐全的制造大国，按照国际标准工业分类，在22个大类中，中国在7个大类中名列第一；在世界500多种主要工业产品当中，中国有220多种工业品产量居世界第一。

正是伴随着中国制造优势的不断积累与完善，中国许多行业实现了崛起，在家电行业、电动车行业、太阳能光伏、新能源行业都开始领先世界。同时，随着本土意识与文化自信的日益增强，中国消费者对本土品牌的接受度、喜爱度与日俱增，推动着中国品牌无论是在本土消费市场，还是在全球竞争格局当中，都发生着深刻变化。在家电市场，本土品牌已居主导地位，彩电、空调、冰箱、各式小家电，中国家电品牌布满了客厅、厨房、卧室、卫生间，无处不在。在日化行业，中国本土品牌崛起带动着更多消费者越来越青睐本土品牌的美妆产品，甚至出现了溢出效应，对日韩品牌形成了挑战。

第二大趋势：国潮流行

中国品牌的另一大趋势就是国潮的流行。新一代年轻的消费者更潮流时尚，一方面接受着国外的潮流元素，另一方面也更热爱优秀的传统文化。随着国货品牌逐渐摆脱山寨、廉价、劣质的标签，国货美誉度也在不断提升。本土品牌正取得较大的话语权和传播优势，展现出高端化、年轻化、时尚化的升位大趋势。尤其是在年轻一代的消费者更乐于也更善于从中国的文化与历史的因素中寻找国潮元素。他们对国潮的接受度、喜爱度越来越高。在这一大趋势影响下，在提升硬实力的同时，中国也应更加注重软实力的塑造与输出。中国五千年文化的传承为软实力打造提供了坚实的基础，讲好中国故事，才能创新中国品牌。同时，我们也应清醒地看到中国不缺好的IP，我们缺好的故事；我们不缺大熊猫，我们缺功夫熊猫；我们不缺马踏飞燕，我们的马踏飞燕最多做成一个中国旅游的标志，但是没有讲成Hello Kitty的故事。虽然我们拥有无数具有当代性、具有潮流性的国潮资源，但是缺少系统的品牌体系去给全面赋能。

第三大趋势：品牌自信

品牌强则国强，对本土品牌自信力与日俱增，这在年轻消费群体中的表现更为突出，"90后""00后"比"60后""70后"对本土品牌的接受度更强。这种消费心理和消费行为变化的背后，是中国整体消费结构正发生巨大的变化。综合国力和国民整体消费实力有了进一步提升，消费者对本土文化的认同感和自信心增强。当下新生代的消费者就是在这种"本土文化认同"增强的氛围下成长起来的一代，他们随着经济实力提升，逐渐成为新消费的主力人群，快速推动了国潮品牌的年轻化和换代升级。

如今，中国的国货已出现高端化趋势，消费者认同度越来越高，品牌价值也随之提升。很多中国本土品牌也纷纷走向国际舞台，用年轻化形象演绎中式情怀；一众品牌通过各种跨界、联名等方式，或将中国传统文化元素融入创新品牌中，或与国际IP互动，带动中国品牌走向世界。这进一步促进了中国消费者的心态变化，更加青睐本土化设计与国潮风格；消费者追求更高质量的产品和服务成为常态，带动了品牌的升级换代。重新打造品质为先的品牌核心价值，从制造业转至附加值更高的研发与品牌营销与服务，都将拓展巨大的市场空间。

第四大趋势：小众化和分众化

中国品牌的新发展机会也表现于小众化和分众化，更好地满足个性化消费的需求。从消费者方面来看，更多年轻人的消费观从"悦人"转变到"悦己"：品质并不是满身 logo，而是符合自己个性。消费者越来越关注的是自身的感受，小圈层社交和自我愉悦的需求将会持续旺盛。

在新的市场发展环境中，品牌想赚取所有人的钱已经变得越来越困难，只能瞄准一部分人，迎合其喜好，满足其需要。正如经济有周期性波动的内在规律，消费能力与消费偏好也有周期性变动趋势。受制于收入预期与就业形势，许多消费者更加理性，从单纯追求高质高价的大品牌转向物美价廉的平替品牌。移动互联网时代，品牌的垄断力被分散，个性化潮牌、小众品牌、小微品牌、个人品牌纷纷出现。当下正是能出新国货品牌的好时机，从品类思维向小众用户思维转变，满足小众人群的生理、心理需求，就有希望取得事半功倍的效果。例如，咖啡市场星巴克、雀巢与麦氏等传统大品牌的统治地位受到挑战，诞生了瑞幸、库迪、三顿半、小咖主等众多新兴品牌。

也正因如此，在中国经济至关重要的下半场竞争中，我们的 GDP 要变得柔软起来，要变成品牌消费个性化消费。在这个时候，更要善于讲故事。讲故事就是要抓住消费者最感兴趣的地方，抓住他们内心深处最柔软的地方，以情动人，吸引消费者，打动消费者。

（资料来源：节选于新华网，http://www.news.cn/sikepro/20231226/8e08c5cba4504ee3bd145598a94522a7/c.html）

第一节　产品的概念

一、产品的整体概念

研究产品，首先要明确什么是产品，通常人们对产品的理解是指某种具有特定物质形状和用途的劳动生产物。这是产品的狭义概念。

科特勒教授认为，产品是指能提供给市场以满足需要和欲望的任何东西。产品在市场上包括实体商品、服务、人、地点、组织、和主意（如家庭计划、安全驾驶）[1]。

吴世经教授认为，产品是指企业提供给市场，能引起人们注意、获得、使用或消费，用于满足人们某种需要和欲望的一切东西。

吴建安教授认为，产品是通过交换而满足人们需求和欲望的因素或手段。包括提供给市场，能够满足消费者或用户某一需求和欲望的任何有形物品和无形物品。因此，从市场营销角度来说，产品就是满足消费者需要的商品。

产品是指能够通过交换满足消费者或用户某一需求和欲望的任何物品和无形服务，其公式如下：

产品=有形商品+无形服务

---

[1] 菲利普·科特勒. 营销管理［M］. 上海：上海人民出版社，2006.

有形产品例如手机、电脑、手表、咖啡等。无形服务是一种特殊形式的商品，一般由无形的活动、利益或满足感构成，例如，无线通信、酒店等。

此外，还包括产品的品质、特色、款式、商标、包装、商誉以及给购买者提供的利益以及服务等。这种新观念称为现代产品的概念或产品的整体概念。现代市场营销理论认为，产品的整体概念包含5个层次①，如图7-1所示。

1. 核心产品

核心产品是指产品提供给消费者的基本效用和利益。其目的或满足需要，或追求美感，或达到期望。顾客购买某种产品并不是购买产品本身，而是购买产品所具有的使用价值（功能和效用）以及这种使用价值给他们带来的消费利益。例如，消费者购买口红，买的是希望、自信。

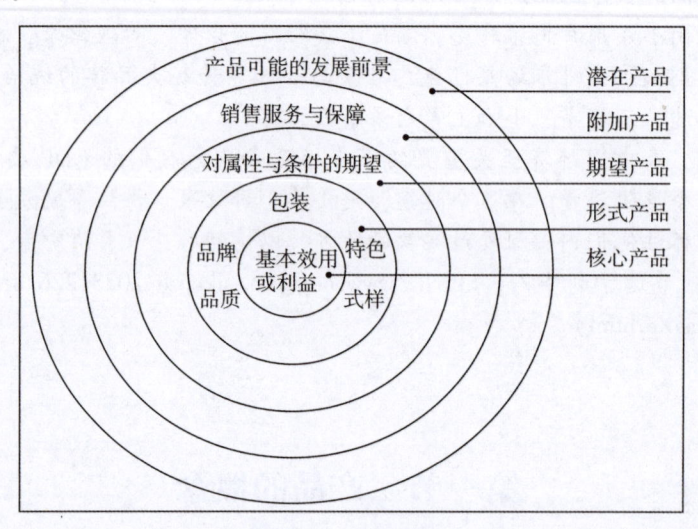

图7-1 产品层次

2. 形式产品

形式产品是产品在市场上出售时的具体形态，通常表现为产品的品质、特色、式样、品牌、包装5个方面。如电视机画面的清晰度、音质的好坏、款式的新颖、品牌的知名度等。形式产品是核心产品的载体。由于形式产品更为直观和形象，更易为消费者所理解，因而也是企业和顾客沟通、表现核心产品的有效工具。企业极其重视对其产品包装、造型、商标的设计和营销组合策略的运用，道理就在于此。

3. 期望产品

期望产品是指消费者购买产品时通常希望和默认的一组属性和条件。这种属性和条件一般是消费者获得产品效用的基本保证。脱离了期望产品，企业将无法完美地将产品效用给予消费者。例如，消费者住旅店大多希望享有干净的床上用品、淋浴设备和安静的环境，这是该产品本身所蕴含的要求，营销人员的工作必须建立在消费者的期望产品得到提供的基础之上。

---

① 菲利普·科特勒. 营销管理 [M]. 上海：上海人民出版社，2006.

4. 附加产品

附加产品是指生产者或销售者为了创造产品的差异化而给予消费者的增加服务和利益。例如，大部分的商家都为顾客提供送货上门、安装等服务。附加产品有转化为期望产品的趋势，当产业内所有的企业都对消费者提供了相同的附加产品之后，附加产品就会被消费者当作理所当然的期望产品看待。

5. 潜在产品

潜在产品是指产品最终可能会带给消费者的全部附加产品和将来会转换的部分。潜在产品能够带给产品足够的差异化形象，给企业的产品带来竞争优势地位。这主要通过提高顾客的满意度来实现。美国营销学者西奥多·李维特认为，未来竞争的关键不在于企业能生产什么产品，而在于其产品所提供的附加价值，如包装、服务、广告、用户咨询、融资、送货、仓储和人们所重视的其他价值。

随着科技的发展，大多数现代企业产品的更新换代能力逐步接近，产品之间的差异缩小，服务竞争的地位将越来越重要。因此，现代企业如果能向顾客提供完善的产品附加利益，就必会在市场竞争中赢得主动。

二、产品整体概念的意义

以上5个层次的结合构成了产品整体概念，它充分体现了以顾客为中心的现代营销观念，这一概念的内涵和外延都是以消费者需求为标准，由消费者的需求来决定的。"整体产品概念"是市场营销理论的重大发展，在现代企业的市场营销活动中有着极其广泛的应用。随着生产力的发展和科学技术的进步，人们的需求日益多样化，产品的整体概念不断扩大，企业不但要提供适应消费者需要的形式产品和核心产品，而且还要提供更多的延伸产品。现代企业只有从产品的整体概念出发来研究产品策略，创造自身产品的特色，才能在市场竞争中立于不败之地。

三、产品和服务的分类

消费品指的是最终用于个人消费的产品和服务，按照消费者的使用方式可以划分为便利品（报纸、牙膏、洗衣粉等）、选购品（汽车、家电、家具等）、特殊品（著名设计师的服装、高档的电子产品）、非渴求品（人寿保险、殡葬服务、献血等）。另外一种是工业品，即买来用于再加工或者商业经营的产品，工业品和服务可以分为材料和零部件（小麦、棉花、木材、电线）、资本项目（工厂、发电机、计算机）、补给品和服务（纸张、油漆、扫帚）。

第二节　产品组合及其相关概念

产品组合（Product Composition）是指企业生产经营的全部产品线和产品项目的组合。产品组合由多条产品线组成，每条产品线由若干产品项目组成。例如，我国第二汽车制造厂生产的某种卡车，是该企业许多产品中的一个产品项目，不同载重量的卡车组成了卡车的产品线。载重卡车、越野车、消防车和小汽车等在内的所有产品，则构成了企业的产品组合。

产品线（Product Line）是指产品组合中的某一产品大类，它是一组密切相关的产品。这些产品或者都能满足某种需要，或者卖给相同的顾客群，或者经由同种商业网点销售，或者同属于一个价格幅度。如宝洁公司的产品大类有洗涤剂、牙膏、肥皂、除臭剂、尿布、咖啡等；苹果公司的产品线有 iPad、iPhone、iMac、Macbook 等。

产品项目（Product Item）是指产品目录上所列出的每一种产品。一种产品的型号、规格、价格、外观等就是一个产品项目。如杭州娃哈哈集团有限公司生产的碳酸饮料系列包括娃哈哈非常可乐、娃哈哈冰红茶、AD 钙奶、娃哈哈纯净水、350 苏打水、格瓦斯、营养快线等产品。

一、产品组合的测量尺度

产品组合的测量尺度有宽度、长度、深度和关联性。

产品组合的宽度又称为广度，是指一个企业拥有产品线的数目。产品线多，它的产品组合的广度就宽，反之则窄。如目前海尔有冰箱、电视、空调、洗衣机、热水器、净水器等产品线。

产品组合的长度是指产品组合中产品项目的总数。如雅芳的产品组合总共包含了 1 300 种产品。产品组合的长度能够反映企业产品在整个市场中覆盖面的大小。

产品组合的深度是指一个企业的每条产品线的产品项目的数目，同一产品线中的品种规格多，它的产品组合的深度就较大；反之，则较小。例如，可口可乐的零度有瓶装、罐装、不同容量等。产品组合的深度通常反映某个产品线的专业化程度。

产品组合的关联性又称为密度。是指各条产品线在最终用途、生产条件、销售方式或其他条件方面相互关联的程度。如通用电气公司产品组合的产品线很多，但是各种产品线都与电气有关，所以它的产品组合关联性大；而同时生产机械设备产品与木工家具的企业其产品组合的关联性就小。

二、产品组合在市场营销战略上的重要意义

（1）企业增加产品组合的宽度，可以使企业的资源得到充分利用，同时，实行多元化经营还可以减少经营风险。

（2）企业增加产品组合的深度，可以迎合广大消费者的不同需要和爱好，以招徕更多顾客。

（3）企业增加产品组合的关联性，可以提高企业在市场上的地位，提高企业在相关行业的声誉。

三、产品组合策略

产品组合策略是指企业根据市场需求特点和企业资源特征，对产品组合的宽度、深度和关联性实行不同的有机组合。现代企业在调整和优化产品组合时，可采取的产品组合策略有以下几种类型：

1. 扩大产品组合

这种策略包括扩大产品组合的宽度和深度，即增加产品线和产品项目，扩展经营范围。当企业预测现有产品线的销售额和利润额在未来一段时间可能下降时，就应考虑在现行产品组合中增加新的产品线，或加强其中有发展潜力的产品线；当企业拟增加产品特色，或为更多的细分市场提供产品时，则可选择在原产品线内增加新的产品项目。一般来说，扩大产品组合，可使企业充分地利用人、财、物资源，分散经营风险，满足顾客多方面的需要，提高综合竞争能力。

2. 缩减产品组合

这种策略是指缩减产品组合的宽度和深度，即减少产品线和产品项目。当市场繁荣时，较长、较宽的产品组合会为企业带来较多的盈利机会，但当市场不景气或原料、能源供应紧张时，减少一些销售困难、获利小甚至亏损的产品线或产品项目，集中力量生产经营市场需求较大、能为企业获取预期利润的产品，能使总利润上升。在以下情况下，企业应考虑适当减少产品项目：已进入衰退期的亏损的产品项目；无力兼顾现有产品项目时，放弃无发展前途的产品项目；当出现市场疲软时，删减一部分次要的产品项目。但这种策略风险性较大，一旦企业生产经营的产品在市场上失利，企业遭受的损失较大。

3. 产品线延伸策略

产品线延伸是针对产品的档次而言，它是指在原有档次的基础上向上、向下或双向延伸。

（1）产品线向下延伸策略。这是指企业在高档产品的产品线中增加低档产品项目。企业采用这一策略可反击竞争对手的进攻、弥补高档产品减销的空缺，以及防止竞争对手乘虚而入。如宝马向下延伸的品牌 MINI Cooper。实行这种策略也有一定的风险，如处理不慎，会影响原有产品特别是名牌产品的形象，可能给人"品牌下滑"的不良印象，也可能刺激竞争对手向高档产品领域渗透，还可能形成内部竞争的局面。为此，企业应在权衡利弊后做出决策。

（2）产品线向上延伸策略。这是指企业在低档产品的产品线中增加高档产品项目。例如，丰田企业向上延伸雷克萨斯，以满足高收入层次的消费者的需要。这一策略具有明显的优点：可获取更丰厚的利润；可作为正面进攻的竞争手段；可提高企业的形象；可完善产品线，满足不同层次消费者的需要。但采用这一策略应具备一定的条件：企业原有的声誉比较高；企业具有向上伸延的足够能力；市场存在对较高档次产品的需求；能应付竞争对手的反击。采用这种策略的企业往往面临激烈的竞争，促使企业营销费用增加，同时，需在消费者中扭转对企业的原有印象。

（3）产品线双向延伸策略。这是指原来生产中档产品的企业同时扩大生产高档和低档的同类产品。采用这种策略的企业主要是为了扩大市场范围，开拓新市场，为更多的顾客服务，增强企业的竞争能力。但应注意，只有在原有中档产品已取得市场优势，而且有足够的资源和能力时，才可选择产品线双向延伸的策略。

第三节　产品生命周期

一、产品生命周期的概念

产品生命周期（Product life Cycle，PLC）是指产品从投入市场开始到最终退出市场的全过程。简言之，就是产品在市场上的寿命。

产品生命周期理论是美国哈佛大学教授雷蒙·弗农（Reymond Vernon）于1966年在其《产品周期中的国际投资与国际贸易》一文中首先提出的。它认为产品像生物一样也有产生、发展和衰落的过程，消费者对产品也有一个从认识、接受到放弃的过程。

这是产品更新换代、推陈出新的客观过程，也是商品市场活动的必然规律。产品生命周期主要是由生产力的发展水平、产品更新换代的速度、消费者的需求状况以及生产经营者之间的竞争状况等因素决定的。在当今时代，科学技术和生产力飞速发展，产品日新月异，产品的生命周期也越来越短。在这种环境下，企业研究产品生命周期有着十分重要的意义。

产品生命周期可分为4个阶段：引入期、成长期、成熟期、衰退期。产品生命周期是以在一定时间内销售量的变化来衡量的，如果以时间为横坐标、以销售量为纵坐标，则产品生命周期曲线可表示为图7-2。

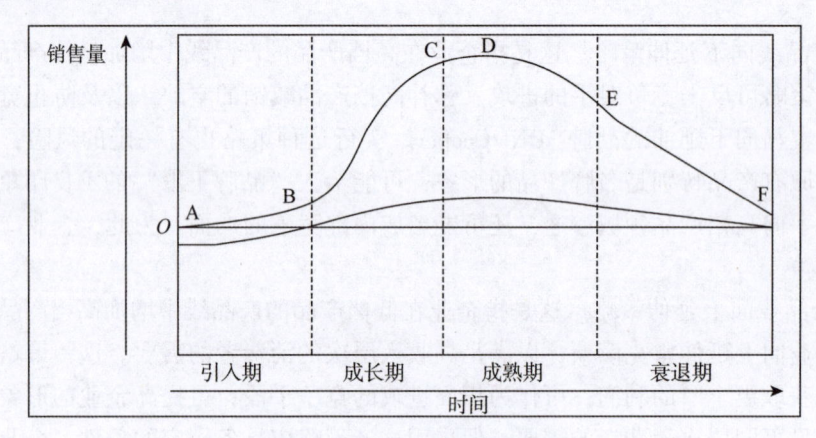

图7-2　产品生命周期曲线

第一阶段AB为引入期（又叫介绍期或导入期），即产品投入市场的初期阶段。这一阶段销售量缓慢上升，利润通常是负数或利润很少。

第二阶段BC为成长期，是产品的销售量和利润迅速增长的时期。

第三阶段CE为成熟期，即销售量和利润额最大的时期。在D点，销售量达到顶点。通常，利润的顶点出现在D点前。

第四阶段EF为衰退期，表明产品已陈旧过时，销售量下降，利润减少或出现亏损。

二、产品种类、产品形式和品牌的生命周期

产品生命周期的内容，因考察的产品标准不同而不同，它可以是一个产品种类、一种产品形式或一种品牌。产品种类是指具有相同功能及用途的所有产品；产品形式是指同一种类产品中，辅助功能、用途或实体销售有差别的不同产品；产品品牌是指企业生产与销售的特定产品。例如，分析冰箱的生命周期，可以是以产品种类冰箱来分析，也可以是以产品形式（单门或双门）来分析，或是以品牌（海尔、松下、西门子等）来分析。

（1）产品种类的生命周期最长。许多产品种类的销售在成熟期是没有期限的，这是因为它们与人口因素变化直接相关，如汽车、冰箱、钢铁等。

（2）产品形式比产品种类更能准确地体现标准的产品生命周期，如纯牛奶和甜牛奶、液态奶与奶粉、纯净水和矿泉水等，它们一般都有规律地经过引入期、成长期、成熟期和衰退期4个阶段。所以我们研究产品生命周期，通常是研究产品形式的生命周期。

（3）产品品牌的生命周期最短，其销售往往表现出不规则的变化。这是因为某种竞争品牌战略和战术的改变，会导致本品牌的销售额和市场占有率上下波动，甚至处于成熟期的品牌出现成长期的情况。

三、产品生命周期的其他形态

典型的产品生命周期曲线呈S形，它是一条经验曲线，只概括表明产品在市场上的一般趋势。同时，它又是一条典型曲线，表示产品在市场上的一般形态。在实际的经济生活中，并非所有的产品生命周期曲线都呈S形，不同的产品，其生命周期曲线也不尽相同。有的产品可能刚投入市场就急速增长；有的产品也可能刚投入市场就夭折了；有的产品可能迟迟进入不了成长期；有的产品也可能即使处在衰退期还在苟延残喘，没有新产品及时接替它等。

（1）循环型。循环型又称"循环-再循环"型，如图7-3（a）所示。如保健产品，当某一种保健品推出时，企业通过大力推销，使产品销售出现第一个高峰，然后销售量下降，于是企业再次发起推销，使产品销售出现第二个高峰。一般来说，第二次高峰的规模和持续时间都小于第一次高峰。

（2）流行型。流行品刚上市时一般只有少数消费者感兴趣，然后随着少数消费者的使用和消费，其他消费者也发生兴趣，纷纷模仿这种流行的领先者；接下来，产品被大众广为接受，进入全面流行阶段，销量大增并推持一定时长的高位；最后，产品缓慢衰退，消费者向另一些吸引他们的流行品转移，销量下降。因此，流行型的特征是成长缓慢，流行后保持一段时间，然后又缓慢下降，如图7-3（b）所示。

（3）时髦型。时髦型产品的生命周期则是快速成长后又快速衰退，其时间较短，如图7-3（c）所示。原因在于时髦型产品只是满足人们一时的好奇心或标新立异，并非人们的必须需求。

（4）扇形型。这种产品生命周期的特征是不断延伸再延伸，如图7-3（d）所示。原因是产品不断创新或发现新的用途、新的市场，因此，有连续不断的生命周期。尼龙的寿命周期就呈扇形型，因为尼龙不仅可作降落伞，还可用来做袜子、衬衫、地毯等，从而使其生命周期一再延伸。

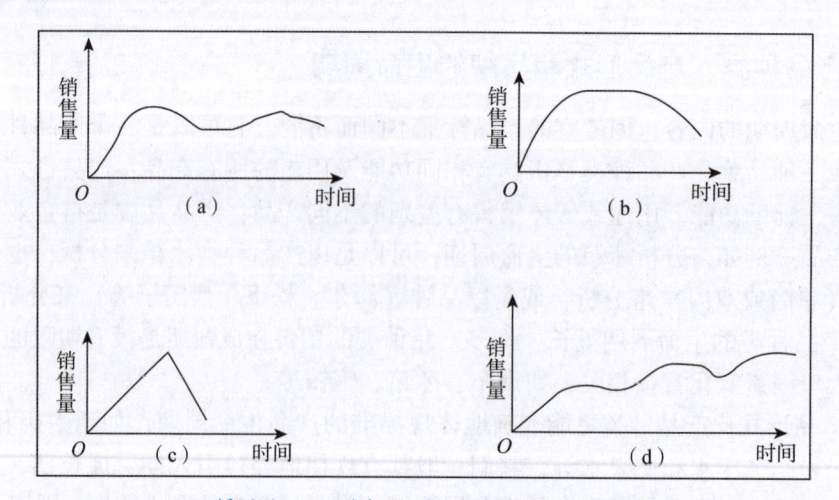

(a) 循环型；(b) 流行型；(c) 时髦型；(d) 扇形型。

图 7-3　几种常见的产品生命周期类型

尽管不同产品的生命周期不尽相同，但为了方便起见，这里讨论的仅是具有代表性的 S 形产品生命周期曲线。

四、产品生命周期各阶段的划分方法

企业在营销过程中，必须经常了解自己的商品正处于生命周期的哪个阶段，以确定相应的营销策略。企业常用的划分方法有以下 3 种：

（1）类比法。类比方法是根据类似产品的发展情况来对比分析，进行判断。如新的平板电脑可以与 iPad、Samsung Galaxy Tab、Microsoft Surface 等进行比较。这些产品在市场上已经建立了强大的品牌认知度和用户基础，可以作为评估新产品前景的参考。使用这种方法应注意相互类比的产品要有可比性，在各自投入市场后的情况要有相似之处。

（2）销售增长率法。这是以某一时期的销售增长率与时间的增长率的比值来划分产品生命周期各个阶段的方法。如以 ΔY 表示销售量的增长率，ΔX 表示时间的增加量（通常按年计算），则：

当 $\Delta Y/\Delta X < 10\%$，产品属于引入期；当 $\Delta Y/\Delta X > 10\%$，产品属于成长期；

当 $\Delta Y/\Delta X$ 在 0.1% ~ 10% 之间，产品属于成熟期；

当 $\Delta Y/\Delta X < 0$，产品属于衰退期。

（3）产品普及率法。按人口平均普及率或家庭平均普及率来分析产品生命周期所处的阶段，则：

当产品普及率<5%，产品属于引入期；

当产品普及率在 5%~0%，产品属于成长期；

当产品普及率在 50%~90%，产品属于成熟期；

当产品普及率在 90% 以上，产品属于衰退期。

五、产品生命周期各个时期的特点与策略

1. 引入期（Introduction Stage）

在引入期，由于新产品刚进入市场，消费者对新产品不了解。因此，在这一时期的特

点为：要进行广告宣传，促销费用高；销售量低，销售增长缓慢，利润少甚至亏本；产品设计未定型，工艺不成熟，批量小，成本高。

企业在引入期的主要营销目标是扩大产品知名度，吸引消费者试用，尽量缩短引入期。在引入期的策略重点是抓一个"准"字。就价格和促销费用来看，企业有4种策略可供选择，如图7-4所示。

	促销费用高	促销费用低
定价高	快速撇脂策略	缓慢撇脂策略
定价低	快速渗透策略	缓慢渗透策略

图7-4　引入期的营销策略

（1）快速撇脂策略，即采用高价格、高促销费用策略，以求迅速扩大销售量，取得较高的市场占有率。采取这种策略必须具备的条件是：大多数潜在消费者不了解该产品；已经了解这种新产品的人急于求购且愿意按高价购买；企业面临潜在竞争者的威胁，亟须使消费者建立对自己产品的品牌偏好。

（2）缓慢撇脂策略，即以高价格、低促销费用推出新产品，以求得到更多的利润。采取这种策略必须具备的条件是：市场规模有限；市场上大多数消费者已熟悉该产品；购买者愿意出高价；潜在竞争威胁不大。

（3）快速渗透策略，即以低价格、高促销费用推出新产品，迅速打入市场，以求取得尽可能多的市场份额。采取这种策略必须具备的条件是：市场容量很大；消费者对这种产品不熟悉，但对价格很敏感；潜在竞争激烈；企业随着生产规模的扩大可以降低单位产品的制造成本。

（4）缓慢渗透策略，即以低价格、低促销费用推出新产品，以达到在市场竞争中以廉取胜、稳步前进的目的。采取这种策略必须具备的条件是：市场容量很大；消费者对该产品已经熟悉，但对价格相当敏感；存在一些潜在竞争者。

2. 成长期（Growth Stage）

在成长期，销售迅速增长，企业利润大量增加；企业生产规模也逐步扩大，产品成本逐步降低；新的竞争者会投入竞争；新的产品特性开始出现，产品市场开始细分，销售渠道增加；企业为维持市场的继续成长，需要保持或稍微增加促销费用，但由于销售的增加，平均促销费用有所下降。

企业在成长期的主要营销目标是提高市场占有率。在成长期，现代企业的策略重点是抓一个"好"字。具体来说，可采取以下营销策略：

（1）改进产品质量，增加特色和式样，在创名牌上下功夫。因为消费者在购买产品时，往往对名牌产品比较敏感。

（2）积极开拓新的细分市场，扩展分销网络，保持老顾客，争取新顾客。

（3）改变广告宣传的重点，由介绍产品转为树立产品形象，培养消费者对产品的信赖与偏爱。

（4）在适当时机，可以采取降价策略或其他有效的定价策略，以吸引一批对价格较敏感的顾客。

3. 成熟期（Maturity Stage）

在成熟期，产品销量增长缓慢，逐步达到最高峰，然后缓慢下降。这时市场已趋于饱和，市场竞争非常激烈，各种品牌、各种款式的同类产品不断出现，推销费用增加，成本开始回升，企业利润逐步下降。

企业在成熟期的主要营销目标是维持市场占有率。在成熟期，现代企业的策略重点是抓一个"改"字。具体来说，可采取以下营销策略：

（1）市场改进策略。即开发新市场，寻求新用户。这种策略通常有以下3种途径：

①进入新的细分市场，从广度和深度上进一步拓展市场。从广度上，开拓新市场，扩充老市场，可以由城市市场向农村市场、国内市场向国外市场拓展。如2024年来自江苏品牌的"国威"电动三轮车出口到美国，获得了成功，"请注意，倒车！"——这甚至成了当地老百姓最先学会的中国话。从深度上，扩大产品的使用面，使原来产品只适应某类消费者转向适应各类消费者使用。例如，强生公司把婴儿使用的洗发精和爽身粉扩大到成年人市场。

②刺激现有顾客，增加产品使用频率。例如，在食品行业，经常采用的方法之一就是在包装上加印多种烹调方法（不同的烹调方法可得到不同的口味）说明，来提高消费者对此食品的兴趣，增加购买数量。

③市场重新定位，寻找有潜在需求的新顾客。如葡萄酒原来只被不常饮酒的顾客饮用，经宣传葡萄酒对健康的好处，一部分嗜酒的顾客也饮用了葡萄酒，从而扩大了市场面。

任何产品的生产和销售都会随着时间的推移而进入饱和阶段。但是，由于地理位置的差别，信息的传播、运输以及消费心理、购买条件的限制，造成许多产品的成熟和饱和往往是相对的。因而，寻找新的市场，无论是开拓国内市场还是国际市场，都是现代企业在产品进入成熟期以后经常采用的成功而有效的方法。

（2）产品改进策略。此策略又称为"产品再推出"策略。整体产品概念的任何一个层次的改良都可视为产品再推出，包括提高产品质量、改进产品特性和款式、为顾客提供新的服务内容等。

①品质改进策略。这主要侧重于增加产品现有功能的效果，如产品的耐用性、可靠性、速度、口味等。

②特性改进策略。这主要侧重于增加产品的新的特性，尤其是扩大产品的多功能性、安全性和方便性。如洗衣机厂商把普通洗衣机改进为具有漂洗、甩干、烘干等多功能的全自动洗衣机。

③式样改进策略。这主要是指产品款式、外观的改变，以提高产品对顾客的吸引力。如美国一家公司了解到日本人喜欢短柄牙刷，刷毛要硬一些，柄上要有洞，便于悬挂，于是改进产品后投入日本市场，很受消费者欢迎。

麦当劳通过不断调整其菜单，推出新的产品，以满足不同地区和不同人群的口味需求。此外，麦当劳还不断优化其服务流程和店面设计，以提高顾客体验。

④服务改进策略。对于许多现代企业来说，良好的服务会促进产品的购买，提高产品的竞争能力。

总之，在产品进入成熟期以后，从总体上说市场需求已趋于饱和。在这种情况下，只有对产品进行不断的改进，使之具有新的功能和新的用途，才能赢得更多的顾客。

(3) 市场营销组合改进策略。该策略是指通过改进定价、分销渠道及促销方式来刺激销售，延长产品成熟期。具体为：

①通过降低价格来吸引顾客，提高竞争能力。
②扩大分销渠道，增加销售网点，促进销售。
③提高促销水平，有效利用广告等宣传工具。

营销组合改进的主要问题是它们容易被竞争者模仿，尤其是减价、附加服务和大量分销渗透等方法。这样，企业不大可能获得预期的利润。因此，现代企业在营销组合措施上，应采取差异性的策略，给处于成熟期的产品以新的创意，使产品重新获得成长的机会。

4. 衰退期（Decline Stage）

在衰退期，产品销量急剧下降；产品已经老化，市场上已有新一代产品来接替老产品，消费者的消费习惯已发生转变；降价、促销手段已不起作用，企业从这种产品中获得的利润很低甚至为零，大量竞争者退出市场。

企业在衰退期的主要营销目标是榨取品牌剩余价值。在衰退期，现代企业的策略重点是抓一个"转"字。具体来说，可采取以下营销策略：

(1) 集中策略。即企业把人力、财力、物力集中到最有利的细分市场和分销渠道上，缩短经营战线，以最有利的市场赢得尽可能多的利润。

(2) 持续策略。即保持原有的细分市场，沿用过去的营销组合策略，把销售维持在一个低水平上，待到适当时机，便停止该产品的经营，退出市场。

(3) 榨取策略。也称为紧缩策略，即大大降低销售费用，如广告费用削减为零、大幅精简推销人员等。这样做销售量有可能会迅速下降，但是可以增加眼前的利润，因而，它通常作为停产前的过渡策略。

(4) 放弃策略。如果企业决定停止生产经营衰退期的产品，应在立即停产还是缓慢停产问题上慎重决策。同时，它必须决定为从前的顾客保留多少零部件库存量和维修服务，以使企业有秩序转向新产品经营。

产品衰退期策略运用的总原则是：极力维持局面，积极发展新产品，同时，有步骤地撤出老产品，使新老产品顺利接替，最大限度地减少企业的损失。

六、产品生命周期理论的总结和应用

1. 产品生命周期的 4 个阶段的特点归纳

产品生命周期的 4 个阶段的特点如表 7-1 所示。

表 7-1　产品生命周期 4 个阶段的特点

阶段特点	引入期	成长期	成熟期	衰退期
销售量	低	剧增	达最大后下降	下降
成本	高	下降	低	低
利润	低或亏损	增长	高	降低
顾客	创新者	早期使用者	大众	落后者
竞争者	极少	逐渐增多	数量稳定开始减少	减少

2. 产品生命周期的市场营销策略归纳

在不同的产品生命周期,应采取不同的市场营销策略,见表7-2。

表7-2 产品生命周期的市场营销策略

目标策略	引入期	成长期	成熟期	衰退期
营销目标	提高产品知晓度	提高市场占有率	维持市场占有率	榨取品牌剩余价值
产品策略	确保产品的基本利益	提高质量、增加服务、扩大产品延伸利益	改进工艺、降低成本、扩大用途	逐步淘汰滞销产品
价格策略	撇脂定价或渗透定价	适当调价	价格竞争	降价或大幅降价
分销策略	建立选择性分销渠道	建立密集广泛的销售渠道	建立密集广泛的销售渠道	逐步淘汰无盈利的分销网点
促销重点	介绍产品	宣传产品	突出企业形象	维护声誉

3. 应用产品生命周期理论要注意的问题

(1) 产品生命周期主要以销售量和利润额的变化进行分析,运用时要综合考虑其他因素,如政策、经济、科技、供求、竞争等。

(2) 产品生命周期曲线是一条经验曲线,只概括表明产品在市场上的一般趋势。

(3) 产品生命周期曲线是一条典型曲线,只表示产品在市场上的一般形态。

(4) 产品生命周期是有区域性的。

(5) 产品使用寿命与产品生命周期是两个不同概念。使用寿命是产品的自然属性,产品生命周期是产品的经济寿命。

第四节 新产品的开发

在科技发展日新月异的今天,现代企业不能以一成不变的产品参与瞬息万变的市场竞争,而必须适时推出新产品,以满足消费者不断变化的消费需求。竞争的加剧以及模仿产品和替代产品的迅速涌现,使得产品的生命周期日益缩短。在这种严峻的态势下,保持现代企业生存和发展的唯一方法就是进行有效的产品开发。

一、新产品的概念与分类

所谓新产品,是指在原理、用途、性能、结构、材质等某一方面或几个方面具有创新或改进的产品。市场营销学中所说的新产品,是从产品的整体概念来理解的。任何产品只要能给顾客带来某种新的利益,就都可以看作是新产品。因此,新产品不一定都是新发明的、从未出现过的产品。

根据产品的创新程度,一般可以把新产品分成以下4类:

（1）全新产品。这是指新发明创造的产品。不论对于市场还是对于企业来说，它都属于新产品。如第一次出现的飞机、汽车、电话等。它是由于存在市场需要或由于科技的进步而开发出来的。在科技高度发达的现代社会，全新产品开发的难度最大，不但需要大量的资金和先进的技术，而且存在很大的风险。一般的企业都不能从事全新产品的开发工作，全新产品大多是实力雄厚的大企业开发出来的。

（2）换代新产品。这是指在原有产品的基础上，部分采用新技术、新材料制成的性能有显著提高的产品。微软公司定期发布新版本的 Windows 操作系统，如 Windows 10、Windows 11 等。这些新版本通常会包含更新的用户界面、改进的性能、更好的安全性以及新的功能和应用程序。

（3）改进新产品。这是指在原有产品基础上采用各种改进技术，对产品的性能、材料、结构、型号等方面进行改进而制成的产品。如在普通牙膏中加入不同物质制成的各种功能的牙膏；在牛奶中加入钙、铁、锌、维生素等不同营养物质制成的各种功能的牛奶。这种新产品的开发难度较小，是企业常用的新产品开发方式。

（4）仿制新产品。又称新牌子产品，是指企业仿造市场上已出现的新产品，标上自己的品牌所形成的产品。从市场竞争和企业经营上看，仿制在新产品开发中是不可避免的，如电冰箱厂、电视机厂从国外引进生产线和技术所生产的仿制产品。由于其仿制难度小，投资少，也易为消费者接受，很多现代企业往往会采取仿制这一方式。但这样做会使市场竞争更加激烈。

这 4 种类型新产品的创新程度由高到低，其中全新产品的创新程度最高，仿制新产品的创新程度最低。一般来说，创新程度越高，其所需要投入的资源就越多，开发的风险也就越大。由于全新产品包含了非常高的成本和风险，因此，大多数现代企业实际上都着力于改进现有产品而不是创造一个全新产品。

二、新产品开发的意义

新产品的研制和开发，无论对一个国家还是对一个企业来说，都具有重要意义。对于现代企业来说，开发新产品有以下几个方面的作用：

（1）开发新产品是企业生存和发展的关键。新产品开发涉及大量的研发投资、市场调研、产品设计、生产及推广等多个环节，任何一个环节的失误都可能导致整个项目的失败。然而，一旦新产品成功上市并获得市场认可，它将为企业带来巨大的经济回报，包括销售额的增长、市场份额的扩大以及品牌价值的提升。德意志银行的研究结果显示，那些在研发上投入更多的企业通常能获得投资人的更高估值。这一定程度反映了市场对那些注重创新、持续研发的企业的积极预期。对于那些为了短期业绩而削减研发经费的企业，其股价在披露业绩后可能会下跌。这进一步证明了研发投入与市场表现之间的正相关关系。

（2）开发新产品是企业利润增长的动力。当前，新产品对企业销售额的贡献已经达到了 27.3%，这意味着企业超过 1/4 的收入来自近 3 年内投放市场的新产品。这充分说明了新产品在推动企业增长方面的关键作用。在一些动态行业中，这一比例甚至高达 100%，这凸显了在这些行业中持续创新的重要性。同时，25.2% 的公司利润来自 3 年内投放市场的新产品，这进一步验证了新产品对企业盈利的贡献。

三、新产品开发的方式

针对不同的新产品以及企业的研究开发能力，可以选择不同的开发方式，一般有以下4种可供选择的开发方式：

(1) 独立研制方式。企业针对现有商品存在的问题，独立研制是企业自主进行新产品开发，依靠自身的技术和资源进行研发。这种方式灵活性高，企业可以全面掌控开发过程，但也面临技术风险和投入成本较高的挑战。华为公司是一个成功的独立研制新产品的典范。例如，华为手机的研发过程中投入了大量资源和人力，华为成功自主研制麒麟9000系列处理芯片，同时，在14纳米及以上制程的EDA自研上也有不俗进展，跻身半导体产业翘楚行列。

(2) 企业与有关院校、机构联合研制。企业与相关院校、科研机构等合作进行新产品开发，共享资源、技术和人才，可以有效降低研发成本，加快研发进度，提高创新能力。丰田汽车与麻省理工学院（MIT）合作开发了一种新型的混合动力系统。通过联合研究，丰田获得了MIT在新能源技术方面的专业知识，加速了新产品的开发和商业化进程。

(3) 实行技术引进。企业通过购买技术许可、引进成熟技术或设备等方式，快速获取先进技术和知识，加速新产品的开发和推广。中国从国外引进了先进的高铁技术，然后结合国内的需求和实际情况，进行本土化改进和研发，持续提升科技自立自强能力，形成了具有自主知识产权的世界先进高铁技术体系。截至2023年年底，从"四纵四横"到"八纵八横"，我国已建成世界最大高铁网，成为世界上高铁运营里程最长、在建规模最大、运营动车组最多、商业运营速度最高的国家。

(4) 独立引进与技术引进相结合。在引进技术充分消化和吸收的基础上，与本企业的科学研究相结合发展新产品，根据自身情况选择适合的技术开发路径。

第五节 品 牌

品牌的英文单词Brand，源出古挪威文Brandr，意思是"烧灼"。人们用这种方式来标记家畜等需要与其他人相区别的私有财产。到了中世纪的欧洲，手工艺匠人用这种打烙印的方法在自己的手工艺品上烙下标记，以便顾客识别产品的产地和生产者。这就产生了最初的商标，并以此为消费者提供担保，同时，向生产者提供法律保护。16世纪早期，蒸馏威士忌酒的生产商将威士忌装入烙有生产者名字的木桶中，以防不法商人偷梁换柱。到了1835年，苏格兰的酿酒者使用了"Old Smuggler"这一品牌，以维护采用特殊蒸馏程序酿制的酒的质量声誉。在《牛津大辞典》里，品牌被解释为"用来证明所有权，作为质量的标志或其他用途"，即用以区别和证明品质。随着时间的推移，商业竞争格局以及零售业形态不断变迁，品牌承载的含义也越来越丰富，甚至形成了专门的研究领域——品牌学。

品牌是用以识别某企业的产品，并使其与其他竞争产品区别开来的商业名称和视觉标志，通常由文字、图形、符号等组成。品牌是一个集合概念，它包括品牌名称（Brandname）和品牌标志（Brandmark）两部分。品牌名称是指品牌中可以用语言称呼的名称，如奥迪、麦当劳、联想等。品牌标志是指品牌中可以被认出、易于记忆但不能用言语称呼的部分，通常由图案、符号或特殊颜色等构成。例如，4个平行两两相交的圆圈就是奥迪的品牌标志。

从实质上讲，品牌不仅传递了产品质量的保证，代表了商家对其顾客长期的利益和服务承诺，还表达了更深层次的含义。

一、品牌与商标

在我国，商标有注册商标和非注册商标之分，统称为商标。商标和品牌是很容易混淆的两个概念，有时可以指相同的事物，但二者又有不同。品牌是泛指产品的牌子，是个市场概念，实质上是品牌使用者对顾客在产品特征、服务和利益等方面的承诺。而商标则是法律术语，它是已获得专用权并受法律保护的品牌或品牌的一部分。有的企业在开展市场营销活动的时候，品牌意识淡薄，产品非常成功，却不知将品牌进行注册，结果被竞争者抢先注册，造成了很大损失。

国际上对商标权的认定，有注册在先和使用在先两种原则，而我国主要是采取注册在先的原则。然而由于历史原因，我国众多企业缺乏法律意识，苦心经营多年的品牌不仅没有在国外注册，在国内也省略了这一程序，结果当然惨不忍睹："红塔山"在国外被人恶意抢注，致使我国红塔山集团的产品被当事国拒于门外；享誉中国的联想品牌也因为"Legend"这个英文标识在国外很多国家已被注册而更改名称。企业如果想要自己的品牌长久延续，必须通过国家许可的方式获得商标专用权，以求得法律保护。增强法律意识，用法律保护自己的品牌或商标，谨防他人假冒、仿冒、恶意抢注自己的商标。

二、品牌设计

品牌设计是品牌管理中不可缺少的组成部分，品牌命名及设计得当，品牌就容易辨认与传播。品牌设计用于表达品牌的内涵，对品牌的防御、生长、繁衍都有着重要影响。心理学的分析结果也印证了这一点：人们凭感觉接受到的外界信息中，83%的印象来自眼睛，11%来自听觉，3.5%来自嗅觉。品牌设计正是对人的视觉满足。世界知名品牌都比较注重品牌的设计与命名，而知名品牌一般都有较为深刻的含义和超越地理界限的能力。因此，品牌命名与设计是品牌管理中的一项基础性工作。

品牌命名是指企业为了能更好地塑造品牌形象、丰富品牌内涵、提升品牌知名度等，遵循一定的命名原则，应用科学、系统的方法提出、评估、最终选择适合品牌的名称的过程。

一个品牌走向市场，参与竞争，首先要弄清自己的目标消费者是谁，并以此目标消费者为对象，通过品牌名称将这一目标对象形象化，并将其形象内涵转化为一种形象价值，从而使这一品牌名称既清晰地告诉市场该产品的目标消费者是谁，同时，又因此品牌名称所转化出来的形象价值而具备一种特殊的营销力。品牌命名的基本原则是：

（1）可记忆性。这是建立品牌资产、形成高水平品牌意识的一个必要条件。所以应当选择那些可记忆性较强的品牌名称要素，使得顾客在购买和消费的环境中很容易记忆和辨认。通俗地说，就是品牌的命名应当易于记忆、拼读和发音。简单而具有独特性的品牌名称更容易被消费者记住和传播。Baidu这个品牌名称简洁易记，没有过多的复杂性，使得用户可以轻松记住并且在使用搜索引擎时经常提到。

首先，品牌的命名，读音响亮、音韵协调、朗朗上口，听起来悦耳，自然也就便于记忆。

其次，商品出口时能在所有的语言中以单一方式发音，有利于产品在国际市场上的销售。

最后，要注意词语形态要求，简洁与简单有助于提高传播效果。

（2）有意义性。品牌名称除了应当有利于建立品牌意识之外，其内在的含义同样可以加强品牌联想的形成。品牌名称可以涵盖各种意义，包括描述性的、说服性的等。一组可记忆和有意义的品牌名称因素有许多优点，既可以减少为建立品牌意识、品牌联想而进行宣传的营销费用，也容易与竞争对手区别，在顾客心目中留下深刻的印象。

这一点要求品牌名称本身具有一定含义，其含义能够直接或间接传递出商品的信息（优点、性能、特征等），从而具有促销、广告和说服作用；要求品牌命名能够提示产品特色和利益，使品牌名称与产品产生某种固有的联系，启发消费者联想，促进记忆。亚马逊（Amazon）这个品牌名称源于南美洲的亚马孙河，代表着宏伟和丰富。这与亚马逊公司最初以在线书籍销售起家的历史背景相符，同时也暗示了亚马逊公司的发展潜力和广泛的产品种类。

（3）可转换性。品牌名称应该适用于不同的语言和文化环境，在全球范围内具有通用性和可适应性。这样能够确保品牌在全球市场上的统一性和一致性，避免因为语言或文化差异而造成的误解或困扰。

所以在品牌命名上首先要考虑如何使品牌名称具有地域的适应性，这在很大程度上取决于品牌名称的文化内涵及语言特点。一个无意义的品牌名称就具有较强的可转换性，因为它可以翻译成其他语言而不会产生歧义。可口可乐（Coca-Cola）是一个在全球范围内广为人知的品牌，其品牌名称在不同语言和文化环境下都能保持一致。这个名称简洁明了，易于发音，因此，在不同国家和地区都能够被顺利传播和接受。

（4）可适应性。这一标准常具体指品牌的命名要考虑名称在品牌发展过程中的适应性，即要能够适应市场需求、产品及时代的变化，要具有现代感和时代性，不受时间限制。Nike 是一个品牌名称，它既简洁又有力，适用于不同的产品线和市场定位。从运动鞋到运动服装，从休闲到专业运动，Nike 品牌成功地延展了多个产品系列，成为全球领先的运动品牌之一。

（5）可保护性。为确保品牌不被竞争者模仿和盗取，通过品牌名称设计保护品牌十分必要。从法律角度来看，选择可在国际范围内被保护的品牌名称、向适当的法律机构正式注册以及积极防止商标遭受其他未被授权的竞争者侵占是非常重要的，也是品牌命名中需要引起注意的问题。苹果（Apple）这个品牌名称在全球范围内被注册并受到法律保护，确保了苹果公司对于这个名称的独有使用权。这使得苹果公司能够保护自己的品牌形象和声誉，避免了他人的侵权行为。

因此，这一个标准主要指品牌名称应当具有可保护性，不但在法律意义上能够得到保护，即能够注册，而且在市场意义上也能够得到保护，即在使用中具有法律的有效性和相对于市场竞争的独一无二性。后者更具典型意义，因为一个品牌名称也许能够很容易地获得法律保护，但并不能保证它不在市场上被他人模仿。

总之，品牌名称是品牌设计要素中一个基本而又重要的因素，简洁地反映了产品的中心内容，并使人产生联想，是信息传递中极为有效的符号。好的品牌名称不但使消费者易于记忆，同时也节省了许多营销费用。

三、品牌决策

企业决定了使用品牌后就要决定使用什么样的品牌名称。不同品牌名称的使用,需要企业对诸多影响因素进行细致的考虑和分析。常见品牌名称决策模式,如图 7-5 所示。

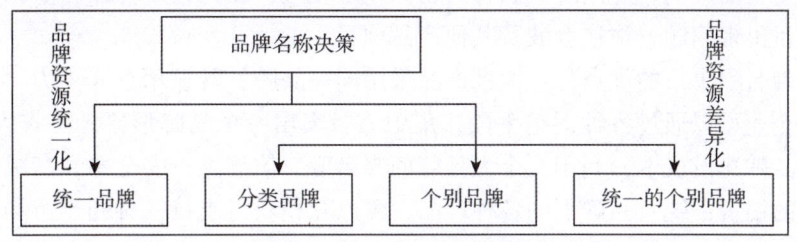

```
               品牌名称决策
                    │
   ┌────────┬───────┴───────┬────────┐
 统一品牌  分类品牌        个别品牌  统一的个别品牌
```
品牌资源统一化 ← → 品牌资源差异化

图 7-5　品牌名称决策框架

品牌资源统一化的优点十分突出:有利于消费者、公众尽快地识别企业;减少企业内部混乱;降低创建品牌的成本,最快、最集中地创造出知名品牌;减少企业运作中的品牌印刷费用;有利于无形资产载体聚集;有利于新产品销售。但是,品牌资源统一化也有缺陷:使用风险大,任何一个恶性事故或不利事件都会集中到该品牌上,企业及品牌形象易损性高;不同质的商品共用一个品牌,会混淆品牌定位,引起消费者的心理冲突。比如,美国 Scott 公司生产的"舒洁"牌卫生纸,本是卫生纸市场的头号品牌,但随着舒洁餐巾纸的推入市场,引起了消费者的心理冲突,其市场头牌位置很快被宝洁公司的卫生纸品牌"Charmin"所取代。

品牌资源差异化具有相当明显的优点:首先,能够分散经营风险。市场上各种恶性事件对任何一种资源的破坏,不一定殃及整个品牌体系,从而减轻损失;其次,针对不同的细分市场,对每一个或每一类商品选用符合其特性的名称和商标,有利于消费者和公众的识别,有助于促销可以不断提升和优化品牌组合结构。而品牌资源差异化的缺点则包括:各类品牌资源太多,易在消费者中引起混乱,难以迅速识别;品牌的内部管理工作量和成本上升;将品牌培植成为名牌有一定的困难。

(1) 统一品牌名称决策。这是指企业为自己所有的产品建立一个统一的品牌名称,即多种不同门类的产品共用一个品牌。统一品牌又称家族品牌,其决策示意图,如图 7-6 所示。

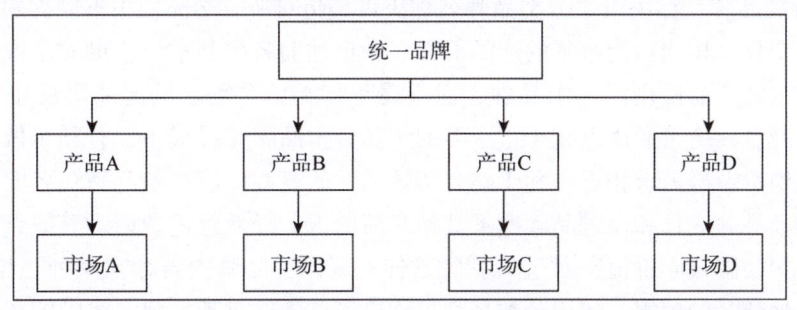

```
                    统一品牌
                        │
      ┌──────────┬──────┴──────┬──────────┐
    产品A       产品B         产品C       产品D
      │           │             │           │
    市场A       市场B         市场C       市场D
```

图 7-6　统一品牌决策示意

日本索尼公司就是成功使用统一品牌决策的企业,索尼的各种产品都打上"SONY"商标,对外传播都围绕这个品牌进行。统一品牌决策多见为"品牌名=企业名"的操作方式。美国通用电气公司,对其产品就只采用一个品牌"GE"。运用这种方法,不仅可以降低营销费用，还可带来多种好处。但是，使用统一品牌，必须保证各种产品在质量、产品形象等方面都基本一致，没有太大的差异和区别，以免相互混淆，影响品牌形象。如一家食品企业，在同一品牌下既生产猫粮、狗粮，又生产食品糖果，就不利于品牌形象的统一，甚至产生负面影响。使用统一品牌的营销风险较大，因为在统一品牌下，某一个或某几个产品项目出现问题，往往会波及其他产品项目。

统一品牌名称决策的优点是：大批产品采用同一品牌，既显示企业实力，又可以提高企业声誉；企业可以通过各种促销手段，集中力量突出一个品牌形象，节省大量的广告、公共关系等品牌建设成本，利用一个大品牌的知名度、信赖感、安全感和高威望带动品牌下其他产品的销售；统一品牌下的各种产品，可以互相获得支持，有利于市场推广。其缺点是：一个品牌旗下产品太多，会模糊品牌的个性；统一品牌旗下不同产品各自宣传自己的优势时要寻找到一种能够兼顾所有产品特点的共性的东西进行整合，难度较大。倘若没有一个共性的核心价值兼容不同产品，就很难建立起恒定、统一的品牌形象。运用统一品牌名称决策的根本前提是品牌核心价值能够兼容旗下各种产品；另外，新老产品关联度较高、企业的财力不太雄厚或品牌管理能力较弱、企业处于推广品牌成本很高的市场环境、企业产品的市场容量不大等情况较适用。

（2）个别品牌名称决策。个别品牌是给每一种产品都冠以一个或多个独立的品牌名称的做法，联合利华模式是个别品牌名称决策的典型。联合利华的每项产品线都设有独立的品牌。如洗发水就有清扬和多芬，各自有特定的品牌诉求，针对不同的细分市场；洗衣粉有奥妙；冰激凌使用和路雪的品牌名称；红茶使用的品牌是立顿。

个别品牌名称决策的优点是：占据更多的商场货架面积，增加了企业产品被消费者选中的概率；给低品牌忠诚者提供更多的选择；个别品牌可以起到隔离作用，降低企业风险；鼓励内部合理竞争、提高士气；可以为每一种产品找到最合适的、有针对性的品牌名称。其缺点是：增加了品牌设计、制作、宣传推广及其他营销费用，营销成本增加；不利于统一的企业形象的建立；对企业品牌经营管理能力要求较高。个别品牌名称决策适用于产品或行业的特性，要求品牌采用有个性的形象来帮助抢占市场，各个品牌面对的细分市场具有规模性，或者是该细分市场有足以支撑品牌生存和发展的利润。

（3）分类品牌名称决策。分类品牌名称决策是指对所有产品使用不同类别的家族品牌名称，给一个具有相同功能水平的产品群以一个单独的名称和承诺。也就是说，针对同一类消费者需求的产品使用同一个品牌，而不属于该类消费需求的产品则使用其他品牌名称，分类品牌名称决策的优点在于：众多的产品分担品牌建设成本，有利于做大品牌；品牌内各产品消费者群需求相近，利于整合传播品牌的核心价值；各产品知名度能为所有产品共享，推动品牌成长和促进品牌麾下其他产品销售，降低营销费用。其缺点是：分类品牌决策会模糊品牌核心价值，对进行品牌延伸有限制；品牌内若存在某种强势品牌产品，将不利于其他产品的销售。使用分类品牌名称决策首先要求其品牌大类中的产品有鲜明的细分特点，才易于利用分类品牌突出其差异性；品牌下的产品应该保持面对相同或相近的消费需求，不能盲目进行品牌延伸。

（4）统一的个别品牌名称决策。统一的个别品牌名称决策（又称公司名称加个别品牌名称）是指把公司的商号名称和单个产品名称组合起来。其做法是对企业的各种不同的产品分别使用不同的品牌,但在各产品的品牌前面加上企业名称,统一的个别名称决策的优点是:使新老产品统一化,共享企业已有的声誉,利于销售;企业统一品牌后跟上个别品牌,使产品更富于个性化;使品牌利用公司名称提供品质、技术、信誉上的信任感;分散品牌风险,当某个品牌发生危机时,对公司其他品牌的影响明显低于统一品牌名称。这种名称决策兼备统一品牌和个别品牌的优点,在品牌名称策略中经常使用。其缺点是:协调个别品牌核心价值与公司品牌核心价值需要较高的专业性思考和高超的管理智慧,对企业品牌经营者的管理及决策水平要求较高。统一的个别品牌名称决策适用于企业规模比较大、产品涉及领域比较广的情况。

四、品牌扩展决策

当企业决定品牌扩展时,有以下几种方案可供选择:产品线扩展,即在现有的品牌下增加新规格、新品位等以扩大产品目录;品牌延伸,即把现有的品牌名称扩展到新的产品目录中;多品牌,即在现有的产品目录中引进新的品牌名称;新品牌,即专门为新产品设计新的品牌名称;复合品牌,即把两个或更多的著名品牌组合起来。

(1) 产品线扩展。这是指企业在同样的品牌名称下面增加项目,即在相同的产品名称中引进增加的项目内容,如新的口味、形式、颜色、成分、包装规格等。产品线扩展可以是创新、仿制或填补空缺等。企业要充分利用自己的制造能力扩大产品生产,或是满足新的消费需求,或是与竞争者进行竞争,因此,企业大部分的产品开发活动都是围绕产品线扩展进行的。

(2) 品牌延伸。品牌延伸是指企业对新投资的产品沿用过去的品牌。使用品牌延伸战略可以使新产品较快地打入市场,消费者容易接受;可以节约新产品的推广费用。使用品牌延伸战略的弊端也不少,倘若原有品牌名称不适合新产品,将会引起消费者的误解并对品牌核心价值产生稀释作用。

(3) 多品牌。多品牌是指企业在相同的产品目录中引进多个品牌。使用多品牌战略不但可以为不同质量的产品确定不同的品牌,还可以为不同类型的顾客和细分市场确立不同的品牌,具有较强的营销针对性。

(4) 新品牌。当企业在新产品目录中推出新产品时,可能会发现原有的品牌名称不太适合新产品,有可能损害原有的品牌形象,还会对新产品的推广带来一定的困难。这时就有可能为新产品进行新品牌名称的命名。

(5) 复合品牌。复合品牌指对同种产品赋予两个或两个以上的品牌,即一种产品同时使用两个或两个以上的品牌。根据品牌间的关系,复合品牌可以细分为注释品牌和合作品牌。

①注释品牌。注释品牌又称副品牌,指一种产品上同时出现两个或两个以上的品牌,其中一个是注释品牌,另外的是主导品牌。主导品牌说明产品功能、价值及购买对象,注释品牌则为主导品牌提供支持和信用。或者是用一个主品牌涵盖企业的产品系列,同时给各产品打一个副品牌以突出不同产品的个性形象。一般来说,注释品牌通常是企业品牌,在企业众多产品中均有出现。注释品牌策略可以将具体的产品与企业组织联系在一起,从而用企业品牌增强商品信誉。例如 P&G(宝洁公司)是全球领先的消费品公司,拥有众多品牌,包括宝洁、帮宝适等。帮宝适就是 P&G 旗下的一个注释品牌,专注于婴儿尿布产品线。

②合作品牌。合作品牌又称双品牌，主要是两个（或两个以上）企业品牌出现在同一个产品上。合作品牌的具体形式有组成的（制造企业与中间商的）合作品牌、同一公司的合作品牌、合资合作品牌等多种。例如，Nike 是全球领先的运动品牌，以设计、制造和销售运动鞋、运动服装等闻名。Nike Air Jordan 是 Nike 公司与前篮球运动员迈克尔·乔丹合作推出的一系列篮球鞋产品，以其独特的设计和技术在篮球爱好者和潮流文化中享有盛誉。它在保持 Nike 品牌影响力的同时，针对篮球爱好者市场推出了专门的产品线。

五、品牌再定位决策

品牌再定位策略又称品牌重新定位策略。消费者的需求是不断变化的，市场形势也变化莫测。因此，每经过一段时间之后，企业就有必要重新检讨自己的品牌运作情况，是否符合目标市场的要求，是否需要对品牌进行重新定位。

（1）对品牌重新定位的判断。企业判断品牌是否需要重新定位一般根据以下情况进行：竞争者推出了新品牌，且定位于本企业品牌的附近，影响了企业品牌的市场份额，致使本企业品牌的市场占有率下降；有新产品问世，消费者的品牌偏好发生变化，企业品牌的市场需求下降；经济环境变化，人们对产品要求发生变化，该定位的产品市场缩小等。总之，当宏观或微观环境发生变化，且这种变化与企业品牌相关时，品牌经营者就应当及时考虑是否要对原有品牌定位进行变更。

品牌重新定位一般从两个角度进行：一是利用竞争者的品牌定位为自己的品牌重新定位，以获得本企业品牌的发展空间；二是通过市场调查，研究消费者需求，为本企业品牌重新定位。应当注意的是，品牌重新定位并不意味着品牌的更新，也不意味着品牌经营者要完全放弃现有品牌的定位，而是要通过解决一些实际问题，获得品牌的稳定和继续发展。

（2）品牌再定位的步骤。企业再定位时，不能盲目地进行，必须按照一定的程序及步骤来操作。一般来说，品牌再定位的基本步骤，如图 7-7 所示。

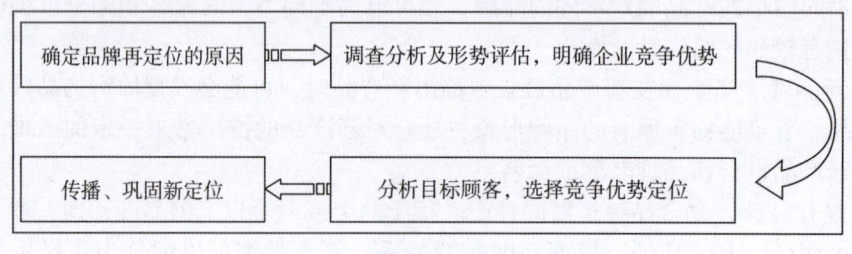

```
┌─────────────────┐     ┌──────────────────────────────┐
│ 确定品牌再定位的原因 │ ──> │ 调查分析及形势评估，明确企业竞争优势 │
└─────────────────┘     └──────────────────────────────┘
         ↑                              │
         │                              ↓
┌─────────────────┐     ┌──────────────────────────────┐
│  传播、巩固新定位  │ <── │  分析目标顾客，选择竞争优势定位   │
└─────────────────┘     └──────────────────────────────┘
```

图 7-7　品牌再定位的基本步骤

职业道德实践

宗庆后：非常营销非常人

宗庆后 1945 年生于杭州，南宋名将宗泽之后。少年时生活困苦，初中毕业后去了舟山一个农场挖盐，几年后又辗转于绍兴的一个茶场。在海滩上挖盐、晒盐、挑盐，在茶场种茶、割稻、烧窑，宗庆后就这么在农村待了 15 年。如果是你面对这样日复一日的生活，是否早就被磨平了棱角，接受自己就这么寻常地过完一生？

但宗庆后不是寻常人，在这 15 年里，他读了无数遍毛选，还读了很多历史、军事著作。1978 年，因为妈妈提前办了退休，33 岁的宗庆后才有机会从农村回到杭州，在一家校办工厂做了推销员。后来结婚，并于 1982 年有了一个女儿。从 1978—1987 年，宗庆后辗转于几家校办企业，依然没有脱颖而出。

1987 年，宗庆后 42 岁，杭州上城区校办企业经销部向外转包，宗庆后提出每年完成 10 万元利润指标获得了承包权——这个指标很有魄力，体现了宗庆后胆子大、敢干敢冒险的风格，那个校办企业原本要求的只是 4 万元利润指标而已。

1988 年，娃哈哈儿童营养液上市。为了靠广告打响知名度，只有 10 万元流动资金的宗庆后，面不改色地与杭州电视台签下了 20 万元的广告投放合同。娃哈哈从此火遍全国。那时宗庆后的女儿宗馥莉 6 岁。

1991 年，宗庆后成为一名党员，时年 46 岁。

娃哈哈的营销管理有着宗庆后鲜明的个人特色。比如，宗庆后不设副总，高层仅其一人，中层经理负责具体事务的执行，且女将为多，因为她们的执行力更好。

娃哈哈坚持不走直销路线，而是和渠道建立联销体，吸收经销商预付款，借重经销商的网络能力。推广方面——广告直接与电视台联系，折扣低；人力方面——工资低、差旅费低，机构设置简单，董事长兼总经理宗庆后之下就是 100 多名中层领导，人力成本占比很低。那时娃哈哈的观念是：先出产品，后定品牌，品牌为产品服务。那时宗庆后说："中国还没有进入品牌时代，一个品牌两年不打广告就会被消费者遗忘，值不了几个钱。"

1998 年，宗庆后推出"中国人自己的可乐——非常可乐"，叫板可口可乐、百事可乐。1999 年，由于我驻南使馆被炸，全国人民反美情绪暴涨，非常可乐在这一阶段广告打得很猛，我记得电视广告画面是一罐红色非常可乐像导弹一般飞来，令人印象深刻。

2007 年，宗庆后为了与达能争夺对娃哈哈的控制权，打出了"保卫民族产业安全"的旗号——但也不无尴尬地被爆出，他早就持有美国绿卡多年，还在境外设立了十几家海外离岸公司。而那时，正是他在力推非常可乐的时候。

2013 年"两会"时，宗庆后曾解释全家已注销了美国绿卡，并说"我不懂外语，不适应外国的食品，我在国外待着也是没有意思，我在国内生活得很好，这里有我的事业，所以我绝对不会去移民到国外。"宗庆后是从苦日子过来的，习惯了勤俭：衣服多是百元上下，饮食也不挑剔，咸菜豆腐是最爱，工作时经常吃盒饭；烟抽 20 元一包的就很好了，不喝酒；全年大部分时间在市场上奔波，但几乎不去风景点玩，甚至娃哈哈的杭州总部离西湖只有几里路，宗庆后却 20 年没去玩过。

宗庆后不仅是改革开放后的首批民营企业家，还被外界誉为营销大师、管理大师，他所创建的"联销体"制度亦被作为顶级商学院案例，至今仍是行业内主流的销售模式之一。通过这种方式，娃哈哈与经销商建立了紧密合作，销售网络一直延伸到农村，使产品能在一周内铺向 300 多万个零售终端，娃哈哈也是第一个能把一瓶水卖到全国上百万个村庄的企业。

正如宗庆后的《非常营销》中的一段话：品牌是任何一家志在长远的公司的永恒目标，但同时它更是为一家企业贡献利润的手段，市场才是企业品牌价值的最终发言人。对构成市场购买主体的消费者来说，品牌就好比须臾难离的空气和水，而不应成为令人敬畏、供人仰望的丰碑。

(资料来源：百家号——商学中人)

课后习题

一、判断题
( ) 1. 讲座、咨询不属于营销学产品。
( ) 2. 家用电器的产品包装属于延伸产品。
( ) 3. 对产品整体概念的理解必须以市场需求为中心。

二、单选题
1. 产品组合的宽度是指产品组合中所拥有的( )的数目。
   A. 产品项目　　　　　　　　　　B. 产品线
   C. 产品种类　　　　　　　　　　D. 产品品牌
2. 产品组合的长度是指( )的总数。
   A. 产品项目　　　　　　　　　　B. 产品品种
   C. 产品规格　　　　　　　　　　D. 产品品牌
3. 产品组合的( )是指一个产品线中所包含产品项目的多少。
   A. 宽度　　　　　　　　　　　　B. 长度
   C. 黏度　　　　　　　　　　　　D. 深度
4. 导入期快速掠取策略是针对目标顾客的( )。
   A. 求名心理　　　　　　　　　　B. 求实心理
   C. 求新心理　　　　　　　　　　D. 求美心理
5. 在市场经济发展初期,许多产品都曾经不用品牌,这是运用的( )策略。
   A. 品牌扩展策略　　　　　　　　B. 无品牌策略
   C. 品牌延伸策略　　　　　　　　D. 新品牌策略

三、多选题
品牌是一个整体的概念,通常包括( )。
   A. 品牌名称　　　　　　　　　　B. 品牌标志
   C. 包装　　　　　　　　　　　　D. 商标

案例思考与讨论

J 牌小麦啤酒的抉择——维持,放弃,还是获得新生?

J 牌小麦啤酒泡沫更加洁白细腻,口味更加淡爽柔和,更加迎合消费者的口味,为很快获得大份额的市场,迅速取得市场优势,J 牌集团把小麦啤酒定位于零售价 2 元/瓶的中档产品,包括销往城市市场的 500 毫升专利异型装和销往农村乡镇市场的 630 毫升普通瓶装两种。

合理的价位、精美的包装、全新的口味、高密度的宣传使 J 牌小麦啤酒上市后,迅速风靡本省及周边市场,并且远销到江苏、吉林、河北等外省市场,当年销量超过 10 万吨,成为 J 牌集团一个新的经济增长点。J 牌小麦啤酒迅速从引入期过渡到成长期。

高涨的市场需求和可观的利润回报使竞争者也发现了这座金矿，本省的一些中小酒企业不顾自身的生产能力如何纷纷上马生产小麦啤酒，一时间市场上出现了五六个品牌的小麦啤酒。而且基本上都是外包装抄袭 J 牌小麦啤酒，酒体仍然是普通啤酒，口感较差，但凭借 1 元左右的超低价格，在农村乡镇市场迅速铺开。这很快造成小麦啤酒市场竞争秩序严重混乱，J 牌小麦啤酒的形象遭到严重损害，市场份额也严重下滑，形势非常严峻。

J 牌小麦啤酒因此从高速成长期，一部分市场迅速进入了成熟期，销量止步不前，而另一部分市场由于杂牌小麦啤酒低劣质量的严重影响，消费者对小麦啤酒不再信任，J 牌小麦啤酒销量急剧下滑，产品提前进入了衰退期。J 牌小麦啤酒面临战略抉择——维持，放弃，还是获得新生？

（资料来源：根据网络资料整理）

思考题：

1. J 牌小麦啤酒的优势与劣势有哪些？
2. 如何延长 J 牌小麦啤酒的生命周期？

第八章 价格策略

学习目标

【知识目标】
➤ 了解企业定价的意义、依据；
➤ 理解并熟悉企业定价的影响因素；
➤ 掌握企业定价的方法；
➤ 掌握企业定价策略；
➤ 理解并熟悉企业价格的调整。

【能力目标】
➤ 能够根据定价策略相关知识结合市场需求、竞争状况，制定有效的产品定价策略；
➤ 能够运用数据分析和调查研究，支持定价决策，评估价格策略的效果；
➤ 能够运用所学知识点，灵活应对企业定价的调整策略。

【素质目标】
➤ 具备良好职业素养，能够遵守职业道德和规范，具有良好的职业操守和职业道德，能够在市场营销定价中保持诚信和公正，树立良好的企业形象和品牌形象；
➤ 具备良好的沟通能力、团队合作精神和创新意识，能够与团队成员有效协作，提出创新性的定价营销策略；
➤ 掌握市场营销策略的相关软件工具，具备基本的营销数据分析能力和市场定价调整调研能力。

> **案例导入**

宜家的定价策略：以创新引领市场

一、公司背景

宜家（IKEA）创立于1943年瑞典的乡村地区，最初是一家小型邮购公司，如今已成为一个全球家居品牌，为世界各地的人们提供价格实惠、设计出色和使用舒适的产品。宜家以提供设计简单、实用、美观的家具和家居装饰品而闻名于世，价格适中，适合各种消费者的需求。

二、市场环境

家居用品行业竞争激烈，许多品牌都在争夺市场份额。一些高端品牌定位为高品质、高价格，而一些低端品牌则以低价格、低品质为主。宜家则以其中间的市场定位和独特的定价策略成功地吸引了大量消费者。

三、定价策略

宜家的定价策略以其独特的方式展现了创新和实用性。以下是宜家定价策略的几个关键方面：

（一）低成本设计

宜家注重低成本设计，通过减少不必要的装饰和采用易于制造的材料，降低产品的成本，从而提供价格适中的产品。

宜家创始人英格瓦·坎普拉德先生一直以来都追求以实惠的价格提供品质出众的产品。他知道有些竞争对手为了保持低价，会在品质上弄虚作假，但他从不愿这样做。在1948—1949年发行的手册 *ikéa-nytt* 中，他解释了宜家之所以能够保持如此低价的原因："我们的产品周转率高，而且是从工厂直接配送，再加上开销非常低，所以售价很低，目前在国内没有更低的价格。"英格瓦先生所秉持的以实惠价格提供优质产品的初心从未改变并一直传承至今，已经成为宜家品牌文化和形象的基石[1]。

（二）模块化设计

宜家的产品采用模块化设计，消费者可以根据自己的需求自由组合不同的产品模块，从而满足不同的使用场景。这种设计不仅提高了产品的实用性，还降低了产品的成本，从而使得价格更加合理[2]。

（三）捆绑定价

宜家经常采用捆绑定价的策略，将多种产品组合在一起，以低于单独购买的总价出售。这种策略不仅降低了单个产品的价格，还促进了消费者购买更多的产品。

（四）引导消费者购买高价产品

宜家在销售低价产品的同时，也注重引导消费者购买高价产品。通过展示价格不同、品质不同的产品，让消费者根据自己的需求和预算进行选择。

（五）全球定价策略

宜家在全球范围内采用统一的定价策略，确保在不同市场的价格具有一致性。这种策略有助于维护品牌形象，同时也方便消费者在不同市场进行比较和选择。

---

[1] 宜家之魂的缔造者：英格瓦·坎普拉德[J]. 中国商界，2019（10）：112-115.
[2] 吴少旭. 宜家在中国市场营销发展中的标准化与本土化分析[J]. 老字号品牌营销，2021（7）：13-14.

四、创新元素

宜家的定价策略不仅体现了其实用性和创新性，还与其产品设计紧密相关。以下是宜家定价策略中的几个创新元素：

（一）创新设计思维

宜家注重创新设计思维，通过不断推出新的产品设计和发明新的产品使用方式来引领市场。这种创新思维不仅提高了产品的竞争力，也使得宜家的定价策略更加灵活和适应市场变化。

（二）数字化定价策略

宜家在数字化定价方面也进行了积极的探索。通过与科技公司合作，开发出了智能定价系统，根据市场情况和消费者行为动态调整产品价格。这种数字化定价策略使得宜家的价格更具竞争力和灵活性。

（三）个性化定制服务

宜家也提供个性化定制服务，根据消费者的需求和喜好，定制符合其特定需求的家具和家居装饰品。这种服务不仅提高了产品的独特性，也使得宜家的定价策略更加适应不同的消费群体。

五、案例总结

宜家的定价策略成功地与其产品设计相结合，通过创新和实用性的元素，满足了不同消费者的需求和预算。其低成本设计、模块化设计、捆绑定价、引导消费者购买高价产品以及全球定价策略等元素都体现了宜家对市场的深刻理解和敏锐洞察。同时，宜家也在数字化定价和个性化定制服务方面积极探索和创新，以适应市场的变化和满足消费者的多样化需求[1]。

总之，宜家的定价策略以其创新和实用性成功地引领了市场，为消费者提供了高品质、价格适中的家居用品和个性化定制服务，成为全球家居用品市场的领导者。

（资料来源：《参考宜家之魂的缔造者》《宜家在中国市场营销发展中的标准化与本土化分析》等相关文献和宜家官网资料整理改编）

第一节 影响企业定价的因素

一、定价目标

定价目标是定价策略和定价方法的依据。产品的定价目标必须与企业的市场营销总目标相一致。企业定价的一般目标是在符合社会总体利益的原则下，取得尽可能多的利润。但由于定价应考虑的因素甚多，因而，企业定价的具体目标也多种多样。不同企业可能有不同的定价目标，同一企业在不同时期也可能有不同的定价目标，企业应权衡各个目标的依据和利弊加以选择。现代企业的定价目标主要有以下几种[2]：

---

[1] 这就是宜家 [EB/OL]. https://www.ikea.cn/cn/zh/this-is-ikea/about-us/.
[2] 菲利普·科特勒. 市场营销学 [M]. 14 版. 北京：中国人民大学出版社，2022.

1. 以维持生存为定价目标

如果企业产能过剩，或面临激烈竞争，或试图改变消费者需求，则需要把维持生存作为主要目标。这时，企业必须制定较低的价格并希望市场是价格敏感型的。利润比起生存来要次要得多。只要价格能弥补可变成本和一些固定成本，企业的生存便可得以维持。但这种生存目标只能是过渡性质的，最终一定会被其他定价目标所代替。

2. 以获取当期最大利润为定价目标

追求最大利润几乎是企业的共同目标，但利润最大对企业来说并不一定等于最高定价。定价偏高，导致消费者不满，从而需求减少，反而实现不了利润。另外，代替产品盛行，竞争者加入，最终迫使价格重新回到合理的标准。因此，企业定价应适当。最大利润更多地取决于合理价格所推动产生的需求量和销售规模。利润的最大化应以企业长期的最大利润为目标。

3. 以提高市场占有率为定价目标

市场占有率是企业经营状况和产品竞争力的综合反映。市场占有率是指企业产品销售量在同类产品市场销售总量中所占的比重。企业确信赢得最高的市场占有率之后将享有最低的成本和最高的长期利润，所以企业可制定尽可能低的价格来追求市场占有率领先地位。当具备下列条件之一时，企业就可考虑通过低价来实现市场占有率的提高：

（1）市场对价格高度敏感，因此，低价能刺激需求的迅速增长。
（2）生产与分销的成本会随着生产经验的积累而下降。
（3）低价能吓退现有的和潜在的竞争者。

例如，早期英国可乐娜人造奶油（Corona Margarine）针对奶油产品进行市场区隔研究，发现消费者试图在经济萧条期间寻找新产品替代价格昂贵的传统奶油。这样的需求正好创造了一个低价市场区块，当时的知名品牌并未察觉到消费者对低价的渴求。泛登伯斯公司（Vanden Bergh）抓住了机会，发展出高质量、低价位"可乐娜"人造奶油，抢先上市，专攻低价市场以取代传统奶油，席卷了约10%的市场。

4. 以预期投资收益率为定价目标

预期投资收益率即为利润相对投资总额的比率。企业对于所投入资金，都期望在预期时间内分批收回。因此，定价时一般在总成本费用之外加上一定比例的预期盈利，以预期收益为定价目标，投资收益率一般应高于银行存款利息。以预期投资收益率为定价目标的企业，一般都具有一些优越条件，如产品拥有专利权或产品在竞争中处于主导地位，否则产品卖不出去，预期的投资收益也不能实现。因此，价格水平一定要确保实现预期投资的收益。

5. 以稳定价格为定价目标

稳定价格是达到投资报酬的一个途径。某些行业在供求与价格方面经常发生变化，为了避免不必要的价格竞争，增加市场的稳定性，这种定价目标适用于在行业中能左右市价的企业。以稳定价格为定价目标的优点在于：市场需求一时发生急剧变化，价格也不致发生大的波动；有利于大企业稳固地占领市场，长期经营这类商品。在大企业稳定价格的情况下，小企业为维持自身利益，也愿意追随大企业定价，一般不轻易变动价格；如果小企业将价格定得过低或过高，有可能导致大企业采取报复手段，使小企业蒙受损失。

6. 以应付与防止竞争为定价目标

在激烈的市场竞争中，无论是大企业还是小企业，对于竞争者的价格都很敏感，实力雄厚的大企业可以左右价格，而小企业只能被动地适应。当有些企业有意识地通过定价去应付和避免竞争，采取以击败竞争对手为目标，或阻止新的竞争对手出现时，则往往采取低价倾销的手段力争独占市场。近年来，我国的微波炉、彩电等产品就为此引发了一场场价格大战。

7. 以产品质量领先为定价目标

企业可以选择在市场上成为产品质量领先地位这样的目标，并在生产和营销过程中始终贯彻产品质量最优化的指导思想。这就要求用高价格来弥补高质量和研究开发的高成本；反过来，这种高价格也进一步提高了产品的优质形象。值得一提的是，产品在优质优价的同时，还应辅以优质的服务，以保证其在消费者心目中高品质品牌形象。当然，价廉物美的产品对消费者来说更具有吸引力。例如，养生堂凭借"农夫山泉有点甜"及独特的瓶口设计迅速打开了市场，在近半年的时间里，其每瓶（500 毫升）2.5 元的高价没有抑制住消费者的购买欲望。随着消费者认知度的上升，市场竞争形势的变化，养生堂又及时推出了普通瓶口的、和竞争对手的价格持平的产品，扩大了产品的市场占有率，进一步稳固了其在市场上的地位[①]。

二、成本

在正常的市场环境下，产品成本是制定价格的下限，而市场需求是制定价格的上限。企业制定的产品价格必须既能补偿产品生产、销售所花费的成本，又要能使企业获取适当的利润，借以补偿企业所付出的努力和承担的风险。所以成本是影响企业定价的一个重要因素。许多现代企业努力降低成本，以期降低价格，扩大销售，增加利润。

产品成本是指在产品生产过程和流通过程中所消耗的物质资料和支付劳动报酬的总和。其主要有两种形式：固定成本和流动成本。固定成本是指在生产经营规模范围内，不随产品种类及数量的变化而变化的成本费用。如企业的机器设备、厂房的折旧、人员的工资等支出，是与企业的产量无关的费用。变动成本是指随生产的产品种类及数量的变化而直接变化的成本费用，主要有原材料、燃料、运输等费用。总成本是固定成本和流动成本的总和。通常，产品的价格要能够弥补其总成本。

三、市场需求

影响产品定价的因素有很多，如需求、成本、竞争者、政策等。测定需求，一是调查市场的结构情况，了解不同价格水平下消费者可能购买的数量；二是分析需求的价格弹性，根据需求量的变动对价格变化反应的灵敏度，选定一个适当的价格，确保企业实现最大的盈利。

需求的价格弹性又称需求弹性，是用来衡量价格变动的比率所引起的需求量变动的比率，即需求量变动对价格变动反应的灵敏程度。一般用需求弹性系数 E 来表示需求弹性的

---

① 何亮，柳玉寿. 市场营销学原理［M］. 成都：西南财经大学出版社，2018.

大小，如图 8-1 所示①。需求弹性系数 E=销售量变动的百分比/价格变动的百分比。

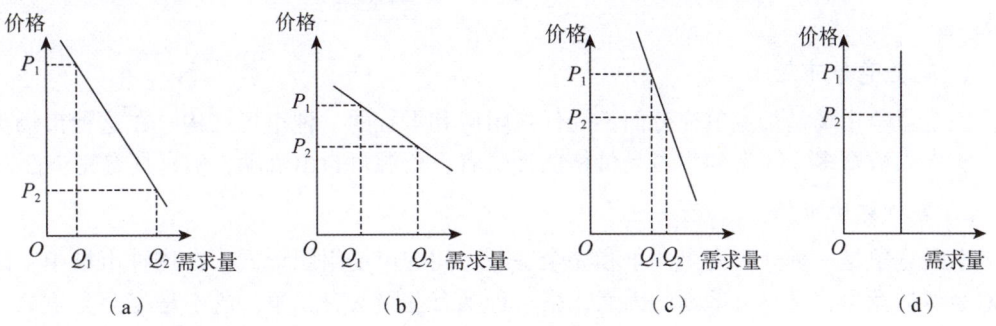

(a) 单位弹性；(b) 富有弹性；(c) 缺乏弹性；(d) 完全无弹性。

图 8-1　需求价格弹性

$E=1$，表示标准需求弹性，又叫单位弹性或单一弹性，需求量与价格变动的幅度相等。对这类商品，价格的上升会引起需求量等比例地减少；价格的下降会引起需求量等比例地增加。因此，价格变化对销售收入影响不大。企业在定价时，可选择预期收益率为目标或选择通行的市场价格。

$E>1$，表示需求量的变动幅度大于价格的变动幅度，称需求富有弹性。对这类商品，应通过降低价格、薄利多销以达到增加盈利的目的。这类商品多是非生活必需品。

$E<1$，表示需求量的变动幅度小于价格的变动幅度，称需求缺乏弹性。对这类商品，一般采用提价策略来增加盈利。这类商品多是日常生活必需品。

$E=0$，表示需求完全无弹性。价格无论如何变化，需求量不变。定价时，可考虑企业预期目标。

需求弹性受需求程度、商品替代、供求状况等各方面因素的影响。一般来说，在以下条件下，需求可能缺乏弹性：①生活基础必需品；②市场没有替代品或没有竞争者；③购买者对较高价格不在意；④购买者改变购买习惯较慢，也不积极寻找较便宜的东西；⑤购买者认为产品质量有所提高或认为存在通货膨胀，价格较高是应该的。

四、竞争者的产品及价格

产品的最高价格取决于该产品的市场需求，最低价格取决于该产品的成本费用。在这种最高价格和最低价格的幅度内，企业能把这种产品价格定多高，则取决于竞争者同种产品的价格水平。因此，现代企业除了考虑成本和市场需求因素外，还应对竞争者的产品质量和价格做到心中有数，以便可以与竞争产品比质比价，更准确地制定本企业产品价格。

在垄断竞争市场态势下，如果企业产品和主要竞争者的产品相似，则价格应与竞争者的价格相近；如果企业产品稍逊于竞争者的产品，则价格应低于竞争者的价格；如果企业产品略胜于竞争者的产品，则价格可以高于竞争者的价格。定价是一种挑战性行为，任何一次价格调整都会引起竞争者的关注，并导致竞争者采取相应对策。因此，现代企业也要密切关注竞争者产品价格的动态，并做出迅速、明智的反应。

市场竞争也是影响价格制定的重要因素。根据竞争的程度不同，企业定价策略会有所

---

① 何亮，柳玉寿. 市场营销学原理 [M]. 成都：西南财经大学出版社，2018.

不同。按照市场竞争程度，可以分为完全垄断、垄断竞争与寡头垄断和完全竞争几种情况[1]。

1. 完全竞争市场

完全竞争市场是指竞争充分而不受任何阻碍和干扰的一种市场结构。在这种市场类型中，买卖人数众多，买者和卖者是价格的接受者，资源可自由流动，信息具有完全性。

2. 垄断竞争市场

垄断竞争是一种介于完全竞争和完全垄断之间的市场组织形式，在这种市场中，既存在着激烈的竞争，又具有垄断的因素，指一种既有垄断又有竞争，既不是完全竞争又不是完全垄断的市场，是处于完全竞争和完全垄断之间的一种市场。

3. 寡头垄断市场

寡头垄断市场是介于垄断竞争与完全垄断之间的一种比较现实的混合市场，是指少数几个企业控制整个市场的生产和销售的市场结构，这几个企业被称为寡头企业。

4. 完全垄断市场

完全垄断市场是指在市场上只存在一个供给者和众多需求者的市场结构。完全垄断市场的假设条件有3点：第一，市场上只有唯一一个厂商生产和销售商品；第二，该厂商生产的商品没有任何替代品；第三，其他厂商进入该行业都极为困难或不可能，所以垄断厂商可以控制和操控市场价格。

完全竞争与完全垄断是竞争的两个极端，中间状况是不完全竞争。在不完全竞争条件下，竞争的强度对企业的价格策略有重要影响。所以企业首先要了解竞争的强度。竞争的强度主要取决于产品制作技术的难易，是否有专利保护，供求形势以及具体的竞争格局；其次，要了解竞争对手的价格策略，以及竞争对手的实力；最后，还要了解、分析本企业在竞争中的地位。

五、其他因素

企业的定价策略除受成本、需求以及竞争状况、政府状况的影响外，还受到其他多种因素的影响。这些因素包括政府或行业组织的干预、企业定价目标、消费者习惯和心理、企业或产品的形象等[2]。

1. 政府或行业组织干预

政府为维护经济秩序，或为其他目的，可能通过立法或者其他途径对企业的价格策略进行干预。政府的干预包括规定毛利率、规定最高、最低限价、限制价格的浮动幅度或者规定价格变动的审批手续、实行价格补贴等。例如，美国某些州政府通过租金控制法将房租控制在较低的水平上，将牛奶价格控制在较高的水平上；法国政府将宝石的价格控制在低水平，将面包价格控制在高水平；我国某些地方为反暴利对商业毛利率的限制等。一些贸易协会或行业性垄断组织也会对企业的价格策略进行影响。

---

[1] 蒲冰. 市场营销实务 [M]. 成都：四川大学出版社，2016.
[2] 蒲冰. 市场营销实务 [M]. 成都：四川大学出版社，2016.

2. 国家指导性定价

这是指国家物价部门和业务主管部门规定定价权限与范围，指导价格制定和调整的企业定价方式。其定价方式有以下 3 种：

第一，浮动定价，是指国家规定商品的基准价格、浮动幅度和方向，由企业在规定的范围内自主定价。

第二，比率控制定价，是指国家规定商品的差价率、利润率与最高限价范围，由企业自行灵活地确定价格，企业商品价格可采用高进高出、低进低出或高进低出等形式，但不得超过规定的控制比率。

第三，行业定价，是指为了避免同行业企业在生产和流通中盲目竞争，国家采取计划指导，由同行营销者共同协商制定商品的统一价格，并由协商者共同遵守执行，这能防止价格向垄断转化，有利于市场竞争。

3. 市场调节定价

这是指在遵守政策和法规的前提下，根据市场供求状况、市场竞争程度、消费者行为及企业自身条件等因素的变化趋势，由营销者自行确定商品价格。这种定价主要适用于生产分散、营销量大、品种规格繁多、供求情况复杂、难以计划管理的商品，且主要依靠价值规律自发地调节商品价格。市场调节定价有下列两种形式：

第一，协议定价。是指买卖双方在不受第三者影响的情况下，相互协商议定商品价格。

第二，企业议价。是指实行部分指令性计划价格商品的企业，在完成国家任务后，超产部分，企业根据市场状况确定其价格，这是国家为了增强企业活力，提高企业劳动积极性所采用的一种鼓励性措施。

4. 消费者心理和习惯

价格的制定和变动在消费者心理上的反映也是价格策略必须考虑的因素，在现实生活中，很多消费者存在"一分钱一分货"的观念，面对不太熟悉的商品，消费者常常从价格上判断商品的好坏，从经验上把价格同商品的使用价值挂钩，消费者心理和习惯上的反应是很复杂的，某些情况下会出现完全相反的反应。例如，在一般情况下，涨价会减少购买，但有时涨价会引起抢购，反而会增加购买，因此，在研究消费者心理对定价的影响时，要持谨慎态度，要仔细了解消费者心理及其变化规律。

5. 企业或产品的形象因素

有时企业根据企业理念和企业形象设计的要求，需要对产品价格做出限制。例如，企业为了树立热心公益事业的形象，会将某些有关公益事业的产品价格定得较低，为了形成高贵的企业形象，将某些产品价格定得较高，等等。

6. 产品差异性

产品差异不仅指实体本身，也包括产品设计、商标品牌、款式和销售服务方式的特点。拥有差异性的产品，其定价灵活性较大，可以使企业在行业中获得较高的利润。

7. 企业销售能力

企业销售能力差，对中间商依赖程度大，最终价格决定权所受的约束就大；企业销售能力强，对中间商依赖程度小，对最终价格的决定所受约束就小。

第二节　企业定价的程序与方法

一、企业定价的程序

企业定价是一个非常复杂而困难的工作，涉及多种因素，这些因素交织在一起，形成错综复杂的定价环境。正确的价格决策，要求企业综合考虑影响企业定价的多种因素，采取科学的定价程序。企业制定价格的程序一般分为以下 6 个步骤，如图 8-2 所示：①选择定价目标；②测定需求；③估算成本；④分析竞争因素；⑤选择定价方法；⑥选定最终价格[1]。

选择定价目标 → 测定需求 → 估算成本 → 分析竞争因素 → 选择定价方法 → 选定最终价格

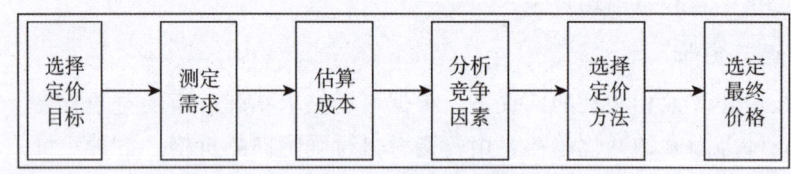

图 8-2　企业定价的程序

二、企业定价的方法

企业产品价格的高低要受市场需求、成本费用和竞争情况等因素的影响和制约，这 3 个方面就是影响企业定价的 3 个最基本的因素，可以归纳为"以成本费用为基础，以市场需求为前提，以竞争品价格为参考"。现代企业制定的价格，如果定得太低就不能产生利润，定得太高将不产生丝毫需求。在制定价格时应考虑 3 种主要因素：产品成本是定价的下限；竞争者产品的价格和替代品的价格是定价的定向点；顾客对产品独特性的评估是定价的上限，如图 8-3 所示[2]。

低价格 可能无利润	产品成本	竞争者产品价格 替代品的价格	顾客对产品独特性的评估	高价格 可能无需求

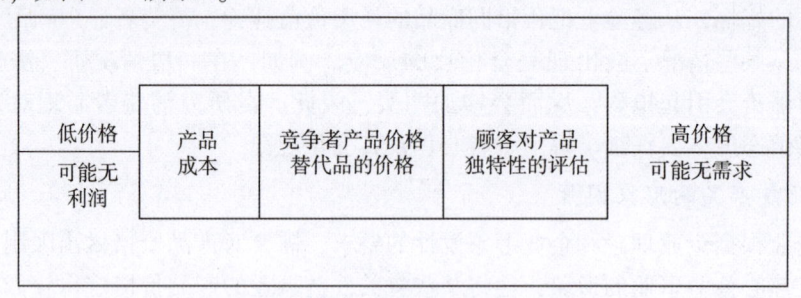

图 8-3　制定价格时考虑的主要因素

定价方法是企业为实现其定价目标所采取的具体方法。因为企业生产成本、市场的需求和竞争情况是选择定价方法的出发点，从不同侧重点出发，可将各种定价方法归纳为成本导向、需求导向和竞争导向 3 类定价方法。

---

[1] 何亮，柳玉寿. 市场营销学原理 [M]. 成都：西南财经大学出版社，2018.
[2] 何亮，柳玉寿. 市场营销学原理 [M]. 成都：西南财经大学出版社，2018.

1. 成本导向定价法

成本导向定价法是定价方法中最基本的利用成本来定价的方法。其主要理论依据是：在定价时，要考虑收回企业在营销中投入的全部成本，再考虑获得一定的利润。这是一种最简单的定价方法。

在现代企业的实际运用中可以分为以下几种具体方法：

（1）成本加成定价法。成本加成定价法是指产品单位成本基础上加上一定的百分比的利润来确定单位产品价格的定价方法。这一方法为企业普遍采用。

其中，单位成本＝可变成本＋固定成本／销售量。如企业欲获取成本一定比例的利润，则产品的定价为：

$$产品单价 = 单位成本 \times (1+期望利润率)$$

在这种定价方法中，加成率的确定是定价的关键。但不同产品的加成率往往相差很大。一般来说，季节性强的产品加成往往较高（以补偿当季无法售罄的风险），特殊品、周转慢的产品、储存和搬运费用高的产品以及需求弹性低的产品也往往需要较高的加成。在实践中，同行业往往形成一个为大多数商店所接受的加成率。如美国超级市场中，婴儿产品的加成率为9%、烟草为14%、面包为20%、贺卡为50%。

假设某厂生产甲产品的生产成本和成本加成率如下：可变成本10元，固定成本为300 000元，预期销售量为5万件，成本加成率为25%，则甲产品的单位成本为：

$$单位成本 = 固定成本/销售量+可变成本 = 300\ 000/50\ 000+10 = 16（元）$$

$$甲产品价格 = 单位成本 \times (1+加成率) = 16 \times (1+25\%) = 20（元）$$

该生产商将每件甲产品以20元的价格批发给经销商，每件盈利4元，经销商将会再加成。如果他们想从销售额中获取50%的利润（售价加成率为100%），就会将每件甲产品零售价定为40元。

这种定价方法的优点是：

①成本的不确定性一般比需求少，将价格盯住单位成本，可以大大简化企业定价程序，而不必根据需求情况的瞬息万变来进行调整。

②只要行业中所有企业都采取这种定价方法，则价格在成本与加成相似的情况下也大致相似，价格竞争也会因此减至最低限度。

③许多人感到成本加成法对买方和卖方讲都比较公平，当买方需求强烈时，卖方不利用这一有利条件谋取额外利益而仍能获得公平的投资报酬。

这种定价方法的缺点是：

①忽视市场需求和竞争因素的影响，缺乏灵活性。任何忽略需求弹性的定价方法都难以确保现代企业实现利润最大化。

②加成率的确定缺乏科学性。

（2）目标投资收益率定价法。目标投资收益率定价法是指根据现代企业的总成本和估计的总销售额，加上按投资收益率制定的投资报酬额，作为定价基础的方法。例如，通用汽车公司以总投资的15%~20%作为每年的目标收益率，然后摊到汽车售价中。这种定价方法与成本加成定价法的区别在于加在成本之上的预期利润是由投资报酬率的目标决定的。目标投资收益率定价法的定价公式为：

$$目标利润价格 = 单位成本 + (投资收益率 \times 投资成本)/预计销售量$$

假设上述的甲产品生产商为企业生产投资100万元,期望达到20%的投资收益率,预期销售量5万件,单位成本延续上例,则该厂商可计算出甲产品的价格:

单位产品销售价格=单位成本+(投资收益率×投资成本)/预计销售量
= 16+(20%×1 000 000)/50 000 = 20(元)

目标投资收益率定价法的缺陷在于:

①忽略了需求价格弹性。

②企业以估计的销售量来制定价格,而没有注意到价格却又恰恰是影响销售量的重要因素。

③要实现预定的销售量,按目标收益率定价法制定的价格可能偏高或偏低。

采用目标投资收益率定价法是有条件的,即产品必须有专利权或产品在竞争中处于主导地位;否则,产品卖不出去,预期的投资收益还是不能实现。

(3)边际成本定价法。边际成本定价法又称为变动成本定价法,即以单位变动成本为定价依据,加上单位产品边际贡献,形成产品售价。所谓边际贡献,是指预计的销售收入减去变动成本后的收益,用来弥补固定资本的支出。如果这个边际贡献不能完全补偿固定资本,就会出现亏损。但在某些特殊的市场情况下,企业停产、减产,仍得如数支出固定资本,倒不如维持生产,只要产品销售价格大于单位变动成本,就有边际贡献,若边际贡献超过固定资本,企业还能盈利。这种定价方法的计算公式为:

单位产品销售价格=单位变动成本+单位产品边际贡献
单位产品边际贡献=单位产品价格−单位产品变动成本

例如,假设某产品售价为70元,总成本为60元,其中固定成本为20元,变动成本为40元,现在,由于按原价出售有困难,决定采用边际贡献定价法,定价为56元。此时,单位产品的边际贡献是多少?

单位产品边际贡献=单位产品价格−单位产品变动成本=56−40=16(元)

这16元就是边际贡献,用于弥补固定成本的支出。由于这种定价方法不计入固定成本,故售价低廉,加强了市场竞争能力,出口企业往往采取这种定价方法来开拓国际市场,提高市场占有率。如日本汽车制造商就是运用这种方法,以"打不垮的价格"这张王牌成功地打入美国市场。

(4)损益平衡定价法。损益平衡定价法又称为收支平衡定价法。这是在预测市场需求的基础上,以总成本为基础制定价格,企业销售量达到预测需求量,可实现收支平衡,超过了此数即为盈利,低于此数即为亏损。这一预测的需求量,即为损益平衡点。其公式如下:

单位产品保本价格=企业固定成本/损益平衡点销售量+单位产品变动成本
损益平衡点销售量=企业固定成本/(单位产品价格−单位产品变动成本)

例如,假设某企业生产某产品的固定成本为3万元,每件产品的变动成本为25元,若售价为40元时,其损益平衡点销售量为:

损益平衡点销售量=企业固定成本/(单位产品价格−单位产品变动成本)
= 30 000/(40−25) = 2 000(件)

即售价为40元时,销售量要达到2 000件,方可收支平衡。

若其他条件不变,售价提高到55元时:

损益平衡点销售量=30 000/(55−25) = 1 000(件)

即售价为55元时,销售量只要达到1 000件时,就可以收支平衡。

假设上例中该企业生产某产品的固定成本为 3 万元，每件产品的变动成本为 25 元，如果销售量可望达到 2 000 件，其单位产品保本价格为：

单位产品保本价格 = 30 000/2 000+25 = 40（元）

这种方法的优点是简单易行，能使企业做到心中有数，有灵活的回旋余地。但这种方法的缺点是未能考虑到价格和需求之间的关系。如果市场供求波动较大，很难保证获得预期的利润。

2. 需求导向定价法

需求导向定价法是指根据消费者对商品价值的认识和需求程度来制定商品价格的定价方法，也称以市场为中心的定价方法，一般有以下 3 种具体方法：

（1）理解价值定价法。理解价值定价法也称为认知价值定价法、感受价值定价法，是指企业根据消费者对商品价值的认识和理解程度来定价的方法。例如，一些名牌商品、高档商品、特色商品、声誉商店、老牌商店等，在消费者心目中认为就是好，印象很好甚至产生偏爱，企业可根据这种对价值的理解，将商品价格定得高些。再如，同样的一杯咖啡在街头小店定价为 9.9 元，而在五星级宾馆定价为 55 元钱，顾客也能接受。因为在顾客心目中可能会认为，在五星级宾馆喝咖啡，享受的不仅仅是一份香浓可口的咖啡，还有优雅舒适的环境。

认知价值定价法的关键在于准确地计算产品所提供的全部市场认知价值。企业如果过高地估计认知价值，便会定出偏高的价格；如果过低地估计认知价值，则会定出偏低的价格。因此，现代企业必须对特定的目标市场进行调查研究，以准确地测定市场认知价值。

（2）差别定价法。差别定价法也称为区分需求定价法，是指企业按照两种或两种以上不反映成本比例差异的价格来销售某种产品或提供某种服务。差别定价有以下几种形式：

①顾客差别定价。即企业按照不同的价格把同一种产品或服务卖给不同的顾客。由于顾客对产品的爱好不同，需求强度不同，因而定价也就不同。例如，一些企业对批发商、零售商和最终消费者的定价是有区别的，对批发商和零售商，他们购买数量大，定价稍低些，使他们有利可图，乐于销售。

②产品形式差别定价。即企业对不同形式的产品分别制定不同的价格。但是，不同形式产品的价格之间的差额和成本费用之间的差额并不成比例。企业制定产品形式差别定价时，主要根据产品式样的区别对消费者心理的作用来定价，也可根据消费者对产品的喜爱程度不同来定价。如新款与老款产品，定价不同；简装和精装产品，定价不同；送礼用的和自己吃的产品，定价也不同。

③产品地点差别定价。即企业对于处在不同地点的产品或服务分别制定不同的价格，即使这些产品或服务的成本费用没有差异或者差异不大。各国市场行情不同，沿海与内地、平原与山区、南方与北方，各地的行情也不同，因而定价也有不同，沿海与内地、平原与山区、南方与北方，各地的行情也不同，因而定价也有区别。如剧院、电影院、体育馆的票价，因地点和座位不同，票价也不一样。

④销售时间差别定价。即企业对于不同季节、不同时期甚至不同钟点的产品或服务分别制定不同的价格。如蔬菜、水果有季节差价；时尚商品，当令时和落令时的价格差异大；节日前后的商品价格也有不同；鲜菜活鱼早晚市价不同。

企业采取差别定价必须具备以下条件：

①市场必须是可以细分的，而且各个市场部分须表现出不同的需求强度。
②以较低价格购买某种产品的顾客没有可能以较高价格把这种产品倒卖给别人。
③竞争者没有可能在企业以较高价格销售产品的市场上以低价竞销。
④细分市场和控制市场的成本费用不得超过因实行价格差别而得到的额外收入，即不能得不偿失。
⑤差别定价的幅度不会引起顾客反感。
⑥差别定价采取的形式不能违法。

（3）反向定价法。反向定价法又称为可销价格倒推法，是指根据估计的市场可销零售价来反向推算出企业产品的出厂价格的一种定价方法。这种方法也可以用于制定出口产品的净售价，故又称为市场导向出口定价法。它是以东道国市场的零售价为基础，减去中间商利润、运费、关税等费用，反推出产品的出口净售价。

反向定价法的优点是能够反映市场供求关系，有利于开拓销售渠道，企业可根据市场供求状况及时调整。这种方法一般适用于需求弹性较大、花色品种变化较快的商品。其缺点是对于市场可销零售价难以进行准确的估算预测。

3. 竞争导向的定价法

竞争导向定价法是指根据竞争者的价格作为自己的定价依据的一种定价方法。一般主要有以下两种具体方法：

（1）随行就市定价法。随行就市定价法也称为通行价格定价法，是指企业按照行业的平均现行价格水平来定价的一种方法。它不随自己成本或社会需求的变化而变化。在下列情况下往往采用随行就市定价法：

①难以估算成本。
②本企业打算与同行和平共处。
③如果另行定价，很难了解购买者和竞争者对本企业的价格的反应。随行就市定价法是同质产品市场的惯用定价方法。

在异质产品市场上，企业有较大自由度决定其价格。产品差异化使购买者对价格差异的存在不甚敏感。企业相对于竞争者总要确定自己的适当位置，或充当高价企业角色，或充当中价企业角色，或充当低价企业角色。企业总要在定价方面有别于竞争者，其产品战略及营销方案也尽量与之相适应，以应付竞争者的价格竞争。

这种定价方法的优点是：可以集中本行业智慧，与同行可以和平相处，减少竞争风险，避免顾客反感。在由少数巨头控制的行业，现代企业跟随行业领袖或巨头采用的"跟随定价"，其实质也是一种典型的随行就市定价法。

（2）密封投标定价法。密封投标定价法是指参加投标的企业事先根据招标单位公告的招标内容，估计竞争者的价格来定价，密封递价，参加比价的一种定价方法。这种定价方法的定价基础依赖于对竞争者定价的预期，即主要是依据竞争者的可能报价来决定自己的投标价格，因而属于以竞争为基础的定价方法。密封投标定价法主要用于投标交易方式，通常用于建筑包工、大型机器设备制造、政府大宗采购等。

企业在运用这种定价方法时，应充分分析并估计竞争者可能提出的报价，同时，考虑本企业利润而确定其价格。企业定价的目标是中标，因此，其所定的价格水平期望低于参与投标的竞争者。利用这种定价方法，应特别注意收集情报和积累经验。

第三节　企业定价策略

现代企业的定价策略就是把产品定价与企业市场营销组合的其他因素巧妙地结合起来，制定出最有利的商品价格，实现企业的营销目标。企业定价不仅是一门科学，更是一门艺术。现代企业定价策略的奥秘就是在一定的营销组合条件下，如何把产品价格定得既能为消费者易于接受，又能为企业带来比较多的收益。定价策略是多种多样的，关键在于正确地灵活运用。

一、新产品定价策略

新产品定价选用何种策略，是一个十分重要的问题。它不仅关系到新产品能否迅速打开销路、占领市场，并取得满意的效益，而且还会影响、刺激更多的竞争者出现，从而加剧市场的竞争。一般来讲，新产品定价有以下3种策略可供选择：

1. 撇脂定价策略

撇脂定价策略是指企业将新产品以尽可能高的价格投放市场，在短期内收回投资，获得很大的利润。这就像把牛奶上面一层奶油撇走，故国外又称"撇油价格"。待竞争者认为有利可图纷纷进入市场时，就以削价来打击竞争者。

采取这一策略通常出于以下3种考虑：

（1）新产品刚上市场，利用消费者的求新心理，以高价提高产品的身价，刺激顾客，有助于扩大销售。

（2）目前独家生产，市场上没有竞争者，只要价格不超过让消费者反感和抵制的程度，即可维持一段时间的高价。

（3）即使价格偏高了，及时降低较容易，同时能迎合消费者心理。反之，如果一开始把价格定得低了，再提高其价格，会容易受到消费者的抵触，除非不能不买。

撇脂定价策略的优点是：有利于企业获取丰厚利润，掌握市场竞争及新产品开发的主动权，同时，可以提高产品的身价，树立企业的良好形象。缺点是：不利于市场的拓展，容易使竞争加剧。因此，通常只适用于生产能力不大，或有专利、专有技术，或需求弹性小的产品。

采用撇脂定价策略，可先了解消费者的收入和购买力的不同情况，然后再做出市场细分。对产品信誉好、价格反应不太敏感地区，先实行高价策略。企业的通常做法是先撇取购买力强、对价格不太敏感的细分市场，然后再逐步降低，撇取购买力较弱的、对价格较敏感的细分市场。除新产品外，高档产品、名贵产品、炫耀性消费品等所采用的整数定价法、声望定价法也可统称为撇脂定价策略。例如，印度尼西亚的巴厘岛盛产国际驰名的传统服装，第一次到日本去展销，因价格低廉，上流人士不愿意购买便宜货，结果销路不畅；第二次去日本，把价格提高了3倍，巴厘岛服装因身价倍增而被抢购一空。

2. 渗透定价策略

渗透定价策略又称为低额定价策略。它是指把产品价格定得很低，其目的在于以很低的价格迅速打开市场，进行渗透，提高企业的市场占有率。采用这种定价策略，似乎向竞争者表态：这里没有什么油水可捞，你们别进来和我竞争。因此，它又叫"别进来"策略。

从市场营销实践来看，现代企业采取渗透定价需具备以下条件：

（1）市场需求显得对价格极为敏感，因此，低价会刺激市场需求迅速增长。

（2）企业的生产成本和经营费用会随着生产经营经验的增加而下降。

（3）低价不会引起实际和潜在的竞争。

渗透定价策略的优点是：薄利多销，以量取胜，不易诱发竞争，市场基础比较稳固，便于企业长期占领市场。缺点是：本利回收期较长，价格变化的余地小，难于应付骤然出现的竞争和需求的较大变化。因此，通常适用于生产批量大，销售潜量高，产品成本低，需求弹性大，顾客比较熟悉的产品。

3. 满意定价策略

满意定价策略又称温和定价策略。这种策略介于"撇脂"与"渗透"策略之间，价格水平适中。也就是在"撇脂价格"和"渗透价格"之间，取其适中价格，西方企业大多采用这种定价策略。

二、折扣与折让定价策略

这是指现代企业为扩大产品销售，在基本价格的基础上，采取给予一定的折扣或折让而定价的策略。

折扣定价策略通常有以下 5 种类型：

（1）现金折扣。这是企业给那些提前付清货款的购买者的一种减价。如"2/10，30 天"，表示付款期为 30 天，如果顾客能在 10 天内付款，则给予 2%的折扣。这种折扣在西方相当流行。

（2）数量折扣。这是现代企业给那些大量购买某种产品的顾客的一种减价，顾客购买的数量越多，折扣越大。数量折扣可按每次购买量计算，也可按一定时间内的累计购买量计算，目的在于鼓励顾客购买更多的商品，因为大量购买能使企业降低生产、销售、储运、记账等环节的成本费用。

（3）交易折扣。它又称为功能折扣，是产品制造商给某些批发商或零售商的一种额外折扣，促使他们愿意执行某种市场营销职能（如推销、储存、服务等）。一般情况下，给予批发商的功能折扣大于零售商。

（4）季节折扣。这是现代企业给那些购买过季商品或服务的顾客的一种减价，其目的在于使企业的生产和销售在一年四季保持相对稳定，减少厂商的仓储费用，加速资金周转。如旅行社、航空公司等常在旅游淡季给顾客以季节折扣。

（5）折让。折让也是一种减价的形式。如以旧换新折让是指顾客在购买新产品的同时交回旧产品的一种减价。促销让价是企业对经销商进行各种促销工作的一种报酬。在某种情况下，如企业为了开展广泛的促销活动，临时把产品价格定得低于正常情况，有时甚至低于成本。这有利于经销商为产品推广而进行的各种促销活动，如刊登广告、商品陈列等，从而有利于扩大产品影响，提高产品知名度和市场占有率。

促销让价策略在零售企业运用得非常普遍。零售商通常将某几种商品的价格定得特别低，以招徕顾客，所以也称为"招徕定价"。这种定价策略可以吸引消费者来店购买，增加其他商品的连带性购买，从而达到扩大销售的目的。

采取招徕定价策略时，应当注意：

①对某些商品确定低价，要真正低到接近成本，甚至亏本，使消费者尝到甜头，吸引他们购买。

②数量要充足，保证供应；否则，没有购买到特价商品的顾客会有一种被愚弄的感觉，会严重损害企业形象。

③企业经营的商品要消费面广，例如，日用消费品和生活消费品，消费者众多，而且品种杂，采用低价易招徕顾客。

④大型零售商店，如超级市场，因光顾者多，就可利用消费者的求廉心理，故意将几种商品的价格定低，将众多的消费者吸引到商店来。如某些超市将那些普遍使用的、顾客不愿大量储存的商品，如牛奶、鸡蛋等的价格定得很低，其目的是吸引来店顾客购买其他非廉价商品而不是推销那些廉价商品。

三、心理定价策略

心理定价策略是为迎合消费者不同层次的消费需求和不同购买欲望而制定的定价策略。使用这种定价策略，能使消费者感到购买这种商品有合算、实惠、名贵等的满足感，从而更好地激发消费者的购买欲望，达到扩大商品销售的目的[①]。

1. 消费者的价格心理表现

消费者购买商品一般须具备两个基本条件：一是对某一商品具有潜在的购买兴趣和愿望；二是具有一定的购买能力。因此，企业在制定心理定价策略时，首先要对消费者价格心理进行分析。消费者价格心理一般主要有以下几种：

（1）按质论价心理。消费者在购买商品时，由于对商品的性能、材质、质量等单凭直观感觉往往无法鉴别，长期以来形成了"一分价钱一分货""价高质必优"的心理，将商品价格高低当作辨别商品好坏、估量商品价值的指示器。

（2）价廉物美心理。对大多数人，特别是一些年龄较大的消费者来说，在购买商品时，总希望能买到价廉物美、经济实惠的商品。这种价廉物美的心理，在消费者收入水平较低时显得较为强烈。

（3）习惯价格心理。对于一些日常购买的生活消费品，如牛奶、鸡蛋、油盐酱醋等，消费者由于购买频繁，对价格的高低渐渐形成了习惯，如果这些商品的价格高于习惯价格，人们立即会产生涨价的感觉；反之，如果低于习惯价格，人们又会怀疑商品的质量有问题。

（4）价格稳定心理。一般来说，随着经济的发展和人们生活水平的提高，商品的价格呈上涨趋势。但是，对大多数消费者来说，商品价格上涨的幅度如果高于其经济收入提高的幅度，消费者在经济上就难以承受，心理上也会产生不平衡。所以现代企业在对商品定价时，切忌忽高忽低。

（5）附加价值心理。附加价值就是商品的增加值。假定某种商品的售价为100元，但其实际价值可能达到105元或110元，此时，消费者就认为购买这种商品值得，买一件商

---

① 何亮，柳玉寿. 市场营销学原理 [M]. 成都：西南财经大学出版社，2018.

品赚到了5元或10元。所以人们到商店购买商品时，总要东看看、西瞧瞧，货比三家，希望用一定量的货币买到质量更高、服务更好的商品，其目的就是为了从商品或服务上获得更多的附加价值。

（6）害怕上当受骗心理。消费者在购买商品时，一般总有一种怕因商品的质价不符而上当受骗的心理。对价高又不熟悉的产品，这种感觉尤为强烈；对日常使用的低价商品，则此种风险感觉较弱。所以企业在出售高价新品时，一定要做好商品的宣传介绍工作，努力使消费者了解商品的性能和特点，以减轻他们怕上当受骗的风险心理。

（7）高价消费心理。随着经济的发展和人们消费水平的提高，持有这种心理的人越来越多，特别是一些青年人，以及家庭较富有的消费者更是如此。他们喜欢购买高价商品，以此来满足自己的精神需要，提高自己的身价。所以有时同样的商品，标价低了卖不出去，高了反倒容易销售。

2. 心理定价策略的种类

针对消费者对价格的不同心理状态，产生了不同的心理定价策略。归纳起来，大致有以下几种：

（1）尾数定价。又称奇数定价，是国际上流行的定价方法，是指给商品定一个带有零头数结尾的非整数价格，如某一商品定价为9元而不是10元。为什么要这样定价呢？

美国商业心理学家研究表明，顾客常有这种感觉：
①单数比双数少，奇数价似乎比较便宜些。
②尾数价比整数价显得定价准确，可以增加信任。
③价格低一位比高一位数少，如3.99元与4元相比较，虽相差1分，但在消费者看来，前者却比后者便宜许多。

鉴于顾客的这种心理，专家们建议定价在5元以下的商品，尾数价最好是"9"；5元以上者尾数最好是"95"，这种价格消费者容易接受，因此，在美国各种零售商店常常可以见到标有99美元的牌价；4 000美元一辆的旧汽车，往往标价3 995美元；27 000美元的设备在广告上宁可刊登26 995美元。

这种定价法的好处在于：
①使消费者产生信任感。若将商品价格定为整数，如1元、10元、100元等，往往从心理上认为是一种概略性的估价；如果用尾数定价，往往会让消费者认为企业定价准确，一丝不苟，从而增加了信任感。
②给消费者以价廉感。整数价和尾数价，两者虽然相差不多，但尾数价往往能使消费者感觉便宜而乐于接受。

这种定价方法通常适用于价值低、销售面广、数量多和购买频率高的日用消费品。

（2）整数定价。整数定价与尾数定价相反，即采用整数来定价。例如，一件高级时装定价为500美元，而不定499美元。对于能满足顾客显示身份地位的高档商品，往往采用这种方法定价，以提高商品的档次。整数定价是利用人们"一分钱一分货"的心理，以整数给人一种高质量、高贵的印象。此外，整数定价也可以使买卖方便，避免找零钱的麻烦。

（3）声望定价。是指根据企业及产品较高的声誉，定价比同类商品高的一种方法。采用这种定价方法有两种情况：

①现代企业及产品的形象在消费者心中有了一定的声望，且有好感或创立了名牌，这时企业的产品定价可高于同类商品，反之则不能吸引顾客。

②一些象征富有、名誉、能显示其身份地位的商品，如珠宝、古董、首饰、名人字画等名贵商品，其价钱定得偏低反而会降低了商品的身价。我国出口的高档瓷器、高级丝绸等在世界市场上享有盛誉，就应采用声望定价。

采用这种策略，必须掌握以下两点：第一，准确评估企业或产品品牌的声望；第二，准确估计顾客对较高价格的接受程度。

(4) 习惯定价。习惯价格又称便利价格，是在市场上长期流通且为广大消费者所认可和接受的比较习惯和固定的商品价格。高于习惯价格，被认为是不合理的涨价，低于习惯价格，又使消费者怀疑商品是否货真价实。因此，这类商品的价格应力求稳定。若必须变动时，可以通过采取改换包装或品牌等措施，避开习惯价格对新价格的抵触心理，引导消费者逐渐形成新的习惯价格。

四、产品组合定价策略

组合定价是指根据产品之间的互相联系，使价格之间也保持相应的关系，不是追求某个产品项目的利润大小，而是追求整个产品组合收益的最优化[①]。产品组合定价策略主要有以下几种：

1. 产品线定价法

产品线是一组相互关联的产品。通常，一条产品线中的每一个产品都有不同的外观或特色，企业将产品线的系列产品通过牌号、规格、花色、质量等方面的比较，选其中一种作为标准型产品，其余依次排列，低、中、高3档，再分别定价，这种产品线定价也称为分档定价或"多型号"定价。一般来说，供低收入层使用的低档产品，价格最低，利润最薄；供中收入层使用的中档产品，价格中等，利润适中；供高收入层使用的高档产品，价格最高，利润最多。因此，这种方法可以说是以丰补歉，各得其所。如某食品厂家生产的一种饼干，罐装的每500克30元，袋装的每500克15元，分别满足了不同消费者的需求。

企业进行产品线定价，首先需要测定人们对某种产品愿意接受的价格上限和价格下限，在此基础上确定分档数目和价格差距。在决定价格差距时，要考虑产品之间的成本差额、顾客对产品不同特色的评价及竞争者产品的价格等因素。商品价格的档次不宜分得过多或过少；档次的价格差距也不宜过大或过小。如果价格差距小，顾客就会购买更先进的产品，此时，若是这两个产品的成本差额小于价格差额，企业的利润就会增加；反之，价格差距大，顾客就会购买较差的产品，这样也可能会失去一部分期望购买中间档次价格商品的购买者。

2. 互补品定价法

互补品定价法又称为连带产品定价法，是指在互补商品中将购买频率高、价格不敏感的商品，定价高些；对与之配套使用的购买频率低，价格敏感的商品，定价低些。

如剃须刀片与刀架、胶卷与相机、桶装纯净水与净水加热器等。有的企业甚至将某些

---

① 何亮，柳玉寿．市场营销学原理［M］．成都：西南财经大学出版社，2018.

商品制定保本无利，甚至亏损的价格，如有些净水公司将净水加热器以很低的价格出售，甚至免费提供使用，但要求客户必须使用其桶装纯净水，以此达到推销桶装纯净水的目的。美孚"洋油"进入中国之初，美商将一大批"洋油"灯以极低价出售，使中国人买了灯之后，必用其油，从而达到推销"洋油"的目的。

3. 成组产品定价法

为了促进销售，企业经常以某一价格出售一组产品，这一组产品的价格低于单独购买其中每一件产品的费用总和，如公园销售年卡。这种定价方法也适用于相互关联，互相配套的商品。如西服和领带、床单和枕套、文具用品等实行配套出售，价格从优，使商品的成套价格低于单件出售的价格总和。这样做可吸引消费者对商品进行成套购买，扩大销售量，节约销售费用，增加企业利润。如肯德基推出各种优惠套餐以及"全家桶"，其价格低于分别购买其中每一种产品的价格总和，吸引了消费者购买，扩大了营业额。

五、地区定价策略

一个企业的产品，不仅卖给当地顾客，而且要销往外地市场，产品运达不同的地点，需要支付不同的运输费用。地区定价需要考虑的是，对不同地区的买主，是制定相同的价格，还是分别制定不同的价格。在实践中一般有5种与地理位置有关的地区性定价策略。

1. FOB 原产地定价

这种定价也称离岸价格（FOB），是指企业仅确定本地价格，从产地到目的地的一切风险和运输费用由购买者承担。这样，看来是很公平的，但这种定价对企业也有不利之处，因为远地购买者要承担较高的运输费用，有可能不愿购买这个企业的产品，而购买其附近企业的产品。这种定价法常用于运输费用较大的商品。

2. 买主所在地定价

这种定价又称统一运送价格或到岸价格（CIF），是指企业对不同地区顾客，不论远近，都实行一个价格，卖方须负担一切运输、保险费用。这种定价法简便易行，可获得远方顾客的欢迎，也便于在全国性的广告里刊登统一的价格；但对附近地区顾客不利。这种定价法适用于运输费用较小的商品。

3. 分区定价

该种定价介于FOB原产地定价与CIF统一交货定价两者之间，是指企业将自己的产品销售市场划分为若干区域，对每个不同的区域制定不同的价格。如分为华东、华北、华南、东北、西南、西北地区等。距离企业较远的地区，价格定得较高，距离企业较近的地区，价格定得较低。

但在同一区域内实行同一价格。采用分区定价也有缺点：一是即使在同一区域，不同的顾客离企业也有远近之分，较近的就不合算；二是处在两个相邻价格区界两边的顾客，他们相距不远，但是要按不同的价格购买同一种产品。

4. 运费免收定价

这是指有些企业因急于和某些地区做生意，负担全部或部分实际运费。这些企业认为，如果生意扩大，其平均成本就会降低，因此，足以抵偿这些费用开支。采取运费免收定价，可以使企业加强市场渗透，并且能在竞争日益激烈的市场中维持或扩大市场占有率。

5. 成本加运费定价

这种定价又称 C&F 定价，是在 CIF 价格的基础上减去保险费用，即成本加运费价格。

六、互联网免费定价策略

顾名思义，互联网免费定价策略就是对所提供的产品或者服务实施零定价。该定价策略在互联网上运用最为广泛，凭借互联网无限的时空限制以及数字技术，免费定价成为一种几乎颠覆传统定价方式的崭新定价策略[①]。

1. 依托增值服务的免费定价

这种定价策略所适用的免费产品是网络软件与服务，免费对象是普通版使用者。最早由风险投资家提出，是媒体订阅模式的基础。该策略对普通版（非增值部分）的用户免费，而对享受增值服务的用户收取一定的费用，通常付费的用户足以支撑起其他所有用户。这种定价策略的可行之处在于，服务其他用户的成本几乎为零，甚至完全可以忽略不计。例如腾讯 QQ，普通用户可以免费使用，但如果要成为高级用户则需支付一定的费用。

2. 交叉补助免费定价

这种定价策略所涉及的免费产品包括所有能诱使产生其他消费的产品，主要针对所有最终愿以某种方式支付的人。这种策略通过免费赠送一些产品来诱发对相关付费产品的购买。国外许多唱片公司会采取这种定价策略，它们将自己的主盘和海报派发给镇上的摊贩，允许摊贩拷贝这些主盘并出售，同时独得所有的收入。能够如此做是因为卖唱片并非唱片公司的主要收入来源，它们的主营业务是商业表演。由于事前超便宜的宣传造势，它们在各个城市中的演出场场爆满，获利丰厚。知名的吉列送刀架而卖刀片的营销模式采用的正是这种策略。

3. 基于零边际成本的免费定价

这种定价策略所涉及的免费产品具有极低单位成本的特征，其免费对象可以惠及所有人。比如在线音乐，在数字复制品和传输方式的推动下，音乐产品大量发行的实际成本几乎为零，由此可以实现向所有在线用户免费提供在线音乐，该策略在音乐产品进入市场的早期推广中应用最广，而且覆盖效果比传统的赠送光盘要明显得多。

4. 依托用户行为的免费定价

这种定价策略在互联网上运用比较广泛，用户对网站的使用行为本身会创造一些内容和服务，而其他用户几乎可以免费地享用内容和服务。例如，在雅虎问答上的投票，大量用户的投票行为本身就形成一定的投票结果，而其他用户则可不花一分钱使用这些投票结果。此外，像大众点评之类的网站采用的也是这种策略，任何用户都可以免费使用其他用户点评的结果来帮助自己做出正确的消费决策。

5. 礼品经济免费定价

这种定价策略所涉及的典型产品莫过于开源软件或用户原创内容的大量资源，其免费对象可以是任何人。其提供的产品或者网站内容几乎是免费赠送给所有人，与通常的礼品

[①] 郭国庆，陈凯. 市场营销学 [M]. 7 版. 北京：中国人民大学出版社，2022.

异曲同工。这种免费定价策略甚至包含了意义深远的营销道德:金钱并非唯一的驱动力,利他主义一直都存在。互联网为其创造了一个平台,百度百科的成功便是一个有力的证明。

第四节 价格变动与企业对策

产品价格制定以后,由于情况变化,经常需要进行调整。现代企业调整产品的价格,主要有两种情况:一种情况是由于市场环境发生变化,企业认为有必要主动改变自己的产品价格,这是主动调整;另一种情况是由于竞争者调整价格,企业不得不做出相应的反应,这是被动调整。不管是主动调整还是被动调整,现代企业首先要考虑调价后顾客的反应、竞争者的反应;其次针对两种不同的调整类型,选择适当的策略。

一、企业的价格调整方式

1. 降低价格

企业降低价格的原因主要有以下3个方面:

(1) 企业的生产能力过剩。企业需要扩大销售,但通过改进产品、加大促销力度等其他营销方式已难以奏效,在这种情况下企业应考虑主动降低价格。然而要注意的是,企业主动改变价格,在一些行业有可能引起价格战,如家电等行业。

(2) 在强大竞争者的压力之下,企业的市场占有率下降。为了夺回失去的市场,企业应考虑主动降价。如美国的汽车、电子产品、照相机、手表、钢铁等行业,由于来自日本厂家的竞争,丧失了一些市场占有率,美国的一些企业不得不主动降价竞销。

(3) 由于企业的成本费用比竞争者低,企业试图通过降低价格来掌握市场或提高市场占有率,从而扩大生产和销售,降低成本费用。

2. 提高价格

虽然提价会引起消费者、经销商和企业推销人员的不满,但一个成功的提价策略可以使企业的利润大大增加。企业提高价格的原因主要有以下3个方面:

(1) 由于通货膨胀、物价上涨,企业的成本费用提高,许多企业不得不提高价格。同时,由于对预期的通货膨胀的恐惧,加上对政府价格管制的逆反心理,价格的提高幅度经常大于成本的增加幅度。此外,由于企业担心成本会持续上升而减少自己的利润,往往不愿意对顾客做长期的价格承诺。

(2) 产品供不应求。当产品供不应求,企业不能满足所有顾客的需要时,虽然成本没有改变,也应考虑提价,或对顾客实行限额供应,或同时采用这两种方法。

(3) 企业出于市场竞争策略的考虑,为了谋求竞争中的差异化优势,也会考虑在适当的时机采取提价策略。

在上述情况下,企业可以采取调高价格的策略。企业可以明调,即其他条件不变,把销售价格提高;或者可以暗调,即看起来商品标价不变,但实际价格已经提高。

企业提价常用的方法主要有以下几种:

(1) 采取推迟报价定价的策略,即企业决定暂时不规定最后价格,等到产品制成或交货时方规定最后价格。在工业建筑和重型设备制造等行业中一般采取这种定价策略。

（2）在合同上规定调整条款，即企业在合同上规定在一定时期内可按某种价格指数来调整价格。

（3）采取不包括某些商品和劳务的定价策略，即企业决定产品价格不变，但原来提供的某些相关劳务要计价。

（4）减少价格折扣。

为了减少顾客的不满，企业提价时应当向顾客说明提价的原因，不致引起顾客的反感和抵制。此外，企业还可以考虑用其他方法来应付增加的成本或满足大量需求而不提价，主要方法有：

①减少产品分量，而不提价。
②用较便宜的原料或配件来代替。
③减少或改变产品某种特色、包装或服务。
④制造新的经济型品牌等。

二、顾客对价格变动的反应

企业无论是提高价格还是降低价格，都必然影响到购买者、竞争者、中间商和供应商的利益，而且政府对企业变价也不能不关心。在这里，首先分析购买者对企业变价的反应。

1. 顾客对企业降价的反应

顾客对于企业的某种产品的价格降低可能会这样理解：

（1）这种产品的式样过时了，将被新产品代替。
（2）这种产品有某些缺点，销售不畅。
（3）企业财务困难，难以继续经营下去。
（4）价格还要进一步下跌。
（5）这种产品的质量下降了。

2. 顾客对企业提价的反应

企业提价通常会影响销售，但是购买者对企业的某种产品提价也可能会这样理解：

（1）这种产品很畅销，不赶快买就买不到了。
（2）这种产品很有价值。
（3）卖主想尽量取得更多利润。

一般来说，购买者对于价值高低不同的产品价格变动的反应有所不同。购买者对那些价值高、经常购买的产品的价格变动较敏感，而对那些价值低、不经常购买的小商品，即使单位价格较高，购买者也不大注意。此外，购买者虽然关心产品价格变动，但是通常更关心获得、使用和维修产品的总费用。因此，如果卖主能使顾客相信某种产品获得、使用和维修的总费用较低，就可以把这种产品的价格定得比竞争者高，获得更多的利润[①]。

[①] 郭国庆，陈凯. 市场营销学 [M]. 7版. 北京：中国人民大学出版社，2022.

三、竞争者对价格变动的反应

虽然透彻地了解竞争者对价格变动的反应几乎不可能,但为了保证调价策略的成功,主动调价的企业又必须考虑竞争者的价格反应。没有估计竞争者反应的调价,往往难以成功,至少不会取得预期效果[①]。

在实践中,为了减少因无法确知竞争者对价格变化的反应而带来的风险,企业在主动调价之前必须明确回答以下问题:

第一,本行业产品有何特点?本企业在行业中处于何种地位?

第二,主要竞争者是谁?竞争对手会怎样理解我方的价格调整?

第三,针对本企业的价格调整,竞争者会采取什么对策?这些对策是价格性的还是非价格性的?它们是否会联合做出反应?

第四,针对竞争者可能的反应,企业的对策又是什么?有无可行的应对方案?

在细致分析的基础上,企业方可确定价格调整的幅度和时机。

职业道德实践

价格欺诈陷阱

市场中的价格欺诈行为主要包括以下几种形式:

陷阱一:虚假降价。商家以虚假降价或虚假折扣的方式吸引消费者,如先涨价再降价,或者将过期、损坏的商品混入正常商品中降价销售。

陷阱二:虚假模糊标价。商家在销售商品或提供服务时,使用欺骗性的价格表示,如谎称降价、优惠等。使用含糊不清的标价,如使用虚高的价格、隐藏真实价格等。

陷阱三:隐瞒价格信息。商家故意隐瞒某些价格信息,如服务费用、税费、保修费用等,导致消费者在购买时产生误解。

陷阱四:误导性比较。商家在销售商品或提供服务时,使用误导性的比较方法,提供虚假或误导性的信息,如将不同品质、不同价格的商品进行混淆比较等。

陷阱五:价格垄断。某些商家通过联合、协议等形式控制价格,排除市场竞争,损害消费者利益。

陷阱六:不履行价格承诺。商家在销售商品或提供服务时,不履行已做出的价格承诺,如拒绝按承诺价格供货、提供服务等。

陷阱七:隐瞒信息。商家在销售商品或提供服务时,隐瞒与交易有关的重要信息,如产品缺陷、服务质量差等。

从市场营销职业道德层面来看,价格欺诈行为是违背了市场营销的基本原则和道德规范的。市场营销职业道德的核心是诚实、公正、公平和责任。在价格行为中,营销人员应当提供真实、准确、完整的价格信息,不进行虚假或误导性的价格宣传,尊重消费者的知情权和选择权。

---

① 蒲冰.市场营销实务 [M].成都:四川大学出版社,2016.

因此，我们应当坚决抵制价格欺诈行为，坚守诚实守信的道德底线。在实践中，这包括以下几个方面：提供真实、准确、完整的价格信息，不进行虚假或误导性的价格宣传；尊重消费者的知情权和选择权，不隐瞒或欺骗消费者；关注并维护市场的公平竞争，不参与或支持价格垄断等不正当竞争行为；及时纠正错误或不正当的价格行为，积极接受市场监管部门的监督和指导。只有这样，市场营销行业才能保持健康、公正和可持续的发展，赢得消费者的信任和尊重。

课后习题

一、判断题

（　　）1. 当 $E>1$ 时，说明企业所面临的市场需求是富有弹性的，为了取得更高收入可制定较高的价格。

（　　）2. 一般情况下，采用密封投标定价法时，报价越低，中标的概率越大。

（　　）3. 以获取当前最高利润为定价目标的侧重点是短期内的最高利润。

二、单选题

1. 在产品生命周期的最初阶段，把产品的价格定得很高，以赚取最大利润的一种定价技巧和措施，我们称之为（　　）。

   A. 习惯定价策略　　　　　　　　B. 渗透定价策略
   C. 撇脂定价策略　　　　　　　　D. 满意定价策略

2. 对于高档瓷器等产品，应采取（　　）。

   A. 尾数定价　　　　　　　　　　B. 声望定价
   C. 心理定价　　　　　　　　　　D. 习惯定价

3. 某企业为了增加剃须刀刀片的销量，采用了降低剃须刀刀架的定价方法，这种产品组合定价策略是（　　）。

   A. 产品线定价　　　　　　　　　B. 选择品定价
   C. 产品系列定价　　　　　　　　D. 互补品定价

三、多选题

1. 在下列哪些条件下，需求可能富有价格弹性（　　）。

   A. 购买者对较高的价格很在意，积极寻找便宜货
   B. 市场上存在替代品或竞争激烈
   C. 购买者生活习惯改变较快
   D. 产品质量有所提高或存在通货膨胀，购买者认为价格提高是应该的

2. 缓慢撇脂策略，是指企业以（　　）推出新产品。

   A. 低价格　　　　　　　　　　　B. 高促销
   C. 高价格　　　　　　　　　　　D. 低促销

3. 关于产品的定价（　　）。

   A. 产品定价时基本都以成本为基础
   B. 大企业在定价后，不用考虑产品价格调整
   C. 撇脂定价是一种以相对较高价格进入，随着市场逐步饱和后再降低价格的方法

D. 创业企业如果进入现有市场制定价格时需要考虑竞争对手产品的价格

四、计算题

某企业某种产品的年计划产量是 2 000 件，单位产品价格 8 000 元，单位产品变动费用 3 500 元，年固定费用为 387 万元。试计算：

（1）盈亏平衡点的销售量和销售额。

（2）若企业计划期内的目标利润为 2 250 000 元，售价及固定费用不变，若单位变动费用增加 12%，该企业的年度目标销售量应为多少？

案例思考与讨论

一杯9.9元，库迪咖啡发起价格战

咖啡价格持续走低，低线城市成为必争之地

最低仅需 9.9 元，就能买到一杯咖啡，这样的现象正在越来越多的低线城市上演。

近日，库迪咖啡开启了"百城千店咖啡狂欢节"活动，截至 2023 年 3 月 31 日，70 余款热销产品全部 9.9 元起售，邀请新朋友还有机会获得 0 元免费喝咖啡奖励。库迪咖啡在拉开价格战序幕的同时，也向低线城市发起冲击，参与门店将覆盖全国 181 个地级以上城市，约 1 300 家门店。

库迪咖啡究竟是另辟蹊径，还是重走瑞幸的"老路"？在咖啡内卷严重的当下，价格战的策略能否奏效？连锁咖啡品牌加速在低线市场攻城略地是否已成咖啡市场新趋势？

一、库迪和瑞幸的渊源

押宝阿根廷，让库迪咖啡这个名不见经传的咖啡品牌在卡塔尔世界杯后名声大噪，而其正在进行的"百城千店咖啡狂欢节"让更多人记住了这个最低只要 9.9 元就能买一杯的咖啡。

《中国城市报》记者点开库迪咖啡微信小程序，看到此次库迪咖啡一共设置了 3 项福利：邀请 1 名微信好友注册下单，可以获得 1 张 0 元任饮券；扫码添加库迪咖啡福利官微信，可领取 6 张 9.9 元全场任饮券；经典拿铁 9.9 元特价销售，在点单界面就能直接选择。

实际上，这早已不是库迪咖啡第一次打出 9.9 元的低价策略，2022 年 11 月，其北京首店开业时，门店标示牌就写着试营业期间每杯 9.9 元，小程序扫码注册会员还送 12 张 8 元优惠券。

频繁送出大额优惠券，这与瑞幸当年的揽客途径如出一辙。其实，库迪咖啡正是由瑞幸咖啡创始人陆正耀，联合创始人、前 CEO 钱治亚携瑞幸原核心团队打造，注册资金 2 亿美元，总部位于北京。

除了低价外，二者还都十分喜欢邀请明星代言。瑞幸曾邀请汤唯、张震为其代言；而库迪咖啡以阿根廷国家足球队中国区赞助商的身份亮相，在门店更是在显眼位置张贴各种合作海报，同时，"百城千店咖啡狂欢节"活动期间每周还邀请一位明星助阵。

库迪咖啡核心团队的配置也让不少人揣摩，是否会复制瑞幸的发展路径？

和弘连锁咨询董事长兼总经理文志宏在接受《中国城市报》记者采访时表示："库迪

咖啡的创始团队源自瑞幸团队，因此，可能会借鉴过去瑞幸的一些做法，比如，低价等营销策略就很像，我觉得很正常。当然也会有一些差异性，比如，在扩张模式方面，库迪的门店以加盟为主，而瑞幸的门店更多以直营为主。"

"库迪咖啡是否会复制瑞幸的老路？这取决于公司管理层的决策和市场反应。"一位不愿透露姓名的业内人士告诉《中国城市报》记者，瑞幸的失败经验对于整个行业来说是一次警醒，而库迪咖啡需要在管理和运营方面更加谨慎，避免重蹈覆辙。

二、价格战成果仍需观望

价格战并不鲜见，在中国市场早已司空见惯。

艾媒咨询数据显示，预计咖啡行业将保持 27.2% 的增长率上升，2025 年中国市场规模将达 1 万亿元。这也意味着，中国咖啡市场的竞争也将愈加激烈。

2022 年，星巴克、Tims 中国等精品咖啡陆续在抖音、饿了么等平台直播开展团购、秒杀、派发"买一送一"优惠券等降价促销活动。同时，瑞幸等国产咖啡品牌也在直播卖饮品券，在价格上一降再降。

除了上述咖啡品牌，新茶饮赛道上的玩家也纷纷下场，今年 2 月 1 日，都可宣布，全国有咖啡的门店中现磨美式售价降至 3.9 元，生椰拿铁售价降至 8.9 元，而在原有菜单中，美式售价为 12 元，生椰拿铁售价为 17 元，最高降幅接近 70%；奈雪的茶也在抖音团购放出 9.9 元咖啡四选一兑换券，而此前，奈雪拿铁、卡布奇诺、生椰拿铁价格在 19 至 22 元之间。

就连星巴克也出于对市场的考量，不得不加入价格战的序列，以抖音团购为例，星巴克上线了 66 元双杯（限六款原价 41 元的星冰乐、拿铁等）、27.9 元中杯拿铁、2 中杯咖啡+2 甜品 99 元（限 30 元以下经典咖啡）等。

有不少品牌依靠价格战尝到了甜头，比如，蜜雪冰城孵化的咖啡品牌"幸运咖"凭借低价优势杀出了一条血路。2022 年，幸运咖几乎重现了蜜雪冰城的开店速度，新开门店 1 521 家，成为 2022 年新开门店数排名第二的咖啡品牌。

如此看来，在各路品牌把咖啡价格不断拉至新的价格带的背景下，库迪咖啡的低价策略能否奏效？

"这取决于市场反应和消费者接受程度。"上述不愿透露姓名的业内人士指出，在竞争激烈的市场环境中，价格并不是唯一的决定因素，品质、服务、体验等方面也需要考虑。

文志宏认为，尽管在中国咖啡市场，价格战已经沦为一种常见的营销手段，且愈演愈烈，但在现阶段，库迪咖啡的低价策略依然能够在一定程度上起到推广和获客的作用。

在百联咨询创始人庄帅看来，库迪咖啡能否靠低价获利，目前还需要观望，未来将观察库迪能否步入瑞幸先靠低价打出规模、继而上调价格、稳定利润这条经营轨道？

三、低线城市成为"兵家必争之地"

伴随咖啡价格持续走低的，还有咖啡品牌不断下沉到低线城市市场。

智研咨询数据显示，截至 1 月，中国三线以下城市的咖啡店数量已超过 4 000 家，占整体数量的 1/4。当一、二线城市咖啡业趋于饱和后，品牌瞄准尚未被渗透的县城市场，纷纷开放低线市场加盟。

各大咖啡品牌陆续布局低线城市。不久前，瑞幸宣布开启 2023 年度首轮新零售合作伙伴招募计划，覆盖钦州、佳木斯、包头等多个三、四线城市，趁热打铁抢占下沉市场。紧接着，库迪咖啡启动"百城千店促销活动"，宣称参与门店将覆盖全国 181 个地级以上城市，约 1 300 家门店。

2023 财年第一季度，星巴克中国共新增 69 家门店，新进入 10 座三线以下新城市，其中以五线城市为主，包括四川广安、陕西安康、湖南吉首等。据窄门餐眼数据，截至 2 月 9 日，星巴克国内门店数达到 6 915 家。

星巴克中国首席运营官刘文娟此前接受媒体采访时称，县域市场顾客消费潜力大，市场空间亟待开发，并直言：“当我们在谈咖啡市场拓展的时候，星巴克看重的不仅仅是全国 300 多个地级市场，也包括了近 3 000 个县域市场。”

在业内人士看来，由于高线城市咖啡连锁品牌的渗透率较高，低线城市似乎逐渐成为各大品牌的兵家必争之地。一位不愿透露姓名的业内人士称："越来越多的咖啡品牌开始布局低线市场，因为这些市场潜力巨大、竞争压力相对较小。但是，市场规模大并不意味着一定能够取得成功，需要根据市场特点和消费者需求进行具体调整。"同时，他进一步表示，下沉低线市场所面临的痛点和难点包括缺乏人才、物流配送困难、市场竞争激烈等，需要制定相应的策略，如建立健全的物流体系、培养本地人才、定制针对低线市场的营销方案等，来提高运营效率和市场竞争力。

此外，需要注意的是，据德勤调研数据，国内一、二线城市已养成咖啡饮用习惯的消费者杯数分别为 326 杯/年和 261 杯/年，但全国的平均数字则只有 9 杯/年，发展空间巨大的同时，也意味着低线市场的咖啡消费习惯还没形成。除了收入水平、文化区隔等因素以外，要培养低线市场的咖啡消费习惯还有很长的路要走。根植于都市的咖啡文化如何同步下沉市场？这也是各路玩家不得不思考的一大问题。

（资料来源：张亚欣．一杯 9.9 元．库迪咖啡发起价格战［N］．中国城市报，2023-02-20（008）．DOI：10.28056/n.cnki.nccsb.2023.000456.）

思考题：
1. 你认为库迪能否通过"价格战"，打败竞争对手？
2. 你认为咖啡文化可以通过哪些途径实现市场下沉？
3. 你如何看待企业的"价值战"与"价格战"的关系？

第九章 渠道策略

学习目标

【知识目标】
- 理解分销渠道的概念、内涵、作用和功能;
- 熟悉分销渠道模式;
- 熟悉中间商作用及分类;
- 掌握营销渠道设计内容和渠道选择依据;
- 熟悉营销渠道冲突和合作管理;
- 理解基于数据驱动的渠道策略制定与优化。

【能力目标】
- 能够根据企业特点和市场需求,选择合适的营销渠道并进行有效设计,确保渠道策略与企业目标保持一致;
- 能够与渠道成员建立长期稳定的合作关系,促进渠道协同和资源共享;
- 能够识别和处理渠道冲突,运用沟通技巧和谈判策略化解矛盾,维护渠道关系的和谐稳定;
- 能够基于市场和企业数据分析,制定和优化渠道策略。

【素质目标】
- 具备高度的市场敏锐度和洞察力,能够及时发现市场变化和渠道机会,为渠道策略的制定和调整提供有力支持;
- 具备创新思维和实践能力,能够提出新颖、有效的渠道策略,并勇于实践探索;
- 具备良好的团队协作精神和沟通能力,能够与团队成员有效合作,共同解决渠道策略制定和实施过程中遇到的问题。

案例导入

小 M 公司：基于数据驱动的精准决策

一、案例背景

随着智能手机市场的竞争日益激烈，企业如何制定有效的渠道策略成为其成功的关键。小 M 公司作为中国智能手机市场的领军企业，其渠道策略的制定和执行一直备受关注。小 M 公司基于数据分析来制定渠道策略，实现更高效的市场覆盖和更精准的用户触达。

二、数据分析与决策制定

1. 线上渠道决策

小 M 公司首先通过对电商平台的用户行为数据进行分析，发现线上渠道在年轻用户群体中具有较高的影响力和购买转化率。基于这一发现，小 M 公司决定加强线上渠道的建设和优化。

电商平台优化：小 M 公司通过优化电商平台的产品详情页、用户评价系统等功能，提升用户的购物体验。同时，小 M 公司还利用数据分析工具对用户搜索关键词进行监测和分析，根据热门关键词调整产品标题和描述，提高产品的搜索曝光率。

社交媒体营销：小 M 公司深入分析社交媒体平台上用户的活跃度和互动习惯，制定了一系列社交媒体营销策略。通过发布有趣的内容、与网红合作推广等方式，小 M 公司成功吸引了大量年轻用户的关注和互动，提升了品牌知名度和用户黏性。

2. 线下渠道决策

尽管线上渠道表现优异，但小 M 公司也意识到线下渠道在某些特定地区和特定用户群体中仍具有不可忽视的影响力。因此，小 M 公司决定在重点城市和商圈开设线下体验店。

小 M 之家选址：小 M 通过收集和分析各地区的消费者数据、市场数据等信息，确定了开设小 M 之家的重点城市和商圈。在选址过程中，小 M 公司综合考虑了消费者购买力、人口密度、竞争对手分布等因素，以确保小 M 之家能够覆盖到尽可能多的目标用户。

合作伙伴选择：小 M 公司在选择线下合作伙伴时，注重评估其渠道资源、市场影响力和服务水平。通过与具有强大渠道资源和良好市场口碑的合作伙伴合作，小 M 公司成功扩大了线下销售渠道，提高了产品的市场渗透率。

3. 渠道融合策略

小 M 公司意识到线上和线下渠道并不是孤立的，而是应该相互补充、相互促进的。因此，小 M 公司制定了一套渠道融合策略。

数据共享与互通：小 M 公司打通了线上线下的数据壁垒，实现了用户数据、库存数据、订单数据等的共享和互通。这使得小 M 公司能够更全面地了解用户需求和市场动态，为渠道策略的调整和优化提供了有力支持。

线上线下互动体验：小 M 公司鼓励消费者在线上线下渠道之间进行互动体验。消费者可以在线上浏览产品、了解详情，然后到线下门店进行体验、购买；或者在线下门店体验产品后，再到线上进行购买。这种互动体验模式不仅提升了用户的购买便利性，也增强了用户对品牌的信任感和忠诚度。

三、数据监控与反馈机制

为了确保渠道策略的有效执行和及时调整，小 M 公司建立了一套完善的数据监控和反馈机制。

定期数据分析：小 M 公司定期收集和分析各渠道的销售数据、用户反馈等信息，通过数据分析工具进行深度挖掘和解读。这有助于小 M 公司及时了解渠道策略的执行效果和市场动态变化。

问题识别与解决：当发现某个渠道的销售额下降或用户反馈不佳时，小 M 公司会立即组织团队进行分析和讨论，找出问题的根源并制定相应的解决方案。这种及时的问题识别和解决机制确保了小 M 公司渠道策略的持续优化和调整。

四、案例总结

小 M 公司基于数据驱动来制定渠道决策，实现了线上线下渠道的有机融合和互补。通过精准把握市场需求和消费者行为，小 M 公司成功地扩大了市场份额并提升了品牌影响力。对其他企业在制定渠道策略时具有较强的借鉴意义。

（资料来源：参考小 M 公司发展及相关文献和官网资料整理改编）

第一节　分销渠道综述

一、分销渠道的含义

分销渠道即产品的流通渠道，它是指某种产品从生产者向消费者转移时，取得这种产品的所有权或帮助转移其所有权的所有企业和个人。现代企业的分销渠道主要包括商业中间商（因为他们取得所有权）和代理中间商（因为他们帮助转移所有权）。此外，它还包括处于分销渠道的起点和终点的产品生产者和消费者。

从以上论述中可以看出，市场营销学中的分销渠道，不仅是指产品实物形态的运动路线，还包括完成产品运动的交换结构和形态。具体来讲，分销渠道包括以下 4 层含义：

（1）分销渠道的起点是产品生产者，终点是消费者。它所组织的是从产品生产者到消费者之间完整的产品流通过程，而不是产品流通过程中的某一阶段。

（2）分销渠道的积极参与者，是产品流通过程中各种类型的中间商。在产品从生产领域向消费领域转移的过程中，会发生多次交易，而每次交易都是企业（包括个人）的买卖行为。批发商或零售商组织收购、销售、运输、储存等活动，一个环节接着一个环节，把产品源源不断地由生产者送往消费者手中。

（3）在分销渠道中生产者向消费者转移产品，应以产品所有权的转移为前提。产品流通过程首先反映的是产品价值形态变换的经济过程，只有通过产品货币关系而导致产品所有权随之转移的买卖过程，才能构成产品分销渠道。

（4）分销渠道是指某种产品从生产者到消费者所经历的流程。它不仅反映产品价值形态变化的经济过程，而且也反映产品实体运动的空间路线。

分销渠道的重要意义在于它所包含的轨迹构成了解营销活动效率的基础。现代企业的产品是否能及时销售出去，在相当程度上取决于分销途径是否畅通。

二、分销渠道的作用

1. 对现代企业的作用

（1）分销渠道是现代企业进入市场之路。现代企业生产的产品只有通过销售渠道，进入消费领域，才能实现其价值形态。如果没有分销渠道，现代企业的产品就不能进入市场，则其价值形态实现不了，也就谈不上获得利润，更谈不上发展。

（2）分销渠道是现代企业的重要资源。现代企业的生产经营活动必须依赖人、财、物、管理、信息、时间、市场七大资源。在这七大资源中，市场资源是重要的外部资源，是现代企业最难拥有与控制的一种资源，又是关系到现代企业生存发展的一项资源。在这一资源中，分销渠道是重要组成部分，从某种程度上来讲是主体。

（3）分销渠道是现代企业节省市场营销费用，加快产品流通的重要措施。大多数现代企业不可能完全自产自销，这是因为现代企业除了生产外，再筹建分销渠道推销自己的产品，为人力、物力、财力所不允许，所以分销渠道的存在，有助于加快现代企业产品的流通，节约流通环节中的人力、物力、财力，减少库存，加快资金周转。

2. 对消费者的作用

分销渠道为消费者获得价廉物美的产品提供了便利，节省了消费者选购产品的时间与精力。因为分销渠道的存在，节省了流通费用，使产品流通过程中的销售成本降低，从而减轻了消费者的负担；同时，由于分销渠道的存在，使商场或超市有可能聚集并经销上百家厂商的产品。花色品种齐全，使消费者可从中选购到自己所需的产品，从而节省消费者的精力与时间。

3. 对国家的作用

分销渠道的存在，连接着生产和消费，是整个社会再生产过程中的一个重要环节，是国民经济的一个重要组成部分。离开流通环节，将会使整个国民经济处于崩溃边缘。在整个社会化大生产过程中，分销渠道起着调节产、供、销平衡的作用；同时，对国家税收的增加、资金的积累、就业的扩大起着不可忽略的作用。

三、分销渠道的功能

分销渠道是生产者之间、生产者和消费者之间产品交换的媒介，它具有以下几方面的功能：

1. 传统功能

从传统的观点来看，分销渠道具有集中产品、平衡供求、扩散产品三大功能。

（1）集中产品的功能。经销商可以根据市场预测，收购和采购大量生产者制造出来的产品，把它们集中起来，充分发挥了蓄水池的作用。

（2）平衡供求的功能。通过分销渠道，可以随时按市场的需要，从产品的品种、数量、质量和时间上调节市场供应，以利于按质、按量、按品种、按时间、成套齐备地组织供应，以满足市场需求，达到供需平衡。

（3）扩散产品的功能。利用分销渠道，可以把产品扩散到各地方、各部门和各商店中去，并可以用优良的服务，满足用户需要或便于消费者购买。

2. 现代功能

从现代市场营销观点看，分销渠道在克服产品与使用者之间在时间、地点和所有权方面的关键性差距上，具有六大功能：

（1）完成产品的所有权和实物向消费领域转移的功能。营销机构按市场需求向产品生产厂商订货，在订货过程中双方就产品的价格和其他条件达成最终协议，成交付款后，产品的所有权转移到营销机构，然后通过分销渠道将产品转移到消费领域中去。

（2）促进产品销售功能。营销机构通过广告、展示、商标、现场演示等促销手段，刺激消费者的需求，引进其购买欲望，并利用自己良好的信誉来劝说顾客购买。

（3）为中小生产厂商筹集资金的功能。中小生产厂商的产品如果不经过分销渠道，由厂商直接卖给消费者，则产品实现其价值转移所经历的时间较长，中小生产厂商往往不能得到足够的资金而难以维持正常生产。借助分销渠道，由营销机构预付资金购入产品，然后再分销，可以使中小生产厂商及时获得资金，使生产过程得以正常进行。

（4）承担风险的功能。流通部门通过对现代企业产品的收购，承担了由于产品缺失、损耗及其他原因而造成的损失，从而为消费者提供风险保证。

（5）信息渠道功能。分销渠道能帮助现代企业搜集、传递顾客对产品性能、特色、质量等方面的意见和要求；也可以搜集和传递潜在的顾客的需求，以便现代企业开发新产品和改进老产品；同时也可以帮助现代企业收集竞争对手的信息，使现代企业做到知己知彼，在竞争中获胜。

（6）为消费者提供产品的功能。通过分销渠道，可以为目标顾客提供花色品种齐全的产品，以便消费者在较短时间内以较少的精力满足不同的需求。

四、分销渠道的模式

1. 传统分销渠道模式

（1）生产者→消费者。这种模式即中小生产企业自己派员推销，或者开展邮购、电话购货等以销售本企业生产的产品。这种类型的渠道，由中小生产企业把产品直接销售给最终消费者，没有任何中间商的介入，是最直接、最简单和最短的销售渠道。

（2）生产者→零售商→消费者。这种模式被许多中小生产企业所采用。即由中小生产企业直接向零售商店供货，零售商再把产品转卖给消费者。

（3）生产者→批发商→零售商→消费者。这种模式是产品销售渠道中的传统模式，为大多数现代企业和零售商所采用。过去，我国大部分产品，一般是由一级批发商（称为一级采购供应站）分配至二级批发商（称为二级采购供应站），然后至三级批发商（称为批发商店或批发部），最后至零售商售给消费者。

（4）生产者→代理商→零售商→消费者。一些中小生产企业为了大批量销售产品，通常通过代理行、经纪人或其他代理商，由他们把产品转卖给零售商，再由零售商出售给消费者。

（5）生产者→代理商→批发商→零售商→消费者。这种模式是一些现代企业为了大量推销产品，常常经代理商，然后通过批发商卖给零售商，最后销售至消费者手中。

2. 现代分销渠道模式

近几十年来，由于商业趋于集中与垄断，特别是世界市场一体化的发展，使传统分销渠道模式有了新的发展，目前，有以下几种主要的分销渠道模式：

（1）直销模式。直销模式是企业直接面向消费者进行产品或服务的销售，中间没有经销商或代理商的参与。这种模式通常适用于产品标准化程度高、市场需求量大、品牌影响力强的企业。直销模式的优点在于企业可以直接控制销售渠道，减少中间环节，降低销售成本，并快速获取市场反馈。然而，直销模式也需要企业具备强大的销售网络和售后服务能力，以应对庞大的客户群体和多样化的需求。

（2）经销模式。经销模式是企业通过经销商将产品或服务推向市场。经销商在销售渠道中扮演着重要角色，他们负责拓展市场、管理销售渠道、提供售后服务等。经销模式的优点在于企业可以利用经销商的资源和网络优势，快速覆盖市场，降低市场开拓成本。但企业也需要与经销商建立稳定的合作关系，确保销售渠道的畅通和产品质量的稳定。

（3）代理模式。代理模式与经销模式类似，但代理商通常不负责产品的所有权，而是代表企业与消费者进行交易。代理商主要承担市场推广、销售协调等任务。这种模式有助于企业利用代理商的专业知识和经验，提高销售效率，但企业需要与代理商建立良好的信任关系，确保代理活动的顺利进行。

（4）特许经营模式。特许经营模式是一种通过授予特许经营权来拓展市场的分销方式。特许经营商在特定区域内享有独家经营权，并承担一定的市场拓展和品牌建设责任。这种模式的优点在于可以快速复制成功的经营模式，降低市场开拓风险。但企业需要确保特许经营商具备良好的经营能力和信誉，以维护品牌形象和市场秩序。

（5）电子商务模式。随着互联网技术的快速发展，电子商务模式已成为现代分销渠道的重要组成部分。企业通过互联网平台开展在线销售、营销推广等活动，实现与消费者的直接互动。电子商务模式的优点在于可以突破地域限制，扩大销售范围，降低销售成本。但企业也需要具备强大的信息技术支持和网络安全保障能力，以应对网络环境中的挑战和风险。

第二节　中间商在分销中的作用

中间商是指介于生产者与消费者之间，专门从事商品流通活动的、独立的商业企业和个体劳动者，包括批发商、零售商和代理中间商。它们是帮助和促进现代企业的产品进入市场，转移到消费者手中，实现产品价值的主要营销中介。

一、批发商

1. 批发商的特征与作用

与零售商相比，批发商的特点是：批发商的销售对象不是最终消费者，其交易是在现代企业间进行的，因此，批发商一般不太注重促销；批发商的交易完成后产品一般不退出原来的销售渠道，仍需通过零售商进一步流动才能进入消费领域；批发交易一般是大批量进出，市场覆盖面宽广，因此，批发商对物流业务熟悉。

根据批发商在销售渠道中所处的特殊地位，批发商的作用可归纳为以下几点：

（1）批发商能促进产品的大规模销售。通过批发商的大进大出，现代企业可以迅速、大量地分销产品，减少库存，加速资本周转，并可使产品在地区间和时间上合理地、适时地流动，促进了生产和消费的平衡。

（2）批发商能沟通产品生产与消费信息，促进市场的开拓。批发商可凭借自己的实力，帮助现代企业促销产品，提供市场信息。批发商大批量购进商品后，可按零售的要求，组合产品的花色、规格，便于其配齐品种，并通过宣传和介绍商品，有力地提高销售效率和工作质量，促进现代企业的产品销售。

（3）批发商能为产品分销提供多种服务。批发商大量地购进销出，利用仓储设备储存产品，利用运输条件勤进快销，并为零售商提供各种支持，帮助其开展业务，如通过预付货款为现代企业融资，通过消费信贷、分期付款为零售商融资等，并可为零售商提供管理咨询、产品陈列、人员培训等方面的服务。

（4）批发商有助于现代企业有效实施其营销策略。批发商可以更好地承担促销及服务职能，可以协助现代企业对营销渠道实现有效控制。批发商一般更接近于市场，对所在的市场环境等比较熟悉，因而，现代企业可将一部分促销和服务职能转给批发商，使批发商更好地完成任务；另外，大多数的零售商直接接触的是批发商，所以现代企业利用批发商对零售商的控制来实现对其销售渠道的控制。一般来说，如果不充分发挥批发商的作用，现代企业就难以实现对销售渠道的有效控制。可见，批发商是产品流通的大动脉，是销售渠道中的关键性环节。

但是，由于批发商是商品销售渠道中的中间环节，一般现代企业为了减少中间商分享利润，消费者为了少受中间商的盘剥，都希望减少中间环节，而且主要是减少批发环节。在 20 世纪 20—30 年代，美国等西方国家由于生产集中和垄断的发展，市场竞争激烈，许多企业自己设置销售机构，直接将产品出售给零售商甚至消费者，导致批发商的地位下降。自 50 年代起，人们开始重新认识到，批发商在组织商品流通中所起的提高效率、降低费用、调节产销矛盾等作用是不可替代的，于是又出现了"批发商业的复活"倾向。通过反复实践和批发商的自我完善，批发商的地位得到了恢复。

2. 批发商的类型

批发商是我国近 10 年来发展最快的一种中间商。过去，我国的批发业几乎完全由专业批发商控制。现在除专业批发商外，各种新型的批发商也随之出现，如大中型零售商基本都开展批发业务等。批发商种类繁多，从目前通用的分类方法看，一般可分为以下类型：

（1）按经营商品的范围可分为综合批发商和专业批发商。

①综合批发商。它是指经营多种商品的批发商业机构。综合批发商与许多个生产行业有联系，经销对象主要是综合零售店及小商小贩。综合批发商经营商品范围广，品种规格也较多，但不及专业批发有深度。我国的农副产品批发市场、土特产品批发市场等都属此类。

②专业批发商。其经销的产品是行业专业化的，属于某一行业大类。专业批发商经营的行业商品的品种规格齐全，同一品种进销量大，为购买者提供了充分的比较选择余地。专业批发商与本行业的生产联系广泛，专业知识较丰富，行情信息较灵通，能为有关零售商、生产者提供技术、信息和服务。

（2）按批发商职能和提供的服务是否完全可划分为完全服务批发商和有限服务批发商。

①完全服务批发商。完全服务批发商执行批发商的全部职能，他们提供的服务主要有：保持存货、雇用固定的销售人员、提供信贷、送货和协助管理、预测市场需求并提供市场信息和适销对路的货源等。

②有限服务批发商。为了减少成本费用，降低批发价格，他们只提供一部分服务。如现购自运批发商，既不赊销也不送货，顾客必须付清现款，自备车辆运货回去，所以其批发价较低，多为食品、杂货的批发。又如托售批发商，他们在超级市场和其他杂货商店设置专销柜台，展销其经营的商品。商品卖出去后，零售商才付给货款。还有像农民组建的运销合作社，负责组织农民到当地市场上销售的批发商等。

（3）按地域可分为地方批发商和区域批发商。

①地方批发商。其辐射地域范围狭窄，仅限本地区购销，如本省、本市，多为综合性批发商。

②区域批发商。其辐射地域范围较大，常跨省市，如华东地区、华北地区，多为专业性批发商。

二、零售商

1. 零售商的特征与作用

零售商是销售渠道中处于最末端的中间机构，直接与最终消费者相联系，这一点决定了零售商的基本特征是：零售商分布面广、从业人数多，但一般多为小规模经营。一般来说，哪里有消费人群，哪里就有零售商；商品一经出售就脱离了流通领域，进入消费领域，即商品只有进入消费领域之后，才算最终实现了它的价值过程，被顾客真正地接受；零售商的销售数量就一般规模来讲往往小于批发商的销售数量。

零售商处于最终消费者和批发商或生产者之间的特殊地位，具有以下重要作用：

（1）对于批发商或生产者，零售商起着广泛分销的作用。分布广泛的零售商以机动灵活的营业时间和地点，以形式多样的服务方式，丰富多彩的商品品种和数量来满足消费者对商品购买的需求，能使商品广泛分销，保证生产者和批发商顺利地开展市场经营活动，最终顺利地实现商品的价值和使用价值。

（2）对于最终消费者，零售商起着方便顾客购买的作用。零售商一方面通过各种促销手段，如橱窗、柜台的商品陈列，店堂内的装饰广告及POP设置，零售服务人员的促销服务等引导消费者购买到满意商品；另一方面，零售商在销售商品中或销售后为消费者及时提供各种服务，如承担退货、送货上门等。

（3）对于产销双方，零售商起着沟通信息的作用。零售商的服务对象是最终消费者，因而对市场信息反应最直接、最灵敏的应该是零售商。他们最了解消费需求结构及其变化，最了解消费心理及消费行为模式，也最了解消费者的未被满足的需要。因此，零售商不仅能向生产者和批发商及时反馈市场信息，并提出合理化建议，而且能引导消费者需求，最终实现顾客导向的营销过程。

2. 零售商的类型

零售商的种类主要有按业种和按业态两种区分方法。按业种来划分，即按零售商所经营的商品种类来划分零售商的类型。如经营饮料的称饮料店，经营家具的称为家具店。传统上一直是按业种来划分零售商的，一般划分为百货店和专业店两类。近年来，由于大规模零售组织的出现,加上零售方式的不断变化,人们逐渐习惯于按业态来划分零售商的类型。所谓业态,是指按经营方式或销售方式来划分的零售商类别。目前,我国零售业也已逐步开始按业态来设置自己的企业形式了。

按业态区分的零售组织主要有以下形式:

(1) 百货商店。这是传统的大型零售组织形式,提供广泛的商品种类和品牌,以满足消费者一站式购物的需求。百货商店通常设有多个部门,每个部门负责销售某一类商品。

(2) 超级市场。以自选方式经营的大型综合性零售商场,主要销售食品和非食品类商品。超级市场注重商品的品质和价格,通常提供舒适的购物环境和便利的结算服务。

(3) 专卖店。专门经营某一类或某几类商品的零售商店。专卖店通常具有较强的品牌特色和专业性,能够为消费者提供特定领域的产品和服务。

(4) 便利店。以满足顾客便利性需求为主要目的的零售业态,通常位于居民区或商业区,提供日常所需的商品和服务。便利店注重商品的快速周转和服务的便利性。

(5) 折扣店。以低价销售商品为主要特点的零售业态,主要面向价格敏感的消费者。折扣店通常销售过季、清仓或批量采购的商品,以降低价格吸引消费者。

(6) 仓储式会员店。一种实行会员制、大批量销售、价格优惠的零售业态。这种商店通常拥有大量的仓储空间,商品种类丰富,价格相对较低,主要吸引需要大量采购的消费者。

(7) 购物中心。集购物、餐饮、娱乐等多种功能于一体的综合性商业设施。购物中心通常包含多个零售店铺、餐饮店和娱乐场所,为消费者提供一站式的购物和休闲体验。

(8) 其他零售业态。随着零售产业的不断发展,各类新型的零售业态不断出现。如邮购与电话订购、网上营销、自动机售货、购物服务、流动售货等,满足了不同类型的消费需求,同时也加剧了不同零售业态之间的竞争。无店铺零售、电商直播则是发展迅速的新型业态。

3. 代理商和经纪行

(1) 代理商。代理商是以代理卖方或买方销售产品或采购商品为主要业务,从中向委托方收取代理费的机构。发达国家常见的代理形式有 4 种:①制造商代理商,即厂家代理,类似厂方推销员,往往与厂方有相对固定的长期代理关系;②销售代理商,实际上是厂方的独家全权销售代理商,对商品的价格、交易条件等有很大影响力;③佣金商,是一种临时为委托方销售商品,据委托条件推销商品并收取佣金的代理机构;④采购代理商,为买主采购商品,并提供收货、验货、储存、送货等服务的机构。许多现代企业在营销过程中,依赖代理商取得了成功,但代理商也不是万能的,有的现代企业采用这种形式就没能取得成功。

(2) 经纪行。经纪行的主要作用是为买卖双方牵线搭桥,协助谈判,促成买卖。它不存货,不卷入财务,不承担风险,由委托方付给佣金。我国经纪行尚处于萌芽阶段,较常见的有广告经纪行、不动产经纪行等。

第三节 营销渠道设计

营销渠道设计是指为实现分销目标,对各种备选渠道结构进行评估和选择,从而开发新型的营销渠道或改进现有营销渠道的过程。

一、渠道结构策划

1. 长度结构（Length）

营销渠道的长度结构，又称为层级结构，是指按照其包含的渠道中间商（购销环节），即渠道层级数量的多少来定义的一种渠道结构。

通常情况下，根据包含渠道层级的多少，可以将一条营销渠道分为零级、一级、二级和三级渠道等。

零级渠道，又称为直接渠道，是指没有渠道中间商参与的一种渠道结构。零级渠道，也可以理解为是一种分销渠道结构的特殊情况。在零级渠道中，产品或服务直接由生产者销售给消费者。零级渠道是大型或贵重产品以及技术复杂、需要提供专门服务的产品销售采取的主要渠道。在IT产业链中，一些国内外知名IT企业，如联想、IBM、HP等公司设立的大客户部或行业客户部等就属于零级渠道；另外，DELL的直销模式，更是一种典型的零级渠道。

一级渠道包括一个渠道中间商。在工业品市场上，这个渠道中间商通常是一个代理商、佣金商或经销商；而在消费品市场上，这个渠道中间商则通常是零售商。

二级渠道包括两个渠道中间商。在工业品市场上，这两个渠道中间商通常是代理商及批发商；而在消费品市场上，这两个渠道中间商则通常是批发商和零售商。

三级渠道包括3个渠道中间商。这类渠道主要出现在消费面较宽的日用品中，如肉食品及包装方便面等。在IT产业链中，一些小型的零售商通常不是大型代理商的服务对象，因此，便在大型代理商和小型零售商之间衍生出一级专业性经销商，从而出现了三级渠道结构。

2. 宽度结构（Width）

渠道的宽度结构，是根据每一层级渠道中间商数量的多少来定义的一种渠道结构。渠道的宽度结构受产品的性质、市场特征、用户分布以及企业分销战略等因素的影响。渠道的宽度结构分成如下3种类型：

密集型分销渠道，也称为广泛型分销渠道，就是指制造商在同一渠道层级上选用尽可能多的渠道中间商来经销自己的产品的一种渠道类型。密集型分销渠道，多见于消费品领域中的便利品，如牙膏、牙刷、饮料等。

选择性分销渠道，是指在某一渠道层级上选择少量的渠道中间商来进行商品分销的一种渠道类型。在IT产业链中，许多产品都采用选择性分销渠道。

独家分销渠道，是指在某一渠道层级上选用唯一的一家渠道中间商的一种渠道类型。在IT产业链中，这种渠道结构多出现在总代理或总分销一级。同时，许多新品的推出也多选择独家分销的模式，当市场广泛接受该产品之后，许多公司就从独家分销渠道模式向选择性分销渠道模式转移。如东芝的笔记本产品渠道、三星的笔记本产品渠道等就如此。

3. 深度（Depth）

产品组合的深度是指产品线中每一产品有多少的品种。例如，佳洁士牌牙膏有3种规格和2种配方（普通味和薄荷味），佳洁士牌牙膏的深度就是6。通过计算每一品牌的产品品种数目，我们就可以计算出宝洁公司的产品组合的平均深度。

二、销售渠道的选择

企业决定所用销售渠道的长短、宽窄以及是否使用多重渠道，要受到一系列主、客观因素的制约。从销售渠道策划的角度来说，主要考虑以下问题：分销的是何种产品，面对的是何种市场，顾客购买有何特点，以及企业的资源、战略、中间商的状况等。

1. 商品因素

（1）价值大小。一般而言，商品单个价值越小，营销渠道越多，路线越长。反之，单价越高，路线越短，渠道越少。

（2）体积与重量。体积过大或过重的商品应选择直接或中间商较少的间接渠道。

（3）时尚性。对式样、款式变化快的商品，应多利用直接营销渠道，避免不必要的损失。

（4）技术性和售后服务。具有高度技术性或需要经常服务与保养的商品，营销渠道要短。

（5）产品数量。产品数量大往往要通过中间商销售，以扩大销售面。

（6）产品市场寿命周期。产品在市场寿命周期的不同阶段，对营销渠道的选择是不同的，如在衰退期的产品就要压缩营销渠道。

（7）新产品。为了较快地把新产品投入市场、占领市场，生产企业应组织推销力量，直接向消费者推销或利用原有营销路线展销。

2. 市场因素

（1）潜在顾客的状况。如果潜在顾客分布面广，市场范围大，就要利用长渠道，广为推销。

（2）市场的地区性。国际市场聚集的地区，营销渠道的结构可以短些，一般地区则采用传统性营销路线即经批发与零售商销售。

（3）消费者购买习惯。顾客对各类消费品购买习惯，如最易接受的价格、购买场所的偏好、对服务的要求等均直接影响分销路线。

（4）商品的季节性。具有季节性的商品应采取较长的分销路线，要充分发挥批发商的作用，则渠道便长。

（5）竞争性商品。同类商品一般应采取同样的分销路线，较易占领市场。

（6）销售量的大小。如果一次销售量大，可以直接供货，营销渠道就短；一次销售量小就要多次批发，渠道则会长些。在研究市场因素时，还要注意商品的用途，商品的定位，这对选择营销渠道结构都是重要的。

3. 竞争者

一般地说，制造商要尽量避免和竞争者使用一样的分销渠道。如果竞争者使用和控制着传统的渠道，制造商就应当使用其他不同的渠道或途径推销其。美国雅芳（Avon）公司不使用传统的分销渠道，而采取避开竞争者的方式，训练漂亮的年轻妇女，挨家挨户上门推销化妆品，结果赢利甚多，也很成功；另一方面，由于受消费者的购买模式的影响，有些产品的制造商不得不使用竞争者所使用的渠道。例如，消费者购买食品往往要比较厂牌、价格等，因此，食品制造商就必须将其产品摆在那些经营其竞争者的产品的零售商店里出售，这就是说，不得不使用竞争者所使用的渠道。

其中，消费者的消费习惯主要指的是以下两点：

（1）消费者对不同的消费品有不同的购买习惯，这也会影响分销渠道的选择。消费品中的便利品（如香烟、火柴、肥皂、牙膏、大部分杂货、一般糖果、报纸杂志等）的消费者很多（因而其市场很大），而且消费者对这种消费品的购买次数很频繁，希望随时随地买到这种消费品，很方便，所以制造商只能通过批发商，为数众多的中小零售商转卖给广大消费者，因此，便利品分销渠道是"较长而宽"的。消费品中的特殊品（如名牌男西服等），因为消费者在习惯上愿意多花时间和精力去物色这种特殊的消费品，所以特殊品的制造商（即名牌产品制造商）一般只通过少数几个精心挑选的零售商去推销其产品，甚至在一个地区只通过一家零售商经销其产品，因此，特殊品的分销渠道是"较短而窄"的。

（2）消费者一般者是购买次数多，每次购买数量小。而产业用户一般都是购买次数少（设备要若干年才买一次，制造商所需要的原材料、零件等都是根据合同一年购买一次或几年购买一次），每次购买量大。这就决定了制造商可以把产品直接销售给产业用户，而一般不能将产品直接销售给消费者，因为制造商多次、小批量销售会增加成本，不合算。

4. 制造商

制造商因素影响渠道结构，主要指制造商（公司）本身的以下情况：

（1）制造商（公司）的产品组合（Product Mix）情况。所谓公司的产品组合情况，也就是指这种情况：某公司的"产品种类"（Product Line）有多少，如日本三菱汽车公司同时生产客车、小汽车、货车、摩托车4种产品；每种产品中有多种型号规格，如三菱汽车公司生产的客车有3种型号：MS牌大型客车（乘49人），MK牌中型客车（乘33人），ROSA牌小型客车（乘26人）。某公司"产品种类"的多少，表明该公司的"产品组合"的宽度；而各种产品的型号规格数目的平均数，则表明该公司的"产品组合"的深度。某公司的"产品组合"情况，就是这个公司的"产品组合"的宽度和深度情况，也就是这个公司的产品的种类、型号规格多少情况。公司的"产品组合"情况之所以会影响分销渠道选择，那是因为在客观上存在着这种产销矛盾：从制造商方面说，销售批量要较大（假设产品都是单价不高的一般消费品），否则如果销售次数频繁，销售批量小，那就不合算；从零售商方面说，除少数大零售商外，一般中小零售商的进货，要多品种多规格，小批量、勤进快销。因此，如果制造商的"产品组合"的宽度和深度大（即产品的种类、型号规格多），制造商可能直接销售给各零售商，这种分销渠道是"较短而宽"的；反之，如果制造商的"产品组合"的宽度和深度小（即产品的种类、型号规格少,），制造商只能通过批发商、许多零售商转卖给最后消费者，这种分销渠道是"较长而宽"的。

（2）制造商能否控制分销渠道。如果制造商（公司）为了实现其战略目标，在策略上需要控制市场零售价格。需要控制分销渠道，就要加强销售力量，从事直接销售，使用较短的分销渠道。但是，制造商能否这样做，又取决于其声誉、财力、经营管理能力等。如果制造商的产品质量好，誉满全球，资金雄厚，又有经营管理销售业务的经验和能力，这种大制造商就有可能随心所欲地挑选最合用的分销渠道和中间商，甚至建立自己的销售力量，自己推销产品，而不通过任何中间商，这种分销渠道是"最短而窄"的；反之，如果制造商（公司）财力薄弱，或者缺乏经营管理销售业务的经验和能力，一般只能通过若干中间商推销其产品，这种分销渠道是"较长而宽"的。

5. 环境因素

（1）环境因素。影响渠道结构和行为的环境因素既多又复杂，但可概括为社会文化环境、经济环境、竞争环境等。

①社会文化环境包括一个国家或地区的思想意识形态、道德规范、社会风气、社会习俗、生活方式、民族特性等许多因素，与之相联系的概念可以具体到消费者的时尚爱好和其他与市场营销有关的一切社会行为。

②经济环境是指一个国家或地区的经济制度和经济活动水平，它包括经济制度的效率和生产率，与之相联系的概念可以具体到人口分布、资源分布、经济周期、通货膨胀、科学技术发展水平，等等。经济环境对渠道的构成有重大影响，例如，生产太集中，人口分布面广，分销渠道就长。西方国家以自助服务出售食物为主的超级市场的出现，是以科学技术和文化发展到一定水平，消费者能看懂包装上的说明文字为前提的。如果没有电视、报纸等大众宣传媒介，没有现代化的包装技术和冷冻技术，没有收款机和其他自动化设备，超级市场就不可能出现。一些不发达国家尽管可以从国外引进上述这些技术装备，但由于文盲多，大多数消费者看不懂包装说明文字，超级市场就难于普及。

③竞争环境是指其他企业对某分销渠道及其成员施加的经济压力，也就是使该渠道的成员面临被夺去市场的压力。竞争会影响渠道行为。任何一个渠道成员在面临竞争时有两种基本选择：一是跟竞争对手进行一样的业务活动，但必须比竞争对手做得更好；二是可以做出与竞争对手不同的业务行为。如日本的手表开始打入美国市场时，一反欧美手表通过百货商店、珠宝商店销售的传统渠道，而是采用由众多杂货店、折扣商店这种面向广大低收入阶层的销售渠道，从而取得了成功。日本的小汽车、家用电器、照相机、复印机之所以能成功地打入欧美市场，是与日本企业采取"让中间商先富"的渠道策略分不开的。

（2）环境对渠道行为的具体影响。环境对渠道行为的影响一般表现在以下3个方面：

①环境因素中的消费需求变化因素和社会行为变化因素是直接影响渠道行为的因素，渠道成员应保持敏锐的观察力，从这些因素的变化中寻找市场机会。一般说来，凡能很好地认识和抓住这些机会的企业，其经营都会成功。例如，随着改革开放的深入，人们改变了过去在衣着打扮方面的行为观念。有些企业抓住机会设计生产了各种多姿多彩的服装和各种各样的化妆品，从而赢得了市场。近年来，组合式家具挤掉了传统式样的家具，是因为消费者对家具的需求偏好有了变化，家具行业的业务行为也就必须随之改变。消费需求变化和社会行为变化是一个渐进过程，渠道成员应在变化处于量变过程时，抓住时机，做出适应这些变化的经营决策。

②环境形成的社会价值观念是时时刻刻影响渠道行为的重要因素。社会价值观念所反映的思想观念、道德行为准则、社会习俗和风气，实质上代表了社会的意志和广大消费者的意志，任何渠道成员必须在符合社会价值观念下营运。作为社会价值观念重要内涵的道德行为准则并不否认利润动机，但它却是确定获取利润的正确途径和错误途径的标准。任何渠道成员，不论是生产商、零售商，还是街头小贩，如果他们在经营中违反社会价值观念，最终就会失败。这几年，我们有些企业和个体户做虚假广告，出现短斤缺两、漫天要价或其他欺诈行为，他们即使得益于一时，但这些违反社会价值观念的行为最终还是损害自己。

③渠道成员的业务行为符合社会价值观念，就会取得信誉，从而也就会赢得市场。世

界上所有成功的大企业都把符合社会价值观念的经营看成是建立信誉、取得成功的前提。发达国家的大企业经理总是努力遵循以下一些守则：应该把企业的利益置于个人利益之上；应该把对社会的责任置于对企业的责任之上，把对企业的责任置于个人的利益之上；在经营活动中，凡个人利益牵连到企业利益，企业利益牵到社会利益，应增加进程的透明度；利润动机必须在符合社会价值观念的前提下，才能作为企业取得发展的刺激因素。

从我们对销售渠道结构及其组织系统的分析可知，现代企业选择销售渠道，首先应考虑影响渠道选择的因素，其次选择渠道模式及具体的中间商，最后考虑对销售渠道的控制和有效管理。

第四节　销售渠道的管理

一、销售渠道的合作与冲突

渠道合作是同一渠道中各成员之间的分工与协作。各成员由于相互合作而获得的利益，要比自己单独从事分销工作所获得的利益大得多。但是，无论在设计渠道时怎样的评估和选择，在渠道运行后，只要渠道成员间产生了功能性相互依赖及高于各成员单位的渠道整体利益，各种冲突便随之而来。

根据渠道的模式，冲突可分为以下3种主要类型：

（1）水平冲突。这种冲突发生在同一渠道的同一层次上，即各企业之间的冲突。例如，在同一分销渠道内，同一层次的各中间商之间可能因为争夺客户资源、市场份额或由于定价策略不同而产生矛盾。

（2）垂直冲突。也称作渠道上下游冲突，发生在渠道不同层次的企业之间。这类冲突通常是由于不同层次的中间商在利润分配、服务政策、价格策略等方面存在分歧而引发的。例如，制造商与经销商之间可能因为价格、服务或广告政策等问题产生冲突。

（3）多渠道冲突。当制造商建立了两条或两条以上的渠道向同一市场销售产品时，这些渠道之间可能会产生冲突。这种冲突通常是由于不同渠道在争夺同一客户群时产生的利益冲突。例如，制造商自己开设的店铺与通过经销商销售的渠道之间可能会因为价格、促销策略等问题而产生矛盾。

除了以上3种主要的冲突类型，营销渠道中还可能存在其他形式的冲突，如品牌与渠道之间的冲突、线上与线下渠道的冲突等。这些冲突都可能对企业的销售和市场地位产生负面影响，因此，企业需要认真分析和处理这些冲突，以确保渠道的健康和稳定。

二、销售渠道的管理

现代企业销售渠道的管理控制是指生产者设法解决分销渠道中的矛盾和冲突，以各种措施支持和激励中间商积极分销，并以各种条件制约中间商的活动过程。

（1）激励渠道成员。据调查显示，更多的促销经费不是用在促进消费者购买上，而是用于促进和推动中间商的购买上，后者的费用比前者多1倍。因此，对于选定的中间商尽可能调动其积极性，采用的激励措施往往有：向中间商提供物美价廉、适销对路的产品；合理分配利润；开展各种促销活动；提供资金资助；提供市场信息；有必要的则授予独家经营权；协助搞好经营管理，加强企业与中间商的合作等。

（2）协调或消除渠道冲突。一是加强渠道管理，寻求成员都能接受的方案解决分歧与矛盾；二是分享管理权，如建立契约性和垂直分销组织体系，实行有计划的专业化管理，利用组织制度规范成员内部行为，减少冲突。

（3）评估渠道成员。检查和评估分销渠道的效能是渠道管理的又一重要内容，包括：检查每个中间商完成的销售量；检查每个中间商为分销渠道提供的利润额；查明哪些中间商积极分销商品，哪些却心猿意马推销渠道以外的商品；检查哪些中间商能及时发出订单，哪些不能及时发出；计算每个中间商订单的平均订货金额；检查中间商为推销产品而进行的广告宣传活动；检查各中间商所定价格的合理程度；检查各成员间的服务承诺兑现程度；检查消费者对中间商的投诉情况；等等。

通过这些检查和评估，企业可以发现哪些中间商是销售渠道的中坚力量；哪些是"成事不足，败事有余"，企业应着手改善与它们的合作关系。

三、销售渠道的改进

为了适应市场营销环境的变化，确保销售渠道的畅通和高效率，对销售渠道的改进调整是不可避免的，一般采取以下几种方式：

（1）结构性调整。这是指在某一销售渠道里增减个别中间商，而不是增减这种渠道模式。对效率低下、经营不善，对渠道整体运行有严重影响的中间商，中小生产企业可中止与其协作关系，并适时增加能力较强的中间商。但企业必须慎重决策，这种调整对企业盈利水平及其他渠道成员有一定影响。

（2）功能性调整。这是指增减某一销售渠道，而不是增减渠道里的个别中间商。现代企业有时会发现随着市场需求的变化，销售渠道过多或作用已不大时，从提高销售效率与集中有限力量等方面考虑，可适当减少一些销售渠道；反之，当现有渠道过少时，不能使产品有效抵达目标市场，则可增加新的销售渠道。比如，某一企业原来主要是通过本厂在各地设立的销售机构负责该地区产品的批发业务，后来，随着产品在消费者中知名度扩大，市场需求量增加，该厂就在一些地区选择了一些专业批发商从事批发业务，增加了新的销售渠道。

（3）销售系统调整。这是指改变整个销售渠道系统，这也是一种功能性调整。要对现代企业原有的销售体系、制度，进行通盘调整。此类调整难度较大，它不是在原有销售渠道的基础上进行完善，而是改变现代企业的整个销售系统，将会引起市场营销组合的一系列变化。现代企业必须进行调查研究，权衡利弊，做出决策。

第五节 基于数据驱动的渠道策略制定与优化

在数字化时代，数据已经成为企业制定营销策略的重要依据。营销渠道策略作为企业营销策略的重要组成部分，同样需要基于数据进行制定和优化。通过收集、整合和分析各种渠道数据，企业可以深入了解市场趋势、消费者行为以及竞争对手情况，从而制定出更加精准、有效的渠道策略。

一、数据驱动的渠道策略制定

（1）渠道数据收集与整合。制定数据驱动的渠道策略首先需要对各种渠道数据进行收集与整合。这包括销售数据、用户行为数据、市场反馈数据等。通过整合这些数据，企业可以形成一个全面的渠道数据视图，为后续的策略制定提供数据支持。

（2）渠道效果评估。基于收集到的渠道数据，企业需要对各个渠道的效果进行评估。这可以通过计算转化率、投入产出比、客户满意度等指标来实现。通过对比不同渠道的效果，企业可以识别出哪些渠道表现优秀，哪些渠道需要改进。

（3）消费者行为分析。消费者行为分析是制定渠道策略的关键环节。通过分析消费者的购买偏好、渠道选择偏好以及消费决策过程，企业可以深入了解消费者的需求和期望。这有助于企业根据消费者需求调整渠道策略，提升渠道的吸引力和转化率。

（4）市场趋势与竞争对手分析。市场趋势和竞争对手情况也是制定渠道策略时需要考虑的重要因素。通过分析市场趋势，企业可以预测未来市场的发展方向和潜在机会。同时，对竞争对手的渠道策略进行分析，可以帮助企业发现自身的优势和不足，从而制定出更具竞争力的渠道策略。

二、基于数据分析的渠道策略优化

（1）渠道组合优化。在制定了初步的渠道策略后，企业还需要根据数据分析的结果对渠道组合进行优化。这包括调整不同渠道的投入比例、优化渠道间的协同效应以及探索新的渠道组合方式等。通过优化渠道组合，企业可以进一步提升渠道的整体效果。

（2）预算分配调整。预算分配是渠道策略实施的重要环节。基于数据分析的结果，企业可以对预算分配进行调整。例如，对于表现优秀的渠道可以适当增加投入，而对于效果不佳的渠道则可以减少投入或进行改进。通过合理的预算分配，企业可以确保资源得到最有效的利用。

（3）持续监控与调整。渠道策略并非一成不变，而是需要随着市场环境和消费者需求的变化而不断调整。因此，企业需要建立持续监控机制，对渠道策略的实施效果进行实时跟踪和评估。一旦发现策略存在问题或市场出现了新的机会，企业应及时进行调整和优化，以确保渠道策略始终保持最佳状态。

基于数据驱动的渠道策略制定和优化是现代企业营销的重要手段。通过收集、整合和分析渠道数据，企业可以深入了解市场、消费者和竞争对手情况，从而制定出更加精准、有效的渠道策略。同时，企业还需要根据市场环境的变化和策略实施的效果进行持续监控和调整，以确保渠道策略始终保持最佳状态。

职业道德实践

在数据驱动的时代，营销人员面临着前所未有的挑战和机遇。基于数据驱动的渠道决策已成为企业制定营销策略的关键环节。然而，在这一过程中，营销人员必须时刻牢记并遵循职业道德规范，确保数据的正当使用、用户隐私的保护以及公平竞争的维护。

一、数据使用与解读的职业道德规范

合法合规的数据获取：营销人员应确保所使用的数据来源合法，避免任何非法手段获取用户数据。在收集数据时，必须遵守相关法律法规，并获得用户的明确同意。

数据的真实性与准确性：营销人员应对所使用的数据进行严格审核，确保其真实性和准确性，避免使用虚假或误导性的数据，以免对渠道决策造成不良影响。

客观公正的数据解读：在解读数据时，营销人员应保持客观公正的态度，避免主观臆断和偏见。对数据的解读应基于事实，并充分考虑各种可能的影响因素。

二、用户隐私保护的职业道德规范

尊重用户隐私：营销人员应充分认识到用户隐私的重要性，并尊重用户的隐私权。在收集、存储和使用用户数据时，应采取必要的安全措施，防止数据泄露或被非法获取。

最小化数据收集：在渠道决策过程中，营销人员应遵循最小化数据收集原则，只收集与决策直接相关的必要数据，避免过度收集用户数据，减少用户隐私泄露的风险。

透明告知与同意：营销人员在收集用户数据前，应明确告知用户数据的收集目的、使用方式和存储期限，并获得用户的明确同意，确保用户在知情的情况下自愿提供数据。

三、公平竞争与诚信原则的职业道德规范

避免数据滥用：营销人员不得利用数据优势进行不正当竞争或损害其他企业的利益。在渠道决策过程中，应遵守公平竞争的原则，尊重竞争对手的合法权益。

诚信宣传与推广：在渠道决策的执行过程中，营销人员应遵循诚信原则，不得进行虚假宣传或误导性推广。宣传内容应真实、准确，符合相关法律法规和行业规范。

遵守行业规范与自律：营销人员应积极参与行业自律组织的活动，遵守行业规范和标准。在渠道决策过程中，应充分考虑行业的整体利益和长远发展。

四、持续学习与自我提升的职业道德规范

不断学习新知识：随着数据技术的不断发展，营销人员应不断学习新的知识和技能，提高自己的专业素养和职业道德水平。通过参加培训、阅读相关文献等方式，了解最新的数据驱动渠道决策方法和最佳实践。

反思与改进：在渠道决策过程中，营销人员应经常反思自己的行为是否符合职业道德规范，并及时改进不足之处。对于在决策过程中出现的失误或问题，应积极承担责任并采取相应措施进行补救。

积极参与团队建设与协作：营销人员应积极参与团队建设和协作活动，与团队成员共同遵守职业道德规范。通过分享经验、交流心得等方式，促进团队成员之间的互相学习和共同进步。

课后习题

一、判断题

（　　）1. 营销人员在制定渠道决策时，无须关注渠道的合规性，只需要追求营销效果的最大化。

（　　）2. 渠道策略的成功完全依赖于数据的准确性和完整性，与营销人员的经验和判断无关。

（　　）3. 在渠道策略的制定和执行过程中，营销人员应同时考虑企业的短期利益和长期利益。

二、单选题

1. 在制定营销渠道策略时，以下哪项不是需要考虑的因素？（　　）
   A. 目标市场的特点　　　　　　　　B. 竞争对手的渠道策略
   C. 企业的财务状况　　　　　　　　D. 营销人员的个人喜好
2. 以下关于营销渠道策略的说法，正确的是（　　）。
   A. 营销渠道策略只涉及线上渠道的选择和管理
   B. 营销渠道策略的制定不需要考虑企业的整体战略
   C. 营销渠道策略应随着市场变化和用户需求进行灵活调整
   D. 营销渠道策略一旦确定，就不需要再进行优化和改进
3. 以下哪种渠道策略更适合于推广高价值、复杂的产品？（　　）
   A. 广泛分销策略　　　　　　　　　B. 独家分销策略
   C. 选择性分销策略　　　　　　　　D. 直接销售渠道

三、简答题

1. 什么是分销渠道？对现代企业的主要作用有哪些？
2. 目前主要零售业态有哪些？
3. 在制定渠道策略时，应该考虑哪些方面因素？

案例思考与讨论

金锣火腿肠演绎渠道制胜

中国的快消通路变革，从20世纪90年代开始，经历了几个大的变化。从早期的百货商城和小卖部，到KA（Key Account，重要客户）卖场的崛起，到电商的蓬勃发展，再到现在的线上线下全域市场布局。仔细梳理会发现，尽管每次通路变革的主角不同，但是有一个角色每次都会参与其中，这就是经销商。在传统的快消通路中，经销商是连接生产者和消费者的一个关键环节，一直承载着极为重要的价值。通路在发生变化，但是经销商的重要性没有变。

金锣火腿肠成立于1994年，拥有以山东、黑龙江、内蒙古、四川等生产基地为主的生猪、肉鸡屠宰及冷鲜肉生产加工线，是全国农业产业化重点龙头企业。目前，集团已形成年屠宰加工生猪2 000万头、肉鸡2亿只、年产冷鲜肉及冻品等肉制品300万吨的生产能力。金锣火腿肠一直秉持对"经销商负责"的发展理念，通过"健康品质"和"体育营销"两个层面赋能经销商，与经销商共同成长进步。

产品的品质一定要好，几乎是所有经销商选品的共识，好品质的产品才能形成复购，做持续性的生意。金锣火腿肠深谙其中道理，产品从原料筛选到生产，中间有数十道工序精密管控，成品经过多重品质检验及稳定性测试，以及非常科学和严格的全程可追溯体系管理之后，才会最终给到经销商。

对肉制品而言，品质"安全健康"一直是很重要的一个卖点。但是，大多数品牌都在

讲这一卖点，导致这个卖点没有稀缺性。金锣火腿肠的巧妙之处在于：通过支持"体育事业"，输出"安全健康"的卖点，同时让卖点更具备稀缺性。

近年来，金锣火腿肠相继赞助广州亚运会、与中国女排合作，还参与首届儿童滑步平衡车大赛、临沂市第二届健步走大赛、2019泰山国际马拉松等民间体育活动……与体育事业的一系列合作，成功将金锣火腿肠的安全健康标准拉高，进一步提升了品牌的健康形象，更容易赢得消费者的信任。

在过去的数十年里，中国的消费周期经历了3次变迁。第一次是产品时代，物资相对匮乏，竞争的核心是生产出更多的产品；第二次是渠道时代，人找货，产品铺上货架，自然会产生动销；第三次是品牌时代，品牌以心智占领市场，消费者从人找货转移到人搜货，品牌认知逐渐产生。

在这3个消费周期里，金锣火腿肠率先开启了基于消费变化的产品创新。比如，金锣肉粒多香肠和金锣无淀粉火腿肠，前者通过在制作过程中加入丰富的肉粒，并以此为"撒手锏"，创造性地切入年轻人的"多肉主义"消费需求；后者则以"无淀粉"为核心卖点，颠覆消费者对火腿肠"淀粉多"的固有认知。

当下则是消费者时代，互联网带来的信息革命，让消费者对产品的认知能力提升，消费者开始掌握主导权。与前3个周期不同，消费者时代的创新发生了变化。过去是反馈式创新，品牌是卖家思维，创新是在消费者体验反馈后。但现在是需求式创新，品牌商是买家思维，需要去洞察消费者，关注消费者要解决什么问题，提前针对消费需求做产品创新。

比如，金锣火腿肠洞察到了健康营养的需求，在技术上做了创新，利用三重去脂工艺研发出"金锣健食力低脂香肠"。该产品脂肪含量仅有2.5%，对比同品牌普通香肠脂肪含量降低60%以上，以"低脂高蛋白"开启健康肉制品蓝海市场。

还有，成功攻克"天然防腐剂在肉制品中的应用研究"，并应用此研究成果成功推出"金锣健食力减盐火腿肠"，弥补了该产品因减盐带来的潜在质量风险，帮助产品实现对比同品牌其他产品减盐30%以上，真正做到"减盐不减味、减盐不减质"。

品牌长青，非一日之功。金锣火腿肠在前进的路上，选择了一条难而正确的路——坚持"创新"。每一次对消费者的洞察和创新，本质上都是在满足消费者多样化、个性化的需求。金锣火腿肠多年来备受消费者喜爱的原因，离不开其对消费者需求的洞察和产品的不断迭代创新。

"唯有创新，才有未来"，既是金锣的企业理念，也是金锣火腿肠品牌坚定前行的信条。相信在创新战略的引领下，金锣火腿肠未来会走得更远。

（资料来源：章强. 赋能经销商，征服消费者：金锣火腿肠的渠道突围之道[EB/OL].（2024-04-03）[2024-04-08]. https://www.xhby.net/content/s660cb7d7e4b0a2749b87019a.html）

思考题：

1. 为什么金锣火腿肠能备受经销商信赖？
2. 金锣火腿肠是如何赢得消费者信任的？

第十章 促销策略

学习目标

【知识目标】
➢ 理解促销及促销组合的概念、内涵；
➢ 掌握促销组合策略选择依据和原则；
➢ 掌握人员推销、营业推广、广告和公共关系内涵和特点；
➢ 掌握人员推销基本形式；
➢ 熟悉广告设计原则；
➢ 熟悉营业推广和公关关系主要形式。

【能力目标】
➢ 能够综合运用各种促销工具，根据企业的市场定位、目标市场特点以及竞争状况，制定出既符合市场需求又能够实现企业营销目标的促销组合策略；
➢ 具备实施促销策略的能力，能够组织并协调相关资源，确保促销活动的顺利进行；同时，能够根据市场反馈和效果评估，及时调整促销策略，以应对市场变化；
➢ 能够运用数据分析工具和方法，对促销活动的效果进行客观、全面的评估，为企业未来的促销活动提供有益的参考和借鉴。

【素质目标】
➢ 具备良好的职业道德和诚信意识：在促销活动中，始终坚守职业道德规范，遵循诚信原则，确保促销活动的真实性和合法性，维护企业的形象和声誉；
➢ 具备创新精神和团队合作意识：能够不断探索新的促销方式和手段，提高促销活动的吸引力和效果，能够与团队成员紧密合作，共同推动促销活动的顺利进行；
➢ 具备敏锐的市场洞察力和应变能力：能够敏锐地捕捉市场变化和消费者需求的变化，及时调整促销策略，能够应对突发事件和危机情况，确保促销活动的顺利进行和企业的稳定发展。

案例导入

某知名快时尚品牌 B 促销策略

一、案例背景

B 品牌是一家全球知名的快时尚服饰品牌,以其时尚的设计、合理的价格和快速的更新速度赢得了广大消费者的喜爱。然而,随着市场竞争的加剧和消费者需求的多样化,B 品牌面临着销售增长乏力和市场份额下滑的挑战。为了重振销售,B 品牌决定采用基于数据驱动的促销组合策略。

二、市场调研

B 品牌利用其庞大的会员系统和线上销售渠道,收集了大量用户数据,包括购买记录、浏览行为、搜索关键词等。通过对这些数据的分析,B 品牌能够深入了解消费者的购物偏好、购买周期以及需求变化。B 品牌的市场部门通过定期的市场调研和竞品分析,掌握了当前市场的流行趋势、消费者需求变化以及竞争对手的促销策略。

三、促销组合策略

基于上述数据分析结果,B 品牌制定了以下促销组合策略:

个性化推荐:利用用户数据,B 品牌为每个消费者提供个性化的服装推荐和搭配建议。通过邮件、短信和 App 推送等方式,向消费者发送定制化的促销信息,提高购买转化率。

限时折扣与满减活动:针对热门商品和滞销商品,B 品牌设置了不同的折扣力度和满减条件。通过大数据分析,确定最佳的折扣时间和折扣力度,以最大限度地刺激消费者的购买欲望。

会员专享优惠:为了增强会员的忠诚度和活跃度,B 品牌为会员提供了专属的优惠活动和积分兑换机制。通过积分累积和兑换,鼓励会员进行多次购买和推荐新客户。

跨界合作与联名款:B 品牌积极寻求与其他知名品牌或文化 IP 的跨界合作,推出联名款服装。通过合作双方的资源共享和互补优势,提升品牌形象和吸引力,吸引更多潜在消费者。

四、实施效果评估

经过一段时间的实施,B 品牌对促销组合策略的效果进行了评估:

销售额显著增长:通过实施基于数据驱动的促销组合策略,B 品牌的销售额实现了显著增长。在促销活动期间,销售额同比增长了 20%。

会员活跃度提升:个性化推荐和会员专享优惠活动有效提升了会员的活跃度。活动期间,会员的购买频率和客单价均有所提高。

品牌形象增强:通过跨界合作和联名款的推出,B 品牌的知名度和影响力得到了进一步提升。消费者对于 B 品牌的时尚度和创新力给予了高度评价。

五、案例总结

B 品牌通过深入分析用户数据和市场趋势,制定个性化的促销策略,成功地吸引了更多消费者的关注和购买。未来,随着数据技术的不断进步和消费者需求的不断变化,B 品牌将继续深化数据驱动的营销策略,以应对市场的挑战和机遇。

(资料来源:根据网络资料整理)

第一节 促销与促销组合

一、促销的含义

促销是促进销售的简称。从现代企业市场营销的角度看，促销是企业通过人员和非人员的方式，沟通企业与消费者之间的信息，引发、刺激消费者的消费欲望和兴趣，使其产生购买行为的活动。从这个概念不难看出，促销具有以下几层含义：

（1）促销工作的核心是沟通信息。企业与消费者之间达成交易的基本条件是信息沟通。若企业未将自己生产或经营的产品等有关信息传递给消费者，那么，消费者对此则一无所知，自然谈不上认购。只有将企业提供的产品等信息传递给消费者，才能使消费者引起注意，并有可能产生购买欲望。

（2）促销的目的是引发、刺激消费者产生购买行为。在消费者可支配收入既定的条件下，消费者是否产生购买行为主要取决于消费者的购买欲望，而消费者购买欲望又与外界的刺激、诱导密不可分。促销正是针对这一特点，通过各种传播方式把企业的有关信息传递给消费者，以激发其购买欲望，使其产生购买行为。

（3）促销的方式有人员促销和非人员促销两类。人员促销又称直接促销或人员推销，是企业运用推销人员向消费者推销产品的一种促销活动，它主要适合消费者数量少、比较集中的情况。非人员促销又称间接促销或非人员推销，是企业通过一定的媒体传递产品的有关信息，以促使消费者产生购买欲望、发生购买行为的一系列促销活动，包括广告、公关和营业推广等，适合消费者数量多、比较分散的情况。通常，现代企业在促销活动中将人员促销和非人员促销结合运用。

二、促销在现代企业中的作用

促销在现代企业营销活动中是不可缺少的重要组成部分，这是因为促销有如下作用：

（1）传递信息，提供情报。销售产品是企业市场营销活动的中心任务，信息传递是产品顺利销售的保证。信息传递有单向和双向之分。单向信息传递是指卖方发出信息，买方接收，它是间接促销的主要功能。双向信息传递是买卖双方互通信息，双方都是信息的发出者和接受者，直接促销有此功效。在促销过程中，一方面，卖方（企业或中间商）向买方（中间商或消费者）介绍有关企业现状、产品特点、价格及服务方式和内容等信息，以此来诱导消费者对产品产生需求欲望并采取购买行为；另一方面，买方向卖方反馈对产品价格、质量和服务内容、方式是否满意等有关信息，促使产品生产者、经营者取长补短，更好地满足消费者的需求。

（2）突出特点，诱导需求。在市场竞争激烈的情况下，同类产品很多，而且有些产品差别微小，消费者往往不易分辨。企业通过促销活动，宣传、说明本企业产品有别于同类竞争产品之处，便于消费者了解本企业产品在哪些方面优于同类产品，使消费者认识到购买、消费本企业产品所带来的利益较大，乐于认购本企业产品。企业作为卖方向买方提供有关信息，特别是能够突出产品特点的信息，能激发消费者的需求欲望，变潜在需求为现实需求。

（3）指导消费，扩大销售。在促销活动中，营销者循循善诱地介绍产品知识，在一定程度上对消费者起到了教育指导作用，从而有利于激发消费者的需求欲望，实现扩大销售之功效。

（4）形成偏爱，稳定销售。在激烈的市场竞争中，企业产品的市场地位常不稳定，致使有些企业的产品销售此起彼伏，波动较大。企业运用适当的促销方式，开展促销活动，可使较多的消费者对本企业的产品滋生偏爱，进而稳住已占领的市场，达到稳定销售的目的。对于消费者偏爱的品牌，即使该类产品需求下降，也可以通过一定形式的促销活动，促使对该品牌的需求得到一定程度的恢复和提高。

三、促销组合及其影响因素

1. 促销组合策略

如前所述，企业促销的方式有直接促销和间接促销两种，又可分为人员推销、广告、公共关系和营业推广4种。由于各种促销方式都有优点和缺点，在促销过程中，现代企业常常将多种促销方式并用。所谓促销组合，就是现代企业根据产品的特点和营销目标，综合各种影响因素，对各种促销方式的选择、搭配和运用。促销组合是产品促销策略的前提，在促销组合的基础上，才能制定相应的促销策略。因此，促销策略也称促销组合策略。

促销策略从总的指导思想上可分为推式策略和拉式策略两类。推式策略是指企业运用人员推销的方式，把产品推向市场，即从中小生产企业推向中间商，再由中间商推给消费者，故也称人员推销策略。推式策略一般适合单位价值较高的产品、根据用户需求特点设计的产品、市场比较集中的产品等。拉式策略也称非人员推销策略，是指现代企业运用非人员推销方式把顾客拉过来，使其对本企业的产品产生需求，以扩大销售。对单位价值较低的产品，流通环节较多、流通渠道较长的产品，市场范围较广、市场需求较大的产品，常采用拉式策略。

2. 促销组合策略选择的影响因素

促销组合策略的制定影响因素较多，主要应考虑以下几个因素：

（1）促销目标。它是现代企业从事促销活动所要达到的目的。在企业营销的不同阶段，为了适应市场营销活动的不断变化，要求有不同的促销目标。无目标的促销活动收不到理想的效果。因此，现代企业促销组合策略的制定，要符合企业的促销目标，根据不同的促销目标，采用不同的促销组合策略。

（2）产品因素。主要包括：①产品的性质。不同性质的产品，购买者和购买目的就不相同，因此，对不同性质的产品必须采用不同的促销组合策略。一般来说，在消费者市场，因市场范围广而更多地采用拉式策略，尤其以广告和营业推广形式促销为多；在生产者市场，因购买者购买批量较大，市场相对集中，则以人员推销为主要形式。②产品的市场生命周期。促销目标在产品市场生命周期的不同阶段是不同的，这决定了在市场生命周期各阶段要相应选配不同的产品促销组合，采用不同的产品促销策略。在投入期，促销目标主要是宣传介绍产品，以便顾客了解、认识产品，产生购买欲望，广告起到了向消费者、中间商宣传介绍产品的功效，因此，这一阶段以广告为主要促销形式，以营业推广和人员推销为辅助形式。在成长期，由于产品打开了销路，销量上升，同时也出现了竞争者，这时仍需加强广告宣传，但要注重宣传企业产品特色，以增进顾客对本企业产品的购买兴趣，若能辅之以公关手段，会收到相得益彰之佳效。在成熟期，竞争者增多，促销活动以增进购买兴趣与偏爱为目标，广告的作用在于强调本产品与其他同类产品的细微差别，同时，要配合运用适当的营业推广方式。在衰退期，由于更新换代产品和新发明产品的出现，使原有产品的销量大幅下降。为减少损失，促销费用不宜过大，促销活动宜针对老顾客，采用提示性广告，并辅之适当的营业推广和公关手段。

（3）市场的特点。目标市场的特点是影响促销组合的重要因素之一。对于不同的市场，应当采用不同的促销组合。在通常情况下，在地理范围狭小、买主比较集中、交易额大的目标市场上，可以考虑以人员推销为主，配合以广告策略进行组合；而在较为广阔、买主比较分散、交易额小、购买频率高的目标市场上，则应以广告为主进行促销组合。与此同时，企业应当注意各种买主的不同需要和购买目的，选择恰当有效的促销方式。

具体来讲，企业采取何种方式促销，要考虑以下因素：

①市场条件。市场条件不同，促销组合策略也有所不同。从市场地理范围大小来看，若促销对象是小规模的本地市场，应以人员推销为主；而对广泛的全国甚至世界市场进行促销，则多采用广告形式。

②从市场类型来看，消费者市场因消费者多而分散，多数靠广告等非人员推销形式；而对用户较少、批量购买、成交额较大的生产者市场，则主要采用人员推销形式。

③在有竞争者的市场条件下，制定促销组合策略还应考虑竞争者的促销形式和策略，要有针对性地不断变换自己的促销组合策略。

（4）促销预算。企业开展促销活动，必然要支付一定的费用。费用是现代企业经营十分关心的问题，并且现代企业能够用于促销活动的费用总是有限的。因此，在满足促销目标的前提下，要做到效果好而费用省。企业确定的促销预算额应该是本企业有能力负担的，并且是能够适应竞争需要的。为了避免盲目性，在确定促销预算额时，除了考虑营业额的多少外，还应考虑到促销目标的要求、产品市场生命周期等其他影响促销的因素。

第二节　人员推销策略

一、人员推销的概念及特点

人员推销是指企业运用推销人员直接向顾客推销产品的一种促销活动。在人员推销活动中，推销人员、推销对象和推销品是3个基本要素。其中，前两者是推销活动的主体，后者是推销活动的客体。通过推销人员与推销对象之间的接触、洽谈，将推销品推给推销对象，从而达成交易，实现既销售产品，又满足顾客需求的目的。

人员推销与非人员推销相比，既有优点又有缺点，其优点表现在以下4个方面：

（1）信息传递双向性。人员推销作为一种信息传递形式，具有双向性。在人员推销过程中，一方面，推销人员通过向顾客宣传介绍推销品的有关信息，如产品的质量、功能、价格以及同类产品竞争者的有关情况等，以此来达到招徕顾客、促进产品销售的目的；另一方面，推销人员通过与顾客接触，能及时了解顾客对本企业产品的评价；通过观察和有意识地调查研究，能掌握推销品的市场生命周期及市场占有率等情况。这样不断地收集信息、反馈信息，可为企业制定合理的营销策略提供依据。

（2）推销目的双重性。一重是指激发需求与市场调研相结合，另一重是指推销产品与提供服务相结合。就后者而言，一方面，推销人员施展各种推销技巧，目的是推销产品；另一方面，推销人员与顾客直接接触，向顾客提供各种服务，是为了帮助顾客解决问题，满足顾客的需求。双重目的相互联系、相辅相成。推销人员只有做好顾客的参谋，更好地实现满足顾客需求这一目的，才有利于诱发顾客的购买欲望，促成购买，使产品推销效果达到最大化。

（3）推销过程灵活性。由于推销人员与顾客直接联系，当面洽谈，可以通过交谈与观察了解顾客，进而根据不同顾客的特点和反应，有针对性地调整自己的工作方法，以适应顾客，诱导顾客购买；而且，还可以及时发现、答复和解决顾客提出的问题，消除顾客的疑虑和不满意感。

（4）友谊、协作长期性。推销人员与顾客直接见面，长期接触，可以促使买卖双方建立友谊，密切企业与顾客之间的关系，易于使顾客对企业的产品产生偏爱。因此，在长期保持友谊的基础上开展推销活动，有助于建立长期的买卖协作关系，稳定地销售产品。

人员推销的缺点主要表现在两个方面：

①支出较大，成本较高。由于每个推销人员直接接触的顾客有限，销售面窄，特别是在市场范围较大的情况下，人员推销的开支较多，这就增大了产品销售成本，一定程度地减弱了产品的竞争力。

②对推销人员的要求较高。人员推销的效果直接决定于推销人员素质的高低，并且随着科学技术的发展，新产品层出不穷，对推销人员的素质要求越来越高。因此，要求推销人员必须熟悉新产品的特点、功能等知识。要培养和选拔出理想的胜任职位的推销人员比较困难，而且耗费也大。

总之，可以说，当销售者与潜在购买者面对面的接触十分重要时，当需要按照潜在购买者的需求调整产品时，当产品处于生命周期的成熟或衰退阶段时，或者当企业采取"推"的策略时，通过人员销售是非常重要的，甚至是必要的。

二、推销人员的甄选与培训

由于推销人员素质高低直接关系到企业促销活动的成功与失败，所以推销人员的甄选与培训十分重要。

（1）推销人员的甄选。甄选推销人员，不仅要对未从事过推销工作的人员进行甄选，使其中品德端正、作风正派、工作责任心强的能胜任推销工作的人员走入推销人员的行列，还要对在岗的推销人员进行甄选，淘汰那些不适合推销工作的推销人员。

推销人员的来源：一是来自企业内部，就是把本企业内德才兼备、热爱并适合推销工作的人选拔到推销部门工作；二是从企业外部招聘，即企业从大专院校的应届毕业生、其他企业或单位等群体中物色合格人选。无论哪种来源，都应经过严格的考核，择优录用。

甄选推销人员有多种方法，为准确地选出优秀的推销人才，应根据推销人员素质的要求，采用申报、笔试和面试相结合的方法。由报名者自己填写申请，借此掌握报名者的性别、年龄、受教育程度及工作经历等基本情况；通过笔试和面试可了解报名者的仪表风度、工作态度、知识广度和深度、语言表达能力、理解能力、分析能力、应变能力等。

（2）推销人员的培训。对当选的推销人员，还需经过培训才能上岗，使他们学习和掌握有关产品的知识与技能。同时，还要对在岗推销人员每隔一段时间进行培训，使其了解本企业的新产品、新的经营计划和新的市场营销策略，从而进一步提高素质。培训内容通常包括企业知识、产品知识、市场知识、心理学知识和政策法规知识等内容。

培训推销人员的方法很多，常采用的方法有3种：

①讲授培训。这是一种课堂教学培训方法。一般是通过举办短期培训班或进修等形式，由专家、教授和有丰富推销经验的优秀推销员来讲授基础理论和专业知识，介绍推销方法和技巧。

②模拟培训。它是受训人员亲自参与的有一定真实感的培训方法。具体做法是，由受训人员扮演推销人员向由专家教授或有经验的优秀推销员扮演的顾客进行推销，或由受训人员分析推销实例等。

③实践培训。实际上，这是一种岗位练兵。当选的推销人员直接上岗，与有经验的推销人员建立师徒关系，通过传、帮、带，使受训人员逐渐熟悉业务，成为合格的推销人员。

三、人员推销的形式与对象

1. 人员推销的基本形式

一般来说，人员推销有以下3种基本形式：

（1）上门推销。推销人员携带商品的样品、说明书和订单等直接走访顾客，向顾客介绍商品的特点、性能、使用方法等，并努力促成交易。这种形式的推销可以深入了解顾客的需求和反应，并根据顾客的特点进行有针对性的推销。

（2）柜台推销。也称为门市推销，是在适当的地点设置固定的门市，由营业员接待进入门市的顾客，向他们介绍和推销商品。这种形式的推销可以让顾客亲自体验和感受商品，增加购买的信心。

（3）会议推销。利用各种会议（如产品发布会、展销会等）向与会人员宣传和介绍商品，开展推销活动。这种形式的推销可以一次性向大量潜在客户介绍产品，提高推销效率。

此外，还有街头推销等形式，它通常针对特定的地点和人群，利用流动的方式向过往行人推销商品。无论采用哪种形式，人员推销都需要推销人员具备专业的产品知识和良好的沟通技巧，以便能够有效地向顾客传递产品信息和价值，并促成交易。同时，推销人员还需要善于观察和分析顾客的需求和反应，以便能够及时调整推销策略，提高推销成功率。

2. 人员推销的推销对象

推销对象是指人员推销活动中接受推销的主体，是推销人员说服的对象。推销对象有消费者、生产用户和中间商3类。

（1）向消费者推销。推销人员向消费者推销产品，必须对消费者有所了解。为此，要掌握消费者的年龄、性别、民族、职业、宗教信仰等基本情况，进而了解消费者的购买欲望、购买能力、购买特点和习惯等，并且要注意消费者的心理反应。对不同的消费者，施以不同的推销技巧。

（2）向生产用户推销。将产品推向生产用户的必备条件是熟悉生产用户的有关情况，包括生产用户的生产规模、人员构成、经营管理水平、产品设计与制作过程以及资金情况等。在此前提下，推销人员还要善于准确而恰当地说明自己产品的优点并能对生产用户使用该产品后所得到的效益做简要分析，以满足其需要；同时，推销人员还应帮助生产用户解决疑难问题，以取得用户信任。

（3）向中间商推销。与生产用户一样，中间商也对所购产品具有丰富的专门知识，其购买行为也属于理智型。这就需要推销人员具备相当的业务知识和较高的推销技巧。在向中间商推销产品时，首先要了解中间商的类型、业务特点、经营规模、经济实力以及他们在整个分销渠道中的地位；其次，应向中间商提供有关信息，给中间商提供帮助，建立友谊，扩大销售。

四、推销人员的考核与评价

为了加强对推销人员的管理，企业必须对推销人员的工作业绩进行科学而合理的考核与评价。推销人员的业绩考评结果，既可以作为分配报酬的依据，又可以作为企业人事决策的重要参考指标。

1. 考评资料的收集

收集推销人员的资料是考评推销人员的基础性工作。全面准确地收集考评所需资料是做好考评工作的客观要求。考评资料主要从推销人员销售工作报告、企业销售记录、顾客及社会公众的评价以及企业内部员工的意见4个途径获得。

（1）推销人员销售工作报告。销售工作报告一般包括销售活动计划和销售绩效报告两部分。销售活动计划作为指导推销人员推销活动的日程安排，可展示推销人员的区域年度推销计划和日常工作计划的科学性、合理性。销售绩效报告反映了推销人员的工作实绩，据此可以了解销售情况、费用开支情况、业务流失情况、新业务拓展情况等许多推销绩效。

（2）企业销售记录。现代企业的销售记录，一般包括顾客记录、区域销售记录、销售费用支出的时间和数额等信息，它们是考评推销业绩的宝贵的基础性资料。通过对这些资料进行加工、计算和分析，可以得出适宜的评价指标，如某一推销人员所接订单的毛利、一定时期一定规模订单的毛利。

（3）顾客及社会公众的评价。推销人员面向顾客和社会公众提供各种服务，这就决定了顾客和社会公众是鉴别推销人员服务质量最好的见证人，因此，评估推销人员理应听取顾客及社会公众的意见。通过对顾客投诉和定期顾客调查结果的分析，可以透视出不同的推销人员在完成推销产品这一工作任务的同时，其言行对企业整体形象的影响。

（4）企业内部员工的意见。企业内部员工的意见主要是指销售经理或其他非销售部门有关人员的意见。此外，销售人员之间的意见也作为考评时的参考。依据这些资料可以了解有关推销人员的合作态度和领导才干等方面的信息。

2. 考评标准的建立

考评销售人员的绩效，科学而合理的标准是不可缺少的。绩效考评标准的确定，既要遵循基本标准的一致性，又要坚持推销人员在工作环境、区域市场拓展潜力等方面的差异性，不能一概而论。当然，绩效考核的总体标准应与销售增长、利润增加和企业发展目标相一致。

制定公平而富有激励作用的绩效考评标准，需要现代企业管理人员根据过去的经验，结合推销人员的个人行为来综合制定，并需在实践中不断加以修整与完善。常用的推销人员绩效考核指标主要有：

（1）销售量。最常用的指标，用于衡量销售增长状况。

（2）毛利。用于衡量利润的潜量。

（3）访问率（每天的访问次数）。衡量推销人员的努力程度。

（4）访问成功率。衡量推销人员的工作效率。

（5）平均订单数目。此指标多与每日平均订单数目一起用来衡量，说明订单的规模和推销的效率。

（6）销售费用及费用率。用于衡量每次访问的成本及直接销售费用占销售额的比重。

（7）新客户数目。这是衡量推销人员特别贡献的主要指标。

第三节　广告策略

广告作为促销方式或促销手段，是一门带有浓郁商业性的综合艺术。虽说广告并不一定能使某种产品成为世界名牌，但若没有广告，该产品肯定不会成为世界名牌。成功的广告可使默默无闻的企业及其产品名声大振，家喻户晓，广为传扬。

一、广告的概念与种类

1. 广告的概念

广告一词有"注意""诱导""大喊大叫"和"广而告之"之意。广告作为一种传递信息的活动，它是现代企业在促销中普遍重视且应用最广的促销方式。市场营销学中探讨的广告，是一种经济广告，即广告主以促进销售为目的，付出一定的费用，通过特定的媒体传播产品等有关经济信息的大众传播活动。从广告的概念可以看出，广告是以广大消费者为广告对象的大众传播活动；广告以传播产品等有关经济信息为其内容；广告是通过特定的媒体来实现的，并且广告主要对使用的媒体支付一定的费用；广告的目的是促进产品销售，进而获得较好的经济效益。

2. 广告的种类

（1）根据广告的内容和目的划分：

①产品广告。它是针对产品销售开展的大众传播活动。产品广告按其目的不同可分为3种类型：开拓性广告，亦称报道性广告，它是以激发顾客对产品的初始需求为目标，主要介绍刚刚进入投入期的产品的用途、性能、质量、价格等有关情况，以促使新产品进入目标市场。劝告性广告，又叫竞争性广告，是以激发顾客对某种产品产生兴趣，增进"选择性需求"为目标，对进入成长期和成熟前期的产品所做的各种传播活动。提醒性广告，也叫备忘性广告或提示性广告，是指对已进入成熟后期或衰退期的产品所进行的广告宣传，目的是在于提醒顾客，使其产生"惯性"需求。

②企业广告。企业广告又称商誉广告。这类广告着重宣传和介绍企业名称、企业精神、企业概况（包括厂史、生产能力、服务项目等情况）等有关企业信息，其目的是提高

企业的声望、名誉和形象。

③公益广告。公益广告是用来宣传公益事业或公共道德的广告。它的出现是广告观念的一次革命。公益广告能够实现企业自身目标与社会目标的融合，有利于树立并强化企业形象。公益广告有广阔的发展前景。

（2）根据广告传播的区域来划分：

①全国性广告。这是指采用信息传播能覆盖全国的媒体所做的广告，以此激发全国消费者对所宣传的产品产生需求。在全国发行的报纸、杂志以及广播、电视等媒体上所做的广告，均属全国性广告。这种广告要求所做广告的产品是适合全国通用的产品，并且因其费用较高，也只适合生产规模较大、服务范围较广的现代企业，而对实力较弱的现代企业实用性较差。

②地区性广告。这是指采用信息传播只能覆盖一定区域的媒体所做的广告，借以刺激某些特定地区消费者对产品的需求。在省、县报纸、杂志、广播、电视上所做的广告，均属此类；路牌、霓虹灯上的广告也属地区性广告。此类广告传播范围小，多适合生产规模小、资金薄弱的现代企业。

此外，还有一些分类。例如，按广告的形式划分，可分为文字广告和图画广告；按广告的媒体不同，可分为报纸广告、杂志广告、广播广告、电视广告、因特网广告等。

二、广告的媒体及其选择

广告媒体也称广告媒介，是广告主与广告接受者之间的连接物质。它是广告宣传必不可少的物质条件。广告媒体并非一成不变，而是随着科学技术的发展而发展。科技的进步，必然使得广告媒体的种类越来越多。

1. 广告媒体的种类及其特性

印刷媒体是指利用印刷技术制作的广告媒体，主要包括报纸、杂志、书籍、宣传册、产品说明书、样本、广告信、海报等。这些媒体适合传递详细、精确的广告信息，读者可以反复阅读、仔细思考。印刷媒体的优点是传播范围广、受众稳定，但时效性相对较差。

电子媒体是利用电子技术进行广告宣传的媒体，包括电视、广播、电影、电脑、幻灯、电子显示大屏幕、手机等。电子媒体具有传播速度快、覆盖面广、表现形式多样等优点，能够吸引大量受众的注意力。特别是在移动互联网时代，手机等移动设备成为广告传播的重要渠道。

户外媒体是指在户外公共场所进行广告宣传的媒体，包括广告牌、招贴、路牌、墙壁、霓虹灯、橱窗、气球、灯箱等。户外媒体通常与城市的整体布局和周围环境融为一体，具有装饰市容、美化环境的作用。其优点是视觉冲击力强，能够吸引行人的注意力，但受众范围相对有限。

实物媒体是以商品本身或相关物品为载体的广告媒体，包括商品包装、模型、礼品、标识徽章等。实物媒体能够直接将广告信息与产品本身相结合，提高消费者对产品的认知和记忆。此外，一些特殊形式的实物媒体，如商品附赠品，也能在消费者中引起关注。

网络媒体是随着互联网技术的发展而兴起的广告媒体，包括各类网站、社交媒体、搜索引擎等。网络媒体具有传播速度快、互动性强、受众精准等优点，能够实现广告的精准投放和实时反馈。此外，网络媒体还可以结合大数据、人工智能等技术，进行用户画像和精准营销。

除了以上几种主要类型外,还有一些其他形式的广告媒体,如包装纸、购物袋、纪念册、运动衫等。这些媒体虽然受众范围有限,但能够结合特定的场景和场合,实现广告的精准传播。

在选择广告媒体时,企业应根据自身产品特点、目标受众和预算等因素进行综合考虑。同时,随着科技的进步和社会的发展,新的广告媒体形式不断涌现,企业应保持敏锐的洞察力,及时把握新的广告传播机遇。不同广告媒体各有优劣,适合不同的广告需求和目标受众。因此,在实际应用中,企业应根据具体情况进行选择和组合,以实现最佳的广告效果。

2. 广告媒体的选择

不同的广告媒体有不同的特性,这就决定了现代企业从事广告活动必须对广告媒体进行正确的选择,否则将影响广告效果。正确地选择广告媒体,一般要考虑以下影响因素:

(1) 明确广告目标与预算。首先,企业需要明确广告的目标,如提高品牌知名度、推广新产品、促进销售等。同时,还需要考虑广告预算,因为不同媒体的广告费用差异较大,预算的多少将直接影响到可选择的媒体范围。

(2) 了解目标受众。了解目标受众的年龄、性别、职业、兴趣、消费习惯等信息,有助于企业选择能够覆盖这些受众的广告媒体。例如,针对年轻人的产品可以选择在社交媒体或视频网站上投放广告,而针对中老年人的产品则可能更适合在电视或广播上投放。

(3) 分析媒体特性与效果。不同的广告媒体具有不同的特性,如传播范围、受众接触频率、广告效果等。企业需要分析各种媒体的特性,并根据自身需求和预算进行选择。同时,还要考虑媒体的广告效果,如广告的传播速度、影响力等。

(4) 考虑竞争状况。了解竞争对手的广告策略,包括它们选择的媒体、投放频率和广告内容等,有助于企业在选择广告媒体时避免与竞争对手正面冲突,同时也能借鉴它们的成功经验。

(5) 综合评估与选择。在综合考虑以上因素的基础上,企业可以筛选出适合自身的广告媒体,并进行综合评估。评估可以包括媒体的覆盖范围、受众匹配度、广告费用等多个方面。最终,企业应根据自身需求和预算,选择最适合的广告媒体。

此外,需要注意的是,广告媒体的选择并非一成不变,随着市场环境、受众需求以及企业自身发展的变化,企业可能需要调整广告策略并重新选择媒体。因此,企业需要保持敏锐的市场洞察力,不断调整和优化广告媒体选择策略。广告媒体的选择是一个需要综合考虑多个因素的过程。企业需要明确广告目标与预算,了解目标受众,分析媒体特性与效果,考虑竞争状况,并进行综合评估与选择。通过科学的选择策略,企业可以实现广告效果的最大化。

三、广告设计原则

广告设计原则涵盖多个方面,以确保广告的有效性和吸引力。以下是广告设计的一些核心原则:

(1) 真实性原则。广告的内容和所宣传的产品或服务必须一致,必须以客观事实为依据。无论是语言文字还是画面,都应确保真实可信。广告的感性形象也应与商品的自身特性相一致，避免夸大其词或误导消费者。真实性是广告的生命和本质，是建立品牌信誉和消费者信任的基础。

（2）针对性原则。广告必须针对目标市场和目标受众进行定制。不同的商品、不同的市场、不同的受众群体需要不同的广告内容和表现手法。了解受众的需求、兴趣和习惯，能够更有效地传递广告信息，提高广告的转化率。

（3）艺术性原则。广告设计需要运用艺术手法来增强广告的吸引力和感染力。通过巧妙的构图、鲜明的色彩、生动的语言和有趣的情节，可以吸引受众的注意力，激发他们的情感共鸣，从而提高广告的传播效果。

（4）简洁突出原则。现代社会中，公众停留在广告上的时间有限。因此，广告设计应力求简洁明了，突出核心信息。避免冗余和复杂的元素，使广告内容一目了然，便于受众快速理解和接受。

（5）创新性原则。在竞争激烈的广告市场中，创新是吸引受众的关键。广告设计师需要不断尝试新的设计理念、表现手法和传播渠道，以打破常规，创造独特的广告效果。

（6）社会性原则。广告必须符合社会文化、道德规范和法律法规的要求。避免涉及敏感话题和负面内容，确保广告传递的信息是积极、健康的。同时，广告也应承担一定的社会责任，关注社会热点和公共利益，传递正能量。

广告设计原则是一个综合性的概念，涉及真实性、针对性、艺术性、简洁性、创新性和社会性等多个方面。在设计广告时，应综合考虑这些原则，以实现广告效果的最大化。

四、广告媒体组合

每一种媒体都有其短处和长处，将两种或两种以上的媒体组合起来，优势互补，克服弱点，使广告达到最佳效果，这是媒体组合的根本指导思想。

1. 广告组合的优势

广告媒体组合策略之所以能使产品产生轰动效应和良好的促销效果，主要由于以下3方面的优势：

（1）重复效应。由于各种媒体覆盖的对象有时是重复的，因此，媒体组合的使用将使部分广告受众增加，广告接触次数增多，也就是增加广告传播深度。消费者接触广告次数越多，对产品的注意度、记忆度、理解度就越高，购买的冲动就越强。

（2）延伸效应。各种媒体都有各自覆盖范围的局限性，假若将媒体组合运用则可以增加广告传播的广度，延伸广告覆盖范围。广告覆盖面越大，产品的知名度就越高。

（3）互补效应。以两种以上广告媒体来传播同一广告内容，对于同一受众来说，其广告效果是相辅相成、互相补充的。由于不同媒体各有利弊，因此，组合使用能取长补短，相得益彰。

2. 媒体组合策略的方式

广告媒体组合策略的方式多种多样。以下是几种常见的广告媒体组合策略方式：

（1）集中媒体组合策略。广告主选择一种主要的广告媒体进行投放，以产生深刻和集中的影响。这种方式通常用于细分市场的目标受众，以便在短时间内形成强烈的品牌印象。例如，针对年轻人群体的产品，可以选择在社交媒体平台上进行集中投放。

（2）多样媒体组合策略。广告主选择多种不同的广告媒体进行组合投放，以覆盖更广泛的受众群体。这种方式适用于需要针对不同目标受众传递不同信息的广告需求。例如，结合电视、广播、报纸、户外广告等多种媒体形式，实现广告的全方位覆盖。

（3）互补媒体组合策略。广告主选择具有互补性的广告媒体进行组合，以强化广告的传播效果。这种策略通常考虑不同媒体之间的受众覆盖、传播速度、影响力等方面的差异，以实现广告效果的最大化。例如，将线上广告与线下活动相结合，通过线上引流和线下体验的方式提升品牌认知度和用户参与度。

（4）时序媒体组合策略。广告主根据广告活动的不同阶段选择不同的广告媒体进行投放。例如，在产品上市初期，可以选择在影响力较大的媒体上进行广告投放，以吸引关注；在产品推广阶段，则可以选择覆盖面更广的媒体进行投放，以扩大市场份额。

在制定广告媒体组合策略时，广告主还需要考虑预算限制、媒体资源可得性以及市场竞争等因素。同时，随着技术的不断进步和媒体环境的不断变化，新的广告媒体形式也不断涌现，广告主需要保持敏锐的市场洞察力，及时调整和优化媒体组合策略。

五、广告效果测定方法

广告效果测定的方法多种多样，旨在全面评估广告活动对目标受众的影响以及广告传播的效果。针对一则广告的效果测定，可以采用以下几种主要方法：

（1）可以通过评分法来测定广告作品的效果。这种方法既适用于事前测定，也适用于事后测定。事前测定时，可以将拟好的广告请消费者当场评分，以此选择效果好的广告使用。事后测定时，则是将已发布的广告各要素列表邮寄给消费者评分或邀请消费者当场评分。这种方法能够直接反映消费者对广告的接受程度和喜好。

（2）可以运用问卷法来了解受众对广告的认知和反应。通过邮寄、报纸公开征集回函或访员上门访问等方式进行问卷调查，可以收集到消费者对广告内容、品牌形象、产品认知等方面的反馈。这种方法能够提供较为全面和深入的数据，有助于广告主了解广告对受众产生的影响。

（3）对于广告媒体效果的测定，可以根据媒体的不同特质进行分类测定。例如，对于印刷媒体，可以关注广告的注目率、阅读率和阅读效率等指标；对于电子媒体，则可以采用日记调查法、记忆调查法等方法来测定广告的传播效果和受众覆盖情况。这些方法能够帮助广告主了解广告在不同媒体平台上的表现，从而优化媒体投放策略。

（4）广告心理效果的测定也是不可忽视的一环。通过态度量表、影射法等方法，可以测定广告对消费者心理的影响，如品牌认知度、品牌忠诚度、购买意愿等方面的变化。这些指标能够反映广告对消费者心理的深层作用，有助于广告主制定更有效的广告策略。

一则广告效果的测定需要综合运用多种方法，从多个角度进行评估。通过科学的测定和分析，广告主可以了解广告活动的实际成果，为未来的广告策略制定提供有力支持。

第四节　营业推广策略

营业推广又称销售促进，是指现代企业运用各种短期诱因鼓励消费者和中间商购买、经销或代理企业产品的促销活动。

一、营业推广的特点

营业推广作为企业营销战略中的关键一环,具有其独特的特点和重要作用。营业推广的特点概括为以下几个方面:

(1) 针对性强。营业推广活动的针对性是其首要特点。企业在制定营业推广策略时,会充分考虑目标市场的特点和受众需求,以确保推广活动能够精准地触达潜在客户群体。通过市场调研和数据分析,企业能够了解消费者的购买习惯、偏好和需求,从而有针对性地设计推广活动和促销方案,提高推广效果。

(2) 灵活多样。营业推广的方式和手段具有灵活性和多样性。企业可以根据不同的产品特点、市场环境和受众需求,选择适合的推广方式,如折扣、赠品、优惠券、限时促销等。同时,营业推广还可以结合线上线下的多种渠道进行,包括社交媒体营销、广告宣传、线下体验活动等,以形成全方位的推广效果。

(3) 时效性强。营业推广活动通常具有明确的时效性。企业会在特定的时间范围内进行推广活动,以吸引消费者的注意力和激发他们的购买欲望。这种时效性有助于企业在短时间内快速提升产品或服务的销量和知名度。然而,这也要求企业在活动结束后及时评估效果,以便调整后续的营销策略。

(4) 辅助性角色。营业推广在企业营销体系中通常扮演辅助性的角色。虽然营业推广能够在短期内取得显著效果,但由于其时效性和短期性,它并不能单独解决所有营销问题。因此,企业通常会将营业推广与其他促销方式相结合,如广告、人员推销等,以形成一个完整的营销体系,共同推动产品或服务的销售。

(5) 适度使用原则。营业推广虽然有助于提升销量和知名度,但过度或不当的使用可能会损害产品和企业形象。企业应根据自身实际情况和市场环境,谨慎选择推广时机和方式,确保推广活动与品牌形象和产品定位相契合,避免产生负面影响。

二、营业推广的方式

营业推广的方式多种多样,每一个现代企业不可能全部使用。这就需要现代企业根据各种方式的特点、促销目标、目标市场的类型及市场环境等因素选择适合本企业的营业推广方式。

1. 向消费者推广的方式

向消费者推广是为了鼓励老顾客继续购买、使用本企业的产品,激发新顾客试用本企业的产品。其方法主要有:

(1) 赠送样品。向消费者免费赠送产品样品,可以鼓励消费者认购,也可以获取消费者对产品的反应。样品赠送,可以有选择地赠送,也可在商店或闹市区或附在其他商品中无选择地赠送。这是介绍、推销新产品的一种促销方式,但费用较高,对高值产品不宜采用。

(2) 赠送代价券。代价券作为对某种产品免付一部分价款的证明,持有者在购买某产品时免付一部分货款。代价券可以邮寄,也可附在产品或广告之中赠送,还可以向购买产品达到一定的数量或数额的顾客赠送。这种形式,有利于刺激消费者使用原有的产品,也可以鼓励消费者认购新的产品。

（3）包装兑现。即采用产品包装来兑换现金。如收集到若干个某种饮料瓶盖，可兑换一定数量的现金或实物，借以鼓励消费者购买该种饮料。这种方式的有效运用，也体现了现代企业的绿色营销观念，有利于树立良好的企业形象。

（4）提供赠品。对购买产品价格较高的顾客赠送相关产品（价格相对较低、符合质量标准的产品）有利于刺激高价产品的销售。由此，提供赠品是有效的营业推广方式。

（5）产品展销。展销可以集中消费者的注意力和购买力。在展销期间，质量精良、价格优惠的产品会备受青睐。可以说，参展是难得的营业推广机会和有效的促销方式。

（6）竞赛与抽奖。竞赛就是让消费者按照竞赛要求，运用其知识技能来赢得现金、实物或旅游奖励。这种竞赛不完全依靠一个人的本领，还需要借助运气，而竞赛题目或内容又总与主办者自身特征或多或少地有所联系或结合。抽奖是指消费者凭其资格证明，如购物发票或以此换取的兑奖券，所使用的商品标记，如包装纸、瓶盖等，向主办者申请获奖机会。而主办者根据事先公布的准则、程序，以一定比例从参加者中抽取获奖者，向其颁发奖金或奖品。

竞赛和抽奖的诱惑力还是很高的，它有助于增强广告吸引力、强化品牌形象。但竞赛活动参加率低，无法普及，设计创新的难度也较大。抽奖虽然普及面高一些，但它通常需要大量的媒体经费进行宣传才能达到一定的效果，而且很难事先对活动效果进行完善的效益评估。

（7）联合营业推广。联合营业推广是指两个或两个以上的公司合作开展促销活动，推销它们的产品或服务，以扩大活动的影响力。这种方法的最大好处是可以使联合体内的各成员以较少的费用，获得最大的促销效果。联合营业推广的最大好处在于降低促销成本，活动中的广告费、赠品等各项成本均由联合各方分摊，大大降低了各自的投资。另外，选择目标顾客已接受的品牌作为联合营业推广的合作伙伴，可使本产品快速接触到目标消费者，加快本产品的推进速度。

2. 向中间商推广的方式

制造商策划与掀起的促销活动，如果没有中间商的响应、参与和支持，是难以取得促销效果的。劝诱中间商更多地订货的最有效办法可能是给予价格折扣。或者当中间商订货达到一定数量之后，就免费赠送其一部分产品。为中间商培训推销人员、维修服务人员，使中间商能更好地向顾客示范介绍产品、提高产品售后服务质量，对于有效地促进中间商的营销工作，吸引顾客购买生产企业的产品具有积极的作用。向中间商推广，其目的是促使中间商积极经销企业的产品。其方式主要有：

（1）购买折扣。为刺激、鼓励中间商大批量地购买现代企业的产品，对第一次购买和购买数量较多的中间商给予一定的折扣优待，购买数量越大，折扣越多。折扣可以直接支付，也可以从付款金额中扣出，还可以赠送产品作为折扣。

（2）资助。资助是指企业为中间商提供陈列商品、支付部分广告费用和部分运费等补贴或津贴。在这种方式下，中间商陈列企业的产品，企业可免费或低价提供陈列商品；中间商为企业产品做广告，生产者可资助一定比例的广告费用；为刺激距离较远的中间商经销企业产品，可给予一定比例的运费补贴。

（3）经销奖励。对经销现代企业产品有突出成绩的中间商给予奖励。这种方式能刺激经销业绩突出者加倍努力，更加积极主动地经销现代企业产品，同时也有利于诱使其他中间商为多经销现代企业产品而努力,从而促进产品的销售。

(4) 推广津贴。为经销商提供商品陈列设计资料、付给经销商陈列津贴、广告津贴、经销新产品津贴,以鼓励经销商开展促销活动和积极经销本企业的产品。

(5) 经销竞赛。即组织所有的经销本企业产品的中间商进行销售竞赛,对销售业绩较好的中间商将给予某种形式的奖励。

(6) 代销。代销是指中间商受生产厂家的委托,代其销售商品,中间商不必付款买下商品,而是根据销售额来收取佣金,商品要是销不出去,则将其返还生产厂家。代销可以解决中间商资金不足的困难,还可以避免销不出去的风险。因此,很受中间商的欢迎。

3. 针对推销人员的营业推广

企业可以通过推销竞赛、推销红利、推销回扣等方式来奖励推销人员,鼓励他们把企业的各种产品推荐给消费者,并积极地开拓潜在的市场。以下是几种具体方法:

(1) 红利提成或超额提成。具体做法有:从企业的销售利润中提取一定比例的金额作为奖励发给推销员;推销员按销售利润的多少提取一定比例的金额,销售利润越大,提取的比例越大。

(2) 开展推销竞赛。推销竞赛的内容包括推销数额、推销费用、市场渗透、推销服务等。规定奖励的级别、比例与奖金(品)的数额,用以鼓励推销人员。对成绩优异、贡献突出者,给予现金、旅游、奖品、休假、提级晋升、精神奖励等。

(3) 特别推销金。企业给予推销人员一定的金钱的产品,以鼓励其努力工作。

三、营业推广的控制

营业推广的控制是一个关键的管理环节,它涉及企业在使用营业推广手段时的各个方面。以下是关于营业推广控制的一些要点:

(1) 选择恰当的营业推广方式至关重要。各种推广方式都有其适应性,因此,企业需要根据市场特征、销售目标、竞争环境以及每种推广形式的费用和效率来选择有针对性、独特性、个性化的推广手段。同时,还需要注重与其他促销手段操作上的配套性,以刺激消费者的需求。

(2) 控制好营业推广的时间长短也是非常重要的。确定合理的推广期限,避免过长或过短,以确保取得最佳的促销效果。如果推广时间过长,可能会导致消费者对活动的兴趣减弱;而推广时间过短,则可能无法充分吸引消费者的注意。

(3) 企业在营业推广全过程中必须坚决杜绝弄虚作假、欺骗顾客的错误观念和行为。任何徇私舞弊和短视行为都会损害企业的商誉,影响其竞争地位。因此,企业需通过各种控制手段来确保推广活动的真实性和有效性。

(4) 营业推广容易出现虎头蛇尾的状况。企业需要通过控制手段加强中后期宣传,确保推广活动的圆满完成,并赢得消费者的信任。同时,企业还需要关注推广预算的控制,力求以最少的投入获取更大的产出。

(5) 企业还需要注意促销服务的制度化、标准化。这是保证推广活动达到预期目的的重要保证,通过制定明确的推广方案和实施计划,并在实施过程中进行适时的调整和优化,企业可以确保推广活动的高效进行。

（6）企业要对推广效果进行及时的评估和总结。评估和总结为未来的推广活动提供经验和借鉴。

第五节　公共关系策略

一、公共关系的概念及特征

公共关系又称公众关系，是指现代组织在从事市场营销活动中正确处理组织与社会公众的关系，以便树立现代组织的良好形象，从而促进产品销售的一种活动。公共关系是一种社会关系，但又不同于一般社会关系，也不同于人际关系。公共关系的基本特征表现在以下几方面：

（1）以公众为对象。公共关系的核心在于与公众进行互动和交流，其所有的工作都围绕着公众展开。这意味着公共关系活动应始终关注公众的需求、兴趣和期望，确保组织的信息和活动能够有效地传达给公众，同时，从公众那里获取有价值的反馈。

（2）以美誉为目标。公共关系追求的是提升组织在公众心目中的形象，即美誉度。这包括建立正面的品牌形象，增强公众对组织的信任感和好感度，以及通过积极的公关活动来赢得公众的支持和认可。

（3）以沟通为手段。公共关系通过有效的沟通来建立和维护与公众的关系。这包括信息的传递、情感的交流以及意见和看法的分享。有效的沟通有助于消除误解，增进理解，加强组织与公众之间的联系。

（4）以互惠为原则。公共关系强调组织与公众之间的互利共赢关系。这意味着组织在追求自身目标的同时，也要考虑到公众的利益和需求，通过满足公众的需求来实现组织的利益。这种互惠原则有助于建立长期的、稳定的公共关系。

（5）以真诚为信条。公共关系活动必须建立在真诚和信任的基础上。组织应该诚实地传达信息，避免虚假宣传和误导公众。同时，组织也要积极回应公众的关切和质疑，展现出负责任的态度和诚信的形象。

（6）以长远为方针。公共关系活动是一个长期的过程，需要持之以恒地进行。组织应该注重长期效益，而不是追求短期的利益。通过长期的努力和积累，组织可以逐渐建立起稳定的公共关系网络，为组织的长远发展打下坚实的基础。

二、公共关系部门的作用

公共关系部门在组织运营中起着至关重要的作用。这些作用表现在以下几个方面：

（1）信息收集与环境监测。公共关系部门负责收集关于政府决策、社会需求、产品形象、企业形象及其他社会信息，这些信息为组织提供了关于其外部环境的全面视角，有助于组织进行决策和应对市场变化。

（2）舆论宣传与气氛营造。作为企业的"喉舌"，公共关系部门有效地传递组织信息，通过精准的传播策略，提升组织在公众心中的形象，并为企业营造良好的舆论环境。

（3）关系协调与增进合作。公共关系部门在协调内部员工和外部公众关系上发挥关键作用，通过沟通和协调，增进各方的合作，确保组织运行的顺畅。

（4）咨询建议与决策参与。利用所收集的信息，公共关系部门为组织提供决策咨询，帮助决策者预测和评估决策可能带来的社会效应，确保决策的科学性和有效性。

（5）教育引导与社会服务。通过细致的教育和优惠性、赞助性服务，公共关系部门引导公众对组织产生好感，增强组织的社会影响力。

此外，公共关系部门还通过策划和执行一系列活动，真实、全面地展示企业形象，增强公众对企业的认知和好感度，提高企业的美誉度。同时，它还能及时回应公众关注的热点和争议，维护企业声誉，避免负面影响对企业形象的损害。在推广产品方面，公共关系部门也发挥着不可或缺的作用，通过媒介宣传等方式提高产品知名度和美誉度，增加产品销售。

三、公共关系的主要形式

公共关系的主要形式丰富多样，每一种形式都有其独特的作用和适用场景。以下是一些主要的公共关系形式：

1. 媒体关系管理

（1）新闻稿发布。定期向媒体发送新闻稿，介绍组织的最新动态、产品或服务。

（2）采访安排。组织媒体采访，让组织的领导者或专家对外发声，传递组织的价值观和立场。

（3）媒体合作。与媒体合作举办活动、制作节目，扩大组织的影响力和知名度。

2. 社交媒体营销

（1）微博、微信运营。定期发布内容，与粉丝互动，增强品牌认知度和用户黏性。

（2）短视频推广。利用抖音、快手等平台制作短视频，展示产品或服务，吸引用户关注。

（3）网络直播。通过直播形式进行产品介绍、活动宣传，增加用户参与度和购买意愿。

3. 政府关系维护

（1）政策研究。关注政府政策动向，及时调整组织战略以适应政策变化。

（2）公关活动。组织与政府官员的交流活动，增进相互了解，建立良好关系。

（3）危机应对。在出现与政府相关的危机事件时，及时与政府沟通，妥善处理问题。

4. 客户关系管理

（1）客户服务。提供优质的售前、售中、售后服务，确保客户满意。

（2）客户活动。组织客户见面会、答谢会等活动，增强客户忠诚度。

（3）客户反馈收集。定期收集客户反馈，优化产品或服务，提升客户满意度。

5. 员工关系建设

（1）内部沟通。建立有效的内部沟通机制，确保信息畅通，提高员工满意度。

（2）员工活动。组织员工培训、团建等活动，增强团队凝聚力。

（3）员工福利。提供优厚的福利待遇，激发员工的工作积极性和创造力。

6. 投资者关系管理

（1）信息披露。定期向投资者发布财务报告、业绩公告等信息。

(2) 路演活动。组织投资者见面会、路演等活动，增进投资者对组织的了解和信任。
(3) 投资者关系维护。与投资者保持密切联系，回应投资者关切，稳定市场情绪。

7. 社区关系维护

(1) 社区活动参与。积极参与社区活动，支持社区建设，提升组织在社区的形象。
(2) 公益捐赠。进行公益捐赠，支持社区公益事业，履行社会责任。
(3) 志愿服务。组织员工参与志愿服务活动，传递组织的正能量和价值观。

8. 事件营销

(1) 新闻发布会。举办新闻发布会，邀请媒体和公众参加，传递组织的重要信息。
(2) 展览展示。参加行业展览、展示活动，展示组织的产品和技术实力。
(3) 赞助活动。赞助文化活动、体育赛事等，提升组织的知名度和美誉度。

这些公共关系形式在实际应用中并非孤立存在，而是相互补充、协同作用。组织应根据自身特点和目标受众的需求，选择适合的公共关系形式，以实现最佳的传播效果和公关目标。

第六节 基于数据驱动的促销决策

基于数据驱动的促销决策可以从分别从人员推销、销售促进、广告和公共关系4个方面考虑，以制定出更加精准有效的促销策略，提高企业的销售业绩和品牌影响力。同时，需要不断对促销策略进行评估和优化，以适应市场变化和消费者需求的变化。

一、数据驱动人员推销策略

数据驱动人员推销策略是一种基于数据分析与洞察的现代化销售方法，它极大地提升了推销活动的精准性和效率。在当今信息化社会，数据成为企业决策的重要依据。对于推销人员而言，掌握并运用客户数据，是实现销售业绩提升的关键。数据驱动人员推销策略的核心在于，通过收集、整理和分析客户数据，深入洞察客户需求和行为模式，从而制定出更为精准的推销策略。

实施数据驱动人员推销策略，首先要做的是全面收集客户数据。这包括但不限于客户的购买记录、浏览行为、兴趣爱好、社交活动等。通过对这些数据的深度分析，推销人员能够更准确地把握客户的心理预期和购买意愿。在此基础上，推销人员可以针对不同客户群体的特点，制定个性化的推销方案，提高推销的针对性和成功率。此外，数据驱动人员推销策略还强调实时反馈与动态调整。在推销过程中，推销人员需要密切关注客户反馈和市场变化，根据实时数据调整推销策略。这种灵活性和适应性，使得推销人员能够更好地应对市场的不确定性，确保推销活动的持续有效。

数据驱动人员推销策略的实施，离不开先进的技术支持。利用大数据分析工具、机器学习算法等，推销人员可以更高效地处理和分析数据，提升决策的科学性和准确性。同时，借助客户关系管理系统等工具，推销人员可以更好地管理客户信息，实现信息的实时共享和更新。

二、数据驱动营业推广策略

数据驱动营业推广策略要求首先要收集营业推广活动的数据，包括销售额、销售量、活动效果等，同时，分析消费者的购买行为、喜好和趋势。通过数据分析，了解营业推广活动的效果和不足之处，为制定更加精准的营业推广策略提供支持。

其次，根据数据分析结果，策划更加精准有效的营业推广活动。例如，针对消费者的购买行为和喜好，推出个性化的促销活动；根据销售数据和市场趋势，调整产品价格和促销方式等。同时，确保活动的执行和落地，提高消费者的购买意愿和忠诚度。

三、数据驱动广告策略

在当今信息爆炸的时代，数据成为广告决策的重要依据，通过精准的数据分析，企业能够更准确地把握目标受众的需求和行为，从而制定出更加有效的广告策略。

首先，实施数据驱动广告策略的关键在于全面收集和分析数据。这包括用户行为数据、广告点击数据、转化数据等，这些数据可以通过各种工具和平台进行收集，如网站分析工具、社交媒体分析工具和移动应用分析工具等。同时，数据的准确性和完整性对于后续的分析至关重要，因此，需要确保数据的真实性和可靠性。

其次，基于数据分析的结果，企业可以对目标受众进行精准定位。通过分析用户画像、兴趣偏好、购买行为等数据，企业可以深入了解目标受众的特点和需求，从而制定出更符合其需求的广告内容和形式。这有助于提高广告的吸引力和点击率，进而提升广告效果。

再次，数据驱动广告策略还强调对广告效果的实时监测和优化。通过对广告数据的持续跟踪和分析，企业可以及时发现广告策略中的问题，并有针对性地进行调整和优化。例如，如果发现某个广告渠道的转化率低，企业可以尝试调整投放策略或更换渠道，以提高广告的 ROI（投资回报率）。同时，数据驱动广告策略也注重跨渠道协同。在多元化的媒体环境下，企业需要根据不同渠道的特点和受众属性，制定协同的广告策略。通过合理分配广告预算和投放资源，实现跨渠道的互补和协同，提高广告的整体效果。

最后，数据驱动广告策略需要不断迭代和创新。随着市场环境和消费者行为的变化，企业需要不断更新数据、优化模型，以适应新的市场趋势和需求。同时，企业还需要积极探索新的广告形式和技术，如原生广告、视频广告、程序化广告等，以拓展广告的影响力和覆盖面。

四、数据驱动公关关系策略

在当今数字化时代，数据成为公关决策的重要依据，通过精准的数据分析，企业能够更好地了解公众需求、识别潜在危机，并制定出更加有效的公关策略。

数据驱动公关关系策略强调数据的全面收集与整合。这包括社交媒体数据、媒体报道数据、客户反馈数据等，这些数据能够为企业提供关于公众态度、品牌形象和市场趋势的深入洞察。通过整合这些数据，企业可以更加全面地了解公众的需求和期望，为后续的公关活动提供有力支持。数据分析在数据驱动公关关系策略中扮演着至关重要的角色。通过深入分析收集到的数据，企业可以识别出关键话题、舆论趋势和潜在危机，从而及时调整公关策略。此外，数据分析还可以帮助企业了解不同受众群体的特点和需求，以便制定更加精准的公关内容和传播渠道。

职业道德实践

营销人员在进行促销组合策略时，应遵守以下职业道德规范：

一、诚信为本

营销人员应始终保持诚实和透明的态度，不得提供虚假或误导性的信息。他们应确保所宣传的产品或服务与其实际特性和功能相符，不夸大其词或掩盖缺点。同时，在与消费者、合作伙伴以及其他利益相关者交流时，应坦诚相待，不隐瞒重要信息。

二、尊重消费者

营销人员应尊重消费者的权益和需求，确保促销活动不会侵犯消费者的隐私或造成不必要的困扰；应关注消费者的反馈和意见，及时调整策略以满足消费者的期望。此外，营销人员还应提供优质的售后服务，确保消费者在购买和使用产品或服务过程中得到良好的体验。

三、公平竞争

营销人员在执行促销策略时，应遵守市场竞争的公平原则，不采用不正当手段来排挤竞争对手或损害其利益；应遵守行业规范和法律法规，避免价格战、恶意诋毁等不正当竞争行为。通过公平竞争，营销人员可以为企业树立良好的形象和声誉，促进整个行业的健康发展。

四、保守秘密

营销人员应严格保守公司的商业机密和客户信息，不得泄露给外部人员或竞争对手；应遵守公司的保密原则，确保促销活动的策略和细节在正式发布之前不被泄露。

五、遵守法律法规

营销人员在进行促销活动时，必须严格遵守国家和地方的法律法规，包括但不限于广告法、消费者权益保护法等；应确保促销活动的内容、形式和手段都符合法律要求，不触碰法律红线。

总之，营销人员在进行促销组合策略时，应坚守这些职业道德规范，以诚信、尊重、公平和合规的态度开展工作，为企业和消费者创造双赢的局面。这不仅有助于提升企业的品牌形象和市场竞争力，还能为消费者提供更好的购物体验和服务。

（资料来源：根据网络资料整理）

课后习题

一、判断题

（　　）1. 人员推销是一种成本较低且效果显著的促销方式。

（　　）2. 在制定促销组合策略时，应综合考虑各种促销方式的优缺点，并根据公司的市场定位和目标市场特点来选择合适的组合。

（　　）3. 销售促进活动通常是为了建立长期的品牌形象和声誉。

二、单选题

1. 促销组合策略中，哪一种方式更侧重于通过直接沟通来刺激消费者购买？（　　）
   A. 广告　　　　　　　　　　　　B. 人员推销
   C. 销售促进　　　　　　　　　　D. 公共关系

2. 以下哪种促销方式更常用于建立品牌形象和声誉，而非直接推动销售？（　　）
   A. 人员推销　　　　　　　　　　B. 销售促进
   C. 广告　　　　　　　　　　　　D. 公共关系活动

3. 以下哪项不是促销组合策略通常考虑的目标？（　　）
   A. 增加销售额　　　　　　　　　B. 提高品牌知名度
   C. 减少生产成本　　　　　　　　D. 增强消费者忠诚度

三、简答题

1. 什么是公共关系？它有哪些基本特征？
2. 促销组合工具一般包括哪几个？
3. 广告设计遵循什么原则？

案例思考与讨论

"淄博烧烤"火出圈

2023年，淄博烧烤彻底"火"出圈了，完全可以用"一塌糊涂"来形容火的程度，不仅达到了当地火、省内火，还达到了几乎火遍全国的程度。作为一个三线城市，烧烤作为一个非常普遍的大众餐饮形式，能够在短短一两个月的时间实现爆火，并且还是以政府主导的品牌爆火，确实是一个奇迹，带给人们，特别是带给营销人员很多的"意想不到"。

一、抓住了时机

组织任何的品牌打造、营销活动，时机非常重要，即所谓"天时地利"。抓准时机、顺势而为就可能创造品牌打造的奇迹，就可能实现意想不到的营销效果。从抓准时机的角度看，淄博烧烤，抓住了3个非常重要的节点：一是大众寻求"外出放松"的心理节点。防控政策调整以后，大众外出放松的心理一下子被放开了。特别是年轻人，特别想立马出去走一走、看一看、玩一玩；二是抓住了2023年政府推动消费重启的大势。从上到下都把启动消费作为推动当年经济上升的重中之重。各级政府纷纷出台了一系列启动消费的政策，组织了一系列启动消费的活动。做营销，抓住顺"势"而为的机遇红利非常重要；三是抓住了餐饮市场快速恢复的关键期。国家统计局刚刚发布的宏观数据显示：2023年一季度全国餐饮行业收入增速达到了13.9%，远超国民经济的增长速度。相信其中像烧烤这样的大众餐饮的增长速度还要远远超过整个餐饮行业的整体增长速度。大众餐饮成为今年为数不多的"高速"增长的行业。这3个非常关键的时机，为淄博烧烤的爆火出圈奠定了非常重要的"天时"基础。

二、找对了人

总体观察淄博烧烤的爆火，主要是借助了当前非常重要的新传播方式，通过一系列科学的组织，实现了品牌的爆火。在当前的新传播环境下，借助新媒体传播方式，实现品牌爆火非常重要的一点是要找对"人"——传播的主体、传播的载体、传播的对象。在新媒体传播体系里的这个"人"，既是传播的发起者，也是传播的组织者、承载者，同时也是传播的对象。只有这个"人"找对了，这个群体找对了，才有可能在新传播的体系中，实现想要的传播爆火效果。纵观淄博烧烤的爆火过程，它找对了发起、组织、传播对象的"人"——大学生、年轻人，他们成为淄博烧烤爆火的传播发起者、传播组织者，更是传播的对象。由此达到了在新传播的环境下，借助新传播方式实现品牌的快速爆火。

三、用好了平台

当前，支持企业做好新传播的平台很多，但是，能结合品牌实际，结合营销活动实际选择、用好相关平台非常重要。观察淄博烧烤品牌爆火的过程，抖音平台、小红书平台发挥了至关重要的作用。抖音、小红书已经成为大学生、年轻群体关注度、活跃度非常高的平台，成为品牌打造、与年轻人交互非常重要的平台。特别是像抖音平台，其特殊的内容分发逻辑成为打造类似"淄博烧烤"这样的自动发起、自发组织、实现"无限量"传播品牌打造方式非常有效、非常重要的平台。

四、做好了组织

观察淄博烧烤爆火的整个过程，可以看出，做好品牌打造，组织工作是非常关键的。不能仅仅就传播而传播，与传播紧密关联的组织工作非常重要。在整个淄博烧烤品牌打造爆火的过程中，淄博政府起到了非常关键的组织、引导、协调、管理、服务作用，不只是文旅、市场监管、商务一两个政府部门在组织这个工作，是整个淄博政府的所有部门、全社会，甚至是带动了整个淄博的470万市民一起参与组织实施了这样的活动。整个打造过程，贯穿一个"情"字。在"好客山东"这样的一个大的山东文化背书下，以"情"为主题，形成了独特的淄博烧烤文化特色。

在整个的品牌打造过程中，不论是对大学生住宿折让，还是书记发话"北大清华学生免单"，还是出租车主动义务为外地客人提供服务，以及政府不断加强烧烤市场严格监管，及时整修市容市貌等各个方面，都始终贯穿体现了一个"情"字，使大家感受到淄博是一个很有温度的城市。从传播营销的角度讲，这个"情"字为支持、放大、提升整体持续地传播，产生了极其重要的作用。在当前新媒体传播环境下，企业、品牌的营销活动必须高度结合新媒体传播，开展新媒体营销。

（资料来源：鲍跃忠. "淄博烧烤"出圈带来的营销启示[EB/OL]. (2023-04-19)[2024-04-08]. https://www.woshipm.com/marketing/5809339.html）

思考题：

1. "淄博烧烤"火出圈原因是什么？
2. 对企业而言，"情"字该如何写呢？请举例说明。

第十一章 数字营销

学习目标

【知识目标】
➢ 了解数字营销的含义、发展历程及其价值；
➢ 掌握数字营销常见的营销策略，并能熟悉掌握各项策略的应用场景；
➢ 熟悉常见对数字营销评估的指标和方法。

【能力目标】
➢ 能够运用数字营销工具和技巧，设计和制定数字策略；
➢ 能够运用数字分析工具和技术，收集、处理和分析市场营销数据，为制定数字策略提供支持；
➢ 能够根据市场环境和目标，运用对数字营销评估的常见指标和方法。

【素质目标】
➢ 具备团队合作和沟通协调的能力，能够与跨部门团队协同工作，共同推进数字营销项目的实施；
➢ 具备创新思维和敏锐的市场洞察力，能够把握市场趋势和用户需求，为数字营销策略的创新提供支持。

案例导入

数字化驱动的营销革命——京东数字营销的崛起

一、背景介绍

京东，作为中国最大的综合电商平台，以其独特的数字营销策略在竞争激烈的市场环境中脱颖而出。本文通过对京东数字营销策略的深度分析，探究其如何利用数据驱动的营销策略实现精准定位和有效推广，为同行业者提供可借鉴的经验。

二、主体内容

（一）数据收集与整合

京东拥有庞大的用户数据，包括用户的购物行为、搜索记录、浏览记录、评价反馈等。通过收集这些数据，京东建立了全面的用户画像，对用户进行个性化分类，如年龄、性别、收入水平、购物偏好等。此外，京东还与第三方数据源合作，如社交媒体、广告投放平台等，进一步扩充其数据资产。

（二）数据分析与挖掘

基于庞大的数据基础，京东采用先进的数据分析工具和算法，对用户数据进行深度挖掘。通过对用户行为的模式识别和关联分析，京东能够预测用户的购买意向，为精准营销提供数据支持。

（三）精准定位

借助数据分析结果，京东对用户进行精准定位。根据用户的购物历史和搜索行为，京东可以判断用户的购买意向，进而推送个性化的产品推荐和优惠信息。此外，京东还根据用户的地理位置和时间信息，实现精准的地域投放和时序投放[①]。

（四）多渠道营销

京东在社交媒体、搜索引擎、电子邮件、短信等多个渠道进行数字营销。根据用户特性和购买意向，京东选择合适的渠道进行广告投放。例如，对于年轻用户，京东更倾向于在社交媒体上进行推广；对于中老年用户，京东则可能选择在搜索引擎和电子邮件中进行广告推送[②]。

（五）实时优化与反馈

京东通过实时监测用户的反馈和行为，不断优化其数字营销策略。例如，当发现某款产品的点击率较低时，京东会调整其广告投放策略，如改变广告位、增加优惠力度等，以提高点击率。此外，京东还鼓励用户提供反馈意见，以便进一步改进其服务质量和用户体验。

（六）营销效果评估与总结

京东会对每次数字营销活动的效果进行全面评估，包括曝光量、点击率、转化率、ROI等指标。通过对比实际效果与预期效果，京东可以总结经验教训，为未来的数字营销活动提供指导。此外，京东还会定期对数字营销策略进行整体审视，以便及时调整和优化策略。

三、京东数字营销事件

京东营销云：这是京东推出的全域数据驱动的营销科技平台，通过整合用户多维度数据，建立用户画像，为品牌提供基于用户LTV（生命周期价值）的精准营销解决方案。

京东数坊：这是京东推出的基于大数据的全域数据驱动的营销解决方案，通过整合多方数据，为品牌提供基于用户画像和用户行为的精准营销解决方案。

京东商智：这是京东推出的全域数据驱动的商业智能平台，通过整合用户购买、浏览、评价等多维度数据，为品牌提供店铺运营、商品管理、客户服务的全方位数据分析和

[①] 莫逊, 秦誉洲. 大数据分析背景下电子商务平台精准营销策略分析——以京东为例 [J]. 现代商业, 2022 (13): 73-75.

[②] 成榕, 赵航. 京东商城发展研究 [J]. 中国市场, 2021 (15): 30-36.

建议。

京东快车：这是京东推出的全域数据驱动的电商推广工具，通过整合用户搜索、浏览、点击等多维度数据，为品牌提供基于用户 LTV 的精准推广解决方案。

京东智能客服：这是京东推出的全域数据驱动的智能客服系统，通过整合用户咨询、购买、服务等全流程数据，为品牌提供智能化的客户服务解决方案。

这些数字营销事件都是基于大数据和人工智能技术的创新应用，旨在提升用户体验和品牌营销效果，推动电商行业的数字化转型。

通过对京东数字营销策略的分析，我们可以看到数据在精准定位和有效推广中的关键作用。京东的成功经验为其他电商平台提供了宝贵的借鉴，特别是在数据收集、分析和利用方面。未来，随着技术的进步和市场的变化，电商平台需要不断调整和优化其数字营销策略，以适应日益激烈的市场竞争。

（资料来源：根据《大数据分析背景下电子商务平台精准营销策略分析——以京东为例》《京东商城发展研究》等相关文献和京东官网资料整理与改编）

第一节　数字营销概述

一、数字营销的定义

自 20 世纪 90 年代中期以来，随着互联网的广泛应用与大众参与度的大幅提升，数字科技在突破传统传播技术的基础上创造出庞大的数字媒体渠道，消费者的生活方式也发生了巨大的变化，进入了由美国学者尼葛洛庞帝在 1996 年提出的"数字化生存"的新阶段。在这样的背景下，传统的营销模式已跟不上时代的步伐，适用于互联网时代的数字营销应运而生，快速发展，逐渐走向成熟。

数字营销理论的发展与互联网的商业化应用基本同步，最早可以追溯到 1994 年。乔比（Giobbe）在当年发表的《数字时代的营销计划》一文中指出，虽然彼时"信息高速公路尚未完全建好，但报纸媒体应该做好拥抱互联网的计划"，因为数字时代迟早要到来[1]。毕晓普（Bishop）在 1995 年发表的《数字营销从战略规划开始》一文中第一次使用了"数字营销"的概念，并讨论了互联网时代数字营销的兴起以及数字营销成功的十大策略[2]。从那以后，数字技术日新月异，数字营销工具层出不穷，数字营销研究也在不断向前发展，经过四分之一个世纪的推进，数字营销理论"大厦"已经颇具规模。那么，什么是数字营销呢？

对于数字营销的定义，专家学者莫衷一是，随着时代的变迁和技术的发展，数字营销的内涵和外延也在不断更新。Parsons、Zeisser 和 Waitman 认为数字营销包括两类活动：其一是利用新的交互式媒体（如万维网）在消费者和营销商之间建立新的互动和交易形式；

---

[1] DOROTHY G. Plan for marketing in the digital age [J]. Editor & publisher, 1994 (34): 23.
[2] BILL B. Digital marketing begins with strategic planning [J]. Marketing magazine, 1995 (24): 15.

其二是将交互式媒体与营销组合的其他工具结合起来[1]。美国数字营销协会将数字营销定义为：利用数字技术开展的一种整合、定向和可衡量的传播，以获取和留住客户，同时与他们建立更深层次的关系[2]。Kannan 和 Li 则认为数字营销是一种适应性强、由数字技术支持的流程，通过该流程，企业可以与客户及合作伙伴协作，共同为所有利益相关者创造、沟通、交付和维持价值[3]。

综合以上观点，将数字营销定义为：使用数字媒体推广产品和服务的营销传播活动。

二、数字营销的发展历程

从营销思想进化的路径来看，营销扮演的战略功能越来越明显，逐渐发展成为企业发展战略中最重要和核心的一环。综合分析营销思想的发展历程，我们可以发现：第一，营销能帮助建立持续的客户基础，建立差异化的竞争优势并实现盈利；第二，营销发展的过程也是客户逐渐价值前移的过程，客户从过往被作为价值捕捉、实现销售收入与利润的对象，逐渐变成最重要的资产，和企业共创价值、形成交互型的品牌，并进一步将资产数据化，企业与消费者、客户逐渐变成一个共生的整体；第三，营销与科技、数据连接越来越紧密，要求营销人不仅要懂营销，还必须懂得如何处理数据、应用数据、洞察数据，并了解如何应用新兴科技将传统营销升级[4]。"现代营销学之父"菲利普·科特勒把营销分为 5 个时代，从营销 1.0 到营销 5.0 的发展过程，如图 11-1 所示。

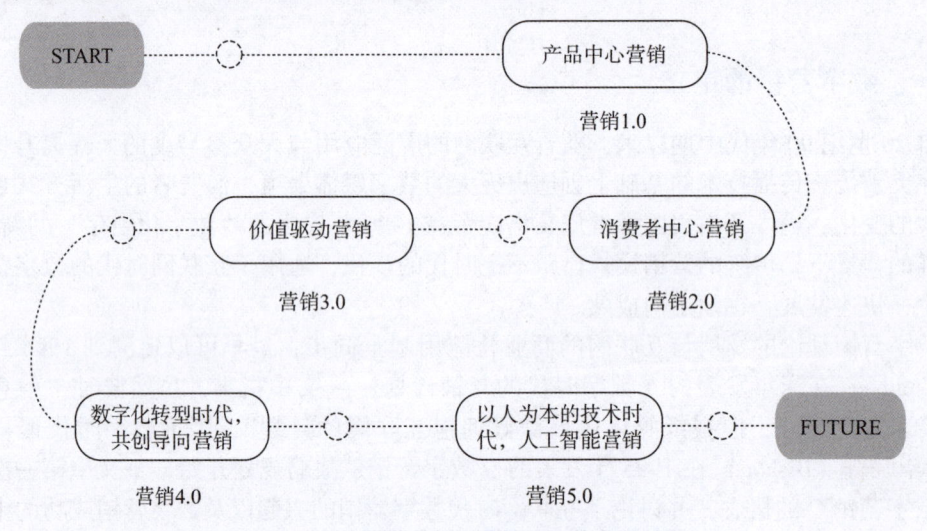

图 11-1　从营销 1.0 到营销 5.0 的发展过程

1. 营销 1.0——产品中心营销

第一个时代就是营销 1.0，即工业化时代以产品为中心的营销时代，正如亨利·福特

---

[1] ANDREW P, Micheal Z, Waitman R. Organizing today for the digital marketingof tomorrow [J]. Journal of interactive marketing, 1998（1）：31-46.

[2] JO R, LAING A. The digital marketing skills gap：developing a digital marketer modelfor the communication industries [J]. International journal of information management, 2014（2）：65-73.

[3] KANNAN P K, LI H A. Digital marketing：a framework, review and researchagenda [J]. International journal of research in marketing, 2017（1）：22-45.

[4] 冯蛟, 张淑萍, 等. 数字营销：理论、实务与案例 [M]. 北京：清华大学出版社, 2023.

所言:"无论你需要什么颜色的汽车,福特只有黑色的。"营销 1.0 始于工业革命时期的生产技术开发,其目的是销售产品,即"把工厂生产的产品全部卖给有支付能力的人"。这个时代的核心是产品管理,市场仅仅是一群具有生理需求的大众买方,营销也被局限于支持生产活动的七大功能之一,其主要功能是为产品创造需求。营销 1.0 时代基本上是卖方市场时代。企业为了满足大众市场需求,尽可能地扩大规模生产标准化产品,不断降低成本以形成低价格来吸引顾客。20 世纪 60 年代杰瑞·麦卡锡(Jerry Mclarty)提出的 4P 理论被奉为 1.0 时代的圭臬:开发产品(product)、制定价格(price)、进行促销(promotion)和建立渠道(place)。简言之,此时营销尚停留在战术阶段,它几乎不需要任何创新。

菲利普·科特勒(Philip Kotler)认为,即使到了 21 世纪,营销 1.0 也并未绝迹,很多中国企业仍在使用。尽管很多消费者已经变得多样化和个性化,但由于中国的市场生态具有一定的复杂性与多变性,一些企业仍然将生产观念、产品观念作为市场发展的指导思想,开展营销活动也获得了成功。

2. 营销 2.0——消费者中心营销

从 20 世纪 70 年代开始,全球逐渐进入买方市场时代:产品日益丰富,信息技术的逐步普及使产品和服务信息更易为消费者所获得,市场权力经由生产商转向渠道商再转到消费者手上。营销也越发引起企业重视,逐渐从战术层面上升至战略层面。为适应市场从卖方市场开始过渡到买方市场的营销环境变化,20 世纪 80 年代初,迈克尔·波特提出五力模型,主要包括同行业内现有竞争者的竞争能力、潜在竞争者进入的能力、替代品的替代能力、供应商的讨价还价能力和购买者的讨价还价能力。此模型常被用作企业制定竞争战略时的战略分析工具。

信息技术和互联网催生了以消费者为导向的营销 2.0,消费者开始变得有思想、懂选择,营销的目标是满足并维护消费者,要更有效地创造需求,必须改变以产品为中心的方式,转变为以顾客为中心。这时候,更多的营销因素诞生了,比如,1990 年美国营销理论专家罗伯特·劳特朋(R. F. Loustorborn)提出的以消费者需求为导向的 4C 理论,该理论强调消费者(consumer)、成本(cost)、便利性(convenience)和沟通(communication)。STP 战略的出现是营销 2.0 时代的核心标志,它强调市场细分(segmenting)、目标市场(targeting)和市场定位(positioning)。事实上,这是当下营销中最常用的营销战略模式,是战略营销的核心内容。尽管以消费者为中心,2.0 时代的营销仍然是把消费者当作可以诱惑的对象,而不是和消费者真正"打成一片"。

3. 营销 3.0——价值驱动营销

从 20 世纪 90 年代开始,计算机、互联网逐渐进入人们的生活。随着网络化的深入,人类也开始变得高度互联,信息不再是稀缺资源。消费者的消息变得异常灵通,消费者权力得到了空前的增长,消费者的信任变得越来越难以获得。由生产商、渠道商、传统媒体所构建的垂直信息渠道遭遇前所未有的信任危机,消费者更愿意相信水平的信息渠道,即来自陌生网友的口碑传播。为了适应这些新的变化,营销者又一次开始了营销变革——更专注于人类的情感需求。新时代的营销概念也应运而生,比如,情感营销、体验营销、品牌营销等。先前的以消费者为目标的传统市场定位模型已经无法继续创造需求,现在的营销者必须同时关注消费者的内心需求。营销 3.0 时代的企业必须具备更远大的服务整个世界的使命、愿景和价值观,必须努力解决当今社会存在的各种问题。换句话说,营销 3.0 已经把营销理念提升到了一个关注人类期望、价值和精神的新高度。它认为消费者是具有独立意识和感情的完整的人，而不是以前简单的"目标人群"，"交换"与"交易"被提升成"互动"与"共鸣"，营销的价值主张从"功能与情感的差异化"被深化至"精神与价值观的相应"。因此，菲利普·科特勒把营销3.0称为"价值驱动营销"。价值驱动的营销注重营销过程的合作性、文化性和精神性，其目标是让世界变得更好，这个时代下的消费者是具有独立思想、心灵和精神的完整个体。也即，营销3.0不仅要将品牌独特化，还要道德化，需要以战略的高度将产品整合到"使命、愿景和价值观"中去，归根结底就是"得道多助，失道寡助"。围绕这个基本观点，菲利普·科特勒提出，要向消费者营销企业的使命，即企业要开展不同寻常的业务，向员工营销企业价值观，并以讲故事的方式告知消费者品牌的正确使命。

4. 营销4.0——数字化转型时代，共创导向营销

营销4.0是菲利普·科特勒营销理念的最新升级，是实现自我价值的营销新理念。营销4.0是对新时代的营销发展状况的高度概括，也是对营销价值链的全新定义。营销4.0包括大数据深度应用、营销的人工智能化、工业制造的深度融合、全新的内容交互模式、人与机器的互联、机器与机器的互联等方面。随着移动互联网以及全新传播技术的出现，客户更容易接触所需要的产品和服务，也更容易同与自己有相同需求的人进行交流，于是出现了社交媒体，形成了客户社群。企业将营销的重心转移到如何与消费者积极互动、尊重消费者作为"主体"的价值观，让消费者更多地参与到营销价值的创造中来。而在客户与客户、客户与企业不断交流的过程中，大量的消费者行为、轨迹都留有痕迹，产生了大量的行为数据，我们将其称为"消费者比特化"。这些行为数据的背后实际上代表着无数与客户接触的连接点。如何洞察与满足这些连接点所代表的需求，帮助客户实现自我价值，就是营销4.0所需要面对和解决的问题，它是以价值观、连接、大数据、社区、新一代分析技术为基础造就的。

5. 营销5.0——以人为本的技术时代，人工智能营销

（1）营销5.0的含义。营销5.0是应用类人技术在整个消费者体验过程中创造、传播、交付和提高价值的活动。下一代技术是营销5.0概念中的一个重要主题，指的是用于模仿营销人员行为能力的一组技术，具体包括人工智能、自然语言处理、传感器、机器人、增强现实（AR）、虚拟现实（VR）、物联网和区块链等技术。这些技术的组合可以有效推动营销5.0的实现。

多年来，人工智能技术开发一直在模仿人类的认知能力，特别是对非结构化用户数据的学习能力，以便从中发现营销人员所需的重要市场信息。结合其他相关技术，人工智能还可以为不同的消费者提供合适的产品选择。大数据分析技术能帮助营销人员针对每一个消费者进行个性化营销，实现"单一客户市场细分"。目前，这种营销方式正在日益成为主流。

（2）营销5.0的五大构成要素。技术可以使营销活动呈现出数据驱动性、预测性、情境化、增强现实性和敏捷性等新特征。根据新技术为营销活动增值的不同方式，认为营销5.0框架具备5个基本要素。营销5.0框架的核心是3种相互关联的技术应用方向，即预测性营销、情境化营销和增强现实营销。这些应用的基础是两大构成要素——数据驱动型营销和敏捷营销[1]，如图11-2所示。

---

[1] 菲利普·科特勒，等. 营销革命5.0 [M]. 北京：机械工业出版社，2022.

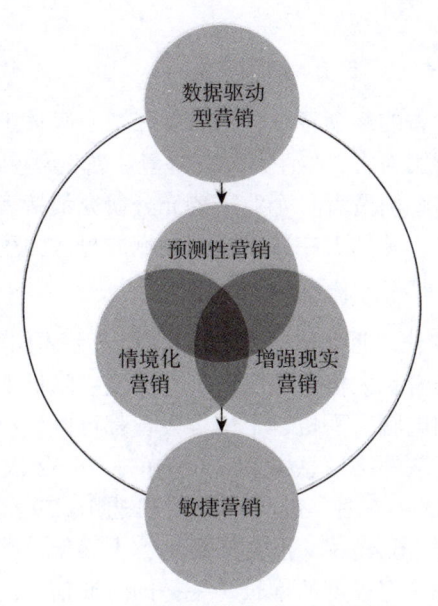

图 11-2　营销 5.0 的五大构成要素

①要素一：数据驱动型营销。数据驱动型营销是指从内部和外部的不同渠道对大数据进行搜集和分析，以及开发数据生态系统以优化营销决策的行为。数据驱动型营销是营销 5.0 框架的第一个要素，即每一个决策都必须有足够的数据作为支持。

②要素二：预测性营销。预测性营销是指通过机器学习引擎分析载入系统的以往数据并从中发现特定的行为模式，完成分析后，只要向模型输入新的数据，营销人员就可以预测出未来的消费行为，如哪些群体会购买产品，哪种产品畅销，以及哪些营销活动会起作用。

通过预测各种营销活动的成果，数据驱动型营销人员可以始终掌握营销先机。在消费者管理方面，预测分析技术可以帮助企业在投入营销成本之前评估潜在消费者的价值，做到有的放矢，确定应当为顾客开发活动投入多少资金。

③要素三：增强现实营销。增强现实营销是指需要更加关注大量涉及人际互动的营销活动，如销售和客户服务工作。在这些人力资源密集型工作中，技术应用的作用是通过接管低价值业务和协助人类决策的方式提高生产率。员工和顾客之间的双向互动界面可以有效减少服务摩擦，改善用户的服务体验。

④要素四：情境化营销。情境化营销就是在销售过程中，运用生动形象的语言给顾客描绘一幅使用产品后带来的美好图像，激起顾客对这幅图的向往，并有效刺激顾客购买欲望的手段。物联网和人工智能技术的强强联合，可以为实体经营打造情境化营销体验。基于消费者数据的动态营销是数字化媒体的本质，数字化营销人员可以以自动化方式轻松定制营销产品。

⑤要素五：敏捷营销。敏捷营销是指利用分布式、跨职能团队对产品开发和营销活动进行快速构思、设计、开发和验证的活动。面对不断变化的市场，企业要想成功应用营销 5.0 框架必须把敏捷性作为必不可少的构成要素。

三、数字营销的价值

随着智能手机等数字设备的逐渐普及，消费者在数字媒体上花费的时间日益增加，对于以消费者为中心的现代营销而言，"消费者在哪里，营销就要到哪里"的基本原则始终未变。为了更好地触达和影响消费者，企业需要充分研究消费者使用数字媒体的习惯以及数字营销的各种工具和策略，并加大在数字营销领域的投入力度。

1. 消费者数字媒体使用行为特征

（1）信息获取渠道多样化。近年来，我国互联网普及率不断提高，基础设施建设不断优化升级，网络信息服务朝着扩大覆盖范围、提升速度、降低费用的方向发展。网民的互联网接入设备多样化，使用电脑、手机、平板等设备都可以轻松入网，其中使用手机接入互联网的比例最高。中国互联网络信息中心（CNNIC）第52次《中国互联网络发展状况统计报告》显示，截至2023年6月，我国网民规模达10.79亿人，较2022年12月增长1109万人，互联网普及率达76.4%。《报告》显示，上半年，我国各类互联网应用持续发展，多类应用用户规模获得一定程度的增长。一是即时通信、网络视频、短视频的用户规模仍稳居前三。截至2023年6月，即时通信、网络视频、短视频用户规模分别达10.47亿人、10.44亿人和10.26亿人，用户使用率分别为97.1%、96.8%和95.2%；二是网约车、在线旅行预订、网络文学等用户规模实现较快增长。截至6月，网约车、在线旅行预订、网络文学的用户规模较2022年12月分别增长3492万人、3091万人、3592万人，增长率分别为8.0%、7.3%和7.3%，成为用户规模增长最快的3类应用[①]。

互联网平台上的应用更是数不胜数。除了各种生活服务类、新闻类等应用之外，传统媒体也在朝数字化方向转型，开设微博、微信公众号和抖音号等，打造新媒体矩阵。同时，各种自媒体也层出不穷，改变了用户获取信息的方式，使其由传统的被动接受转变为主动筛选。大数据和人工智能技术可以帮助数字媒体实现精准化和个性化传播。一方面，消费者可以随时随地获取自己需要的信息；另一方面，消费者通过数字媒体接触到的信息也更加符合自己的兴趣和爱好。

（2）"互联网+"融入消费者生活。"互联网+"是互联网繁荣发展下新兴技术与传统行业融合的必然结果。在"互联网+"的大环境下，人们的生活形态发生了质的变化。如今，消费者的衣食住行依靠一部手机就能解决，例如，网上订票、网上订餐、网上缴费等。消费者的日常生活全方位地依赖互联网，给数字营销带来了旺盛的生命力。人们生活离不开手机，移动端应用程序的多样化是一个重要体现。截至2022年12月，我国网民使用手机上网的比例达99.8%；使用电视上网的比例为25.9%；使用台式电脑、笔记本电脑、平板电脑上网的比例分别为34.2%、32.8%和28.5%[②]。

（3）对数字媒体使用时间长、频率高。移动互联网的发展使用户对于网络的依赖性越来越强，数字媒体的使用时间越来越长，使用频率越来越高。CNNIC第50次《中国互联网络发展状况统计报告》显示，截至2022年6月，我国网民人均周上网时长为29.5小

---

① 中国互联网信息中心（CNNIC）. 第52次中国互联网络发展状况统计报告［EB/OL］. https：//www.cnnic.net.cn/n4/2023/0828/c88-10829.html.

② 中国互联网信息中心（CNNIC）. 第51次中国互联网络发展状况统计报告［EB/OL］. https：//www.cnnic.net.cn/n4/2023/0303/c88-10757.html.

时，较 2021 年 12 月提升 1.0 个小时①。纵观全球，互联网用户的上网时长也在不断增加。移动数据和分析公司 App Annie 发布的《2022 年移动市场报告》显示，2021 年，全球移动设备使用时长达 3.8 万亿小时，用户每天使用移动设备 4.8 小时，其中移动用户每 10 分钟的使用时间里就有 7 分钟是用于社交、照片和视频应用，而购物应用的使用时长达 1 000 亿小时，同比增长 18%。机不离身已经成为人们生活的常态，人们在数字空间的行为甚至比在物理空间更加丰富多彩。

（4）互联网打破空间局限。信息技术的高速发展让人们足不出户，便知天下事。互联网门户打破了物理空间的限制，移动终端则打破了互联网使用场所的限制，数字空间的无界性大大拓展了营销空间。

数据分析机构 Newzoo 的数据显示，中国在智能手机用户数量方面遥遥领先于其他国家，截至 2021 年，中国市场拥有超过 9.5 亿智能手机用户，比排在第 2~4 名的印度、美国和印度尼西亚的总和还要多。移动终端的大规模普及使得人们摆脱了空间限制，高度移动化的生活方式成为消费者的主流选择。

2. 广告主在数字营销领域的投入逐年增加

如果说 20 年前广告主费尽心思占据报纸、杂志最显眼的版面以及电视台的黄金时段，那么 20 年后的今天，广告主早已将重心转向数字营销。秒针营销科学院联合全球数字营销峰会 GDMS、媒介 360 共同发布的《2022 中国数字营销趋势报告》显示，54%的广告主认为 2022 年中国整体营销投入将增加，其中短视频、社交媒体和电商平台位列第一阵营，加大对三者投放的广告主比例分别为 79%、77%、57%。由此看来，中国的营销环境仍处在快速数字化进程中，各类数字媒体取代传统媒体成为营销投放重点。

从以上数据我们可以得出结论，广告主在数字营销上的预算大有持续加码的趋势。这样的情况并非偶然，营销行业在技术的推动下正在发生翻天覆地的变化，人工智能的发展、物联网的建立、元宇宙的兴起，都昭示着消费者的"数字化生存"仍在持续深化。在这样的背景之下，企业唯有跟上时代的步伐且充分利用这些变化，才能够顺利高效地与消费者进行对话，从而更好地实现企业的营销目标。

第二节　数字营销模式

一、社群营销模式

1. 社群营销的含义

社群营销把曾经以"流量"为核心的营销方式转变成以"人"和"群"为本的营销模式，是一种新型的营销模式，集宣传、推广、体验于一身。社群营销不断提高企业的营销效率，拉近了企业与用户之间的距离，这是一种基于互联网的新型人际关系，催生了一种被称为社群经济的新商业模式。社群的构成要素见表 11-1。

---

① 中国互联网信息中心（CNNIC）. 第 50 次中国互联网络发展状况统计报告［EB/OL］. https://www.cnnic.net.cn/n4/2022/0914/c88-10226.html.

表 11-1 社群的构成要素

构成要素	说明
共性	一群人对某件事物的共同认可或行为。社群的内在是求同,求同的内在是价值观趋同。这种价值观的相似会有一个具体的投射,可能是一个商品、一种行为、一类标签等。这些具体的投射形成社群连接点,这些连接点就是社群产生的必要条件
结构	社群的结构包括成员、交流平台、加入原则和管理规范等方面,做好这些方面是社群长久运营的保障
内容输出	能否为用户持续输出有价值的内容是评判社群价值的标准之一。用户加入某个社群,肯定是因为该社群能够满足其某方面的需求。因此,高质量、稳定的内容输出是保障社群价值的基础,是留存成员的保证
运营管理	有组织、有纪律的运营管理是维持社群的必要手段。社群的运营需要建立仪式感、参与感、组织感和归属感
规模化	当社群的管理、维护日趋规范和成熟时,可以快速复制,这样社群才可以越做越大。对社群进行复制,规模化发展社群,需要综合考虑人力、物力与财力等方面,多方面考量之后,做好预算规划再实施

2. 社群营销的特征

以下是社群营销的一些关键特征:

①个性化。社群营销涉及通过在线社区以更亲密和个性化的方式与客户联系和互动。

②参与度。公司需要创建有价值的内容,培养社区意识,并提供出色的客户服务来吸引和留住客户。

③建立关系。社群营销是公司与客户建立关系并建立忠诚客户群的有效方式。

④指标驱动。为了实现社群营销的目标,公司需要跟踪和分析参与率、转化率和客户满意度等指标。

在数字营销的背景下,社群营销与数字营销集成,以创建更全面的营销策略。社交媒体、电子邮件营销、移动营销和内容营销都是社群营销的重要组成部分。通过利用在线社区的力量,公司可以创建引人入胜的内容,培养社区意识,并提供卓越的客户服务来吸引和留住客户。

例如,耐克创建了一个名为 Nike+ 的社区,允许用户跟踪它们的健身目标并与其他用户联系,该社区拥有超过 100 亿会员,并帮助耐克建立了忠实的客户群;丝芙兰创建了一个名为 Beauty Insider 的社区,允许用户分享美容秘诀并与其他用户联系,该社区拥有超过 25 万会员,并帮助丝芙兰建立了忠实的客户群;星巴克创建了一个名为"我的星巴克创意"的社区,允许用户分享它们改进星巴克产品和服务的想法,该社区已经产生了超过 277 000 个想法,帮助星巴克改进了其产品和服务。

社群营销是企业与客户建立关系、建立忠诚客户群的有力途径。通过利用在线社群的力量,公司可以创建引人入胜的内容,培养社区意识,并提供卓越的客户服务来吸引和留住客户。社群营销可用于各种环境,包括品牌建设、客户服务、产品开发和销售。它可以与数字营销相结合,以创建更全面的营销策略。

二、内容营销模式

1. 内容营销的含义

内容营销是一个总称,包括所有的营销方式,涉及建立或共享的内容,目的是接触影响现有的和潜在的消费者。内容营销是指以改变顾客的购买行为和销售培养为目的,由企业向目标顾客传递相关有价值的信息的营销活动。做好内容营销的关键是做好有价值的信息工作并随着时间的推移建立信任和忠诚度。

内容营销,指的是以图片、文字、动画等等介质传达有关企业的相关内容来给客户信心,促进销售。其所依附的载体,可以是企业的 LOGO(VI)、画册、网站、广告,甚至是 T 恤、纸杯、手提袋……根据不同的载体,传递的介质各有不同,但是内容的核心必须是一致的。

2. 内容营销的特征

有价值的内容:内容营销涉及创建和共享满足受众需求的有价值的内容。

相关性:内容营销涉及创建和共享与受众及其兴趣相关的内容。

一致性:内容营销涉及定期创建和共享内容,以随着时间的推移建立信任和忠诚度。

目标受众:内容营销涉及创建和共享针对特定受众的内容。

内容营销与数字营销集成,以创建更全面的营销策略。社交媒体、电子邮件营销、移动营销和搜索引擎优化(SEO)都是内容营销的重要组成部分。通过利用数字渠道的力量,公司可以创建和分享有价值的内容,吸引和留住客户,并取得更好的营销效果。

例如,HubSpot 通过其博客、电子书和网络研讨会为其受众提供有价值的内容,这有助于公司建立忠实的客户群,并将自己确立为营销行业的思想领袖;红牛创建和分享与其受众相关的内容,如极限运动视频和活动,这有助于公司建立强大的品牌形象并吸引忠实的追随者;美国运通通过其 OPEN 论坛为其受众提供有价值的内容,该论坛提供有关商业主题的文章和视频,这有助于公司建立忠实的客户群,并将自己确立为商业行业的思想领袖。

内容营销是公司通过提供满足客户需求的有价值的内容来吸引和留住客户的有力方式,可用于各种环境,包括品牌建设、潜在客户开发、客户教育和思想领导力。它可以与数字营销相结合,以创建更全面的营销策略。

三、电商直播模式

1. 电商直播的含义

电商直播是一种购物方式,是直播和电商相互融合产生的一种新销售渠道。商家或网红主播在直播平台以直播形式向消费者推销商品。电商直播在法律上属于商业广告活动,主播根据具体行为还要承担"广告代言人""广告发布者"或"广告主"的责任。直播电商本质是在电商社交平台"摆摊"卖货,离不开数字能力的支撑。电商直播尤其是 KOL(Key Opinion Leader,意见领袖)直播适用于拉新,并不适合作为常规性销售渠道。

狭义的电商直播,通常被理解为一种通过电子媒介渠道的线上"直播间"完成交付过程的购物方式,立足于该种方式的营销活动即为电商直播营销。整体来看,电商直播营销的核心逻辑为"粉丝"经济,包括主播(偶像)和受众("粉丝")两大基本元素,通过"粉丝"黏性与相互信任达成双方"自愿"的购买行为,总体由"主播—受众"二元对立又相互依存形成，是基于电子媒介技术手段实现的信息沟通与货币流通。立足于广告行为及法律层面，基本要素主体——主播需根据具体行为承担"广告代言人"和"广告发布者"的责任。

2. 电商直播的特征

从电商直播营销的含义可以看出，电商直播营销具有如下基本特点：

（1）强交互性。保罗·莱文森认为，技术的发展趋势是越来越像人，"技术在模仿、复制人体的感知模式和认知模式"，电商直播通过临场感的传输技术、"面对面"的主播、亲切近距离的互动语言大大拉近了人与人、屏幕与商品间的距离。相比于传统自购式的电商，从兴趣诞生到购买决策所需参与调动的交互、情绪大幅增加[①]。

（2）强IP特性。根据粉丝经济的运行逻辑，人们往往信任一个主体（主播），在其强烈鲜明的人设驱使下，更容易产生消费行为。近些年，一些带货主播纷纷建立自己的超级IP，人们往往会在看见IP符号后产生关联信任感，但也可能造成头部主播"一家独大"的马太效应。

（3）强沉浸感。基于直播的音画临场感、AR、VR技术，电商直播往往通过创新直播形式、增强娱乐对话、提升视觉效果来打造直播间的强沉浸感。例如，鸭鸭羽绒服进行了"雪山直播"，做到了"人、货、场"三者合一；佰草集以延禧宫为背景、主播身着清装的"延禧宫直播"也同样吸引消费者眼球，让消费者仿佛进行了一场"穿越"。

（4）主体多样性。随着电商直播的技术依赖导向加强、手机等移动设备越来越普及，成为主播的门槛也进一步降低。"懂直播技术+手机+人"已经成为进行一场直播的基本条件，不再只有明星、达人才能获取流量，草根大众也能卖货。

（5）高效率。电商直播作为一种互动式营销模式，通过低价策略和花式直播间玩法，可以让消费者受到强烈的感官刺激，更近距离地了解商品品质。对碎片化时代不愿意做深度思考、花时间了解产品的消费者来说，电商直播迎合了他们的购物惰性，可以帮助其精准地挑选商品、减少选择障碍，快速做出购买决策[②]。

3. 电商直播营销的策略分析

（1）联合达人主播实现品效合一。联合达人主播是适用于电商直播带货的首要策略。立足于传统电子商务提出的"人—货—场"矩阵，电商直播增加"用户""剧本"的要素节点，将原始的"人"的定义拓展至达人主播与用户两侧。其中，"达人"为直播带来初始粉丝流量，"用户"则重视消费体验，通过"剧本"设置为直播间表演增加互动效果和戏剧冲突，从而进一步拓宽流量渠道，呈现出主播、用户、货品和剧本共同发力、品效合一的局面。

（2）选品阶段善用精准营销。一场直播应面向不同人群提供不同类型的精准货品。具体而言，从价格精准化策略来看，选品可以分为"9块9包邮"——普适大众的引流促销品设置；客单价高的"手机"及客单价低的"数据线"——关联商品的组合设置；以及"限量销售"——针对较高消费群体的精品压轴设置等。

从人群精准化策略来看，选品应囊括男女老少的爱好类别。例如，一场品牌大促直播

---

① 保罗·莱文森. 软利器：信息革命的自然历史与未来 [M]. 上海：复旦大学出版社，2011.
② 阳骥. 数字营销 [M]. 3版. 北京：中国人民大学出版社，2022.

应有针对男性的数码产品、针对女性的美妆产品、瞄准年轻人的时尚风格单品和契合中老年人诉求的保健养生品,对于每一类潜在用户群体,都应进行完善的前期市场洞察,再凝练出最具有吸引力的产品利益点,推广最具有销售潜力的品类。总之,在选品前,洞察不同年龄、不同职业和不同地域用户的偏好与需求,更有助于把握直播节奏,从而抓住用户痛点。

（3）关联大事件提高知名度。当前消费者关注热点事件、为热点事件买单的心理更为明显。节日选品、达人邀请、主题造势、剧本构建有助于直播间在竞争红海中提高知名度,形成出圈、破圈营销。

例如,在2020年"三八妇女节"这一大事件节点之际,天猫"3·8女王节"的主题设定为"爱自己就是了不起",鼓励女性爱护自己,推出一系列"爱的补己站"海报,并在直播间设置契合相应概念的类目:颜值补己——化妆品、有型补己——服装品、呵护补己——母婴用品等多系列产品,赢得了女性群体的青睐。

（4）注意直播问题与隐患。艾媒咨询发布的《2021年上半年中国在线直播行业发展专题研究报告》显示,我国网民有77.1%认为直播带货存在低俗行为,99.2%认为直播间的价值导向相对较低,这与近年来主播主体多元化、门槛降低以及过度追求商业利益息息相关。

随着广告法最新版与互联网管理条例的修订,对于产品与实物不相符、低俗"媚粉"直播表演行为和带有最高级的"最""第一"招牌字眼的直播行为等有所约束。为避免出现此类问题,直播间在进行价格策略营销时应避免使用"最低价"等相关字眼,可改用"产品小样赠送""售后返现"等其他表述方式。网络主播更应提前熟悉平台规范条款,提前悉知红线内容,在进行商业营销的同时恪守职业道德,共同促进电商直播行业的良性发展[①]。

四、短视频营销模式

1. 短视频营销的定义及特征

短视频是一种互联网内容传播方式,一般是在互联网上传播的时长在1分钟以内的视频内容。随着移动终端的普及和网络的提速,"短平快"的大流量视频内容逐渐获得各大平台、"粉丝"和资本的青睐。短视频制作不像微电影一样具有特定的表达形式和团队配置要求,具有生产流程简单、制作门槛低、参与性强等特点,同时又比直播更具有传播价值。短视频既可以为用户提供一个自我展示的平台,又可以成为企业数字营销的新阵地。

短视频营销指的是使用短视频来推广产品和服务的营销传播活动。借助短视频这个碎片化、多主体参与的媒介载体,短视频营销具有以下特征:

（1）病毒式传播。短视频以其鲜明的视听特征以及短时间内信息的高效传达,成为培育病毒式营销传播的"温床"。例如,抖音平台洗脑的"抖音神曲"以及快手平台通俗的"土味"叙事,往往能很快在用户的脑海里留下深刻印象,这是短视频病毒式传播的前提;而短视频天然"短小精悍"的特性使用户不易受到外界因素的干扰,能够高效地触达用户并引发共鸣和分享,为其病毒式传播提供可能。

（2）低成本营销。相较于其他的营销方式,短视频营销的成本优势十分明显。一方面,短视频比微电影等长视频的时长更短、内容更简单,策划与拍摄的周期很短,内容制作的成本也就大大降低了;另一方面,短视频制作完成后可以进行多平台推送,也能借助

---

① 阳翼. 数字营销[M]. 3版. 北京:中国人民大学出版社,2022.

微信等社群进行分发，充分利用各个平台的流量优势来引流获客，内容分发传播的成本也大大降低。

（3）用户推送精准。随着大数据与人工智能技术的日益成熟，各大短视频平台纷纷借助这些技术来实现用户的精准画像与推送。在算法的助力下，短视频平台能够根据用户的内容喜好与行为方式等特征向其精准推送内容。而作为营销工具，企业也能借助短视频平台的用户数据向其推送特定的产品与服务等信息，达到高效精准的营销效果。

（4）内容实时互动。短视频平台的互动形式简单且富有特色。以抖音平台为例，用户通过上滑、下滑即可切换视频内容，双击即可对内容点赞，点击头像下方的小加号就能关注短视频发布者。便捷的互动形式为用户积极参与短视频内容的互动提供前提。此外，企业还可以在短视频内容的评论区与用户进行实时交流，传达更详细的营销信息，进而达到更好的营销效果。

2. 短视频营销的类型

（1）品牌内容营销。短视频平台的多样性为企业搭建短视频营销矩阵提供了许多选择，企业可以通过运营自己的官方账号进行品牌内容营销。一方面，企业可以借势热点，引发受众情感共鸣，传递企业价值观，塑造良好的品牌形象；另一方面，企业也可以搭建自己的短视频营销矩阵，实现多维立体式宣传。

（2）网红植入营销。除了搭建自有的短视频账号矩阵外，企业还可以与各大短视频平台的网红合作，进行植入营销。植入营销作为短视频最早出现的营销形式，内容多样，表现形式丰富，企业能借助网红的流量优势来进行营销传播，吸引用户的关注和购买。

（3）场景体验营销。短视频独特的平台生态与流量优势使其成为场景体验营销的重要渠道。一方面，大部分短视频平台已配备商品链接功能，用户可以在观看短视频的过程中点击短视频下方的链接购买商品；另一方面，电商直播的引入也为短视频的场景体验营销提供了重要助益。

3. 短视频营销的策略[①]

近年来，短视频营销策略在业界实践中逐渐走向成熟。2019年，字节跳动旗下短视频平台就曾联合推出短视频营销策略 TRUST 模型[②]，如图11-3所示。

图 11-3 字节跳动推出的 TRUST 模型

[①] 阳骥. 数字营销[M]. 3版. 北京：中国人民大学出版社，2022.
[②] 知萌咨询联合西瓜视频，抖音短视频，火山小视频.《2019短视频营销白皮书》https://sf3-ttcdn-tos.pstatp.com/obj/ttfe/cg/business/2019video.pdf.

这一模型主要包括 5 个模块，即 Target（用户更加聚焦）、Relation（通过精品化内容链接用户关系）、Upgrade（形态升级，传播更高效）、Share（分享激发社交）及 Transform（转化放大流量价值），从传递信息到传递信任，覆盖品牌营销全过程。

（1）借助平台打造精品内容，提升内容营销质量。短视频平台内容的多元化使用户注意力更加稀缺，但用户对优质内容的需求越来越强，要求也越来越个性化、精致化，因此，优质内容生产仍是短视频营销取得成功的首要因素。常见的方式有：

①短视频平台可以寻求与 MCN（Multi-Channel Network，多频道网络）机构的合作，可以有效借助其优质内容进行营销，如无忧传媒、二更等 MCN，均是各大品牌内容营销的主要合作机构。这种"品牌方—MCN 机构—短视频平台"三者共同构建的内容营销体系，大大提升了内容营销的质量。

②品牌与短视频平台共创精品内容。企业还可以考虑跟短视频平台共同创作精品内容。例如，2021 年君乐宝携手抖音打造了跨屏互动音乐综艺《为歌而赞》，通过抖音短视频对综艺歌曲进行碎片化分发，打破了传统音乐综艺传播分发模式。其中由凤凰传奇演绎的歌曲《海底》成为现象级音乐作品，火爆全网，君乐宝也借此得到了巨大的流量曝光。

③品牌自创精品短视频。众多国货品牌通过"优质内容+科技"的营销模式，也将短视频作为传播的重要方式。例如，华为 Mate40 系列宣传片《在一起，就可以》，视频中一开始讲述刚退去洪水的果园、无人光临的餐馆、空无一人的毕业会场、上线前出错的代码，都是前线，告诉观众，生活就是这样现实，每一个人、每一个企业，随时都有可能被推到最前线。短片展示了特殊时期每个人都有可能被推到最前线的悲壮，也阐释了"在一起，就可以"找到方向和力量的理念，给观众带来振奋与感动。这是我们共同经历的 2020 的写照，也是华为的写照。华为 Mate 40 的宣传片以情感为纽带，通过震撼的创意制作，将产品与消费者紧密相连。让观众在欣赏产品之美的同时，也感受到了华为对于创新、品质和用户体验的不懈追求。

（2）挖掘垂直化短视频受众，助力品牌精准营销。互联网是一个多元价值凸显的社会网络，很多兴趣爱好都可以在互联网上拥有展现的空间和舞台，满足了不同网络人群的信息及社交需求，由此形成了垂直化的细分网络群体，如二次元爱好者、萌宠爱好者、古风爱好者等。同时，信息智能分发技术加剧了社会群体的分割，使得每个人都拥有个人专属的网络空间，但同样也是因为智能算法，互联网上的每个用户节点又重新形成多元化、垂直化的细分群体。

对于企业而言，短视频营销要能充分挖掘垂直化短视频受众，把传播内容精准送达目标受众。具体来说，有以下两种短视频垂直化营销路径：

①垂直化平台营销。即企业以垂直化短视频平台的用户作为目标消费者，开展营销活动。抖音作为一个主打年轻用户群体的短视频平台，是众多品牌年轻化营销的重要阵地。为此，抖音充分利用自身平台的用户属性联合品牌方开展营销活动。例如，2019 年抖音首次上线"抖 incity"活动，集结 130 余个品牌参与，线上系列短视频累计播放量破百亿。2020 年，"抖 incity"升级为"互动娱乐玩法+IP 跨界破圈"的沟通新路径，助力各大汽车、食品、美妆等品牌开启年轻化营销，共吸引 200 余个品牌参与，构建品牌与抖音年轻用户间的情感联结。如在西安站，捷达汽车就创新打造了"抖 in 潮流不夜城"，通过实时互动小游戏与快闪舞蹈的有机结合，将汽车的驾驶体验与历史典故巧妙融合，提升品牌的年轻活力。而在"抖 in 北京"，燕京啤酒结合年轻人的情绪状态打造了一个"不上头研

所"快闪店，通过炫酷的外观设计将品牌与年轻人深深链接在一起，刷新了年轻人群体对传统啤酒品牌燕京啤酒的固有认知。

②垂直化 KOL 营销。从近些年品牌方与 KOL 的合作情况来看，选择垂直化、投放矩阵化和营销创意化是 KOL 营销的三大策略。字节跳动旗下短视频平台发布的报告显示，超过 42.5%的广告主会借力流量明星或者短视频社区达人的传播声量和号召力，调动意见领袖背后的"粉丝"资源，以此提升品牌营销效果。企业在选择 KOL 时，不仅看重 KOL 所拥有的粉丝数量，更关注 KOL 所在的内容垂类。

（3）借助平台数字技术，打造品牌互动营销。数字技术的日新月异极大地推动了短视频平台的发展。短视频平台除了通过技术对自身产品进行更新迭代外，也开发了适用于营销的技术产品，为品牌创意营销提供了更大的想象空间。以计算机视觉（CV）技术、计算机图形学（CG）技术和增强现实（AR）技术为支撑的营销产品，创造了很多富有创意的内容互动方式。

（4）发掘企业营销自有阵地，构建长效营销生态。随着短视频产业发展的日益成熟，越来越多的企业在短视频平台注册账号，并认证成蓝 V，方便用户识别。蓝 V 账号的猛增趋势，充分反映了企业日益重视短视频的长效性品牌营销价值，逐步建立品牌营销自有阵地，把优质的品牌内容集中呈现给用户，并沉淀下来，叠加形成品牌资产。例如，vivo 作为最早在抖音平台注册、运营企业号的品牌之一，通过品牌官方账号所发挥的内容聚合、"粉丝"留存、流量承接、数据管理等作用，将账号打造成传播品牌、沟通用户的桥梁。截至 2022 年 3 月，vivo 抖音官方账号累计获粉 600 余万，短视频内容获得超过千万的点赞。

当然，企业除了搭建注册蓝 V 账号，更重要的是需要持续深耕运营这个自有阵地，结合自身品牌特色进行短视频的内容生产与传播。如进行打造人设标签和品牌个性、根据品牌定位进行差异化内容生产、紧跟平台热点创作短视频，等等。

（5）创设线上电商消费场景，激发用户消费行为。21 世纪以来，淘宝、京东等电商平台的崛起改变了中国消费者的购物习惯。在经历了近 20 年的快速发展后，传统电商的发展模式已然到了瓶颈期。流量红利的见底、获客成本的提升以及盈利增速的放缓，都成为传统电商平台发展的桎梏。在这个背景下，"短视频+电商"的组合迅速引起互联网资本的关注，它不但能够为传统电商平台带货，而且促进了短视频平台的商业变现。短视频平台的电商营销主要有以下两种形式：

①短视频内容+商品植入。这种方式主要表现为通过在短视频中插入与视频内容相关的商品链接，以优质内容吸引用户观看并引导用户点击链接购买。例如，早在 2017 年，美拍就上线了这种"边看边买"功能，用户在观看视频时，对应商品的链接会显示在短视频下方，点击即可购买，而且不会中断视频播放。这种电商植入方式相对于传统电商而言，更能吸引用户的注意力，更能有效劝服用户产生购买行为。

随着短视频内容电商生态发展日益成熟，各种具有带货性质的视频内容制作也更加精良，场景化特征也越发清晰。

②短视频平台+电商直播。短视频电商的另一种形式电商直播也逐渐成为企业进行短视频营销的重要发力点。2020 年新冠疫情的暴发极大地促进了电商直播业态的发展，例如，2020 年 4 月 1 日罗永浩抖音直播就作为明星达人开启电商直播的标志性事件，引发了众多创作者、平台、品牌的加入。另一个标志性事件是 2020 年 5 月 12 日董明珠在快手直播带货 3 亿元，突破了直播电商的收入纪录，开启了 5 场销售额突破 178 亿元的品牌官方带货

的传奇之旅。相较于传统电商模式,短视频电商直播具有即时性、交互性的特征,在产品的呈现形式、购物体验、时间成本、社交等多个维度具有很大的优势。此外,短视频与直播形成了良好的促进循环:一方面,短视频能够为直播提供流量,可以推广直播间的入口;另一方面,直播过程中产生的有趣内容可以成为短视频的制作素材,有助于二次传播。

(6) 基于平台打造社交裂变,激发私域价值增量。纵观当下的短视频行业格局,以抖音、快手为代表的平台以公域流量为主,品牌营销的目标用户主要来自公域流量池;反观微信旗下的视频号平台,不仅包含公域流量,也包含私域流量,企业可以从多方面进行曝光引流,因而,企业在微信视频号平台的短视频营销策略具有一定的独特性。

①基于社交平台生态,打造品牌商业闭环。微信视频号除了具有短视频的属性优势,还具有微信生态的资源优势。微信社交生态对视频号开放了七大类导流入口,使得微信视频号与微信公众号形成一种协同关系,实现短视频与图文形式相融合,二者优势互补。在这样的情形下,视频号营销打通了公私域流量池,依托视频号裂变、社群分发、朋友圈分发、公众号分发、搜一搜等触点,帮助企业实现微信社交平台的全方位营销。因此,企业选择微信视频号进行短视频营销时,更能在微信生态中打造自身的商业闭环:"短视频内容+直播"帮助企业发掘新流量,公众号承接流量留存新老用户,微信朋友圈与微信群实现社交裂变,小程序负责销售转化,然后通过企业微信为客户提供更专业优质的服务。例如,快餐品牌麦当劳通过视频号发起了多场限时优惠活动,每一条短视频的下方都附有麦当劳公众号的链接,为麦当劳线下门店进行有效引流,最终该促销活动使得麦当劳官方视频号与公众号在全国范围内获得数十万粉丝。

②利用复合流量入口,促进品牌社交裂变。微信视频号与其他短视频平台的最大差异在于私域流量,而私域流量体现的则是用户思维[①]。视频号的产品逻辑决定了它与私域流量具有密不可分的关系。企业在视频号发布视频后,当某位用户点赞,该视频就会出现在微信好友的内容池当中,如果微信好友继续点赞,该内容还可以不断地进行"扩圈裂变"。这种裂变式的传播,可以让短视频不断突破个人的社交圈,从而获得更多的曝光量。此外,微信视频号的转发功能,可以让运营人员直接将视频号内容转发到用户社群,同时,还可以激励用户转发短视频至微信朋友圈,领取相应的奖励。这也间接打破了朋友圈视频分享只有 15 秒的时长限制,给予品牌短视频更大的流量入口和曝光度,同时也极大缩短了营销转化链路。以瑞幸咖啡视频号为例,该品牌主要通过拍摄精美的咖啡饮品视频,突出饮品的新鲜原料和优质制作工艺。随后瑞幸咖啡通过在上万个社群中转发视频号内容,吸引社群"粉丝"点击视频,领取视频中的优惠券进入小程序下单,实现营销信息的社交裂变。

第三节 数字营销效果评估

一、点击率与转化率评估

1. 点击率与转化率的含义

点击率是指用户在与网站交互时留下的"数字指纹",它是一个百分比,反映了网页

---

① 易艳刚. "私域流量"崛起?[J]. 青年记者,2019 (24):96.

上某一内容的受关注程度，经常用来衡量广告的吸引程度。点击率来自英文"Click-through Rate"（点进率）以及"Clicks Ratio"（点击率），是指网站页面上某一内容被点击的次数与被显示次数之比，即clicks/views，它是一个百分比。

点击率数据分析使我们能够深入了解用户如何与数字体验互动。这种反馈循环为评估我们所有的数字营销工作奠定了基础。

在数字营销中，转化率是指在某个特定时间内，完成某个特定目标的人数与访问该目标的总人数之间的比率。它通常用于衡量营销活动的成功程度，以及网站或应用程序的用户体验质量。

例如，如果一家公司在某个广告上投入了100元，吸引了1 000个访问者，而其中只有10个访问者最终购买了该公司的产品，那么，这个广告的转化率就是10/1 000，也就是1/100。这个转化率可以用来评估这个广告的效果，以及是否值得继续投入资金。

转化率在数字营销中非常重要，因为它直接反映了潜在客户在访问网站或应用程序后，转化为实际客户的比例。转化率越高，说明营销活动的成功程度越高，也说明网站或应用程序的用户体验质量越好。因此，营销人员需要不断优化和改进营销策略，提高转化率，以实现更好的营销效果。

2. 点击率与转化率的优化策略

点击率和转化率是评估数字营销效果的重要指标，实施点击率和转化率的评估策略主要包括以下方面：

①设定目标。明确营销活动的目标，如增加网站流量、提高销售额、提升品牌知名度等。

②收集数据。通过跟踪和分析网站或应用程序的流量、点击、转化等数据，收集相关数据。

③分析数据。对收集的数据进行分析，了解用户的行为和需求，如用户从哪个渠道进入网站，他们在网站上浏览了哪些页面，他们购买了哪些产品等。

④优化策略。根据分析结果，优化营销策略，如调整广告的定位、内容、展示方式等，以提高点击率和转化率。

⑤持续监测。持续监测点击率和转化率的变化，及时调整策略，以确保营销活动的持续效果。

在实施策略时，需要注意数据的准确性和可靠性，同时结合其他相关指标，如点击单价、曝光量、CTR等，进行综合分析和评估，以制定更有效的营销策略。

二、ROI评估与KPI制定

1. ROI的含义

数字营销的ROI（Return on Investment）指的是投资回报率，是指企业在数字营销上花费的成本与通过数字营销获得的收益之间的比例关系。ROI计算的目的是为了衡量数字营销活动的效果和价值，从而指导企业优化数字营销策略和预算分配。

ROI的计算公式为：（收益-成本）/成本×100%。其中，收益包括直接收益和间接收益，成本包括直接成本和间接成本。直接收益是指数字营销活动直接带来的收益，如销售额、利润等。间接收益是指数字营销活动间接带来的收益，如品牌知名度提升、口碑好转等。直接成本是指数字营销活动直接产生的成本，如广告费、推广费用等。间接成本是指数字营销活动间接产生的成本，如人员培训费、系统开发费用等。

ROI 评估可以帮助企业了解数字营销活动的实际效果，例如，哪些渠道或活动对收益的贡献最大，哪些部分需要改进以提高收益。通过对不同活动的 ROI 进行比较和分析，企业可以优化投资策略，提高投资回报率。此外，为了更准确地计算 ROI，企业还需要考虑时间因素。数字营销活动的效果通常不是瞬间出现的，而是需要时间的积累和沉淀。因此，ROI 的计算需要考虑时间维度，通常将 ROI 计算为一段时间内的投资回报率。

2. ROI 评估的注意事项

除了计算 ROI 的公式，还需要注意以下几点：

（1）确定 ROI 的时间范围。通常需要根据数字营销活动的性质和目的来确定时间范围，例如，一次促销活动的 ROI 可以在活动结束后计算，而提高品牌知名度的 ROI 需要长期观察。

（2）确定收益和成本的计算方法。不同的数字营销活动会带来不同类型的收益和成本，需要根据实际情况进行具体的计算。

（3）考虑 ROI 的局限性。ROI 虽然是衡量数字营销效果的重要指标，但是它并不是万能的，也存在一定的局限性。例如，ROI 无法完全反映数字营销对品牌形象的影响，无法考虑时间价值等因素。

因此，在计算 ROI 的同时，需要综合考虑各种因素，进行全面的分析和评估，以便更好地指导数字营销活动的优化和调整。

总之，ROI 评估是数字营销中非常重要的衡量指标，通过计算 ROI，企业可以了解数字营销活动的效果和贡献，优化投资策略，提高投资回报率。

3. KPI 的含义

企业关键绩效指标（Key Performance Indicator，KPI）是通过对组织内部流程的输入端、输出端的关键参数进行设置、取样、计算、分析，衡量流程绩效的一种目标式量化管理指标，是把企业的战略目标分解为可操作的工作目标的工具，是企业绩效管理的基础。KPI 可以使部门主管明确部门的主要责任，并以此为基础，明确部门人员的业绩衡量指标。建立明确的切实可行的 KPI 体系，是做好绩效管理的关键。关键绩效指标是用于衡量工作人员工作绩效表现的量化指标，是绩效计划的重要组成部分。

KPI 法符合一个重要的管理原理——"八二原理"，是由意大利经济学家帕累托提出的一个经济学原理。即一个企业在价值创造过程中，在一个企业的价值创造过程中，存在着"80/20"的规律，即 20%的骨干人员创造企业 80%的价值；而且在每一位员工身上"八二原理"同样适用，即 80%的工作任务是由 20%的关键行为完成的。因此，必须抓住 20%的关键行为，对之进行分析和衡量，这样就能抓住业绩评价的重心。"八二原理"为绩效考核指明了方向，即考核工作的主要精力要放在关键的结果和关键的过程上。于是，所谓的绩效考核，一定放在关键绩效指标上，考核工作一定要围绕关键绩效指标展开。

4. KPI 的 SMART 原则

确定关键绩效指标有一个重要的 SMART 原则。SMART 是 5 个英文单词首字母的缩写：

S 代表具体（Specific），指绩效考核要切中特定的工作指标，不能笼统；M 代表可度量（Measurable），指绩效指标是数量化或者行为化的，验证这些绩效指标的数据或者信息是可以获得的；A 代表可实现（Attainable），指绩效指标在付出努力的情况下可以实现，避免设立过高或过低的目标；R 代表关联性（Relevant），指绩效指标是与上级目标具明确的关联性，最终与公司目标相结合；T 代表有时限（Time bound），注重完成绩效指标的特定期限。

确定关键绩效指标一般遵循下面的过程：

（1）建立评价指标体系。可按照从宏观到微观的顺序，依次建立各级的指标体系。首先明确企业的战略目标，找出企业的业务重点，并确定这些关键业务领域的关键绩效指标（KPI），从而建立企业级 KPI；其次，各部门的主管需要依据企业级 KPI 建立部门级 KPI；最后，各部门的主管和部门的 KPI 人员一起再将 KPI 进一步分解为更细的 KPI。这些绩效衡量指标就是员工考核的要素和依据。

（2）设定评价标准。一般来说，指标指的是从哪些方面来对工作进行衡量或评价；而标准指的是在各个指标上分别应该达到什么样的水平。指标解决的是我们需要评价"什么"的问题，标准解决的是要求被评价者做得"怎样"、完成"多少"的问题。

（3）审核关键绩效指标。对关键绩效指标进行审核的目的主要是为了确认这些关键绩效指标是否能够全面、客观地反映被评价对象的工作绩效，以及是否适合评价操作。

5. KPI 制定步骤

制定数字营销下的关键绩效指标（KPI）需要考虑到营销活动的目标、受众、渠道和预算等因素。以下是一些制定 KPI 的步骤：

（1）确定营销目标。明确数字营销活动的目标，如增加网站流量、提高销售额、提升品牌知名度等。

（2）确定受众。了解目标受众，包括他们的年龄、性别、地理位置、兴趣爱好等信息。

（3）选择渠道。确定数字营销的渠道，如社交媒体、搜索引擎、电子邮件、网站等。

（4）设定 KPI。根据营销目标和受众信息，设定合适的 KPI，如网站流量、转化率、销售额、品牌知名度等。

（5）设定目标值。根据历史数据和市场趋势，设定每个 KPI 的目标值和时间范围，如在下一个季度内将网站流量提高 20%。

（6）设计测量方案。根据确定的 KPI 和目标值，设计数据采集和分析方案，以确保能够准确、及时地获取数据，进行数据分析和决策支持。

（7）持续监测和优化。在实施数字营销活动的过程中，需要持续监测 KPI 的变化，及时调整策略，以确保达到预期的目标值。

在制定 KPI 时，需要注意不要过度追求单一指标，而忽略了其他重要的指标。例如，在追求销售额的同时，也需要关注客户满意度和售后服务等因素。此外，需要结合实际情况进行灵活调整，例如，在节假日或促销活动期间，需要关注特定的 KPI 指标。

三、用户体验优化与口碑传播

1. 用户体验优化

（1）用户体验优化的含义。用户体验优化，简称为 UEO，主要是通过改善网站的设计、功能、使用便利性等方面，提高用户的满意度和忠诚度。这种优化方法基于人机交互和用户心理学的原理，注重用户在使用产品或服务过程中的感受和需求。

（2）用户体验优化的策略。当涉及用户体验优化时，有很多方面需要考虑，以下是一些常见的策略：

①简化设计。简洁、直观的设计能减少用户的学习成本，使用户更易于理解和操作。例如，页面布局应该清晰、简洁且易于导航，用户应该能够快速找到所需的信息和功能；良好的导航应该清晰、直观且易于操作，用户应该可以轻松地从一个页面跳转到另一个页面或从一级导航深入更详细的内容。

②明确目标。明确网站或产品的目标，避免用户迷失和冗余信息的干扰。例如，使用正确的文案，文案应该清晰、简洁且易于理解。使用错误的文案可能导致用户困惑和不满。

③优化交互。优化人机交互，使得操作更为流畅，减少用户的等待时间和困惑。例如，优化网站或应用的页面加载速度可以提高用户体验。通过减少加载时间，用户将能够更快地访问和使用网站或应用。

④个性化服务。通过用户的行为和偏好，提供个性化的内容和推荐。通过提供个性化的服务和内容，可以根据用户的兴趣和需求来满足他们的需求，从而提高用户的满意度和忠诚度。

⑤测试和优化。在发布网站或应用之前，应该进行测试和优化，以确保最佳的用户体验。测试可以发现并解决潜在的问题和缺陷，而优化可以提高网站或应用的性能和响应速度。

（3）用户体验优化的价值。用户体验优化的价值主要体现在以下几个方面：

①提高用户满意度和忠诚度。优秀的用户体验能使得用户更加满意和忠诚，从而减少用户的流失率。

②提高网站或产品的使用率。优化用户体验能提高网站或产品的使用率，增加用户的使用时间和频率。

③提升品牌形象。良好的用户体验有助于提升品牌形象，使品牌在用户心中留下深刻的印象。

④增加收益。通过提高满意度和忠诚度，增加用户的行为购买和推荐购买，从而增加收益。

总的来说，用户体验优化不仅可以帮助提高用户的满意度和忠诚度，还可以带来实际的商业价值。因此，在市场营销中，用户体验优化是一项非常重要的策略。

2. 口碑传播

（1）口碑传播的含义。口碑营销是指企业努力使消费者通过其亲朋好友之间的交流将自己的产品信息、品牌传播开来。这种营销方式的特点是成功率高、可信度强，这种以口碑传播为途径的营销方式，称为口碑营销。从企业营销的实践层面分析，口碑营销是企业运用各种有效的手段，引发企业的顾客对其产品、服务以及企业整体形象的谈论和交流，并激励顾客向其周边人群进行介绍和推荐的市场营销方式和过程。

口碑营销是一种利用人们的口口相传和推荐来推广产品和服务的营销方式。它通过激发人们对产品或服务的好奇心和兴趣，进而产生口头传播，达到推广和营销的目的。在当今社交媒体和互联网高度发达的时代，口碑营销在市场营销中发挥着越来越重要的作用。

（2）口碑营销的特点。

①口口相传。口碑营销依赖人们的口口相传，通过人际传播的方式实现营销目的。

②基于信任。人们更愿意听取和相信与自己有社交关系的人或者知名人士的推荐和

评价。

③激发兴趣。只有激发人们的好奇心和兴趣，才能促使他们进行口头传播。

④提供价值。能够为潜在客户提供有价值的信息和帮助，才能赢得他们的信任和推荐。

⑤长期影响。口碑营销是一个长期的过程，需要持续不断地投入和努力。

（3）口碑营销的流程。

①确定目标客户。明确目标客户群体，了解他们的需求和偏好。

②制定传播策略。制定具体的传播策略，包括传播渠道、内容、时间等方面。

③创造有价值的内容。创造有价值、有趣、有吸引力的内容，吸引人们的关注和分享。

④发布和推广内容。通过各种渠道发布和推广内容，激发人们的讨论和分享。

⑤收集反馈和调整策略。收集客户的反馈和评价，及时调整策略，提高口碑营销的效果。

⑥持续投入和改进。持续投入精力和资源，改进和完善口碑营销策略，提高营销效果。

（4）口碑营销的策略。

①创造吸引人的故事。通过创造吸引人的品牌故事，吸引人们的关注和兴趣。

②提供优质的产品和服务。只有提供优质的产品和服务，才能赢得客户的信任和推荐。

③利用社交媒体。利用社交媒体平台，激发人们的讨论和分享，扩大品牌的影响力。

④引导口碑传播。通过各种渠道，引导人们积极传播产品或服务的优点和特色。

⑤及时回应和解决问题。及时回应客户投诉和问题，解决问题并提高客户满意度。

例如，美团外卖通过在社交媒体平台上发布各种有趣的餐饮内容，吸引人们的关注和兴趣，并通过推出优惠活动和送餐服务，赢得了客户的信任和推荐，从而在外卖市场中取得了巨大的成功；Airbnb 通过打造一个充满信任和分享的社区平台，鼓励用户发布自己的住宿体验和评价，从而赢得了客户的信任和推荐，成为了全球最大的在线短租平台之一；小红书通过引入明星和网红的力量，打造了一个以美妆、时尚、生活消费为主的社交媒体平台，用户可以分享自己的购物体验和使用心得，吸引了大量年轻用户的关注和参与，成为一个成功的口碑营销案例。

总之，口碑营销是一种非常重要的营销策略，需要制定具体的传播策略、创造有价值的内容、利用社交媒体、引导口碑传播等步骤。只有通过不断的努力和实践，才能取得良好的营销效果。

职业道德实践

数字营销典型事件

一、腾讯广告策略导向的转变

作为国内互联网巨头之一，腾讯在广告领域的策略也在不断调整。过去，腾讯主要依靠流量和用户基础进行广告推送，但随着互联网用户增长放缓和广告市场的竞争加剧，腾讯逐渐将广告策略转向精细化和个性化。如今，腾讯通过大数据分析、人工智能等技术手段，针对不同用户群体推出不同的广告策略，提高了广告的转化率和效果。

二、阿里巴巴的"新零售"战略：数字营销如何塑造新零售未来

阿里巴巴集团在其时任首席执行官张勇的带领下，提出了"新零售"战略。该战略旨在通过线上线下融合、数字化转型、人工智能应用等方式，打造全新的零售模式。例如，通过"智能导购"应用，消费者可以获得更加个性化的购物体验；通过"智能物流"，消费者可以享受到更快速、高效的配送服务。

三、美团外卖与故宫合作推广：数字营销创新引领文化美食新潮流

美团外卖与故宫博物院合作，以"文物·美食·文化"为主题，推出一系列营销活动。活动包括以故宫文物为灵感创作美食、在美团外卖平台上开设"故宫美食"专区、举办故宫文化展览等。这次合作不仅提高了美团外卖的品牌形象，也传播了中华传统文化。

四、拼多多上市后的快速发展：数字营销策略助力电商黑马崛起

拼多多是一家以低价商品为主的电商平台，自2018年在纳斯达克上市以来，发展迅速。拼多多通过社交电商、直播带货等创新模式，实现了快速传播和用户裂变。此外，拼多多还通过与品牌商合作，推出低价但具有吸引力的商品，提高了用户黏性和忠诚度。

五、京东数科的数字金融布局：数字营销引领金融科技新时代

京东数科是京东集团旗下的数字科技公司，拥有丰富的数据资源和先进的技术手段。京东数科通过数字金融布局，推出了多种金融产品和服务，包括京东白条、京东支付、京东保险等。这些产品和服务不仅提高了用户的购物体验和支付效率，也促进了京东集团的发展。

六、新浪微博的社交电商尝试：数字营销引领金融科技新时代

新浪微博作为国内最大的社交平台之一，拥有庞大的用户基础和广泛的社交关系。新浪微博通过推出"微博好物""微博优选"等社交电商功能，实现了用户之间的商品分享和交易。这些尝试不仅提高了用户的活跃度和黏性，也探索了社交电商的新模式。

七、快手短视频的用户增长策略：数字营销策略助力短视频平台蓬勃发展

快手作为国内最大的短视频平台之一，在用户增长方面采取了一系列策略。例如，通过与明星合作推出定制节目、举办线上活动等方式，吸引用户的关注和参与；通过推出"快手极速版"等不同版本的应用，满足不同用户的需求和习惯。这些策略有效地促进了快手的用户增长和活跃度。

八、网易云的"音乐+社交"模式：数字营销打造音乐社交新生态

网易云音乐作为国内知名的在线音乐平台，通过"音乐+社交"的模式打造了独特的品牌形象。用户可以在网易云音乐上发现和分享喜欢的音乐，并与他人交流和互动。这种模式不仅满足了用户的音乐需求，也增强了用户的归属感和忠诚度。同时，网易云音乐还通过举办音乐节、推出原创音乐人计划等方式，推广了优秀的音乐人和作品。

数字营销是市场营销领域的一场革命，它以其独特的特点和优势，正在改变着传统营销模式。数字营销的兴起，使得市场营销的思维、渠道和效果评估发生了变化，同时也带来了个性化、互动性、精准性和数字化转型等新发展。在数字营销时代，品牌需要以消费者为中心，加强与消费者的互动和交流，了解消费者的需求和偏好，提供个性化的产品和服务，实现精准投放和推广，提高营销效果和转化率。同时，品牌还需要实现数字化转型，将业务数字化，提高效率和降低成本，提高企业的竞争力和盈利能力。

课后习题

一、判断题

（　　）1. 营销3.0是菲利普·科特勒营销理念的最新升级，是实现自我价值的营销新理念。营销3.0是对新时代的营销发展状况的高度概括，也是对营销价值链的全新定义。

（　　）2. 搜索引擎优化（SEO）对于数字营销来说并不是非常重要。

（　　）3. 一般情况下，数字营销活动都可以被精确地追踪和测量。

二、单选题

1. 短视频营销特征不包括（　　）。

　A. 目标精准　　　　　　　　　　B. 互动性高
　C. 传播更广更快　　　　　　　　D. 受益人群少

2. 下列属于直播电商特点的是（　　）。

　A. 消费路径为：用户—主播—商品　　B. 人找货
　C. 用户消费以刚性需求为主　　　　D. 消费者对商品的体验反馈主要通过客服渠道

3. 下列（　　）不是社交媒体营销的主要目标。

　A. 提高品牌知名度　　　　　　　B. 增加网站流量
　C. 提供客户服务　　　　　　　　D. 提升销售

4. 下列（　　）不是搜索引擎优化的主要元素。

　A. 关键词策略　　　　　　　　　B. 使用多语言策略
　C. 反向链接建设　　　　　　　　D. 网站速度优化

三、多选题

1. 关于数字内容产品营销策略的特征，下列说法正确的有（　　）。

　A. 依托整体的内容资源，打造品牌，树立良好的整体形象，是数字内容产品经营策略的主要特征
　B. 品牌性营销费用高，管理难度大
　C. 针对顾客个人的定制式营销战略是差异性营销战略的更高发展形态
　D. 采取差异化策略的根本目的是营造比对手更强大的优势，最大限度地赢得消费者的认同

2. 以下（　　）是数字营销的主要优势。

　A. 可精确测量和追踪营销活动的效果　　B. 可以覆盖更广泛的受众
　C. 可以自适应并灵活应对市场变化　　　D. 可以使用多种营销策略

3. 在进行数字营销策略规划时，以下（　　）因素需要考虑。

　A. 目标受众的特点　　　　　　　B. 产品或服务的特性
　C. 竞争对手的策略　　　　　　　D. 营销预算的限制

案例思考与讨论

爱彼迎 & 腾讯视频：漫长奇遇夜

《奇遇人生》是2018年9月25日腾讯视频推出的明星真人秀节目，阿雅担任固定主持人，带领10位明星在全球范围内分别展开10次旅行。《奇遇人生》海报中一位旅人在沙漠中行进，似要抵达沙漠与海洋交界的奇遇未知目的地。该海报为观众开启了一段奇遇的未知之旅，海报文案"用探索世界的方式探索自己"表明节目主旨，诠释《奇遇人生》探索认知边界、触及明星及观者内心的节目理念，让观众感受到独特的人文气质与深厚的内涵[1]。作为全球住宿共享模式的开创者，爱彼迎（Airbnb）一直以来强调的旅行生活方式与《奇遇人生》的节目设定不谋而合。在此之前，爱彼迎举行过"奇屋一夜"活动，将世界各地标志性的空间改装成民宿，让客人在别出心裁的地点度过终生难忘的一晚。同样是以旅行为主题的产品，同样以"探索与体验"为主要内容，《奇遇人生》与爱彼迎的基调是吻合的，在11月末，腾讯视频联手爱彼迎推出"请回答普通的我——向普通青年隔空投送100个漫长奇遇夜"主题活动。

一、活动内核：普通青年困惑的10个问题

在成长的过程中，年轻人常会以为自己是人群中最特别的那一个，拥有独特的思想和人生轨迹，但被按部就班的现实生活程序化、模式化了，相似的成长经历让年轻人对于人生的诸多命题深感困惑。年轻人害怕变得平庸，却总会在某刻意识到自己就是那亿万分之一的普通青年。

基于这样的洞察，腾讯视频联合爱彼迎围绕普通青年困惑的10个问题，向他们隔空投送100个"漫长奇遇夜"，希望能够通过免费送普通青年去经历远方的奇遇人生，使他们告别日复一日的相似生活，找寻人生的答案，重新认识自己。

二、精准场景营销：投送100个"漫长奇遇夜"来解答困惑

腾讯视频和爱彼迎选择了一种创新的营销方式，以"隔空投送"（air-drop）这一方式向普通青年发送他们心中的困惑，以及解决这些困惑的"漫长奇遇夜"的机会。

腾讯视频和爱彼迎在北京地铁4号线、13号线、15号线和上海地铁2号线都设置了基站，向用户"隔空投送"这100个"漫长奇遇夜"的邀请。接受这份邀请的用户将深入其中一个夜晚，了解那个"漫长奇遇夜"所带来的独特体验与感受。

在下班时间的地铁上，低头看手机的人们均有可能收到来自"漫长奇遇夜"的故事和邀请，这增强了活动的惊喜感和互动感。如果说地铁里向个人投送是隐性的，具有一定的神秘感，那么，安置在不同地点兼有投送基站功能的巨型月亮线下装置则是显性的，直接引起年轻人的关注。例如，上海同济大学的巨型月亮线下装置以"时间"为主题，针对正值大学阶段的年轻人提出"怎样才算没有虚度青春"的问题。独特的装置吸引了众多学生的关注，他们纷纷参与到活动中。

这类针对特定人群的实体投送还包括北京望京SOHO附近的"冒险"主题、上海老西门的"贫穷"主题、上海五角创业中心的"大人"主题等，以巨型月亮为线下装置具象

---

[1] 《奇遇人生》定档925打造"公路电影"风格真人秀[EB/OL].(2018-09-10)[2024-04-08].https://baijiahao.baidu.com/s?id=1611202608116574519&wfr=spider&for=pe.

化载体,"漫长奇遇夜"以实体投送的方式闯入了人们的生活,以对视觉和心灵的冲击引起人们的思考与共鸣。路人在看到这些巨型月亮的同时,还会在手机上收到100个"漫长奇遇夜"的邀请。

不同地点的主题都直指附近人群的痛点,比如,针对写字楼的上班族,以"不顺应社会规则有可能成功吗"发问;对步行街熙熙攘攘的人群,则以"孤独是否因为不被了解"发问,戳中热闹背后路人内心的疏离与孤独……精准定位的用户触点能够最大限度激发用户的情感共鸣与价值认同,吸引用户参与活动。

线下投放还会发布共享办公社区和各大潮流胜地的海报,让附近人群结合场景特点作答相应问题。在创业青年聚集的共享办公空间里,"人是否总得有一次不计后果,做自己喜欢的事"的问题激励着这些或许在创业路上怀疑自己的年轻人,在增加活动曝光的同时,也提升了受众对品牌的好感度。

不管是手机上的隔空投送、户外的巨型月亮装置,还是闯入式的月亮灯、投放在各个空间的物料,都有一个活动二维码,导向100个"漫长奇遇夜"线上报名H5,提供100个"漫长奇遇夜"的体验机会。

三、话题造势:充分利用社会化媒体

在话题造势预热阶段,新世相、24HOURS、发现上海等微信公众号从《奇遇人生》节目、旅行、普通青年等不同角度切入,以各自的走心内容与读者沟通,引发读者对活动的期待,为活动造势。

在话题爆发阶段,腾讯视频官方微博发起"寻找普通青年"话题并发布视频、海报等相关物料,爱彼迎参与互动。除此之外,微博大V将亲身经历的"隔空投送"事件分享在社交网络,引发粉丝的期待,吸引他们慕名去参与活动,让话题热度持续升温。

活动开启并发出邀请函后,两天内报名人数超过1万人,据测算,两周内活动触达3 000万中国年轻消费者。纵观整个事件的传播,腾讯视频与爱彼迎深度整合线上与线下多渠道媒介,进行了一场高覆盖、精准化的场景营销。活动在线上深度沟通两大品牌的忠实用户与各个圈层的粉丝群体,线下则围绕"隔空投送"这一方式进行有针对性的隐性、显性和闯入式投送,在覆盖城市商圈、地铁、校园和办公空间等大范围人群的同时,也以人生命题垂直渗透到各圈层有着各自烦恼的上班族、学生等细分人群,更有效地触达普通青年。

(资料来源:阳骥.数字营销[M].3版.北京:中国人民大学出版社,2022.)

思考题:

1. 该案例在哪些环节运用了数字营销?
2. 该案例中的数字营销与传统营销是如何配合的?
3. 你认为这个案例的成功与不足之处有哪些?

参 考 文 献

[1] 菲利普·科特勒. 营销管理 [M]. 上海：上海人民出版社, 2006.
[2] 付晓蓉, 陈佳. 大数据营销 [M]. 北京：人民邮电出版社, 2023.
[3] 何亮, 柳玉寿. 市场营销学原理 [M]. 成都：西南财经大学出版社, 2018.
[4] 陈喆. 高端连锁酒店如何面对细分市场 [J]. 新营销, 2015 (11).
[5] 丁纪平. 市场营销学 [M]. 北京：人民邮电出版社, 2015.
[6] 李先国, 杨晶. 市场营销学 [M]. 上海：上海交通大学出版社, 2016.
[7] 张时杰, 张咏梅. 借壳上市过程中关键节点管控探析——以顺丰控股为例 [J] 财会通讯, 2017 (13).
[8] 吴砚峰. 从菜鸟与顺丰之争看民营快递企业未来发展之路. [J] 对外贸易经济实务, 2017 (17).
[9] 罗本成, 胡笳, 张姝慧. 依托顺丰航空枢纽打造国际航空物流中心 [J] 中国发展观察, 2017 (18).
[10] 李方华, 李金钟, 华乙玲. 顺丰上市后竞争环境及发展战略研究——基于波特五力模型 [J]. 中国集体经济, 2018 (14).
[11] 何亮, 陈锐, 李剑虹. 市场营销案例分析及实践实训 [M]. 成都：西南财经大学出版社, 2019.
[12] 2024 品牌发展趋势 [EB/OL]. (2023-12-26) [2024-04-08]. http://www.news.cn/sikepro/20231226/8e08c5cba4504ee3bd145598a94522a7/c.html.
[13] 章强. 赋能经销商, 征服消费者：金锣火腿肠的渠道突围之道 [EB/OL]. (2024-04-03) [2024-04-08]. https://www.xhby.net/content/s660cb7d7e4b0a2749b87019a.html.
[14] 鲍跃忠. "淄博烧烤"出圈带来的营销启示 [EB/OL]. (2023-04-19) [2024-04-08]. https://www.woshipm.com/marketing/5809339.html.
[15] 宜家之魂的缔造者：英格瓦·坎普拉德 [J]. 中国商界, 2019 (10)：112-115.
[16] 吴少旭. 宜家在中国市场营销发展中的标准化与本土化分析 [J]. 老字号品牌营销, 2021 (7)：13-14.
[17] 郭国庆, 陈凯. 市场营销学 [M]. 7 版. 北京：中国人民大学出版社, 2022.
[18] 菲利普·科特勒. 市场营销学 [M]. 14 版. 北京：中国人民大学出版社, 2022.
[19] 张亚欣. 一杯9.9元. 库迪咖啡发起价格战 [N]. 中国城市报, 2023-02-20 (008).
[20] 莫逊, 秦誉洲. 大数据分析背景下电子商务平台精准营销策略分析——以京东为例 [J]. 现代商业, 2022 (13)：73-75.
[21] 成榕, 赵航. 京东商城发展研究 [J]. 中国市场, 2021 (15)：30-36.
[22] DOROTHY G. Plan for marketing in the digital age [J]. Editor & publisher, 1994

（34）：23.

[23] BILL B. Digital marketing begins with strategic planning [J]. Marketing magazine, 1995 (24)：15.

[24] ANDREW P, Micheal Z, Waitman R. Organizing today for the digital marketingof tomorrow [J]. Journal of interactive marketing, 1998 (1)：31-46.

[25] JO R, LAING A. The digital marketing skills gap: developing a digital marketer modelfor the communication industries [J]. International journal of information management, 2014 (2)：65-73.

[26] KANNAN P K, LI H A. Digital marketing: a framework, review and researchagenda [J]. International journal of research in marketing, 2017 (1)：22-45.

[27] 冯蛟, 张淑萍 等. 数字营销：理论、实务与案例 [M]. 北京：清华大学出版社, 2023.

[28] 菲利普·科特勒, 等. 营销革命5.0 [M]. 北京：机械工业出版社, 2022.

[29] 中国互联网信息中心（CNNIC）. 第52次中国互联网络发展状况统计报告[EB/OL]. https://www.cnnic.net.cn/n4/2023/0828/c88-10829.html.

[30] 中国互联网信息中心（CNNIC）. 第51次中国互联网络发展状况统计报告[EB/OL]. https://www.cnnic.net.cn/n4/2023/0303/c88-10757.html.

[31] 中国互联网信息中心（CNNIC）. 第50次中国互联网络发展状况统计报告[EB/OL]. https://www.cnnic.net.cn/n4/2022/0914/c88-10226.html.

[32] 保罗·莱文森. 软利器：信息革命的自然历史与未来 [M]. 上海：复旦大学出版社, 2011.

[33] 阳骥. 数字营销 [M]. 3版. 北京：中国人民大学出版社, 2022.

[34] 知萌咨询联合西瓜视频, 抖音短视频, 火山小视频. 2019短视频营销白皮书[EB/OL]. https://sf3-ttcdn-tos.pstatp.com/obj/ttfe/cg/business/2019video.pdf.

[35] 易艳刚. "私域流量"崛起？[J]. 青年记者, 2019 (24)：96.

[36] 王玮. 网络营销 [M]. 2版. 北京：中国人民大学出版社, 2022.

[37] 《奇遇人生》定档925 打造"公路电影"风格真人秀[EB/OL],（2018-09-10）, http://ent.people.com.cn/n1/2018/0910/c1012-30284064.html.